Die Anwendbarkeit der *essential-facilities*-Doktrin
auf die Immaterialgüterrechte

Europäische Hochschulschriften

Publications Universitaires Européennes
European University Studies

Reihe II
Rechtswissenschaft

Série II Series II
Droit
Law

Bd./Vol. 3875

PETER LANG
Frankfurt am Main · Berlin · Bern · Bruxelles · New York · Oxford · Wien

Giuseppe Giudici

Die Anwendbarkeit der *essential-facilities*-Doktrin auf die Immaterialgüterrechte

Eine rechtsvergleichende Darstellung zur kartellrechtlichen Zugangsproblematik in der US-amerikanischen, europäischen, deutschen und italienischen Rechtsordnung

PETER LANG
Europäischer Verlag der Wissenschaften

Bibliografische Information Der Deutschen Bibliothek
Die Deutsche Bibliothek verzeichnet diese Publikation in der Deutschen Nationalbibliografie; detaillierte bibliografische Daten sind im Internet über <http://dnb.ddb.de> abrufbar.

Zugl.: Augsburg, Univ., Diss., 2003

D 384
ISSN 0531-7312
ISBN 3-631-52086-7

www.peterlang.de

a Natascha

VORWORT

Die vorliegende Arbeit wurde im Wintersemester 2002/2003 von der juristischen Fakultät der Universität Augsburg als Dissertation angenommen. Rechtsprechung und Literatur sind bis Januar 2002 berücksichtigt. Mein aufrichtiger Dank gilt insbesondere meinem Doktorvater, Herrn Prof. Dr. Ulrich M. Gassner, Mag. rer. publ., M. Jur. (Oxon.), der die Ausarbeitung der Dissertation betreut und stets hilfreich auch während meiner Aufenthalte in Mailand und Los Angeles unterstützt hat. Zu danken habe ich auch Herrn Prof. Dr. Thomas M.J. Möllers für die Abfassung des Zweitgutachtens.

Besonders herzlich danke ich Herrn Prof. Dr. Aldo Frignani, Frau RAin Gerlinde Gall, Herrn Dr. Matthias Kober, Frau Dr. Liselotte Mangels, Herrn Dr. Marcus Pilla und Herrn Avv. Giuseppe Russo, die zahlreiche Ideen und Hinweise lieferten, von denen diese Arbeit stark profitiert hat. Ferner danke ich, allen Freundinnen und Freunden, die so geduldig bei mühsamen Korrekturen geholfen haben. Stellvertretend seien hier Herr RA Florian Draf, Frau ORRin Astrid Gaßner, Herr Notar Assessor Paul Michelfeit, Dipl.-Kfm. Denis Skorobogat und Frau Dipl.-Kffr. Brigitte Wagner genannt.

Schließlich gilt mein aufrichtiger Dank meinen Eltern und meinem Bruder Roberto, die meine „Sehnsucht nach Deutschland“ unterstützt haben. Diese Arbeit widme ich Natascha, die mir bei allen wichtigen Entscheidungen zur Seite gestanden und mich in vielfältiger Weise mit Liebe und Verständnis immer unterstützt hat.

München, im November 2003 — Giuseppe Giudici

ABKÜRZUNGSVERZEICHNIS

a.a.O.	am angegebenen Ort
ABl.	Amtsblatt
ADSL	Asymmetric Digital Subscriber Line
Aff'd	Affidavit
a.F.	alte Fassung
AG	Aktiengesellschaft, Die Aktiengesellschaft (Zeitschrift)
AGCM	Autorità Garante della Concorrenza e del Mercato
AIPLA	American Intellectual Property Law Association
Ala.	Alabama Supreme Court
Am. Econ. Rev.	American Economic Review
Antit. Bull.	Antitrust Bullettin
Antit. Law Jour.	Antitrust Law Journal
App.	Corte di Appello
Art.	Artikel, articolo
BB	Der Betriebsberater
Beschl.	Beschluss
Bde.	Bände
BGBl.	Bundesgesetzblatt
BGHZ	Entscheidungen des Bundesgerichtshofs in Zivilsachen
BKartA	Bundeskartellamt
Boll.	Bollettino settimanale dell'Autorità Garante della Concorrenza e del Mercato (wöchentliches Amtsblatt der italienischen Kartellbehörde)
BT Drucks.	Drucksache des Deutschen Bundestages
BverfG	Bundesverfassungsgericht
bzgl.	bezüglich
bzw.	beziehungsweise
Cal. Law Rev.	California Law Review
Cass.	Cassazione
c.c.	codice civile
CCH	United States Supreme Court Publications
CEM	Concorrenza e Mercato
Cir.	Circuit (Gerichtskreis)
CMLR	Common Market Law Review
Co.	Company
CONTU	National Commission on New Technological Uses of Copyrighted Works

Corp.	Corporation
CR	Computer und Recht
CRi	Computer und Recht International
DB	Der Betrieb
D.D.C.	District of Columbia Circuit
Ders.	Derselbe
d.h.	das heißt
Dir. Comm. Int.	Diritto del Commercio Internazionale
Dir. Ind.	Il Diritto Industriale
Dir. Inf.	Diritto dell'Informazione e dell'Informatica
D.Kan.	District of Kansas
D.Mass.	District of Massachusetts
D.Md.	District of Maryland
d. lgs.	Decreto Legislativo
d.p.r	Decreto del Presidente della Repubblica (Verordnung des Präsidenten der Republik)
DRT	Diritto delle Telecomunicazioni
Cal.	California
ECLR	European Competition Law Review
E.D.Pa.	Eastern District of Pennsylvania
EG	Europäische Gemeinschaften
EG	Vertrag zur Gründung der Europäischen Gemeinschaften, i.d.F. des Vertrages über die Europäische Union
EIPR	European Intellectual Property Review
Einf.	Einführung
EKGSV	Vertrag zur Gründung der europäischen Gemeinschaft für Kohle und Stahl
ELR	European Law Review
EMRK	Europäische Menschenrechtskonvention
endg.	endgültig
EnWG	Energiewirtschaftsgesetz
ETSI	European Telecommunications Standards Institute
EuGeI	Europäisches Gericht erster Instanz
EuGH	Europäischer Gerichtshof
EuWZ	Europäische Zeitschrift für Wirtschaftsrecht
EWS	Europäisches Wirtschafts- und Steuerrecht
f., ff.	folgende(r), fortfolgende
F2d	Federal Reporter, Second Series

F3d	Federal Reporter, Third Series
FAZ	Frankfurter Allgemeine Zeitung
Foro Amm.	Foro Amministrativo
F.T.C.	Federal Trade Commission
Fordham	Annual Proceedings of the Fordham Corporate Law Institute
Foro It.	Il Foro Italiano
GA	Generalanwalt
Gazz. Uff.	Gazzetta Ufficiale (italienisches Gesetzsblatt)
Giur. A. Dir. Ind.	Giurisprudenza Annotata di Diritto Industriale (repertorio sistematico)
Giur. Comm.	Giurisprudenza Commerciale
Giur. Cost.	Giurisprudenza Costituzionale
Giur. It.	Giurisprudenza Italiana
GRUR	Gewerblicher Rechtsschutz und Urheberrecht, Inlandsteil
GRUR Int.	Gewerblicher Rechtsschutz und Urheberrecht, internationaler Teil
GWB	Gesetz gegen Wettbewerbsbeschränkungen
Hastings Int'l & Comp. L. Rev.	Hastings International and Comparative Law Review
HB	House Bill
Hrsg.	Herausgeber (in)
i.d.F.	in der Fassung
IIC	International Review of Industrial Property and Copyright Law
IDEA	IDEA The Journal of Law and Technology
Ill.	Illinois
Inc.	incorporated
insbes.	insbesondere
i.S.v.	im Sinne von
J.L.& Econ.	Journal of Law and Economics
Jour. Corp. Law	Journal of Corporate Law
Kap.	Kapitel
KG	Kammergericht
KOM	Europäische Kommission
l.	legge
l. aut.	legge sul diritto di autore
l. inv.	legge invenzioni

MMR	Multimedia und Recht
m.w.N.	mit weiteren Nachweisen
N.D.	Northern District
n.F.	neue Fassung
NJW	Neue Juristische Wochenschrift
N. Giur.Civ. Com.	Nuova Giurisprudenza Civile Commentata
NZV	Netzzugangsverordnung
OECD	Organization for Economic Cooperation and Development
OLG	Oberlandesgericht
ONP	Open Network Provision
PatG	Patentgesetz
PostUmwG	Postumwandlungsgesetz
r.d.	Regio Decreto (königliche Verordnung)
RdE	Recht der Energiewirtschaft
RDT	Il Diritto delle Radiodiffusioni e delle Telecomunicazioni
R. Giur. En. El.	Rassegna Giuridica dell'Energia Elettrica
RGZ	Entscheidungen des Reichsgerichts in Zivilsachen
Riv. Dir. Ind.	Rivista di Diritto Industriale
RIW	Recht der internationalen Wirtschaft
Rs.	Rechtssache
RStV	Rundfunkstaatsvertrag
S.	Seite
s.	siehe
S.D.N.Y.	Southern District of New York
S.D. Tex.	Southern District of Texas
Slg.	Amtliche Entscheidungssammlung des Europäischen Gerichtshofs
S.p.a.	società per azioni (AG)
TAR	Tribunale Amministrativo Regionale (Regional-Verwaltungsgericht)
TKG	Telekommunikationsgesetz
TRIPS	Agreement on Trade-Related Aspects of Intellectual Property (Übereinkommen über handelsbezogene Aspekte des geistigen Eigentums)
Tz.	Textziffer
u.a.	unter anderem, und andere
UrhG	Urheberrechtsgesetz

U.S.	United States Reports
U.S.C.A.	United States Code Annotated (West ed.)
v.	versus (gegen)
verb.	verbundene
vgl.	vergleiche
WahrnG	Wahrnehmungsgesetz
W.D.	Western District
WRP	Wettbewerb in Recht und Praxis
WTO	World Trade Organization (Welthandelsorganisation)
WuW	Wirtschaft und Wettbewerb
z.B.	zum Beispiel
ZHR	Zeitschrift für das gesamte Handelsrecht und Wirtschaftsrecht
ZIP	Zeitschrift für Wirtschaftsrecht
ZUM	Zeitschrift für Urheber- und Medienrecht

EINFÜHRUNG

I. Problemstellung

Die Freiheit eines Unternehmens, sich einen Geschäftspartner auszusuchen, kann sich ebenso in der Weigerung konkretisieren, mit anderen Unternehmen Verträge abzuschließen wie in der Unterbrechung einer schon vorhandenen Geschäftsbeziehung. Dies stellt eine der Grundfreiheiten aller Rechtsordnungen dar, die auf Marktwirtschaft beruhen. Problematisch wird es jedoch, wenn diese Freiheit von einem marktbeherrschenden Unternehmen ausgeübt wird. Marktbeherrschende Unternehmen können Dritten durch eine Geschäftsverweigerung den Zugang zu ihren eigenen betrieblichen Ressourcen verweigern und damit den Zugang zu benachbarten Märkten behindern. Hierbei kann es sich beispielsweise um den Zugang zu Telefon-, Schienen- oder Versorgungsnetzen handeln.

Es ist von folgender Konstellation auszugehen: Ein marktbeherrschender Infrastrukturinhaber ist normalerweise ein vertikal integriertes Unternehmen, das auf getrennten, aber in Beziehung zueinander stehenden Märkten tätig ist (z.B. Betreiber eines Telekommunikationsnetzes und Erbringer von Telefondienstleistungen über das Netz). Mittels Zugangsverweigerung zu eigenen Infrastrukturen bezweckt das marktbeherrschende Unternehmen (sogenanntes *Incumbent*), die marktbeherrschende Stellung auf nachgelagerte- bzw. vorgelagerte Märkte auszudehnen bzw. sie aufrechtzuerhalten. Diese Verhaltensweise kann zu Wettbewerbsbehinderungen führen, wenn die Einrichtung für andere Unternehmen (sogenannte Zugangsinteressenten oder Newcomer) wesentlich ist, um auf einem benachbarten Markt tätig zu werden. Die Wesentlichkeit einer Einrichtung bestimmt sich nach zwei Faktoren: der Unmöglichkeit für andere Unternehmen, 1) über eine andere Einrichtung Zugang zu dem begehrten Markt erhalten zu können (Fehlen von Alternativen) und 2) die Einrichtung selbst vernünftigerweise erstellen zu können (sogenannte Unduplizierbarkeit). Als solche *essential facilities* (wesentliche Einrichtungen) kommen alle Infrastruktureinrichtungen in Betracht, die für die Aufnahme oder Aufrechthaltung des Wettbewerbs erforderlich sind und deren Duplizierbarkeit unmöglich ist. Solche Konstellationen werden auch als *Bottleneck*-Situationen (Engpasssituationen) bezeichnet, da der Markt nur über den Zugang zu dieser Einrichtung zugänglich wird. Kann der marktbeherrschende Betreiber[1] der wesentlichen Einrichtung die Zugangsverweigerung nicht

[1] Es wird zwischen der gemeinsamen Kontrolle einer *essential facility* durch mehrere Unternehmen (*multiform combinations*) und der Kontrolle durch ein einzelnes Unternehmen (*single form conduct*)

auf sachliche Rechtfertigungsgründe stützen, stellt seine Verhaltensweise eine Verletzung der Wettbewerbsregeln dar. Um eine solche Verhaltensweise sanktionieren zu können und den Zugangsinteressenten einen diskriminierungsfreien Zugang zu gewährleisten, hat sich in verschiedenen Rechtsordnungen eine besondere Art kartellrechtlicher Kontrahierungspflicht etabliert, die normalerweise als "essential-facilities"-Doktrin bezeichnet wird. Die "essential-facilities"-Doktrin besagt, dass marktbeherrschende Unternehmen in der Ausübung ihrer aus der Eigentümerstellung resultierenden ausschließlichen Rechte unter gewissen Umständen nicht frei sind. Infolge dieser Beschränkung der Kontrahierungsfreiheit kann dem Infrastrukturinhaber die Pflicht auferlegt werden, dritten Unternehmen den Zugang zu eigenen Ressourcen unter diskriminierungsfreien Bedingungen zu gewähren[2].

Die "essential-facilities"-Doktrin wurde Anfang des 20. Jahrhunderts in das US-amerikanische Recht eingeführt. Im Rahmen des *Sec.* 2 *Sherman Act*[3] haben sowohl die Rechtsprechung als auch die Lehre mehrmals betont, dass die ungerechtfertigte Zugangsverweigerung durch ein Monopolunternehmen eine Verletzung der US-Wettbewerbsordnung darstellt. Am Anfang der neunziger Jahre wurde die "essential-facilities"-Doktrin im Zuge der Marktöffnung verschiedener Wirtschaftssektoren von der Europäischen Kommission (im Folgenden: Kommission) rezipiert, um einen effektiven und diskriminierungsfreien Zugang zu den liberalisierten Märkten zu gewährleisten. Diese Märkte weisen normalerweise Einrichtungen mit einer Netzstruktur (z.B. Telefonnetze, Versorgungsnetze und sogenannte virtuelle Netze in der Computerbranche) auf, die ihrem Inhaber durch sogenannte Netzwerkexternalitäten besondere Wettbewerbsvorteile sichern. Das Vorliegen von Netzwerkexternalitäten bedeutet, dass die volle Nutzung eines Netzes die Qualität des Produktes verbessert bzw. den Wert des Produktes[4] steigert (z.B. je mehr Telephonabnehmer an das Netz angeschlossen sind, desto höher ist der Wert des Telefonnetzes für jeden Abnehmer). Solche Netzstrukturen führen zu natürlichen Monopolen, d.h. Märkten, die keinen Wettbewerb dulden. Anders formuliert: Die Kosten für die Marktversorgung sind dann am geringsten, wenn nur ein Unternehmen auf dem Markt tätig ist[5]. Die Durchsetzung der Über-

---

unterschieden. Auf die Untersuchung des zweiten Tatbestands beschränkt sich die vorliegende Arbeit.

2 Diese Problematik konkretisiert sich oft in der Festsetzung des Zugangspreises. Da dieser Aspekt mehr mit sektorspezifischen Zugangsregeln zu tun hat, wird er nicht in dieser Arbeit vertieft.

3 Das US-amerikanische Kartellgesetz. Hierzu s. Kap. 1 § 1.

4 *Donahey* AIPLA 1997, 287.

5 Vgl. *Von Weizsäcker* WuW 1997, 573 ff..

zeugung, dass natürliche Monopole sich auf bestimmte Märkte beschränken sollten (z.B. auf den Betrieb eines Netzes) und dass dadurch der Wettbewerb auf benachbarten Märkten zu wirtschaftlicher Wohlfahrt führe, hat die Öffnung dieser Märkte mit sich gebracht. Das Bestehen von natürlichen Monopolen beschränkt sich auf bestimmte Märkte (z.B. das Betreiben eines Netzwerkes), während der Wettbewerb auf benachbarten Märkten (z.B. die Erbringung von Dienstleistungen über das Netzwerk) wünschenswert ist.

Die Öffnung dieser Märkte zum Wettbewerb hat die Marktzugangsfrage aufgeworfen. Bis dahin hatten Kommission und EuGH jeglichen Fall von Zugangsverweigerung als einen Aspekt der Geschäfts- und Lieferverweigerungsproblematik qualifiziert. Daher kann die "essential-facilities"-Doktrin auch als Sonderfall der kartellrechtlichen Geschäfts- und Lieferverweigerung angesehen werden. Danach dürfen sich marktbeherrschende Unternehmen nicht weigern, ohne sachliche Rechtfertigung eine Geschäftsbeziehung zu unterbrechen bzw. nicht aufzunehmen. Der Liberalisierungs- und Integrationsprozess der EU verlangte nach der Lösung der Frage, ob und inwieweit die Inhaber von wesentlichen Einrichtungen (wie z.B. Telefonnetzen, Häfen und Flughäfen) Newcomern den Zugang zu diesen Einrichtungen verweigern können, ohne dass sie eine missbräuchliche Verhaltensweise im Sinne von Art. 82 EG[6] ausüben. Parallel zur kartellrechtlichen Rechtsprechung hat der EU-Gesetzgeber verschiedene Richtlinien, Regelungen und Mitteilungen erlassen, die im Lichte der "essential-facilities"-Doktrin Zugangsrechte geschaffen haben. Die "essential-facilities"-Doktrin ist von zentraler Bedeutung auch in der deutschen und in der italienischen Rechtsordnung, da die Gesetzgeber sich mit der Zugangsfrage bzgl. der Öffnung der damaligen staatlichen Monopole mehrmals auseinandersetzen mussten. In diesem Zusammenhang hat der deutsche Gesetzgeber die "essential-facilities"-Doktrin in der 6. GWB Novelle formuliert.

[6] Vertrag zur Gründung der Europäischen Gemeinschaften vom 25. März 1957, i.d.F. des Vertrages über die Europäische Union, 1997 ABl. C 340 , 145.

II. Die "essential-facilities"-Doktrin im Spannungsfeld zwischen Kartellrecht und Immaterialgüterrechten

Die Zugangsproblematik verschärft sich, wenn die wesentlichen Einrichtungen immaterialgüterrechtlich geschützt sind - wie es z.B. bei Datensammlungen, Schnittstellen und Computerprogrammen vorkommt - und der Zugang zu Ihnen für die Teilnahme am Wettbewerbsprozess erforderlich ist. Wenn die Zugangsverweigerung eine Folge der Ausschließlichkeit von geistigem Eigentum ist, stellt sich die Frage, ob die Zugangsverweigerung eine legitime Ausübung des geistigen Eigentums darstellt.

Immaterialgüterrechte sind die Objekte des gewerblichen Rechtsschutzes und des Urheberrechts[7]. In den *common law*-Rechtsordnungen entsprechen die Immaterialgüterrechte dem sogenannten *intellectual property*. Darunter fallen das Urheberrecht, das Patentrecht, das Gebrauchsmuster- und Geschmacksmusterrecht, das Markenrecht und der gewerbliche Rechtsschutz besonderer Tätigkeiten (z.B. die Schaffung von Datenbanken). Obwohl in der Lehre die Begriffe „geistiges Eigentum", „Urheberrecht/gewerblicher Rechtsschutz" und „Immaterialgüterechte" unterschiedlich ausgelegt werden, werden sie im Rahmen dieser Arbeit als Synonyme verwendet. Kennzeichnend für die Immaterialgüterrechte ist ihre ausschließliche Natur: Dem Rechtsinhaber steht das ausschließliche Recht zu, über das geschützte immaterielle Gut frei zu bestimmen und zu verfügen[8]. Immaterialgüterrechte verleihen ihrem Inhaber Ausschließlichkeitsrechte, aber keine marktbeherrschende Stellung. Es ist dennoch unbestreitbar, dass Ausschließlichkeitsrechte in verschiedener Weise wenigstens zur Wahrung einer marktbeherrschenden Stellung führen können[9]. Besteht keine Alternative zu einem immaterialgüterrechtlich geschützten Produkt, entsteht ebenfalls eine marktbeherrschende Stellung. Dadurch werden vom Gesetzgeber Bereiche geschaffen, die vom Wettbewerb ausgenommen sind. Darüber hinaus können Immaterialgüterrechte Netzwerkexternalitäten[10] mit sich bringen, die die marktbeherrschende Stellung verstärken.

Obwohl die juristische Definierbarkeit von Wettbewerb umstritten ist[11], steht jedoch fest, dass er eines der grundlegenden Prinzipien der Marktwirtschaft ist.

---

[7] *Troller* 1983, I, 63. Zum Begriff Immaterialgüterrecht vgl. *Kohler* 1907.
[8] *Troller* 1983, I, 69 ff..
[9] *Ullrich* in *Immenga/Mestmäcker* EG-Wettbewerbsrecht 1997, I, GRUR, Tz. 40.
[10] Vgl. Kap. 5 § 3 II 4.
[11] Umfassend hierzu *Schubert* 1999, 224 ff..

Unter Wettbewerb versteht man „das selbstständige Streben sich gegenseitig im Wirtschaftserfolg beeinflussender Anbieter und Nachfrager (Mitbewerber) nach Geschäftsverbindung mit Dritten (Kunden) durch Inaussichtstellen möglichst günstiger Geschäftsbedingungen“[12]. Es entsteht also die Frage, warum der Gesetzgeber Wettbewerbsbeschränkungen auf bestimmten Märkten duldet. Zur Rechtfertigung der Immaterialgüterrechte sind verschiedene Theorien entwickelt worden, die grundsätzlich auf die folgenden Grundprinzipien zurückgeführt werden können[13]:

- Theorie vom geistigen Eigentum. Nach dieser Theorie hat der Mensch ein angeborenes Recht an den von ihm geschaffenen Werken[14]. Von einem ähnlichen Ausgangspunkt geht die Theorie des Philosophen *John Locke* aus, wonach das Eigentum an den Gegenständen der Natur seine Rechtfertigung in der auf sie verwendeten Arbeit findet[15]. Diese Theorie überschneidet sich mit der Belohnungstheorie, wonach die Förderung der allgemeinen Wohlfahrt einen Lohn verdiene[16].
- Anspornungstheorie. Diese Theorie besagt, dass die Verleihung zeitlich befristeter Ausschließlichkeitsrechte den technischen und wirtschaftlichen Fortschritt bzw. die kulturelle Entwicklung fördert[17]. Immaterialgüterechte haben eine Investitionsanreizfunktion, da ihr Inhaber für eine gewisse Zeit vor den wettbewerblichen Auswirkungen von Nachahmungshandlungen geschützt wird.
- Offenbarungstheorie. Die Offenbarungstheorie sieht die Immaterialgüterrechte als Gegenleistung, welche die Rechtsordnung dem Schöpfer bzw. dem Urheber für die Offenbarung der geistigen Leistung gewährt[18].
- Industrial-Organization-Lehre. Das Verhältnis Marktstruktur-Marktverhalten-Marktergebnisse stellt den Ausgangspunkt dieser Theorie dar. Aus einer wirtschaftlichen Untersuchung der Immaterialgüterrechte ergibt sich, dass sie sowohl Nutzen (technischen und wirtschaftlichen Fortschritt bzw. kulturelle

---

[12] *Fikentscher* 1958, 39.
[13] Vgl. *Machulp* 1961, 473.
[14] Vgl. *Hubmann/Götting* 6. Aufl., 20 ff..
[15] *Locke*, Second Treatise of Government, in *Laslett* 1988, Book II, Chap. V, § 27: "The labour of his body, and the work of his hands (...) are properly his. Whatsoever then he moves out of the state that nature hath provided, and left it in, he hath mixed his labour with, and joined to it something that is his own, and thereby makes it his property.“ Vgl. *Cotter* Antit. Bull. 1999, 218. Umfassend zum geistigen Eigentum bei *Locke* vgl. *Shiffrin* 2001.
[16] *Emmerich* in *Immenga/Mestmäcker* GWB 2. Aufl., § 20, Tz. 7.
[17] S. *Beier* GRUR Int. 1970, 1 ff.
[18] Vgl. *Machlup* GRUR Int. 1961, 377.

Entwicklung) als auch Kosten (monopolistische Preisfestsetzungen) mit sich bringen. Die Gewährung von Immaterialgüterrechten ist gerechtfertigt, solange der Nutzen die Kosten übertrifft[19].

- Die Lehre von den *property rights*. Die Theorie der *property rights* (Ausschlussrechte) geht davon aus, dass das Privateigentum zur besten Effizienz führe[20]. Die Anerkennung von *property rights*, auch in Form vom geistigen Eigentum, ist die Voraussetzung für Innovationswettbewerb. *Lehmann* hat hervorgehoben, dass *property rights* als übertragbare, absolute Exklusivrechte zugleich als Wettbewerbsbeschränkungen und als Monopolrechte betrachtet werden können, die notwendig sind, damit sich auf einer bestimmten höheren Stufe[21] wirtschaftlich relevanter Tätigkeiten Wettbewerb entwickeln kann[22]. Anders formuliert: ein funktionsfähiger Wettbewerb auf der Innovationsebene fordert Wettbewerbsbeschränkungen auf der Konsumebene.
- Die Lehre von der Mittlungsfunktion gewerblicher Schutzrechte. Allen Immaterialgüterrechten liegt zugrunde, immaterielle Informationen zum Gegenstand zu haben. Die besonderen Eigenschaften der Immaterialgüterrechte fordern einen „künstlichen“ rechtlichen Schutz, um eine Amortisierung der Investitionen zu ermöglichen. Die Information stellt ein handels- und wettbewerbsfähiges Gut dar, das dem sonstigen Eigentum oder der allgemeinen Handlungsfreiheit gleichzustellen ist. Daraus schlussfolgern die Verfechter dieser Theorie, dass Immaterialgüterrechte mit der Wettbewerbsordnung im Einklang stehen[23].

Je nachdem, welcher von diesen Theorien man folgt, gelangt man zu unterschiedlichen Ergebnissen die dem Verhältnis zwischen Wettbewerbsordnung und Immaterialgüterrechten. In der Literatur werden zwei Thesen vertreten: Einerseits wird betont, dass zwischen der Wettbewerbsordnung und den Immaterialgüterrechten ein antinomisches Verhältnis bestehe[24]. Andererseits wird von einer entgegensetzten Literaturmeinung hervorgehoben, dass zwischen dem geistigen Eigentum und dem Kartellrecht kein Konflikt bestehe[25] bzw. dass die Immateri-

---

[19] Vgl. *Scherer* 1980, 442 ff.. Vgl. die Theorien von *Schumpeter* unten in Kap. 1 § 4 II.
[20] Grundlegend hierzu *Posner* 1977, 27 ff..
[21] Der Markt wird in Konsum, Produktion und Innovation eingestuft.
[22] *Lehmann* GRUR Int. 1983, 360.
[23] Vgl. *Ullrich* GRUR Int. 1996, 566.
[24] Vgl. *Fikentscher* 1958 207 ff., 277 ff..
[25] Vgl. *Ullrich* GRUR Int. 1996, 555 ff..

algüterrechte in einem harmonischen Verhältnis zu der Wettbewerbsordnung stünden[26].

Im Laufe dieser Arbeit wird durch Untersuchung einer umfangreicher Kasuistik und verschiedener Literaturansätze gezeigt, dass die aus dem geistigen Eigentum entstehenden Wettbewerbsbeschränkungen zu kartellrechtlichen Verletzungen der Wettbewerbsordnung führen können.

Spezifische Eigenschaft der Immaterialgüterrechte ist ihre außergewöhnliche Natur. Es handelt sich um einen „Ausnahmezustand", der keine Ausdehnung erlaubt. Deswegen schafft der Gesetzgeber scharfe Konturen in der Materie der Ausschließlichkeitsrechte. Überschreitet der Rechtsinhaber diese Konturen, ist die Ausübung seiner Ausschlussbefugnisse nicht mehr gerechtfertigt. Diese Problematik ergibt sich insbesondere bei den sogenannten High-Tech-Märkten. Nach der Definition von *Temple Lang* sind darunter das Telekommunikationswesen, das Luftfahrtwesen, Biotechnologien, Computer, Computer Software und die einschlägigen Industrien zu verstehen[27]. Bei solchen Märkten werden häufig die Ausschlussbefugnisse der Immaterialgüterrechte als Grund für die Verweigerung zu einer wesentlichen Infrastruktur herangezogen. Auszugehen ist von der folgenden Konstellation: Der Inhaber einer urheberrechtlich geschützten Datensammlung ist versucht, seine beherrschende Stellung auf einen nachgelagerten Markt auszudehnen (*monopoly leveraging*). Dafür wird der Inhaber der Datensammlung Dritten den Zugang zu seinen Daten ungerechtfertigt durch eine Lizenzverweigerung verwehren. In diesem Falle wird der Grund fehlen, der die Ausschließlichkeit des Urheberrechts rechtfertigt und kann eine kartellrechtliche Zwangslizenz auferlegt werden. Die Auferlegung solcher Zwangslizenzen kann auf der "essential-facilities"-Doktrin beruhen. Bei der Missbrauchsbeurteilung wird der Gedanke des Schutzzwecks des ausschließlichen Rechts herangezogen: Immaterialgüterrechte dürfen den Wettbewerb nur so weit beschränken, wie der Schutzzweck dies zulässt. Auf diese Weise können Wettbewerb und Immaterialgüterechte in Einklang gebracht werden.

III. Gang der Untersuchung

Gegenstand der vorliegenden Arbeit ist die Anwendung der "essential-facilities"-Doktrin unter besonderer Berücksichtigung der Immaterialgüterrechte. Bestreben

---

[26] Vgl. *Lehmann* GRUR Int. 1983, 360 ff..
[27] *Temple Lang* Fordham 1996, 519 ff..

dieser Arbeit ist es, die Anwendbarkeit der "essential-facilities"-Doktrin in der US-amerikanischen, in der EU-, in der deutschen und in der italienischen Rechtsordnung zu untersuchen und im folgenden die Ergebnisse dieser Untersuchung einer rechtsvergleichenden Analyse zu unterziehen.

Das erste Kapitel vermittelt einen Überblick über die "essential-facilities"-Doktrin im US-amerikanischen Recht. Dieses Kapitel beleuchtet nicht nur die historischen Wurzeln der "essential-facilities"-Doktrin, sondern untersucht auch ihre jüngsten Entwicklungen im Hinblick auf den gewerblichen Rechtschutz.

Im zweiten Kapitel werden nach einer ausführlichen Darstellung der Entscheidungspraxis der Kommission und des EuGH die Konturen der "essential-facilities"-Doktrin im gemeinschaftlichen Recht im Lichte des Missbrauchs einer marktbeherrschenden Stellung gemäß Art. 82 EG erörtert. Danach wird die Frage beantwortet, inwieweit die "essential-facilities"-Doktrin auf Immaterialgüterrechte anwendbar ist.

Das dritte und das vierte Kapitel untersuchen die Anwendung der "essential-facilities"-Doktrin in Deutschland und in Italien. Den Ausführungen über die Öffnung der einstmals staatlichen Monopole und die Zugangsproblematik bzgl. der Immaterialgüterrechte gilt besonderes Augenmerk. Schließlich werden die Ergebnisse dieser vier Kapitel im fünften Kapitel einer rechtsvergleichenden Untersuchung unterzogen.

KAPITEL 1: DIE "ESSENTIAL-FACILITIES"-DOKTRIN IN DER US-AMERIKANISCHEN RECHTSORDNUNG

§ 1. Die "essential-facilities"-Doktrin zwischen der Wahlfreiheit des Geschäftspartners und dem Monopolisierungsverbot

I. Vorbemerkungen

Einer Darstellung der „essential facilities"-Doktrin in Europa muss ein Überblick über die US-amerikanische Lage vorausgehen. Ein solcher Überblick erscheint nicht nur notwendig, weil die Wurzeln der "essential-facilities"-Doktrin in die amerikanische Praxis der vorletzten Jahrhundertwende reichen. Vielmehr ist auch im Lichte der jüngsten Entwicklungen der "essential-facilities"-Doktrin in den High-Tech-Märkten[28] eine Betrachtung der "essential-facilities"-Doktrin in der US-amerikanischen Rechtsordnung von Interesse. Der weltweit Aufsehenerregende Fall *Microsoft* stellt beispielsweise gerade die Zugangsproblematik in den Mittelpunkt des US-amerikanischen Kartellrechts. Hiermit erweist sich, dass vor allem die Zugangsproblematik eine große Herausforderung für das Kartellrechts in den High-Tech Märkten darstellt. Die Problematik, auf die sich die "essential-facilities"-Doktrin bezieht, besteht im Kern darin, dass marktbeherrschende Unternehmen - Inhaber von sogenannten *essential facilities* - (neuen) Wettbewerbern den Zugang zu den eigenen *facilities* verweigern oder nur unter diskriminierenden Bedingungen gestatten.

Im nächsten Paragraphen wird die Dialektik zwischen dem Grundsatz der Wahlfreiheit des Geschäftspartners und der Geschäftsverweigerung als monopolisierendes Einzelverhalten erörtert. Paragraph 2 wird einen Überblick über die amerikanische Spruchpraxis bringen. Danach folgt in Paragraph 3 eine synthetische Untersuchung der Tatbestandsmerkmale der "essential-facilities"-Doktrin. Der letzte Paragraph ist der immaterialgüterrechtlichen Problematik gewidmet. Im Lichte der neuesten Entwicklungen der Rechtsprechung und der Gesetzgebung wird ein besonders problematischer Aspekt der "essential-facilities"-Doktrin untersucht, nämlich die Frage: Können technische Standards, die in den High-Tech-Industrien von großer Bedeutung sind, als *essential facilities* angesehen werden? Können technische Standards als *essential facilities* auch dann gelten, wenn sie immaterialgüterrechtlich geschützt sind? Schließlich wird untersucht,

---

[28] Hierzu s. Einf. I.

inwieweit die “essential-facilities”-Doktrin auf die Immaterialgüterrechte anwendbar ist.

II. Das Monopolisierungsverbot nach *Section 2 Sherman Act*

Anknüpfungspunkt für die “essential-facilities”-Doktrin im US-amerikanischen Bundesrecht ist das Monopolisierungsverbot der *Section 2* des *Sherman Act*[29], das marktbeherrschenden Unternehmen den willentlichen Erwerb oder die Aufrechterhaltung der Monopolstellung durch „unangemessene Mittel“ (*improper means*) verbietet.

“ Section 2 Sherman Act
Every person who shall monopolize, or attempt to monopolize, or combine or conspire with any other person or persons, to monopolize any part of the trade or commerce among the several States, or with foreign nations, shall be deemed guilty of a felony (...). “

Die vagen Umrisse dieser Vorschrift wurden in der Entscheidung *United States v. Grinnell Corp.*[30] von dem US-amerikanischen *Supreme Court* erläutert. Behauptet der Kläger einen Verstoß gegen *Section 2 Sherman Act*, so muss er das Vorliegen von zwei Elementen nachweisen.

Erstens muss er nachweisen, dass das beklagte Unternehmen Monopolmacht (*monopoly power*) besitzt. Unter Monopolmacht versteht man die Macht, Preise zu kontrollieren oder Wettbewerb auszuschließen[31]. Die Entscheidung über das Vorliegen der Monopolmacht setzt das Vorhandensein und die Bestimmung eines relevanten geographischen sowie eines Produktmarktes voraus. Die Produktmarktbestimmung bezieht sich auf alle Produkte, die für einen bestimmten Verwendungszweck austauschbar sind[32]. Der geographisch relevante Markt umfasst ein Gebiet, auf dem verschiedene Verkäufer des Produktes konkurrieren und auf dem den Käufern eine Auswahl unter alternativen Anbietern zur Verfügung steht[33].

---

[29] Das amerikanische Kartellgesetz des Jahres 1890, vgl. 15 U.S.C.A. §§ 1-7, § 2.
[30] *United States v. Grinnell Corp.*, 384 U.S. 563 (1966).
[31] *United States v. Griffith*, 334 U.S. 100, 107 (1948).
[32] *United States v. E.I. du Pont de Nemours & Co.*, 351 U.S. 377, 395 (1956).
[33] *City of Cleveland v. Cleveland Electric Illuminating Co.*, 538 F. Supp. 1306, 1318 (N.D. Ohio 1980).

Zweitens muss der Kläger ein sogenanntes *exclusionary conduct* beweisen, d.h. den Missbrauch der Monopolstellung. Ein *exclusionary conduct* ist von dem bewussten Erwerb bzw. Erhalt einer Monopolstellung durch Unternehmenswachstum und -entwicklung als Ergebnis eines überlegenen Produkts, Geschäftsinns oder historischer Entwicklung zu unterscheiden[34]. Ist das Monopol die Folge von überlegener Geschicklichkeit, Voraussicht oder Fleiß, liegt kein *exclusionary conduct* vor.

Entscheidender Gesichtspunkt bei der Frage, ob ein bestimmtes Verhalten ausschließend ist oder nicht, ist folgender: Abzugrenzen ist, ob der Wettbewerbsverstoß vorrangig auf den Ausschluss von Konkurrenten abzielt oder ob er Ausdruck eines Leistungswettbewerbs (*competition on the merits*) ist. Was unter *exclusionary conduct* und *competition on the merits* zu verstehen ist, wurde in einer Reihe von Entscheidungen näher konkretisiert[35]. Die nächsten Kapitel werden sich mit der Frage auseinandersetzen, ob die Geschäftsverweigerung bzw. die Zugangsverweigerung zu Einrichtungen seitens eines Monopolunternehmens ein *exclusionary conduct* i.S.v. *Section 2 Sherman Act* darstellt.

III. Das Prinzip der Wahlfreiheit des Geschäftspartners [36]

Das Prinzip, wonach ein Monopolist frei ist, seine Geschäftspartner zu wählen („exercise his own independent discretion as to the parties with whom he will deal"), wurde in der grundlegenden Entscheidung *U.S. v. Colgate & Co.* aufgestellt[37]. Es besagt, dass ein Monopolist keiner allgemeinen Kontrahierungspflicht unterliegt, sondern über eine Geschäftsverweigerungsfreiheit verfügt. Die US-amerikanische Wahlfreiheit des Geschäftspartners ist jedoch nicht absolut und setzt die Abwesenheit *„of any purpose to create or maintain monpoly"*[38] voraus. Fehlen also die „Wettbewerbs-Gründe" (*competitive reasons*) der Verweigerung, ist sie ungerechtfertigt und wettbewerbswidrig[39].

---

[34] *United States v. Grinnell Corp.*, 384 U.S. 563, 570 ff. (1966).
[35] Hierzu umfassend *Holmes* 2001, 382 ff..
[36] Vgl. *Rosen* Antit. Law Jour. 1994, 681; *Venit/Kallaugher* Fordham 1994, 317.
[37] *United States v. Colgate & Co.*, 250 U.S. 300, 307 (1919).
[38] A.a.O.
[39] *United States v. Colgate & Co.*, 250 U.S. 300 (1919): "It is true that as a general matter a firm can refuse to deal with its competitors. But such right is not absolute; it exists only if there are legitimate competitive reasons for the refusal".

Die *unilateral refusal to deal*, *intent test*, die *monopoly leveraging theory* und die „Essential facility“-Doktrin sind die kartellrechtlichen Grenzen dieser Freiheit und werden in den nächsten Seiten erörtert.

IV. Grenzen des *unilateral refusal to deal*: *intent test*, *monopoly leveraging theory* und "essential-facilities"-Doktrin

Einmal angenommen, dass die Wahlfreiheit des Geschäftspartners ein allgemeines Prinzip des US-amerikanischen *common law* ist, gilt es als nächstes zu beurteilen, unter welchen Bedingungen diese Freiheit gegen *Sec. 2 Sherman Act* verstoßen kann. In der amerikanischen Literatur und Rechtsprechung hat sich die monopolisierende, einseitige Geschäftsverweigerung (*unilateral refusal to deal*) als Verstoß gegen *Sec. 2 Sherman Act* herauskristallisiert. Wann ein solches Verhalten wettbewerbswidrig ist, stellt eine Zentralfrage dar, da sich zwei entgegengesetzte Prinzipien gegenüberstehen: die Freiheit der einzelnen Konkurrenten[40] einerseits und die Freiheit des Wettebewerbs andererseits[41]. Um die monopolisierende einseitige Geschäftsverweigerung[42] (*unilateral refusal to deal*) besser zu bestimmen, haben die amerikanische Lehre und die Entscheidungspraxis verschiedene Prüfungsmethoden[43] entwickelt: den *intent test*, die *monopoly leveraging theory* und die "essential-facilities"-Doktrin.

Diese drei Theorien sind nicht dogmatisch zu betrachten. Sie sollen dazu dienen, unterschiedliche wettbewerbsproblematische Fälle zu qualifizieren. Darüber hinaus sind die Konturen der oben erwähnten Theorien nicht immer scharf, sondern überschneiden sich in bestimmten Fällen[44]. In bezug auf diese Überschneidung haben *Kezsbom* und *Goldman* behauptet[45], dass die Konturen der "essential-facilities"-Doktrin verschwommen sind, und dass die "essential-facilities"-Doktrin ein überflüssiges Antitrustinstrument sei. Diese These ist jedoch nicht vertretbar, da eine effektive Marktöffnung bzw. ein wirksamer Wettbewerb, insbesondere auf den High-Tech Märkten, erst durch ein flexibles Instrument wie die "essential-facilities"-Doktrin möglich wird. Die Überschneidung der "essential-facilities"-Doktrin mit anderen kartellrechtlichen Tatbeständen ist eine Folge der Flexibilität der "essential-facilities"-Doktrin und lässt die Tragweite der "essential-

---

[40] *Laurel Sand & Gravel, Inc. v. CSX Transp., Inc.*, 924 F.2d 539, 544, 545.

[41] Zu den verschiedenen Ansätzen, die dahinter stehen vgl. *Vasques* CEM 1998, 409. S. auch *Guglielmetti* CEM 1998, 404, 405.

[42] Umfassend wird der *unilateral refusal to deal* von *Ahern* Antit. Law. Jour. 1994, 153 ff. erörtert.

[43] Vgl. *Schindler* 1998, 7.

[44] *Venit/Kallaugher* Fordham 1994, 318.

[45] *Kezsbom/Goldman* Columbia Business Law Rev. 1996, 5 ff..

facilities"-Doktrin unberührt. Die Unterschiede zwischen diesen Theorien werden unten in Kap. 1 § 3 I weiter erläutert.

1. Der intent test

Der *intent test* beinhaltet ein subjektives Element, den Vorsatz eines Unternehmens zu monopolisieren. Die Qualifizierung der *„willful acquisition or maintenance"*[46] einer Monopolmacht als Verstoß gegen *Sec. 2 Sherman Act* kann irreführend sein. Wie *Areeda* feststellt, ist die Monopolmacht an sich erlaubt[47], wenn das dominierende Unternehmen erlaubte Mittel anwendet (z.B. technologische Erfindungen oder Marketing Strategien). Nach neuster Rechtsprechung setzt die Anwendung des *intent test* das Vorliegen von objektiven Elementen voraus. Insbesondere infolge der Entscheidungen *Aspen*[48] und *Alaska Airlines*[49] liegt der Schwerpunkt eines Monopolmissbrauchs auf den wettbewerbswidrigen Auswirkungen einer Geschäftsverweigerung.

2. Die monopoly leveraging theory (Monopolausdehnungstheorie)

Im *Kodak* Urteil[50] führte der *US Supreme Court* die sogenannte *monopoly leveraging theory* ein, wonach ein Unternehmen seine marktbeherrschende Stellung nicht mit Hilfe seiner Monopolmacht von einem Markt auf einen anderen ausdehnen darf[51]. Der *monopoly leveraging theory* wurde mehrmals vorgeworfen, die Privatautonomie einzuschränken und wirtschaftlich irrationell zu sein. Im Rahmen dieser Kritik haben *Blair* und *Esquibel* eine Beschränkung der Anwend-

---

46 *United States v. Grinnell Corp.*, 384 U.S. 563, 570-571 (1966). S. *Furse* ECLR 1995, 470.

47 *Areeda* 1990 Antit. Law Jour., 845 plädiert für die Schaffung einer Monopolmacht, wenn sie Folge eines erlaubten Verhaltens ist.

48 *Ahern* Antit. Law Jour. 1994, 165: "Moreover, since Aspen, numerous courts have held that evidence of subjective anticompetitive intent, alone, is insufficient for a violation of Section 2." A.a.O. Fußnoten 57 und 59 mit vielen Verweisen auf die Spruchpraxis. Die *Aspen*-Entscheidung ist nicht nur der Wendepunkt des *intent test*, sondern auch ein typischer Fall der "essential facilities"-Doktrin. S. unten Kap. 1 § 2 I 4.

49 *Alaska Airlines Inc. v. United Airlines*, 948 F.2d 536, 544 (9th Cir. 1991): „There is little need to engage in the usual lengthy analysis of factors such as intent."

50 *Berkey Photo, Inc. v. Eastman Kodak, Inc., 603 F.2d 263 (2nd Cir. 1979)*. S. auch *MCI Communications Corp. v. American Telegraph. & Telegraph Co.*, 708 F.2d 1081, 1132 (*7th Cir.*), 464 U.S. 891 (1983).

51 *Rubinfeld* Antit. Bull. 1998 877, 878: "Leveraging occurs when a firm uses its advantage from operating in one market to gain an advantage in selling into one or more other, generally related markets.[...]Leveraging can, however, be anticompetitive if it serves as a mechanism by which a dominant firm is able to raise its rivals' economic costs of competing in the market place."

barkeit der *monopoly leveraging theory* verfochten[52]. Die letzten Entwicklungen der Spruchpraxis zeigen hingegen, dass die Monopolausdehnungstheorie eine zunehmend wichtige Rolle spielt. In der Entscheidung *Willman v. Heartland Hospital East*[53] wurde das Vorliegen folgender Voraussetzungen für die Anwendbarkeit der *monopoly leveraging theory* festgestellt:

- Monopolmacht auf einem Markt;
- Die Ausübung der Monopolmacht, wobei diese Macht rechtmäßig erworben ist, um auf einem anderen Markt den Wettbewerb auszuschließen, einen Wettbewerbsvorteil zu gewinnen oder einen Wettbewerber zu vernichten;
- Ein von dem angefochtenen Verhalten verursachter Schaden[54].

Schließlich sei noch darauf hingewiesen, dass die *monopoly leveraging theory* im Verfahren *United States v. Microsoft* von zentraler Bedeutung in der Argumentationsweise des Richters war[55].

§ 2. Die "essential-facilities"-Doktrin: Entscheidungspraxis

I. Die Entscheidungspraxis des *Supreme Court*

Obwohl die Entscheidungen des *Supreme Court* noch nie die "essential-facilities"-Doktrin als Entscheidungsgrund herangezogen haben, stellen die folgenden Urteile des amerikanischen, letztinstanzlichen Gerichts eine implizite Anwendung[56] der "essential-facilities"-Doktrin dar:

---

[52] Vgl. *Blair/Esquibel* Antit. Bull. 1995, 371. Nach einer Darstellung der US-amerikanischen Rechtsprechung (a.a.O. 373 ff.) kommen beide Autoren zum Schluss, dass die *monopoly leveraging theory* nur zugunsten der Konsumenten anzuwenden sei.

[53] *Willman v. Heartland Hospital East*, 836 F. Supp. 1522 (W.D. Missouri. 1993), 34 F.2d 605 (8th Cir. 1994). S. auch *Ortho Diagnostic Systems, Inc. v. Abbott Laboratories*, 822 F. Supp. 145, 153-156 (S.D.N.Y. 1993).

[54] A.a.O. 613.

[55] *United States v. Microsoft, Corp.* 980 F. Supp. 537, 544 (D.D.C. 1997): „The probability that Microsoft will not continue to reinforce its operating system monopoly by its licensing practices but might also acquire yet another monopoly in the internet browser market, is simply too great to tolerate indefinitely [...]. Those practices should be abated until it is conclusively established that they are benign". S. unten Kap. 1 § 2 III 3.

[56] Dass die Rechtsprechung des *Supreme Court* eine Anwendung der "essential facilities"-Doktrin ist, wurde von der Lehre schon in den siebziger Jahren erkannt. Vgl. *Neale* 1970, 66 ff. und 127 ff..

1. United States v. Terminal Railroad Association

Einhellig führen die amerikanische[57] und die europäische Lehre[58] die "essential-facilities"-Doktrin auf den Fall *Terminal Railroad Association*[59] zurück. In *Terminal Railroad Association* verfügte ein Zusammenschluss von Eisenbahngesellschaften über Eisenbahninfrastrukturen, die aus geographischen Gründen weder ersetzbar noch duplizierbar waren und eine strategisch wichtige Lage hatten. Dies verlieh dem Zusammenschluss eine dominierende Stellung, die dazu führte, dass ein wichtiger Eisenbahnknotenpunkt (die Stadt *St. Louis*) durch den Zusammenschluss von Unternehmen kontrolliert wurde. Die Zugangsverweigerung und die Zugangsgewährung unter diskriminierenden Bedingungen gerieten unter die Lupe des *Supreme Court*, der die ausschließende Verhaltensweise für wettbewerbswidrig hielt. Der US *Supreme Court* verwies in diesem Fall auf *Section 1* (unzulässiges konzentriertes Verhalten in Form einer horizontalen Absprache zwischen Konkurrenten) und *Section 2* (versuchte Monopolisierung) des *Sherman Act*[60]. Infolge dieser Verhaltensweise musste die Vereinigung von Eisenbahngesellschaften fremden Eisenbahngesellschaften den Eintritt in die Vereinigung oder einen Zugang zu den Einrichtungen unter gerechten und angemessenen Bedingungen gestatten.

2. Associated Press v. United States

Section 1 Sherman Act war auch in der Entscheidung *Associated Press v. United States*[61] der Ausgangspunkt der Argumentation des *Supreme Court*. Obwohl sich die vorliegende Arbeit auf die "essential-facilities"-Doktrin als versuchte Monopolisierung und missbräuchliche Marktbeherrschung beschränkt (*Section 2 Sher-*

---

[57] Vgl. *Areeda* Antit. Law Jour. 1990, 842; *Donahey* AIPLA 1997, 279 ff.. Vgl. auch die kritische Meinung von *Reifen/Kleit* J.L. & Econ. 1990, 419 ff., 437; *Hovenkamp* 1994, 273. *Reifen/Kleit* und *Hovenkamp* weisen darauf hin, dass der Fall nicht unter *Sec. 2 Sherman Act* zu subsumieren war, da es sich um eine vielseitige Verhaltensweise handelte. Hingegen setze *Sec. 2 Sherman Act* eine einseitige Verhaltensweise voraus. Damit wollten die genannten Autoren der "essential facilities"-Doktrin ihre historischen Wurzeln entziehen.

[58] Vgl. u.a. *Levi* Riv. Dir. Ind. 1996, II, 203; *Bunte* WuW 1997, 307; *Meinhardt* 1998, 139; *Schindler* 1998, 10; *Vasques* CEM 1998, 409. Auch der GA *Jacobs* in seinen Schlussanträgen zum Fall *Bronner* hält die Entscheidung *Terminal Railroad Association* für den ersten Anwendungsfall der "essential facilities"-Doktrin (EuGH, Urteil vom 26. November 1998, Rs. C-7/97, Slg. 1998 I, 7791 ff., Schlussanträge des GA *Jacobs*, Tz. 47 – *Bronner/Mediaprint*). Hierzu s. Kap. 2 § 2 II 4.

[59] *Terminal Railroad v. United States*, 224 U.S. 383 (1912).

[60] Der Anwendbarkeit der "essential facilities"-Doktrin auf ein unzulässig konzentriertes Verhalten in Form einer horizontalen Absprache zwischen Konkurrenten (Art. 81 EG) wird von *Temple Lang* Fordham 1994, 245 und 265 ff. zugestimmt.

[61] 326 U.S. 1 (1945).

man Act), erweist sich dieser Fall als besonders interessant, vor allem in Bezug auf die Definition der *essential facilities*. *Associated Press* war ein *Joint Venture* von 1200- Zeitungsagenturen, die ihren Mitgliedern Zugang zu Nachrichten und Korrespondenzdiensten gewährte. Da die Statutregelungen für die Aufnahme neuer Mitglieder ein diskriminierendes Vetorecht vorsahen, qualifizierte der *Supreme Court* den unbegründeten Ausschluss neuer Konkurrenten als einen Verstoß gegen *Section 1 Sherman Act*. Daraus folgt, dass nicht nur physikalische Infrastrukturen (das Eisenbahnnetz von *Terminal Railroad Association*) sondern auch virtuelle Netze (Nachrichten, Daten und Informationen) als *essential facility* gelten können[62].

3. Otter Tail Power Co. v. United States

Der *Supreme Court* befasste sich mit versuchter Monopolisierung gegen Section 2 *Sherman Act* erstmals in *Otter Tail Power Co. v. United States*[63]. Das vertikal integrierte, öffentliche Elektrizitätsunternehmen *Otter Tail* besaß ein natürliches Monopol[64] in der Energiewirtschaftsbranche. Als *Otter Tail Power* begann, Elektrizität unter diskriminierenden Bedingungen zu verteilen[65], griff der *Supreme Court* ein. Der *Supreme Court* begründete seine Entscheidung mit dem *intent test*[66], wonach die Monopolmacht nicht ausgeübt werden durfte, um den Wettbewerb in einem nachgelagerten Markt abzuschotten, Vorteile zu erwirtschaften oder einen Konkurrenten zu verdrängen[67]. Es muss aber betont werden, dass eine solche Konstellation heute legitim sein könnte. Seit die Elektrizitätsmärkte liberalisiert worden sind und kein natürliches Monopol mehr darstellen, könnte der potentielle Zugangsinteressent andere Netze benutzen oder selbst ein Netz errichten[68].

---

[62] Zu den *virtual networks* s. *Donahey* AIPLA 1997, 294.

[63] 410 U.S. 366 (1973).

[64] Zur Definition vom „natürlichen Monopol" s Einf. I und Kap. 5 § 3 II 1.

[65] *Otter Tail* verweigerte die Elektrizitätslieferung an alle jene Gemeinden, die die Elektrizität an die Haushalte selber weiterverteilen wollten.

[66] S. oben Kap. 1 § 1 IV 1.

[67] 410 U.S. 366, 377 (1973): "[...] Otter Tail used its monopoly power [...] to foreclose competition or gain competition advantage, or to destroy a competitor, all in violation of antitrust laws."

[68] S. *Donahey* AIPLA 1997, 310 Fußnote 126, mit Verweisen auf die amerikanische Gesetzgebung und Literatur.

4. Aspen Skiing Co. v. Aspen Highlands Skiing Corp.

In der von dem Schrifttum stark kritisierten Entscheidung *Aspen Skiing Co. v. Aspen Highlands Skiing Corp.* verfügte der Skianlagenbetreiber *Aspen Skiing* über drei Skianlagen, die ihm ein Monopol im Skigebiet *Aspen, Colorado*[69] verliehen. Durch eine Vereinbarung zwischen *Aspen Skiing* und dem Inhaber einer vierten Skianlage, *Aspen Highlands Skiing,* hatten die Konsumenten seit Jahren die Möglichkeit, einen gemeinsamen vergünstigten Skipass zu kaufen, der alle vier Skianlagen umfasste. Die Verweigerung von *Aspen Skiing*, die obengenannte Vereinbarung zu verlängern, stellte nach Ansicht des *Supreme Court* einen Verstoß gegen *Section 2 Sherman Act* dar. Obwohl in der vorinstanzlichen Entscheidung der *10th Circuit* die "essential-facilities"-Doktrin als Entscheidungsgrund herangezogen hatte, vermied der *Supreme Court* die "essential-facilities"-Doktrin anzuwenden. Dieses Verhalten lässt sich damit erklären, dass eine explizite Anerkennung der "essential-facilities"-Doktrin in den Augen der letztinstanzlichen Gerichte schwerwiegende Folgen sowohl auf die Eigentumsordnung als auch auf die Vertragsfreiheit haben kann.

II. Die Entscheidungspraxis der erstinstanzlichen- und Berufungsgerichte: Die *MCI*-Kriterien

Die Prägung der Ausdrücke *bottleneck monopoly* und *essential facility* geht auf die Lehre der siebziger Jahre zurück[70] und wurde zur gleichen Zeit von der Rechtsprechung der erstinstanzlichen- und Berufungsgerichte eingeführt. Die Entscheidungspraxis dieser Gerichte, die aus der gerade geschilderten impliziten Praxis des *Supreme Court* entwickelt wurde, spielt eine wesentliche Rolle bei der Bestimmung der "essential-facilities"-Doktrin. Da diese Arbeit keine umfassende Darstellung dieser Spruchpraxis bieten kann, wird in den nächsten Zeilen nur die *MCI*-Entscheidung erörtert, die wichtige Elemente zur Definition der "essential-facilities"-Doktrin beigetragen hat. Andere Fälle werden anlässlich der Immaterialgüterrechte und der Untersuchung der Tatbestandsmerkmale der "essential-facilities"-Doktrin in Betracht gezogen[71].

---

[69] Der Fall wird ausführlich von *Areeda/Kaplow* 1988, 512 ff. dargestellt.

[70] Vgl. *Neale* 1970, 66 ff.127 ff: "The Sherman Act requires that where facilities cannot be practically duplicated by would be competitors, those in possession of them must allow them to be shared on fair terms. It is illegal restraint of trade to foreclose the scarce facility." Vgl. auch *Troy* 1983, 448.

[71] S. unten Kap. 1 § 2 III und Kap. 1 § 3 II.

Das Urteil *MCI Communications Corp. v. American Tel. & Tel. Co.* (im Folgenden *MCI v. AT&T*)[72] stellt den Wendepunkt bei der Definierung der "essential-facilities"-Doktrin dar, da sich ein Gericht erstmals über die Voraussetzungen für die Anwendung der "essential-facilities"-Doktrin ausgesprochen hat[73]. In diesem Fall weigerte sich der marktbeherrschende Netzbetreiber *AT&T*, den Zugang zu dem eigenen Telefonnetz zu gewähren. Der neue Anbieter von Telefondiensten *MCI* konnte ein flächendeckendes Angebot seiner Telekommunikationsdienstleistungen nur unter Zuhilfenahme der Kapazitäten des alteingesessenen und ehemaligen flächendeckenden Monopolisten *AT&T* bieten. Der neue Anbieter verfügte noch nicht über all diejenigen Kapazitäten, die ein Telekommunikationsangebot für neue Kunden attraktiv machen würden. *AT&T* verweigerte den Anschluss zu lokalen Verteilungseinrichtungen, die wesentlich für die Fernübertragung waren. Da die Netzzugangsgewährung für die neuen Anbieter sehr teuer und die Herstellung eines flächendeckenden Netzes unmöglich war, beschritt *MCI* den Rechtsweg.

Das wettbewerbswidrige Verhalten von *AT&T* veranlasste den *seventh appeal court*, die Voraussetzungen für die Anwendung der "essential-facilities"-Doktrin festzustellen. Die "essential-facilities"-Doktrin erweist sich als ein geeignetes kartellrechtliches Instrument für die Zugangsgewährung, falls folgende Voraussetzungen erfüllt sind:

- die Kontrolle der wesentlichen Einrichtung durch einen Monopolisten
- die Unzumutbarkeit und praktische Unfähigkeit eines Konkurrenten, die wesentliche Einrichtung zu duplizieren
- die Zugangsverweigerung zu einer Einrichtung gegenüber einem Konkurrenten
- die Zumutbarkeit der Zugangsgewährung

Dieser Liste ist noch eine negative Voraussetzung hinzuzufügen, die aus der vierten Voraussetzung abzuleiten ist: die Zugangsverweigerung ist nur dann

---

72 708 F. 2d 1081 (7th Cir. 1983).

73 Die amerikanische Rechtsprechung hatte sich schon in anderen Fällen mit der Zugangsproblematik zu Telekommunikationseinrichtungen befasst. Vgl. u. a. *MCI Communications Corp. v. American Tel. & Tel. Co*, 462 F. Supp. 1072 (N.D. Ill. 1978); *United States v. American Tel. & Tel. Co.*, 524 F. Supp. 1336 (D.D.C. 1981); *Southern Pac. Communications Co. v. American Tel. & Tel. Co.*, 556 F. Supp. 825 (D.D.C. 1983). Dieser letzte Fall erweist sich als besonders interessant, da das Zugangsrecht aufgrund der Erwägungen des öffentlichen Interesses zurückgewiesen wurde. Umfassend zur Zugangsproblematik in der amerikanischen Telekommunikationsbranche vgl. *Haar* 1995, 109 ff..

wettbewerbswidrig, wenn der Inhaber der Einrichtung keinen sachlichen Rechtfertigungsgrund (*legitimate business reason*) darlegen kann[74]. Wenn alle diese Voraussetzungen vorliegen, kann die "essential-facilities"-Doktrin angewandt werden. Das Gericht kam zu dem Schluss, dass die Ausdehnung der Monopolstellung von einem auf einen weiteren Markt (*leverage of monopoly power*) *AT&T* verpflichtet, anderen Unternehmen den Zugang zu Einrichtungen unter diskriminierungsfreien Bedingungen zu gewähren[75].

III. Die immaterialgüterrechtlich problematischen Fälle

1. Überblick

Um die Dialektik zwischen Antitrust und Immaterialgüterrechten[76] besser verstehen zu können, ist eine kurze Darstellung der Spruchpraxis der amerikanischen Rechtsprechung notwendig. Die Erteilung einer Lizenz stellt die übliche Art dar, eine immaterialgüterrechtlich geschützte Position zugänglich zu machen. Die US-amerikanische Entscheidungspraxis hat betont, dass die Lizenzverweigerung nicht gegen *Section 2 Sherman Act* verstößt. In diesem Rahmen hielt die *Federal Trade Commission* im Fall *E.I. du Pont de Nemours & Co.* die Know-How-Lizenzverweigerung für zulässig[77]. Die einseitige Lizenzverweigerung ist jedoch nur zulässig, wenn das Unternehmen damit weder eine Monopolschaffung noch eine Monopolausdehnung bezweckt[78].

---

[74] Vgl. EuGH, Urteil vom 26. November 1998, Rs. C-7/97, Slg. 1998 I, 7791 ff., Schlussanträge des GA *Jacobs*, Tz. 45 – *Bronner/Mediaprint*. Bezugnehmend auf amerikanisches Recht hat der GA *Jacobs* die *legitimate business reason* als Voraussetzung für die Anwendung der "essential facilities"-Doktrin angeführt: "Fünftens darf es keinen geschäftlichen Rechtfertigungsgrund für die Ablehnung des Zugangs zur Einrichtung geben. Eine Gesellschaft in beherrschender Stellung, die eine wesentliche Einrichtung kontrolliert, kann zur Verweigerung eines Vertragsschlusses berechtigte technische oder geschäftliche Gründe anführen. Gegebenenfalls kann ein Kontrahieren auch aus Wirtschaftlichkeitsgründen verweigert werden."

[75] *MCI v. AT&T*, 708 F.2d 1081, 1132 (7th Cir. 1983): „[...] a refusal may be unlawful because a monopolist's control of an essential facility (sometimes called a „bottleneck") can extend monopoly power from one stage of production to another. Thus, the antitrust laws have imposed on firms controlling an essential facility the obligation to make the facility available on non-discriminatory terms".

[76] S. unten Kap. 1 § 4.

[77] *E. I. du Pont de Nemours & Co.*, 96 F.T.C. 653 (1980); 464 U.S. 955 (1983). Vgl. auch *ILC Peripherals Leasing Corp. v. IBM*, 458 F. Supp. 423, 436, 437 (N.D. Cal. 1978); *Memorex Corp. v. IBM*, 636 F.2d 1188 (9th Cir. 1980); *California Computer Prods., Inc. v. IBM*, 613 F.2d 727, 744 (9th Cir.1979); *Berkey Photo, Inc. v. Eastman Kodak Co.*, 603 F.2d 263, 283, 284 (2d Cir. 1979).

[78] Das verweigernde Unternehmen kann eine *legitimate business justification* anführen. Vgl. *Zenith Radio Corporation v. Azeltine Research Inc.*, 395 U.S. 100, 135 (1969); *Berkey Photo Inc. v.*

Die Rechtsprechung hat die „Freiheit der Lizenzverweigerung“ in *Studien Gezelschaft Kohle*[79] beschränkt. In diesem Fall hat die *Federal Trade Commission* festgelegt, dass der Inhaber eines geistigen Immaterialgüterrechts nicht verpflichtet ist, seine Technologie zu lizenzieren. Entschließt sich aber der Inhaber des Immaterialgüterrechts, seine geschützte Technologie Dritten zur Verfügung zu stellen, darf er es nicht unter diskriminierenden Bedingungen tun. Dieses Prinzip wurde von den FTC/*DOJ Antitrust Guidelines* bestätigt, wonach eine Marktmacht bzw. Monopolmacht nicht zu einem diskriminierenden und ungerechtfertigten Verhalten des Inhabers von geistigem Eigentum führen darf[80].

Der *11th Circuit* lehnte in *Bellsouth Advertising & Publishing Corp. v. Donnelley Information Publishing* die Anwendung der "essential-facilities"-Doktrin ab, bestätigte jedoch deren Anwendbarkeit auf Informationen[81]. Im vorliegenden Fall verklagte der Herausgeber eines Telephonverzeichnisses einen Konkurrenten wegen Verletzung eines Urheberrechts und wegen unlauteren Wettbewerbs. Der Beklagte erwiderte seinerseits mit einer Widerklage, die besagte, dass die Zugangsverweigerung zu den geschützten Daten gegen *Section 2 Sherman Act* verstieße. In diesem Zusammenhang stellte sich die Frage, ob Datenzusammenstellungen urheberrechtlich schutzbedürftig sind. Im Falle *Feist Publications v. Rural Tel. Serv. Co*[82]. urteilte das Gericht, dass lokale Telephonverzeichnisse urheberrechtlich nicht geschützt werden können. Nach Ansicht des amerikanischen Gerichts fehlt solchen Datenzusammenstellungen die geistige Schöpfung. Die sogenannten *sweat of brow* und *industrious collection doctrine*[83] sind in den Augen des *Supreme Court* nicht ausreichend, um ein Urheberrecht zu begründen. Ob Datensammlungen urheberrechtlich schutzbedürftig sind, ist ein umstrittener Punkt im US-amerikanischen Recht[84].

Eastman Kodak Co., 603 F.2d 263, 283, 284 (2d Cir. 1979); *E. I. Du Pont de Nemours & Co.*, 96 F.T.C. 653, 748 (1980).

[79] *Studien Gezelschaft Kohle mbh*, 670 F.2d 1022 (D.C. Cir. 1981).

[80] S. Kap. 1 § 4 VI.

[81] *Bellsouth Advertising & Publishing Corp. v. Donneley Information Publishing, Inc.*, 719 F. Supp. 1551, 1566 (S.D. Fla. 1988): "Although the doctrine of essential facilities has been applied predominantly to tangible assets, there is no reason why it could not apply, as in this case, to information wrongfully withheld. The effect in both situations is the same: a party is prevented from sharing in something essential to compete".

[82] *Feist Publications v. Rural Telephone service Co.*, 499 U.S. 340 (1991).

[83] Nach diesen Doktrinen sollten die Arbeit und die Mühen für die Schaffung solcher Zusammenstellungen mit einem Urheberrecht belohnt werden.

[84] S. *Matthew Bender & Co., Inc. v. West Publishing Co.*, No. 94-C0589, 1997 U.S. Dist. LEXIS 6915 (S.D.N.Y. May 19, 1997). Zum Datenbankenzugang in den Vereinigten Staaten und in der EU s. *Brill* Computer Law Rev. Technology Journal 1998, 1 ff.. Vgl. auch *Illinois Bell. Tel. Co. v. Haines & Co.*, Inc., 905 F.2d 1081, 1087, 1088 (7th Cir. 1990).

Einmal angenommen dass die “essential-facilities”-Doktrin auf Immaterialgüterrechte angewendet werden kann, haben die US-amerikanischen Gerichte aber unterstrichen, dass die Anwendung der “essential-facilities”-Doktrin mit Vorsicht vorgenommen werden muss. In einer Reihe von Fällen, in denen sich Wartungsunternehmen über Monopolausdehnungen durch marktbeherrschende Unternehmen beklagten, haben die Gerichte das Vorliegen von Wettbewerbsverstößen abgelehnt. In *Independent Serv. Org. Antitrust Lit.*[85] hat das Gericht die Argumentation des Beklagten zurückgewiesen, wonach die hohen Preise für ein Diagnoseprogramm die Abschottung des Wettbewerbs bezweckten. Das Gericht führte aus, dass im Bereich der Diagnostik für Fotokopierer die Konkurrenten ein eigenes Diagnoseprogramm entwickeln könnten. Mit anderen Worten handelte es sich um duplizierbare Einrichtungen. Anlässlich eines ähnlichen Sachverhaltes hat dagegen der *U.S. Supreme Court* im Urteil *Image Technical Services, Inc. v. Eastman Kodak Co.* festgestellt, das geistige Eigentumsrechte ihren Inhabern keine absolute Immunität gegen kartellrechtliche Klagen verleihen[86]. Der U.S. Supreme Court hat in seinen Entscheidungsgründen jedoch keinen Bezug auf die “essential-facilities”-Doktrin genommen.

Die “essential-facilities”-Doktrin wurde in *Data General Corp. v. Grumman Systems*[87] herangezogen. Der U.S. *District Court of Massachussets* hielt jedoch die Anwendung der “essential-facilities”-Doktrin für unzutreffend: Wären die Hersteller von komplexen und innovativen Systemen verpflichtet, die Entwicklung des Zubehörs ihrer Produkte mit den Wettbewerbern zu teilen, wären die Anreize der Immaterialgüterrechte ernsthaft gefährdet[88].

2. Die jüngsten Entwicklungen

Auch wenn die oben dargestellte Rechtsprechung kartellrechtliche Verstöße bejaht hat, war sie bei der Anwendung der “essential-facilities”-Doktrin sehr vorsichtig. Die Zugangsproblematik zu Immaterialgüterrechten hat sich jedoch in

---

85 *Independent Service Organizations Antitrust Litigation*, 910 F. Supp. 1537 (D. Kansas 1995).

86 *Image Technical Services, Inc. v. Eastman Kodak Co.*, 125 F. 3d 1195, 1216 (9th Cir. 1997); hierzu vgl. *Glick/Cameron* Antit. Law. Jour. 2000, 357 ff., 372. S. auch *Eastman Kodak Co. v. Image Technical Services, Inc.*, 504 U.S. 451 (1992). Hierzu s. u.a. *Carlton* Antit. Law Jour. 2001, 659 ff. und *Rosen* Antit. Law Jour. 1994, 669 ff..

87 761 F. Supp. 185 (D. Mass. 1991).

88 A.a.O. 192. Die Zulässigkeit einer Lizenzverweigerung seitens eines Urhebers für seine Software an Wartungsunternehmen des nachgelagerten Markts wurde auch in *MAI Systems Corp. v. Peak Computer, Inc.*, 991 F. 2d 511 (9th Cir. 1993) bekräftigt. Hierzu s. *Rosen* Antit. Law Jour. 1994, 680. Vgl. auch *SCM Corp. v. Xerox Corp.*, 645 F.2d 1195, 1204, 1207 ff. (2d Cir. 1981) und *Sun Dun of Wash v. Coca Cola*, 740 F. Supp. 381, 392-394 (D. Md. 1990).

den letzten Jahren im Hinblick auf die sogenannten Normen und Standards verschärft. Darunter versteht man technische Beschreibungen, die Produkte und Verfahren betreffen und die Kompatibilität ermöglichen[89]. Hat ein Unternehmen eine besondere Marktmacht, erlangen seine Standards und Normen auf dem betroffenen Markt eine besondere Bedeutung. Hier ist es oft notwendig, dass Produkte oder Dienstleistungen, die für einen nachgelagerten Markt entwickelt werden, mit den Standards bzw. Normen des vorgelagerten Markts kompatibel sind[90]. Um diese Kompatibilität zu gewähren, muss das dominierende Unternehmen seine technischen Daten anderen Unternehmen zugänglich machen. Da diese Daten oft patentrechtlich (z. B. eine Schnittstelle) oder urheberrechtlich (z. B. ein Computerprogramm) geschützt sind[91], führt das Unternehmen seine Ausschließungsbefugnisse an und verweigert den Zugang. Die Zugänglichkeit von solchen Standards für die Entwicklung von neuen Produkten und Dienstleistungen wurde schon mehrmals von den US-amerikanischen Regulierungsbehörden betont[92].
Im Fall *Intergraph Corp. v. Intel Corp.*[93] wurde durch eine einstweilige Verfügung die "essential-facilities"-Doktrin auf immaterialgüterrechtlich geschützte Positionen angewendet. Die innovative Maßnahme bezog sich auf eine Lizenzverweigerung des marktbeherrschenden Prozessorherstellers *Intel*. *Intel* weigerte sich, seine früheren Geschäftspartner (u.a. *Intergraph Corp.*) weiterhin mit seinen neuen Produkten (*CPUs, advance chips samples*) und mit den dazugehörigen Informationen (*advance technical and design assistance and information*) zu beliefern, um auf den Markt für grafische Computersysteme - auf dem *Intergraph*

---

[89] Vgl. Kap. 1 § 4 I ff..

[90] *Schießl* 1995, 56: "Aus technischer Sicht bezeichnet Kompatibilität einen Zustand, in dem die einzelnen Elemente eines Systems hinsichtlich einer bestimmten Funktion miteinander vereinbar sind, die einzelnen Systemkomponenten als untereinander vereinbar sind. [...]Insgesamt sind solche Güter als kompatibel zu sehen, die hinsichtlich einer durch eine Schnittstelle definierte Funktion völlig substituierbar sind."

[91] Vgl. *Temple Lang* Fordham 1996, 569: "A standard may include information protected by intellectual property rights and, if so, the owner of the intellectual property rights continues to be entitled to remuneration for their use."

[92] Die *Federal Trade Commission* erlaubte einen Unternehmenszusammenschluss nur unter der Bedingung, dass *Silicon Graphics* den Konkurrenten den Marktzugang zu einer *open Architecture* gewähren würde (Vgl. *Silicon Graphics, Inc., Decision and Order*, Docket No. C-3626 (F.T.C. vom 14 November 1995) zitiert in *Donahey* 1997, 324). Vgl. *Federal Trade Commission (Amendment of Sections 64.702 of the Commission's Rules and Regulations (Third Computer Inquiry), 104 F.C.C. 2d (1986) Report and Order*): "Open Network Architecture [...] to permit all users of the basic network [...] to interconnect to specific basic network functions and interfaces on an unbundled and equal access basis". Näher zu Schnittstellen vgl. *ILC Peripherals Leasing Corp. v. IBM*, 458 F. Supp. 423, 437 (N.D. Cal. 1978): "A shared boundary which enables transfer of information in accord with a prescribed format, timing and encoding. An interface may refer to either hardware or software or a combination of both."

[93] *Intergraph Corp. v. Intel Corp.*, 3 F. Supp.2d 1255 (N.D. Ala. 1998).

tätig war - zu treten. Der *Northern District of Alabama* sah in *Intel*'s Verhalten einen Missbrauch im Sinne von *Sec. 2 Sherman Act* und griff auf die "essential-facilities"-Doktrin zurück[94]. Da die bestrittenen technischen Informationen zum Teil patentrechtlich geschützt waren, bestätigt diese Entscheidung das Prinzip, wonach Immaterialgüterrechte, im vorliegenden Fall die patentierte Technologie, zu keiner Wettbewerbsbeschränkung führen dürfen[95]. Infolgedessen verpflichtete die einstweilige Verfügung *Intel* ihre Informationen zu liefern[96].

Der einstweiligen Verfügung folgte die Beurteilung des *Federal Circuit*[97], die auf folgenden Voraussetzungen beruhte[98]:

- *Intel* besaß eine Monopolstellung auf dem Markt der Computer *Microprocessor Chips* (CPUs);
- *Intel* weigerte sich, mit bestimmten Kunden Geschäfte abzuschließen, um vergünstigte Lizenzen im Hinblick auf die von den Kunden besessenen Technologien zu erhalten und seine Monopolstellung auszudehnen;
- Die Geschäftsverweigerungen durch *Intel* fügten ihren Konkurrenten in den nachgelagerten Märkten einen Schaden zu.

Schließlich hat sich die FTC [99] eingeschaltet, die die Argumentation des *Federal Court* bestätigt hat. Darüber hinaus hat die FTC betont, dass die Geschäftsverweigerung von *Intel* die Lähmung der Immaterialgüterrechte seiner Konkurrenten und die Schwächung der Innovationskraft im Markt der CPUs bezweckte. Das Interessante an der Entscheidung ist, dass die FTC in Einklang mit den *IP-Guidelines*[100] drei Märkte bestimmt hat: Den Markt der CPU-Produkte, den Markt der CPU Technologie und den Innovationsmarkt der künftigen CPU-Technologien. Diese präzise Marktbestimmung ermöglichte es der FTC, die Geschäftsverweigerung als wettbewerbswidrig zu qualifizieren. Die Wettbewerbswidrigkeit bestand darin, dass die Zugangsverweigerung durch ein marktbeherrschendes

---

[94] A.a.O. 1277, 1278.

[95] A.a.O. 1279: "That Intel owns patent rights to its CPUs does not confer upon it a privilege or immunity to violate the antitrust laws."

[96] A.a.O. 1231.

[97] *Intergaph, 1999 U.S. App. Lexis 29199, *32- *33.* Der Fall *Intel* besteht aus mehreren parallelen Verfahren. Hierzu s. *Valentine* CRi 2000, 77 ff..

[98] Vgl. *Valentine* CRi 2000, 78, 79.

[99] *In re Intel Corp., No. 9288, Complaint (F.T.C. June 8, 1998),* http://www.ftc.gov/os/1998/9806/intelfin.cmp.htm. Eingehend hierzu s. *Gilbert/Willard* Antit. Law Jour. 2001, 43, 66 ff..

[100] *U.S. Department of Justice and the Federal Trade Commission, Antitrust Guidelines for the licensing of Intellectual Property,* vom 6. April 1995, *§§ 3.2.1., 3.2.2., 3.2.3,* in htt://www.usdoj.gov/atr/public/guidelines/pguide.htm. Hierzu vgl. unten Kap. 1 § 4 VI.

Unternehmen Forschung und Entwicklung (*Research and Development*, im folgenden R&D) behinderte[101]. Der Rechtsstreit zwischen *Intel* und seinen Wettbewerbern wurde durch einen Vergleich beigelegt. Falls die Kunden von *Intel* ihre Geschäfte mit *Intel* kündigen, ist *Intel* nach dem Vergleich verpflichtet, ehemalige Geschäftspartner weiterhin mit bestimmten Informationen und Produktmustern zu beliefern[102].

Im Fall *The David Aldrige Co. v. Microsoft Corp.*,[103] produzierte das Unternehmen *Aldrige* ein *cache programm*, um die Leistungen vom Programm *Microsoft Windows 3.1* zu verbessern. Da das Produkt von *Aldridge* zu technischen Problemen mit dem *hard drive* des Computers führte, hob das Unternehmen *Microsoft* die Kompatibilität zwischen *Windows 95* und dem *cache programm* von *Aldrige* auf. Damit verweigerte *Microsoft Aldrige* den Zugang zu *Windows 95*. Das von *Aldridge* auf die "essential-facilities"-Doktrin gestützte Gesuch wurde vom *Southern District of Texas* zurückgewiesen. Trotzdem ist die Entscheidung erwähnenswert, da der Richter die *MCI* Voraussetzungen weiter verfeinert hat. Das US-amerikanische Gericht hat überdies die "essential-facilities"-Doktrin als wichtigen Bestandteil des Antitrustrechts anerkannt[104]. Für die Anwendung der "essential-facilities"-Doktrin muss der Zugangsinteressent (Antragsteller) folgendes beweisen:

- die Monopolstellung des Antragsgegners
- die Wesentlichkeit der Einrichtung
- dass der Antragsgegner eine vom *Sherman Act* verbotene Kontrolle über die Einrichtung ausübt
- dass die Duplizierung der Einrichtung unvernünftig oder unpraktisch ist
- die Weigerung der Mitbenutzung
- die Machbarkeit der Zugangsgewährung

Die ersten drei Punkte stellen eine Aufgliederung der ersten MCI-Voraussetzung (*control of the facility*) dar und werden unten in Kap. 1 § 4 erörtert.

---

101 Kritisch zu dieser Entscheidung *Stern* EIPR 1998, 390 ff..

102 *In re Intel Corp., No. 9288, Agreement Containig Consent Order (F.T.C. March 17, 1999)*, http://www.ftc.gov/os/1999/9903/d09288intelagreement.htm.

103 *David L. Aldridge Co. v. Microsoft Corp.*, 995 F. Supp. 728, (S.D. Texas 1998).

104 *David L. Aldridge Co. v. Microsoft Corp.*, 995 F. Supp. 728, 751 (S.D. Texas 1998): "Often criticized [das Gericht verweist auf die Position von *Areeda* und *Hovenkamp*, Anmerkung des Verfassers], the essential facilities doctrine nevertheless remains a viable part of the federal antitrust laws".

3. Der Fall United States v. Microsoft Corp.

Im immaterialgüterrechtlichen Kontext tauchte die Zugangsproblematik als Folge der Kompatibilitätsanstrebungen im Verfahren *United States v. Microsoft corp.*[105] auf. Wettbewerbswidrige Lizenzierungspraktiken von *Microsoft* führten 1994 zu einer Klage des amerikanischen Justizministeriums gegen den bekannten Softwarehersteller. Im Oktober 1995 ist die Streitigkeit mit einem Vergleich (*consent decree*)[106] beigelegt worden. Im Vergleich einigte sich *Microsoft* mit dem US-Justizministerium, die Lizenzierungsrestriktionen gegenüber anderen *Software* Herstellern aufzuheben. Die Lancierung des neuen Betriebssystems *Windows '95* zusammen mit dem *Web-Browser Internet Explorer* geriet wiederum ins kartellrechtliche Fadenkreuz. Die kartellrechtlichen Vorwürfe, wonach Microsoft den Vergleich nicht befolgt habe[107], führten zu einer von den Vereinigten Staaten, dem *District of Columbia* sowie neunzehn Einzelstaaten vor dem Bundesbezirksgericht in *Washington D.C.* erhobenen Klage[108].

Der am 5. November 1999 ergangenen Feststellung des Tatbestands (*findings of fact*)[109] folgte die im April 2000 von Richter *Jackson* vorgenommene rechtliche Würdigung (*conclusions of law*)[110], wonach *Microsoft* gegen Sec. 1 und 2 des *Sherman Act* verstoßen habe. Ausgangspunkt der Beurteilung waren die Marktbestimmung (der Markt für *Intel compatible operating system*) und die Feststellung, dass *Microsoft* eine Monopolstellung auf diesem Markt besaß. Nach der Monopolfeststellung hat sich der *District Court* mit der Frage auseinandergesetzt, ob *Microsoft* wettbewerbswidrige Methoden verwendet habe. Mittels einer zweistufigen Untersuchung (*2 step analysis*) hat der Richter zuerst die Verhaltensweise von *Microsoft* als ausschließend (*exclusionary*) qualifiziert. Das Verhalten von *Microsoft* „restricted significantly, the ability of other firms to compete in the

---

105 56 F. 3d 1448 (D.C. Cir 1995).

106 *United States of America v. Microsoft Corporation, 1995-2 Trade Cases (CCH) § 71,096 (D.D.C. Aug. 1995), on demand from United States of America v. Microsoft Corporation,* 56 F.3d 1448, 1462 (D.C. Cir. 1995). Vgl. *Fleischer* WuW 1997, 205 ff.

107 Vgl *Lemley/Mc Gowan* Antit. Bull. 1998, 735: "The question was whether Microsoft's Web browser, Internet explorer, was an integrated product falling within the exception or a separate product falling within the prohibition". In der italienischen Literatur s. *Cucinotta* Foro It. 1998, IV, 344 ff..

108 Zu den Gründen, die zu dieser Klage geführt haben, s. in der deutschen Literatur *Fleischer/Doege* WuW 2000, 706. Vgl. auch *Meier Wahl/Wroebel* 1999 WuW 28 ff.; *Gey* WuW 2001, 933 ff..

109 *United States v. Microsoft Corp.*, 65 F. Supp. 2d 1 (D.D.C. 1999).

110 *United States v. Microsoft Corp.*, 87 F. Supp. 2d 30 (D.D.C. 2000).

relevant market on the merits of what they offer customers"[111]. Zweitens hat der Richter betont, dass die Verhaltensweise von *Microsoft* „will be labeled „anti-competitive" - and liability will attach - unless the defendant comes forward with specific, procompetitive business motivations, that explain the full extent of its exclusionary conduct."[112] Da *Microsoft* die Rechtfertigungsgründe nicht dargelegt hat, hat der *District of Columbia* folgende Praktiken als wettbewerbswidrig beurteilt[113]:

- die Monopolisierung des Marktes für Betriebssysteme, die mit *Intel* Computern kompatibel waren. Dadurch bezweckte Microsoft die Etablierung der *open platforms* von *Java* zu behindern[114].
- den Versuch, auf dem an Betriebssysteme angeschlossenen Web-Browsermarkt[115] ein Monopol aufzubauen. Dadurch bezweckte *Microsoft* die Verdrängung des Konkurrenten *Netscape* aus dem Markt.
- die gesetzwidrige Koppelung des *Web Browsers Internet Explorer* mit dem eigenen Betriebssystem[116]. Dadurch waren die Käufer des Betriebssystems *Windows* ohne technische Notwendigkeit gezwungen, ebenfalls *Internet Explorer* zu erwerben.

Die Verteidigung von *Microsoft* stützte sich auf die Ausübung seiner Immaterialgüterrechte (*copyright*). Diese Argumentation wurde jedoch vom Gericht abgelehnt, da *Microsoft* die vom Urhebergesetz verliehenen Ausschließungsbefugnisse überschritten hatte[117]. Die Feststellung der gerade erwähnten Wettbewerbsverstöße führten das erstinstanzliche Gericht (*District Court*) dazu, die Teilung des Unternehmens in eine Firma für Anwendungssoftware und eine für Betriebssysteme anzuordnen[118].

---

111 *United States v. Microsoft Corp.*, 87 F. Supp. 2d 37 (D.D.C. 2000).

112 *United States v. Microsoft Corp.*, 87 F. Supp. 2d 37, 38 (D.D.C. 2000).

113 *United States v. Microsoft Corp.*, 87 F. Supp. 2d 37, 38 ff. (D.D.C. 2000). Hierzu vgl. die umfassenden Schilderungen von *Holmes* 2001, 76 ff. und *Sullivan/Grimes* 2000, 853 ff..

114 Hierzu vgl. unten Kap. 1 § 4 V.

115 Zur technischen Definition des Begriffs „Browser" s. *Lemley/McGowan* Antit. Bull. 1998, 733.

116 Der letzte Punkt, auf dem der Klageantrag fußte, nämlich die exklusiven Marktvereinbarungen zwischen Microsoft und anderen Firmen für Hard- und Software, wurde abgelehnt.

117 *Holmes* 2001, 80: „(...) the company had gone beyond anything protected by the Copyright Act." Vgl. *United States v. Microsoft Corp.*, 87 F. Supp. 2d 40 ff. (D.D.C. 2000).

118 *United States v. Microsoft Corp.*, 87 F. Supp. 2d 59 (D.D.C. 2000) (*final judgement*). Zu einer eingehenden Beschreibung der Zerschlagung s. *Kochinke/Grote* Antitrust-Verfahren gegen Microsoft., www.cr-international.de/antitrustverfahren%20gegen%20microsoft%200506.doc, 12 ff..

Die Feststellungen des erstinstanzlichen Gerichts zur Monopolisierung des PC-Betriebssystemmarktes wurden vom Berufungsgericht für den *District of Columbia*[119] im wesentlichen bestätigt. Das Berufungsgericht war jedoch der Ansicht, dass die Argumentationen des erstinstanzlichen Gerichts bezüglich der versuchten Monopolisierung des Internetbrowsermarktes und des rechtswidrigen Kopplungsgeschäftes einer tieferen Analyse unterzogen werden sollten. Infolgedessen hob das Berufungsgericht die Aufspaltungsanordnung auf und wies die Entscheidung an den *District Court* zurück. Die Zurückverweisung an den *District Court* wirft die Frage auf, welche Sanktionen angeordnet werden können. Als Alternative zur Aufspaltung kommen Verhaltensauflagen in Betracht[120]. Die Gewährung des Zugangs für Wettbewerber zu der Windowsplattform oder die Offenlegung der Windowsplattform könnten durch die Anwendung der "essential-facilities"-Doktrin verwirklicht werden. Obwohl die Anwendung der "essential-facilities"-Doktrin bis jetzt im *Microsoft*-Verfahren umschifft wurde[121], ist es unbestreitbar, dass viele Elemente auf die "essential-facilities"-Doktrin hindeuten. Die Etablierung eines *de facto*-Standards seitens *Microsoft* hat zu Netzwerkexternalitäten[122] und folglich zu einer Monopolstellung geführt. Mit dem Standardisierungsproblem ist das Kompatibilitätsproblem eng verknüpft[123]. Daraus folgt, dass *Microsoft*-Produkte, gegenüber Unternehmen, die durch die Entwicklung von *Microsoft*-kompatiblen Produkten mit *Microsoft* konkurrieren wollen, wie ein Flaschenhals wirken. Das „Verschließen" des Flaschenhalses seitens *Microsoft* durch die Ausübung seiner urheberrechtlichen Ausschließungsbefugnisse, also die Verhinderung der Kompatibilität mit konkurrierenden Produkten, stellt eine ungerechtfertigte Zugangsverweigerung zu einer *essential facility* dar. Trotzdem hat es der US-amerikanische Richter vorgezogen, andere Rechtsfiguren einzubeziehen (*tying in, monopoly leveraging*), um das Verhalten von Microsoft zu untersagen. Diese Rechtsfiguren sind in vielen Fällen jedoch eine Ergänzung bzw. eine Alternative zu der "essential-facilities"-Doktrin[124]. Dies wird dadurch bestätigt, dass

---

119 *United States v. Microsoft Corp.*, 253 F3d 34 (D.D.C.). Der *Supreme Court* lehnte eine direkte Entscheidung des Falles ab.

120 Die letzten Entwicklungen zeigen jedoch, dass die beteiligten Parteien zu einer außergerichtlichen Lösung kommen möchten.

121 *Fleischer/Doege* WuW 2000, 708, 714.

122 Dies bedeutet, dass die volle Nutzung eines Netzes die Qualität des Produktes verbessert bzw. der Wert des Produkts steigt (z.B. je mehr Telephonabonnenten an das Netz angeschlossen sind, desto mehr ist das Telefonnetz für jeden Abnehmer wert). Hierzu s. Einf. I.

123 Hierzu s. unten Kap. 1 § 4 III ff..

124 S. Kap. 1 § 1 IV.

viele Stimmen in der Lehre den *Microsoft*-Fall als Anwendungsfall der "essential-facilities"-Doktrin angenommen haben[125].

§ 3. Tatbestandsmerkmale der "essential-facilities"-Doktrin

I. Unterscheidung von ähnlichen Tatbeständen und Berührungspunkte

Die US-amerikanische Antitrustliteratur unterscheidet die "essential-facilities"-Doktrin von dem *intent test*, indem der Infrastrukturinhaber beträchtliche Rechtfertigungsgründe darlegen muss. Dies bedeutet, dass die "essential-facilities"-Doktrin ein *quid pluris* im Vergleich zum *intent test* bildet. Es handelt sich um ein effektiveres Instrumentarium, um die missbräuchliche Monopolmacht anzugreifen[126].

Nach der US-amerikanischen Lehre ist es für die "essential-facilities"-Doktrin bezeichnend, dass das Monopolunternehmen über die *essential facility* den Zugang zu einem benachbarten Markt verweigert. Nach Ansicht von *Venit* und *Callaugher*[127] unterscheidet sich die "essential-facilities"-Doktrin dadurch von der Monopolausdehnungstheorie, dass der Infrastrukturinhaber sowohl auf dem Hauptmarkt, als auch auf dem benachbarten Markt dominierend sein muss. Die Autoren versäumen es jedoch zu berücksichtigen, dass die „essential-facilities"-Doktrin und die *monopoly leveraging theory* oft zusammen anwendbar sind[128]. Daher kann die Zugangsverweigerung auch einen nachgelagerten Markt betreffen, wo das beherrschende Unternehmen noch keine Monopolmacht ausübt. Die monopolausdehnende Absicht steht also im Einklang mit der Anwendbarkeit der "essential-facilities"-Doktrin. Wie schon im letzten Paragraphen ausgeführt, wurden die "essential-facilities"-Doktrin und die *monopoly leveraging theory* im Fall *Intergraph* in den verschiedenen Phasen des Verfahrens als nicht kollidierende Alternativen angewandt.

---

125 S. *Holmes* 2001, 176 ff.; *Piraino* New York University Law Review 2000, 888; *Donahey* AIPLA 1997, 282 ff.; *Cotter* Antit. Bull. 1999, 212; *Lemley/Mc Gowan* Antit. Bull. 1998, 749; *Burling* u. a. Jour. Corp. Law 1999, 549 ff.. S. auch *Schindler* 1998, 21 Fußnote 110 mit weiteren Literaturhinweisen. Dagegen vgl. u.a. *Megliani* Riv. Comm. Int. 2001, 54; *Gey* WuW 2001, 942 ff..

126 *Venit/Kallaugher* Fordham 1994, 318, 319: "[...] while a showing that a refusal to share might be justified in an "intent" case by showing that the monopolist will maximize short-term profitability by not cooperating with its rival, such a showing would presumably not be sufficient to justify a refusal to grant access to an essential facility."

127 *Venit/Kallaugher* Fordham 1994, 319. Dagegen *Temple Lang* Fordham 1994, 276.

128 S. den vorherigen Abschnitt. Vgl. auch *Emmerich* 1999, 214.

Anlässlich der "essential-facilities"-Doktrin haben ständige Rechtsprechung[129] und Literatur[130] betont, dass zwischen dem Zugangsinteressenten und dem Inhaber der Einrichtung ein Wettbewerbsverhältnis bestehen muss. Sind die zwei Unternehmen keine Konkurrenten, kann die "essential-facilities"-Doktrin nicht angewendet werden. Diese Auffassung erweist sich jedoch als formalistisch, da in vielen Fällen die *monopoly leveraging theory* und die "essential-facilities"-Doktrin eng verbunden sind[131]. Außerdem können sich Nicht-Wettbewerbsverhältnisse - besonders im Hinblick auf die Dynamik der High-Tech-Märkte - sehr schnell in Wettbewerbsverhältnisse verwandeln. Aus diesen Gründen ist eine Gesamtbetrachtung der "essential-facilities"-Doktrin mit der *monopoly leveraging theory* notwendig.

Die "essential-facilities"-Doktrin stellt ein begriffliches Instrumentarium dar, unter das unterschiedliche Konstellationen der Zugangsverweigerung fallen (diskriminierende Zugangsgewährung zu Häfen, Stadien, Daten, usw.). Zur Zeit gibt es keine allgemeingültige Definition der wesentlichen Einrichtungen. Die Literatur und die Spruchpraxis haben dennoch viel zur Bestimmung der "essential-facilities"-Doktrin beigetragen.

Um die Voraussetzungen der "essential-facilities"-Doktrin zu systematisieren, gehen alle Untersuchungen über die "essential-facilities"-Doktrin übereinstimmend von den sogenannten *MCI*-Kriterien aus[132]. Die Entscheidung *The David Aldridge Com. V. Microsoft Corp.*[133] verbessert diese Systematisierung, indem sie die erste *MCI*-Voraussetzung weiter aufgliedert. Die vorliegende Arbeit stützt

---

[129] *Ad-Vantage Tel. Directory Consultants v. GTE Directories Corp.*, 849 F.2d 1336, 1348 (11th Cir. 1987): "In order to demonstrate "an area of effective competition" one must establish a competitive relationship." S. *Ferguson v. Greater Pocatello Chamber of Commerce*, 848 F.2d 976, 983 (9th Cir. 1988). Vgl. *Official Airline Guides, Inc. v. FTC*, 630 F.2d 920, 925, 926 (2d Cir. 1980): In diesem Fall lehnte das Gericht die Anwendbarkeit der „Essential-Facilities"-Doktrin ab, da der Monopolist (tätig als Verleger von Zeitplänen) kein Wettbewerbsverhältnis mit dem Zugangsinteressenten (tätig in der Flugtransportbranche) hatte. Ähnlich die Argumentation von *Eureka Urethane, Inc. v. PBA, Inc.*, 746 F. Supp. 915, 928 (E.D. Mo. 1990). Umstritten war hier das Wettbewerbsverhältnis zwischen einem Bowlingverein und einem Hersteller von Bowlingbällen. In *Soap Opera Now, Inc. v. Network Publishing, Corp.*, 737 F. Supp. 1338, 1347-1349 (S.D.N.Y. 1990) wurde die Anwendbarkeit des Geschäftsverweigerungsverbots und der "essential facilities"-Doktrin bei einem fehlenden Wettbewerbsverhältnis abgelehnt.

[130] *Venit/Kallaugher* Fordham 1994, 319, 323: "In contrast to monopoly leveraging cases, the essential facilities doctrine does not concern effects in a separate, related market."

[131] *Jorde/Teece* 1992, 177: "Essential facility doctrine departs from its leveraging cousin."

[132] S. 1. Kap., § 2.

[133] *David Aldridge Com. v. Microsoft Corp*, 995 F.Supp, 728,.752 (S.D. Tex. 1998).

sich bei der Erörterung der Merkmale der „essential-facilities"-Doktrin auf die *Aldridge*- und *MCI*-Klassifizierung[134].

II. Tatbestandsmerkmale der „essential-facilities"-Doktrin

1. Die Monopolstellung

Die Feststellung einer Monopolstellung bringt es mit sich, dass der Richter zuerst die relevanten Märkte bestimmen muss. Die relevanten Märkte bestehen aus dem Hauptmarkt (*primary product market*), dem nachgelagerten Markt (*secundary market*) und dem geographisch relevanten Markt. Diese Voraussetzung wurde schon im ersten *MCI*-Kriterium angedeutet (*der Monopolist muss die wesentliche Einrichtung kontrollieren*) und im Fall *Aldrige* hervorgehoben und nie bestritten[135].

2. Die Wesentlichkeit der Einrichtung

Die amerikanische Spruchpraxis hat die "essential-facilities"-Doktrin auf die unterschiedlichsten Arten von Einrichtungen angewendet. Der Begriff Einrichtung bleibt folglich offen. Die Definition von *Ratner* erweist sich als besonders geeignet, um die flexible Natur des Begriffes der „Einrichtung" zu beschreiben: Die wesentliche Einrichtung ist „simply a different way of describing a „monopoly of an input" or „an input with significant market power"[136].

Die Wesentlichkeit der Einrichtung bildet einen sehr kontroversen Punkt der "essential-facilities"-Doktrin. Das Wort *essential* wurde nach verschiedenen Maßstäben ausgelegt. Einerseits versteht eine sehr strenge Auslegung - die auf *Areeda* zurückgeht - unter dem Wort *essential*, dass die Überlebensfähigkeit eines Unternehmens im Markt direkt betroffen sein muss[137]. Die Entscheidungspraxis scheint jedoch eine extensivere Auslegung anzuwenden. In *Hetch v. Pro Football, Inc.* legte der Richter fest, dass:

---

[134] S. 1. Kap. 1 § 2. III.

[135] S. z.B. *Lipsky/Sidak* Stanford Law Review 1999, 1211 und 1213: "There is a corollary to the observation that an essential facility cannot be found to exist unless monopoly power is present. The market in which the facility is a monopolist must be the market for the service that the excluded claimant is seeking."

[136] *Ratner* University California Law Review Davies 1988, 346.

[137] *Areeda* qualifiziert eine Einrichtung als *essential* nur, wenn "it is both critical to the plaintiff's competitive vitality and the plaintiff is essential for competition in the marketplace." (*Areeda* Antit. Law Jour. 1990, 852). Vgl. *Areeda/Hovenkamp* 1996, § 736.2 b, 667.

„To be „essential", a facility need not to be indispensable; it is sufficient if duplication of the facility would be economically infeasible and if denial of its use inflicts a severe handicap on potential market entrants."[138]

In Übereinstimmung mit dieser Auffassung, betonte der *District Court of Alabama*, dass „reasonable and timely access to critical business information that is necessary to compete is an essential facility"[139]. Die Adjektive *reasonable* (vernünftig)[140] und *timely* (rechtzeitig) deuten einen weiten Ermessensspielraum für die Bestimmung der Wesentlichkeit an. Dies bedeutet aber nicht, dass jegliche Infrastruktur oder jegliches Immaterialgüterrecht wesentlich ist. Der bloße Wettbewerbsvorteil des marktbeherrschenden Unternehmens mittels der *facility* kann nicht als *essential facility* angesehen werden[141]. Mehrmals hat die Spruchpraxis die Anwendbarkeit der "essential-facilities"-Doktrin aufgrund des Fehlens der Wesentlichkeit verneint[142].

---

[138] *Hetch v. Pro Football, Inc.*, 570 F.2d 982, 993 (D.C. Cir. 1977). In diesem Fall verweigerte der Inhaber eines Stadions die Mitbenutzung dieser Einrichtung. Obwohl die Entscheidung nicht auf der "essential facilities"-Doktrin beruhte, berücksichtigte der Richter den Tatbestand als einen typischen Fall der "essential facilities"-Doktrin. (a.a.O. Tz. 44.). Vgl. auch *Intergraph Corp. v. Intel Corp.*, 3 F. Supp.2d 1278 (N.D. Ala. 1998): „Intel's Advanced Chips Samples, early Release Chips and Technical Information need not to be indispensable, but their denial must impose a severe handicap on potential market entrants". Der Richter beruft sich auf die Entscheidung *TCA Bldg. Co. V. Northwestern Resources Co.*, 873 F. Sup.. 29, 39 (S. D. Tex. 1995).

[139] *Intergraph v. Intel Corp.*, 3 F. Supp.2d 1255, 1278 (N.D.Ala 1998). Vgl. auch *Bellsouth Advertising & Publishing Corp. v. Donnelley Inf. Pub.*, Inc. 933 F.2d 952 (11th Circuit 1991).

[140] Die „Vernünftigkeit" stellte schon in *United States v.Terminal Railroad Association*, 224 U.S. 383 (1912), 32 S.Ct. 507, 516 ein wichtiges Entscheidungskriterium dar: "[W]hen, as here, the inherent conditions are such as to prohibit any other reasonable means of [railway access to] the city [...]."

[141] S. *Twin Laboratories, Inc. v. Wieder Health & Fitness*, 900 F.2d 566, 570 (2nd Cir. 1990): "As the world "essential" indicates, a plaintiff must show more than inconvenience, or even some economic loss; he must show that an alternative to the facility is not feasible."

[142] Bei *McKenzie v. Mercy Hospital of Indipendence, Kansas* 854 F.2d 365, 370-371 (10th Cir. 1988) wurde die Qualifizierung eines Krankenhauses als *essential facility* zurückgewiesen. Die Anwendbarkeit der "essential facilities"-Doktrin wurde auch in Bezug auf eine Zeitung (*Soap Opera Now., Inc. v. Network Publishing Corp.*, 737 F. Supp. 1138, 1349 (S.D.N.Y.1990), auf Telekommunikationssysteme (*Cyber Promotions, Inc. v. American Online, Inc.*, 948 F. Supp. 456, 462 ff. (E.D. Pa. 1996)), auf eine Ausstellungshalle (*Ferguson v. Greater Pocatello Chamber of Commerce*, 848 F.2d 976 (9th Cir. 1988)), auf eine Bühne (*Flip Side Productions, Inc. v. Jam Productions*, 843 F.2d 1024, 1034 (7th Cir. 1988) und auf Computerreservierungssysteme (*In re Air Passenger Computer Reservations Systems Antitrust Lit.*, 694 F.Supp. 1443, 1452-1454 (C.D. Cal. 1988)) zurückgewiesen.

3. Der Verstoß gegen den Sherman Act

Erstes Kriterium der *MCI*-Entscheidung war die Kontrolle seitens durch einen Monopolisten[143] über die wesentliche Einrichtung. Darüber hinaus hat die *Aldridge* Entscheidung hervorgehoben, dass nicht jede Kontrolle sanktionierbar ist, sondern nur eine Kontrolle, die gegen den *Sherman Act* verstößt. Anders formuliert hat der Richter viel Wert darauf gelegt, dass die Zugangsverweigerung eine Folge der Kontrolle über die Einrichtung sein muss[144].

4. Die Unduplizierbarkeit

Die fehlende Duplizierbarkeit, die dem dritten Kriterium der *MCI*-Entscheidung[145] entspricht („a competitor's inability practically or reasonably to duplicate the essential facility"), kann als ein Zeichen des Vorliegens der Wesentlichkeit betrachtet werden. Stehen dem Zugangsinteressenten - der auf die Einrichtung angewiesen ist - keine Alternativen zur Verfügung und kann die Einrichtung nicht auf vernünftige Weise hergestellt werden, ist die Einrichtung als wesentlich anzusehen[146].

Das Vorliegen von bloßen finanziellen Schwierigkeiten erfüllt die Voraussetzung der Unduplizierbarkeit nicht. Andererseits muss der Zugangsinteressent weder eine physische noch eine finanzielle Unmöglichkeit nachweisen, um die „Unduplizierbarkeit" zu belegen. Sind die Kosten unverhältnismäßig im Vergleich zur Transaktion, die durch Duplikation ermöglicht worden wäre, so ist die Einrichtung als unduplizierbar zu erachten. Mit dieser Begründung wurde in *Fishman v. Estate of Wirtz* ein Basketball Stadion für *NBA* (*National Basketball Association*) in Chicago als unduplizierbar angesehen[147].

---

[143] Im Hinblick auf die Prozessseite (z.B. die Passivlegitimation) hat die "essential facilities"-Doktrin keine Probleme bereitet. Vgl. *Schindler* 1998, 27; *Werden* Saint Louis University Law Journal 1987, 456.

[144] *L. Aldridge Co. v. Microsoft Corp.* 995 F. Supp., 728 (S.D.Tex. 1998). S. Kap. 1 § 2 III 2.

[145] S. Kap. 1 § 2 II.

[146] *Areeda* Antitrust Law Jour. 1990, 852.

[147] *Fishman v. Estate of Wirtz*, 807 F.2d 520 (7th Cir. 1986). Das Gericht stellte fest, dass das Chicago Stadion "was not duplicable without an expenditure that would have been unreasonable in light of the size of the transaction such duplication would have facilitated." Vgl. *Hetch v. Pro Football, Inc.* 570 F.2d, 982, 992, 993 (D.C. Cir. 1977).

Daraus folgt, dass bei Beurteilung der Duplizierbarkeit nicht abstrakte Betrachtungen sondern die bloße Vernünftigkeit entscheidend ist[148]. Das *Aldridge*-Urteil hat die Anwendung der "essential-facilities"-Doktrin auf vier Konstellationen beschränkt[149]:

- natürliche Monopole;
- Einrichtungen, derer Duplizierbarkeit gesetzlich verboten ist;
- öffentlichrechtlich subventionierte Einrichtungen, die von Privaten nicht gebaut werden können;
- einzige Einrichtung im geografisch relevanten Markt, d.h. „die einzige Einrichtung in der Stadt."

Während die vierte Konstellation das Fehlen von Alternativen betrifft, beschränken die ersten drei Konstellationen den Begriff „Unduplizierbarkeit". Diese Beschränkung erweist sich aber als unbegründet[150]. Die drei Konstellationen setzen ein natürliches oder gesetzliches Monopol voraus; diese Argumentation impliziert, dass die Unduplizierbarkeit nur aus rechtlicher oder tatsächlicher Unmöglichkeit bestehen kann. Man verkennt aber, dass im Prinzip jede Einrichtung unduplizierbar sein kann. Wie gerade betont, reicht der Nachweis aus, dass die Duplizierung unzumutbar bzw. unwirtschaftlich ist.

5. Die Zugangsverweigerung

Das dritte *MCI*-Kriterium (fünftes *Aldridge*-Kriterium) zur Anwendbarkeit der "essential-facilities"-Doktrin setzt voraus, dass der Zugang zur wesentlichen Einrichtung einem Konkurrenten verweigert wird. Damit eine Zugangsverweigerung vorliegt, muss der Konkurrent den Zugang fordern, anderenfalls kann die "essential-facilities"-Doktrin nicht angewendet werden[151].

---

[148] *Vasques* CEM 1998, 421.

[149] *David L. Aldridge Co. v. Microsoft Corp.*, 995 F.Supp. 728, 754 (S.D. Texas 1998).

[150] Zweck dieser Entscheidung war eben eine Zurückschraubung der "essential facilities"-Doktrin. Aus diesem Grund stützte sich der Richter auf die Thesen von *Areeda* und präzisierte die „narrowess of the doctrine" (a.a.O. 755). Zur strengen Auslegung der Voraussetzungen für die Anwendung der "essential facilities"-Doktrin im immaterialgüterrechtlichen Bereich vgl. *Independent serv. Org. Antitrust Lit.*, 910 F. Supp. 1537 (D. Kann.1995).

[151] Vgl. z.B. *L. Aldridge* Co. *v. Microsoft Corp.*, 995 F. Supp.728, 755, 756 (S.D. Tex. 1998): "David Aldridge admitted that he did not ask for any information that would have allowed him to upgrade Cache86 for Windows 95.[...] Aldridge has so failed to show that Microsoft denied Aldridge access to the Windows 95 operating system."

Der Beweis der Zugangsverweigerung kann auch von behinderndem Verhalten abgeleitet werden. In diesem Rahmen stellt sich die Frage, ob Dritte ein Recht zur Gleichbehandlung haben: Rechtsprechung und Lehre behaupten, dass die Geschäftsbedingungen wohl nichtdiskriminierend, nicht aber identisch mit jenen des Infrastrukturinhabers oder anderer Konkurrenten sein müsse[152]. Ein Recht zur Gleichbehandlung entsteht jedoch in den Bereichen, wo der Wettbewerb die Marktöffnung fördert (z.B. in der Telekommunikationsbranche)[153]. Dieser weite Ermessenspielraum kann auch zu anderweitigen Schlüssen führen. In *Alaska Airlines v. United Airlines* wurde ein höherer Zugangspreis als rechtmäßig angesehen, da die Konkurrenten trotz des hohen Preises auf dem nachgelagerten Markt tätig sein konnten[154].
Auch bei der Beurteilung der Zugangsverweigerung spielt das Kriterium „Vernünftigkeit“ eine entscheidende Rolle[155]. Die Vernünftigkeit kommt auch für die rechtlichen Folgen einer Zugangsverweigerung in Betracht: der Richter wird das Mittel für eine Zugangsgewährung wählen, das die Privatautonomie des Einrichtungsinhabers am wenigsten angreift[156].

Das Zugangsverweigerungsverbot impliziert das Vorliegen eines Zugangsrechts des Interessenten. Ob das Zugangsrecht öffentlichrechtlicher Natur ist, ist fraglich. Es ist nämlich umstritten, ob die Wahlfreiheit des Geschäftspartner vom Fairnessgedanken und dem Prinzip des knappen öffentlichen Gutes begrenzt werden kann[157]. Nach diesen öffentlichrechtlichen Prinzipien des *Common Law*, die auf die Pflicht des *innkeepers* (Gastwirt) und des Inhabers eines *public house*

---

152 *Venit/Kallaugher* Fordham 1994, 324: "It is clear, however, that as long as the terms offered to the applicant are reasonable, they need not to be identical to the terms or access enjoyed by the owner of the facility or by other users." Vgl. *Southern Pacific Comm. Co. v. AT & T*, 740 F.2d 980, 1009 (D.C. 1984): "Absolute equality of access to essential facilities is not mandated by the antitrust laws."

153 Zu einer ausführlichen Analyse dieser Problematik s. *Haar* 1995, 120, 121.

154 *Alaska v. United Airlines, Inc.*, 948 F.2d 536, 544 ff., (9th Cir. 1991), 503 U.S. 977 (1992).

155 Es handelt sich grundsätzlich um eine Beurteilung der „fairness“, „reasonabless“ (*Hetch v. Pro-Football, Inc.*, 570 F.2d 982, 992 (D.C. Cir. 1977) und Nichtdiskriminierung (*MCI Communications Corp. v. American Tel. & Tel. Co.*, 708 F.2d 1081, 1132 (7th Cir. 1983)). Vgl. *Schindler* 1998, 27, 28.

156 *Jorde/Teece* 1992, 176 ff.: „[...] it may be fairly simple task to oblige the monopolist to respond in damages sufficient to put its disadvantaged downstream competitor into the same position as if the monopolist had afforded its rivals the same or similar terms. Of course this will never be purely a mathematical exercise. There will be contentious factual issues as well as legal issues about offsets and the like.[...] But even this degree of vagueness, and consequent doubt, can sometimes serve the public interest by creating an atmosphere for a socially wholesome settlement."

157 S. *Meinhardt* 1998, 138.

(Kneipe) zurückgehen, müssen knappe Güter unter nichtdiskriminierenden Bedingungen zur Verfügung gestellt werden[158].

In der Entscheidung *Associated Press v. United States* [159] verglich Richter *Frankfurter* ein virtuelles Netz mit einer *public utility*[160] und stützte sich dabei auf den Begriff des *public interest*[161]:

> „[a] free press is indispensable to the working of our democratic society. [...] Truth and understanding are not wares like peanuts or potatos. And so, the incidence of restraints upon the promotion of truth denial of access to the basis for understanding calls into play considerations very different from comparable restraints in a comparative enterprise having merely a commercial aspect[162]".

Diese Anmerkungen wurden von *Areeda* kritisch betrachtet[163]. Der Autor hat gezeigt, dass in vielen „essential-facilities“-Doktrin-Fällen die Anwendung des *public interest* und der *public utility* unpassend wäre. In vielen öffentlich-rechtlich problematischen Fällen hat jedoch die Rechtsprechung die öffentlich-rechtlichen Begriffe angewendet (z.B. um die Liberalisierung der telephonischen Märkte zu verwirklichen)[164].

6. Das Fehlen von Rechtfertigungsgründen

Die letzte Voraussetzung für die Anwendbarkeit der "essential-facilities"-Doktrin ist die Machbarkeit (*feasability*) der Zugangsgewährung. Nach diesem Prinzip wird dem Inhaber der wesentlichen Einrichtung die Möglichkeit eingeräumt, sein

---

[158] *Meinhardt* 1998, 138. Im neunzehnten Jahrhundert hat sich dieses Prinzip weiterentwickelt. Ein Müller durfte sich nicht grundlos weigern, das Korn eines Bauern aus der Gegend zu mahlen. *Venit/Kallaugher* Fordham 1994, 320.

[159] *Associated Press v. United States*, 326 U.S. 1 (1945).

[160] Der Richter *Frankfurter* stützte sich auf eine antiformalistische Auslegung des Begriffs "public utility": „The relation of such restraints upon access to news and the relation of such access to the function of a free press must not be obscured by the specialized notions that have gathered around the legal concept of a „public utility“(a.a.O. 29)".

[161] Zu einer rechtsvergleichenden Definition von *public utility* und *public interest* s. *De Franchis* 1984, 1228, 1223.

[162] *Associated Press v. United States* 326 U.S.,1, 28 (1945).

[163] *Areeda* 1990, 843, 844: "Imagine the torment Justice Frankfurter would feel to see his free-press public utility concept invoked in support of a rock impresario seeking admission to the local auditorium [...].We have moved a long way from Justice Frankfurter's narrow concept of the extraordinary circumstances in which intervention is essential to protect the Republic".

[164] Ausführlich zu diesen Fällen *Haar* 1995, 119.

ausschließendes Verhalten zu rechtfertigen. Eine systematische Darstellung der Rechtfertigungsgründe ist zur Zeit nicht möglich, da die Rechtsprechung noch keine genauen Hinweise gegeben hat.

Die Rechtfertigungsgründe ziehen eine Grenzlinie zwischen der *unilateral refusal to deal* und der "essential-facilities"-Doktrin. Bei der *unilateral refusal to deal* reicht es für den Monopolisten aus, eine schlichte *legitimate business justification*[165] darzulegen[166], um seine Verweigerung zu rechtfertigen. Dagegen genügen schlichte persönliche Interessen (sog. *self interests*[167]) bei der Anwendung der "essential-facilities"-Doktrin nicht mehr[168], um die Zugangsverweigerung zu rechtfertigen. In den meisten "essential-facilities"-Doktrin Fällen handelt es sich um Gründe, die auf dem Effizienzkriterium[169] (z.B. die begrenzte Kapazität der Einrichtung oder die Beeinträchtigung des Betriebs des Einrichtungsinhabers) beruhen.

Der Schutz einer *essential facility* durch Immaterialgüterrechte (z.B. ein urheberrechtlich geschütztes Betriebssystem) wirft die Frage auf, ob die reine Ausübung von Immaterialgüterrechten ein Rechtfertigungsgrund ist. Die erwähnte Rechtsprechung[170], insbesondere die Entscheidung *Microsoft*, haben auf diese Frage eine negative Antwort gegeben.

---

165 Zu einer Systematisierung der Rechtfertigungsgründe bei der Geschäftsverweigerung, s. *Ahern* 170 ff., der die folgenden Kategorien geschaffen hat:
- *profit maximization*;
- *quality control image*;
- *free riding* (das angreifende Verhalten von Konkurrenten);
- *legitimate corporate planning*.

166 S. z.B. *Homefinders of America, Inc. v. Providence Journal Co.*, 621 F.2d 441, 443 (1st Cir. 1980), in dem der Rechtfertigungsgrund eine irreführende Werbung war. Vgl. *Oahu Gas Service v. Pacific Resources Inc.*, 838 F.2d 360 (9th Cir.), cert. denied, 488 U.S. 870 (1988). Vgl. *Vasques* CEM 1998, 415. Zu Geschäftsverweigerung und Rechtfertigungsgründen s. *International Railways of Central America v. United Brands Co.*, 532 F.2d 231 (2d. Cir.), cert. denied, 429 U.S. 835 (1976), in dem der Rechtfertigungsgrund die Integrität des Unternehmens war.

167 Kritisch zur Anwendbarkeit des *self interest Kezsbom/Goldman* Columbia Law Review 1996, 23.

168 Vgl. *Vasques* CEM 1998, 412 ff.; *Meinhardt* 1998, 158; *Schindler* 1998, 28.

169 Vgl. *Hetch v. Pro-Football, Inc.* 570 F.2d 982, 992 (D.C. Cir. 1977): "[...] the antitrust laws do not require that an essential facility be shared if such sharing would be impractical or would inhibit defendant's ability to serve its customers adequately".

170 Vgl. Kap. 1 § 2 III.

§ 4. "Essential-facilities"-Doktrin und Immaterialgüterrechte: Ein Widerspruch?

I. Netz und Wettbewerb: die Netzwerkexternalitäten

Netze bilden einen typischen Anwendungsbereich der "essential-facilities"-Doktrin . Nach der Definition von *Weizsäcker* sind Netze „raumübergreifende, komplex verzweigte Transport- und Logistiksysteme"[171]. Netze spielen zunehmend eine bedeutende Rolle in der Globalisierungswirtschaft, insbesondere in den sogenannten High-Tech-Märkten.

Netze lassen sich in drei große Kategorien einteilen[172]:

- materielle Netze, wie z.B. Straßen-, Eisenbahn-, Stromversorgungs-, und Telefonnetze,
- Dienstleistungsnetze, wie z. B. Post-, Bank-, Müllabführ-, Zeitungszustellungs- und sonstige Vertriebsnetze,
- virtuelle Netze, wie z.B. Buchungs- und Reservierungs-, und Überweisungssysteme.

Während die materiellen Netze eine „direkte physische Verbindung"[173] voraussetzen, wird dieses Element bei den virtuellen Netzen und zum Teil bei Dienstleistungsnetzen nicht vorausgesetzt. Beide Netzarten sind aber u.a. von den sogenannten Netzwerkexternalitäten (*network externalities*) charakterisiert. Dies bedeutet, dass die volle Nutzung eines Netzes die Qualität des Produktes verbessert bzw. den Wert des Produktes[174] steigert (z.B. je mehr Telephonabnehmer an das Netz angeschlossen sind, desto mehr ist das Telefonnetz für jeden Abnehmer wert). In der umfassenden Analyse von *Katz* und *Shapiro* wurde die *virtual network externality* als die „utility that a user derives from consumption of „software" increases with the number of other agents consuming the good"[175] definiert. Bei virtuellen Netzen bestehen die *network externalities* aus gemeinsamen Standards, die zur Kompatibilität und Austauschbarkeit von verschiedenen Pro-

---

171 *Von Weizsäcker* WuW 1997, 572.
172 *Möschel* in *Immenga/Mestmäcker* GWB 3. Aufl., § 19, Tz. 197.
173 S. *Seremata* Antit. Bull. 1998, 561, der von "direct physical connection" redet.
174 *Donahey* AIPLA 1997, 287.
175 *Katz/Shapiro* Am. Econ. Rev. 1985, 424 .

dukten führen[176]. Netzwerkexternalitäten entstehen insbesondere in den sogenannten *economies of scale*[177].

In einem solchen Umfeld kann sich die technologische Innovation auf den High-Tech-Märkten frei entfalten und somit den öffentlichen Wohlstand steigern[178]. Es steht allerdings fest, dass die *network effects* zu wettbewerbsbeschränkenden Folgen führen können. Das Monopolunternehmen kann z.B. versucht sein, anderen Konkurrenten den Zugang zu seinen Standards zu verweigern oder mittels seiner Marktmacht einen nachgelagerten Markt zu erobern. Dadurch wird der Innovationsprozess gebremst[179].

Eine kartellrechtliche Untersuchung der High-Tech-Märkte ist sehr kompliziert, da die Marktabgrenzung von sich rasch entwickelnden Märkten nicht in allen Fällen möglich ist. Oft kommen sogar Märkte in Betracht, die noch nicht existieren (z.B. die Integration von zwei verschiedenen Produkten, die einen neuen Markt schafft)[180]. Die klassischen Instrumente des Kartellrechts können sich im Hinblick auf die Innovationsmärkte als wenig hilfreich erweisen. Daher stellt die Anwendung der Antitrustregeln auf die High-Tech-Märkte eine Herausforderung des amerikanischen Kartellrechts dar.

II. Die Rolle der Immaterialgüterrechte: *Schumpeterian rents* und Innovation

Im US-amerikanischen, genauso wie im EG-Recht haben die Immaterialgüterrechte eine Ausschließungsfunktion; dies bedeutet, dass allein der Inhaber die Verfügungsbefugnis über seine Erfindung (z.B. für ein Patent) oder sein Werk (z.B. für ein Urheberrecht)[181] hat. Jedoch können aus Immaterialgüterrechten Monopolstellungen entstehen[182].

---

176 *Donahey* AIPLA 1997, 294: "Software, of course, does not form a literal network like a closed system of railroad tracks. Nevertheless, computer consumers are linked together in a virtual network of common software standards producing compatibility and interchangebility".

177 *Rubinfeld* Antit. Bull. 1998, 864: " Typically, standards go hand in hand with economies of scale when there are scale economies in the production of complementary products." Zu *economies of scales* s. *Donahey* 1997 AIPLA 293; *Klimisch/Lange* 1998 WuW, 16.

178 *Sheremata* Antit. Bull. 1998, 564 ff. mit vielen Hinweisen auf Literatur. Vgl. nächsten Abschnitt.

179 Vgl. *Gröhn* 1999, 25 ff..

180 Zur Bestimmung der „künftigen Märkten" s. Kap. 1 § 4 V.

181 Im Fall *Microsoft* handelt es sich eben darum, die Grenzen dieser Ausschließungsbefugnisse festzustellen. *Lemley/McGowan* Antit. Bull. 1998, 716: "[...] intellectual property law gives Mi-

Wettbewerb zwei verschiedene Standards zwei verschiedenen Märkten entsprechen, gibt es beim Intrastandard-Wettbewerb nur einen Markt, da alle Marktteilnehmer den gleichen Standard anwenden. Der Interstandard-Wettbewerb führt zur Marktbeherrschung eines einzigen Unternehmens bzw. einer Gruppe von Unternehmen[189]. Um seine Dominanz zu bewahren, kann das Unternehmen bzw. die Gruppe von seiner Lage profitieren und eine wettbewerbsbeschränkende Verhaltensweise ausüben.

Der im *Microsoft*-Fall enthaltene Streit zwischen *Microsoft* und *Sun*[190] kann die Dialektik zwischen Innovation und Standards besser veranschaulichen[191]: Die vom Unternehmen *Sun* entwickelte *Java*-Programmiersprache ermöglicht die Schaffung eines offenen Standards (*open standards*), der zu einer *independent platform* führen würde. Dank dieser *independent open platform* gäbe es kein Zugangsproblem und die Konsumenten könnten innerhalb eines einzigen Standards zwischen verschiedenen Produkten wählen. Mit der alternativen Programmiersprache *Java* bot also *Sun* die Möglichkeit an, seine Produkte neben *Windows* auch für andere Betriebssysteme zu entwickeln. Als Reaktion hat *Microsoft*, weltweit Monopolist auf dem Betriebssystemmarkt, eine Version des Betriebssystem *Windows* geschrieben, die an *Java* gebunden war, um die Verbreitung des Betriebssystems zu fördern. Diese *Windows*-Version von *Java* bezweckte nach Auffassung der US-amerikanischen Wettbewerbshüter, die Schaffung einer unabhängigen-Plattform (*independent platform*) von *Sun* zu behindern[192]. Damit wäre auch ein Intrastandard-Wettbewerb[193] behindert.

---

its own network.[...] In contrast, intrastandard competition is competition in the market. This occurs when products are compatible. One network is shared among firms." Zu der wettbewerbsfördernden Funktion des Intrastandardwettbewerbs s. *Sheremata* Antit. Bull. 1998,574; *Menell* Antit. Bull. 1998, 673; *Curran* Antit. Bull. 1998, 777.

189 *Curran* Antit. Bull. 1998, 775 ff..

190 *United States of America v. Microsoft Corp.*, Complaint No. 98-1232 § 6 (D.D.C.1998), in http//www.usdoj.gov/atr/cases/f1700/1763.htm.

191 Der Fall wurde 2001 außergerichtlich geregelt. Microsoft bezahlte an Sun eine Lizenzgebühr von 40 Millionen $. Dafür konnte Microsoft eine ältere Version von Java verwenden. Microsoft war es jedoch untersagt, den Ausdruck „Java kompatibel" in seinen Produkten zu verwenden. Hierzu s. Handelsblatt vom 25. Januar 2001, 25.

192 Dies bedeutet die Behinderung der Entstehung eines offenen Standards. S. *Lemley/Mc Gowan* Antit. Bull. 1998, 764, 772.

193 Vgl. *Lemley/Mc Gowan* Antit. Bull. 1998, 764: „Sun contends Microsoft is attempting to co-opt the Java platform by designing a separate, proprietary „version" of Java that runs on Windows, but not on competing operating systems. Sun's concern is that a Windows-specific version of Java could undermine the transition to platform-independent competition." Vgl. *Gilbert/Willar* Antit. Law Jour. 2001, 43, 60.

Im Rahmen des Intra- und Interstandard-Wettbewerbs soll auch der in Kap. 1 § 2 III 3. erläuterte Browserkampf betrachtet werden[194]. Die Dominanz von *Microsoft* im Browsermarkt impliziert die Aufrechterhaltung eines Interstandard-Wettbewerbs und der Monopolstellung von *Microsoft*.

Mittels *network externalities*[195] und des eigenen immaterialgüterrechtlich geschützten Monopols kann *Microsoft* die Innovation[196] (d.h. die Schaffung eines *open standard*) und die Entwicklung eines Intrastandard-Wettbewerbs behindern[197]. Hierdurch werden die Interessen der Konsumenten verletzt.

Die ausführliche Untersuchung von *Lemley* und *Mc Gowan* hat jedoch hervorgehoben, dass die *Java*-Sprache selbst urheberrechtlich geschützt ist. Würde sich der Intrastandard-Wettbewerb durchsetzen, könnte *Sun* aufgrund seiner Eigentumsrechte den Zugang verweigern oder unter diskriminierenden Bedingungen gewähren[198]. Die Zugangsverweigerung mittels der Immaterialgüterrechte bleibt also eine Zentralfrage des Kartellrechts, auch wenn sich ein Intrastandard-Wettbewerb entwickeln wird.

---

[194] Dieser Fall ist in Zusammenhang mit dem Browserkampf von *United States v. Microsoft* zu betrachten. Die US-amerikanische Antitrust Division hat festgestellt, dass die browsers „are a primary distribution vehicle for Java Virtual Machines (...), the software programs necessary to run programs written in Java programming language." United States of America v. Microsoft Corp., Complaint No. 98-1232 § 68 (D.D.C.1998), in http://www.usdoj.gov/atr/cases/f1700/176 3.htm.

[195] Vgl. die eingehende Untersuchung über die *network externalities* vom Fall *Magill* in *Werden* Antit. Law Jour. 2001, 87 ff..

[196] *United States v. Microsoft Corp.*, 65 F. Supp. 2d 1, 102 (D.D.C. 1999).

[197] Skeptisch gegenüber einer übergreifenden Kompatibilität *Teece/Coleman* Antit. Bull. 1998, 846: "However, it is not likely to be optimal to always insure compatibility with every potential complementary product". Außerdem beweisen die zwei Autoren, dass die aktuellen Instrumente zur Bestimmung der Marktmacht unzulänglich sind (a.a.O. 851, ff.) und dass ein kartellrechtlicher Eingriff – auch als „surgical approach" – die gesamte Wirtschaft schädigen würde (a.a.O. 845).

[198] *Lemley/Mc Gowan* Antit. Bull. 1998, 760: "The general danger of allowing a private party to own intellectual property rights in an open standard is that the private party may at some point attempt to close the standard, either by licensing it on discriminatory terms, by setting an unreasonable price for continued access, or simply by denying access (a license) altogether". Darüber hinaus versucht *Sun*, seine Lage durch eine offizielle Anerkennung seines *open standards* seitens internationalen Organisationen zu verfestigen (hierzu vgl. *Lemley/Mc Gowan* Antit. Bull. 1998, 752 ff.). S. auch *Curran* Antit. Bull. 1998, 797.

IV. Netzwerkexternalitäten als wettbewerbsbehindernder Faktor

Im vorherigen Paragraphen wurde gezeigt, wie aufgrund der *network externalities* und der Immaterialgüterrechte durch eine Zugangsverweigerung marktbeherrschende Unternehmen den Innovationsprozess behindern können [199]. Die Innovations- und Wettbewerbsbehinderung kann jedoch auch mit anderen Missbrauchstatbeständen kombiniert auftreten [200]:

- *monopoly leveraging*[201]. Die Monopolausdehnung kann einen defensiven Zweck haben. Der Monopolist versucht in diesem Fall den Zugang von Konkurrenten schon in einem abgeleiteten Markt zu sperren. Um die Verbreitung der *Java*-Programme zu verhindern und damit das Monopol im Betriebssystem (Hauptmarkt) zu bewahren, hat z.B. *Microsoft* versucht, den Browsermarkt (abgeleiteten Markt) zu erobern[202] (*two level entry*).
- *winner takes all*. Infolge der *network externalities* erlangt das marktbeherrschende Unternehmen eine absolute Marktkontrolle[203].
- *tying-in*. Die wettbewerbswidrige Kopplung von verschiedenen Produkten wird im Computerbereich durch die sogenannte Integration (z.B. die Integration des Betriebssystems mit dem Browser) realisiert. *Tying* kann auch als eine Ausdehnung der Marktbeherrschung betrachtet werden und ist daher verboten[204].
- *tipping in* (*locking in* and *path dependence*[205]). Dies bedeutet, dass die Konsumenten aus Gewohnheit einen alten Standard bevorzugen werden,

---

[199] *Rubinfeld* Antit. Bull. 1998, 862: "In industries in which network effects are significant, there is an increased likelyhood that a single firm may come to dominate the market and to persist in that dominance."

[200] *Rubinfeld* Antit. Bull. 1998, 879: "Leveraging can be accomplished by a variety of practices (e.g. tying, bundling, exclusive dealing, low pricing), each of which may have anticompetitive or procompetitve aspects, or a combination of the two." *Rubinfeld* Antit. Bull. 1998, 787: "One particularly troubling aspect of leveraging is the possibility that innovation incentives of competitors will be decreased."

[201] S. auch *Menell* Antit. Bull. 1998, 673. *Rubinfeld* Antit. Bull. 1998, 787: "One particularly troubling aspect of leveraging is the possibility that innovation incentives of competitors will be decreased."

[202] *Rubinfeld* Antit. Bull. 1998, 868: "[...] by deterring innovation in the complementary market, the dominant firm will have created a strong barrier to entry into the market for its dominant product."

[203] *Sheremata* Antit. Bull. 1998, 563: "The producing firm then becomes dominant in that market and earns winner-take-all profits. Network effects can lead to monopoly in these markets in this way." S. auch *Teece/Coleman* Antit. Bull. 1998, 811.

[204] *Haar* 1995, 121.

[205] Eingehend *Blankart/Knieps* 1991, 1 ff..

auch wenn ein neuer und weiterentwickelter Standard vorhanden ist[206]. Die Untersuchung von *Rubinfeld* stellt fest, dass das *tipping* als solches nicht wettbewerbsbehindernd ist, jedoch kann es in vielen Fällen zur Zugangsverweigerung führen[207]. Dieser Punkt ist in der Lehre sehr umstritten. Im Hinblick auf den Fall *Microsoft* hat der FTC-Vorsitzender *Muris*[208] hervorgehoben, dass das sogenannte *locking in* keinen Einfluss auf die technologische Entwicklung ausübt.

V. Der Streit um Immaterialgüterrechte und Kartellrecht

Die Zielsetzung des geistigen Eigentums und des Kartellrechts kann mit den Worten der 1995 verabschiedeten *Intellectual Property Antitrust Guidelines*[209] zusammengefasst werden:

"The intellectual property laws and the antitrust laws share the common purpose of promoting innovation and enhancing consumer welfare. The intellectual property laws provide incentives for innovation and its dissemination and commercialization by establishing enforceable property rights for the creators of new and useful products, more efficient processes, and original works of expression. The antitrust laws promote innovation and consumer welfare by prohibiting certain actions that may harm competition with respect to either existing ways or new ways of serving consumers[210]."

---

[206] *Balto/Pitofsky*, Antit. Bull. 1998, 589:"[…] meaning that users may be unwilling to join cheaper or superior networks because of choices that they made in the past." Vgl. *Lemley/McGowan* Antit. Bull. 1998, 723: "[…] over time, however, consumers may become locked in to a standard that does not effectively evolve". S. auch *Menell* Antit. Bull. 1998, 659.

[207] *Rubinfeld* Antit. Bull. 1998, 865: "To the extent that tipping maximizes the size of the network, it does create consumer benefit. However, tipping also creates monopoly power that can be used for anticompetitive ends.[…] With tipping, exclusionary practices that deny access to established standards can be particularly effective".

[208] *Muris* Antit. Law Jour. 2000, 721.

[209] *Antitrust Guidelines for the licensing of Intellectual Property, issued by the U.S. Department of Justice and the Federal Trade Commission*, vom 6. April 1995, *§§ 3.2.1., 3.2.2., 3.2.3.*, unter http://www.usdoj.gov/atr/public/guidelines/ipguide.htm. Eingehend zur Anwendung der *Guidelines* s. *Gilbert/Willard* Antit. Law Jour. 2001, 43 ff..

[210] Ähnlich *Harris* 1998, 22: "The purpose of the antitrust law is to promote competition and prevent monopolization. The purpose of our patent laws [sic] are to encourage innovation by granting inventors exclusive use of their inventions. Thus both sets of laws have their primary objective promoting consumer welfare by enhancing economic efficiency, but the means employed to achieve these goals are a source of potential conflict between them".

Die unterschiedlichen und zum Teil kollidierenden Ziele der beiden Gesetze stellen einen kontroversen Punkt des amerikanischen Rechts dar. Die Geschichte des Verhältnisses „Antitrust/geistiges Eigentum" lässt sich in folgenden Phasen einordnen:

- absolute Immunität des geistigen Eigentums gegenüber dem Antitrustrecht[211]. In dieser ersten Phase war die allgemeine Regelung die absolute Freiheit in der Verwendung bzw. dem Verkauf von Rechten gemäß dem Patentgesetz[212].
- *separate sphere model*. Seit den Entscheidungen *Standard Sanitary*[213] und *Motion Picture Patents*[214] hat der US-amerikanische *Supreme Court* bis in die siebziger Jahren den Standpunkt vertreten, dass auch das geistige Eigentum dem Kartellrecht unterliegt. Das geistige Eigentum war dem Monopol gleichgestellt, aber es konnte ausnahmsweise nicht von den Antitrustvorschriften berührt werden[215].
- *nine no-no's*. Unter *nine no-no's* ist eine Liste von Lizenzierungspraktiken zu verstehen, die während der siebziger Jahre für wettbewerbswidrig gehalten wurden. Da es sich um eine *a-priori* Beurteilung handelt (die Praktiken waren an sich wettbewerbswidrig), wurde den *nine no-no's* vorgeworfen, eine populistische Abzweigung des Antitrustrechts zu sein[216].
- die *Chicago* Schule. Während der achtziger Jahre hat sich eine Tendenz durchgesetzt, die von der Chicago Schule untermauert war, dass die Ausübung der Immaterialgüterrechte keine Wettbewerbsbeschränkung darstellt[217].
- die *IP-Guidelines*. Im Jahre 1995 wurden die *U.S. Department of Justice and Federal Trade Commission Antitrust Guidelines for Licensing of Intellectual Property* verabschiedet. Die *Intellectual Property Antitrust Guidelines* haben den Zweck, diese Ziele in Einklang zu bringen. Die Richtlinien sind von den folgenden Prinzipien geprägt:

---

211 *E. Bement & Sons v. National Harrow Co.*, 186 U.S. 70 (1902).

212 A.a.O. 91.

213 *Standard Sanitary Mfg. Co. v. United States*, 226 U.S. 20 (1912).

214 *Motion Picture Patents Co. v. Universal Film Mfg. Co.*, 243 U.S. 502, 513 (1917).

215 S. *Tom/Newberg* Antit. Law Jour. 1997, 170 ff..

216 *Harris* in *Siragusa* 1998, 12 ff..

217 *Harris* in *Siragusa* 1998, 15 ff. Vgl. *Bowman* 1973, 118 ff. und *GTE Sylvania Inc. v. Continental T.V. Inc.*, 433 U.S. 36 (1977).

1) die Gleichwertigkeit des geistigen mit jeglicher anderen Art von Eigentum bei der kartellrechtlichen Untersuchung (*IP Guidelines*, § 2.1);
2) es gibt keine Vermutung, dass das geistige Eigentum automatisch zu einer Marktbeherrschung führt (*IP Guidelines*, § 2.2)[218];
3) die Lizenzierung von geistigem Eigentum fördert den Wettbewerb und die wirtschaftliche Effizienz (*IP Guidelines*, § 2.3)[219].

Aus diesen Vorschriften - insbesondere aus der dritten - geht hervor, dass der Richter nicht aufgrund von Vermutungen und abstrakten Prinzipien urteilen soll, sondern nach einer empirischen Untersuchung der betroffenen Märkte[220].

Obwohl die IP Richtlinien nicht auf die *patent misuse doctrine*[221] verwiesen haben[222], scheinen die *IP-Guidelines* eine Fortsetzung der *patent misuse doctrine* zu sein[223]. Die *patent misuse doctrine* ist ein *equity* Instrument, wonach der Verklagte in einem Verletzungsprozess darlegen kann, dass der Patentinhaber seinen Patent missbraucht hat[224]. Ähnlich wie die *patent misuse doctrine* zeugt die faktorientierte *IP-Guidelines* Entscheidungspraxis[225] von der entscheidenden Rolle

---

218 *Rosen* Antit. Law Jour. 1994, 678: „[...] it must be recognized that there is significant support, although it seems misguided, for presuming market power in intellectual property rights in cases involving tying." Trotzdem können vertikale Vereinbarungen wettbewerbsproblematisch sein, wenn das Unternehmen über eine erhebliche Marktmacht verfügt. (*Harris* 1998, 28 subsumiert unter dieser Konstellation den Fall *Microsoft*).

219 Vgl. *IP Guidelines* § 2.3. "Sometimes the use of one item of intellectual property requires access to another. An item of intellectual property "blocks" another when the second cannot be practiced without using the first. For example, an improvement on a patented machine can be blocked by the patent on the machine". Dagegen *United States v. Loew's Inc.*, 391 U.S. 38, 46 (1962); *Jefferson Parish Hospitals v. Hyde*, 466 U.S. 2, 16 (1984).

220 Die Förderung des Wettbewerbs wurde schon vor der Verabschiedung der *IP Guidelines* mehrmals von der *Department of Justice* betont. Zu einem Überblick über die Stellung der *Department of Justice* vor der Verabschiedung der *IP Guidelines* s. *Rosen* Antit. Law Jour. 1994, 670 ff..

221 Zur *patent misuse doctrine* und den *IP Guidelines* s. Intellectual Property Law Review 1998, 144.

222 *Tom/Newberg* Antit. Law Jour. 1997, 185.

223 Zum Einklang zwischen *patent misuse doctrine* und *IP Guidelines* s. schon *Windsurfing Int'l, Inc. V. AMF,Inc.*, 782 F.2d 995, 1001-1002 (Fed. Cir. 1986), in dem die Faktenuntersuchung Voraussetzung für die Anwendung der *patent misuse doctrine* ist: "a factual determination,[...]that the overall effect of the license tends to restrain competition in an appropriately defined relevant market." S. auch u.a. *USM Corp. v. SPS Technologies, Inc.*, 694 F.2d 505, 511-514.

224 *Lemley* Cal. Law Rev. 1990, 1609. Die *patent misuse doctrine* wurde anlässlich des *Falls Motion Picture* eingeführt (*Motion Picture Patents Co. v. Universal Film Manufacturing* Co., 243 U.S. 502 (1917). Zum Missbrauch des geistigen Eigentums s. auch *Valentine* EIPR 2000, 74 ff..

225 Gegen die Anwendung der *patent misuse doctrine* *Lemley* Cal. Law Rev. 1990, 1599 ff..

des allgemeinen Prinzips der *rule of reason*[226] (Regel der Vernünftigkeit) bei der Anwendung des Antitrustrechts auf die Immaterialgüterrechte.

Anhand der *patent misuse doctrine* haben die US-amerikanische Lehre und Rechtsprechung auch eine *copyright misuse doctrine*[227] eingeführt. Im Gegensatz zum Patentmissbrauch, der nicht unbedingt die Verletzung einer Antitrustvorschrift darstellt, ist die *copyright misuse doctrine* mit dem Missbrauch einer Monopolstellung eng verbunden[228]. Dies hat *Mc Gowan* den Anlass gegeben, die Spannung zwischen dem *copyright* in der Computerbranche und seiner missbräuchlichen Ausübung im Lichte der "essential-facilities"-Doktrin zu sehen[229].

VI. Die effektive Öffnung der High-Tech-Märkte

In einer Untersuchung über Innovation und Kartellrecht haben *Farrell* und *Katz* festgestellt, dass eine Öffnung der High-Tech Märkte - wichtige Voraussetzung des Innovationsprozesses - durch ein relativ schwaches geistiges Eigentum oder durch kartellrechtliche Klagen durchgeführt werden kann[230]. Der US-amerikanische Gesetzgeber scheint die zweite Option bevorzugt haben. In den letzten Jahren sind nicht nur die *IP-Guidelines*, die die Anwendbarkeit des Kartellrechts auf das geistige Eigentum bestätigt haben, sondern auch andere Normen eingeführt worden, die die Natur der Immaterialgüterrechte den High-Tech-Märkten angepasst haben.

VII. Neue Gestaltung der Immaterialgüterrechte

Wie gerade ausgeführt, verlangt die Öffnung der High-Tech-Märkte eine neue Gestaltung der Immaterialgüterrechte. Schon im Jahre 1974 hat der US-amerikanische *Congress* die *National Commission on New Technological Uses of Copyrighted Works* (*CONTU*) errichtet. Um die technologische Innovation zu fördern,

---

226 *Tom/Newberg* Antit. Law Jour. 1997, 185.

227 S. *Lasercomb Am., Inc. v. Reynolds*, 911 F.2d 970, 978 (4th Cir. 1990), wonach der Copyright-Missbrauch ein „equitable defense to an infringement action" ist. Dieses Instrument sei anzuwenden, wenn „the copyright is being used in a manner violative of the public policy embodied in the grant of a copyright."

228 Inwieweit *patent misuse doctrine* und *antitrust* verbunden sind, wird von *Lemley* California Law Rev. 1999, 152 erörtert.

229 *Mc Gowan*, Hastings Comm. & Entertainement Law Journal 1996, 771.

230 *Farrell/Katz* Antit. Bull. 1998, 646.

hat § 20 des endgültigen *CONTU* Berichts festgestellt[231], dass der urheberrechtliche Schutz von Computerprogrammen die Verwendung von bereits entwickelten Ideen oder Computersprachen nicht behindern darf, wenn diese Verwendung auf ein bestimmtes Ergebnis abzielt[232]. Trotz dieser Vorschrift[233] bestand die Gefahr, dass sich der breite Schutzumfang von Computerprogrammen[234] (Art. 102 (b) des *Copyright Act*[235]) über die *network effects* des Urheberrechts erstrecken könnte und damit zu einem Missbrauch desselben führen würde[236]. Um diesen Missbrauch zu vermeiden, haben Entscheidungspraxis und Lehre ein *reverse engineering* und ein *decompilation*-Recht eingeführt[237]. Danach wird dem Dritten die Möglichkeit zuerkannt, eigene Produkte zu entwickeln, die mit einem urheberrechtlich geschützten Produkt kompatibel sind. Dies bedeutet, dass die Zustimmung des Rechtsinhabers für die Anwendung des Computerprogramms nicht notwendig ist, wenn die Anwendung des Computerprogramms für die technologische Entwicklung notwendig ist[238]. Hingegen versuchen die großen Computer Lobbyisten der Softwarebranche den *Congress* und die *World Intellectual Property Organization* zu beeinflussen, dahingehend dass die *decompilation* und das *reverse engineering* im Wege einer formalistischen Auslegung der Funktion des Urheberrechts verboten werden[239].

---

231 *National Commission on new Technological Uses of Copyrighted Works, Final Report* vom 31. Juli 1978, Washington D.C., 1979.

232 „[C]opyright protection for programs does not threaten to block the use of ideas or program language previously developed by others when that use is necessary to achieve a certain result. When other language is available, programmers are free to read copyrighted programs and use the ideas embodied in them in preparing their own works."

233 Gleichzeitig zu dieser Einschränkung der Anwendung des Urheberrechts im Computerbereich, hat sich die Patentierbarkeit der Computerprogramme durchgesetzt. Da diesem komplizierten und vielseitigen Thema in der vorliegenden Arbeit nicht nachgegangen werden kann, vgl. *Menell* Antit. Bull. 1998, 672 ff. ("patent protection is unquestionably available for advances in computer software"). Vgl. *Pleister* GRUR Int. 1997, 694 ff.; *Arriola* GRUR Int. 1996, 9 ff.; *Maier/Mattson* GRUR Int. 2001, 677 ff..

234 Der *CONTU* Bericht hat die Computerprogramme definiert, als „a set of statements or instructions to be used directly or indirectly in a computer or in order to bring about a certain result".

235 17 U.S.C.A. § 102 (b).

236 Hierzu vgl. *Menell* Antit. Bull. 1998, 654 ff., insbes. 708.

237 Vgl. *Menell* Antit. Bull. 1998, 679 ff.

238 S. *Menell* Antit. Bull. 1998, 679: "Furthermore, copyright law should not stand in the way of competitors seeking to develop interoperable computer systems and products." Ders. a.a.O. 692: "[...] courts have afforded competitors substantial leeway to make copies and translations of object code for the purpose of studying how they operate and to develop interoperable products."

239 *Menell* Antit. Bull. 1998, 710, 711.

Der Zugang zu immaterialgüterrechtlich geschützten Datenbanken bildet ein weiteres umstrittenes Thema. An dieser Stelle sei lediglich erwähnt, dass anlässlich des in Kap. 1 § 2 III 1 ausgeführten Falles *West/Bender* der Verleger *West* für die Einführung eines besonderen Schutzes für die Datenbanken an die *WIPO* appelliert hat. In diesem Rahmen hat die *Clinton* Verwaltung die Einführung eines besonderen Schutzes für elektronische Datenbanken[240] und schriftliche Zusammenstellungen[241] in Erwägung gezogen.

Anlässlich der Verabschiedung der *Collection of Information Antipiracy Act* (*Title V of H.R. 2281*)[242] hat sich die FTC zu kartellrechtlichen Zugangsfragen in Bezug auf Datenbanken geäußert. Für die US-Wettbewerbshüter sollen beide - geistiges Eigentum und Kartellrecht - die Innovationsförderung und die Förderung des Konsumentenwohlstands (*consumer welfare*) übereinstimmend unterstützen[243]. Unter bestimmten Voraussetzungen könne jedoch das geistige Eigentum den Innovationsprozess hindern. Eine Innovationsbehinderung liege im Datenbankenbereich vor, wenn eine Datenbank die einzige Datenquelle in einem bestimmten Markt sei. In diesem Zusammenhang komme die "essential-facilities"-Doktrin als mögliches Antitrust-Instrumentarium in Betracht. Infolge der skeptischen Einstellung der Rechtsprechung gegenüber der "essential-facilities"-Doktrin, sei die "essential-facilities"-Doktrin nach Auffassung der FTC nicht ausreichend, um solche wettbewerbswidrigen Konstellationen zu bekämpfen. Deshalb hat die FTC den Gesetzgeber aufgefordert, sich mit der Zugangsproblematik in Bezug auf Daten und Informationen auseinanderzusetzen[244]. Der am 19. Januar 1999 verabschiedete *The Collections of Information Antipiracy Act*[245]

---

[240] In einem Gesetzentwurf vom Mai 1996 (H.R.3551, *Database Investment and Intellectual Property Antipiracy Act*) wurden diejenigen Datenbanken für schutzwürdig gehalten, die „a qualitatively or quantitatively substantial investment of human, technical, financial or other resources in the collection, assembly verification, organization or presentation of the database contents" und einen gewerblichen Zweck aufweisen. Vgl. *Atlas* Idea Jour. of Law and Tech. 1998, 499.

[241] Der am 9. Oktober 1997 verabschiedete *Collection of Information Antipiracy Act* (*H.R. 2652 105th Congress*) hat eine Straf- und Zivilhaftung eingeführt, für diejenigen, die „extract or use in commerce, a substantial part of a collection of information gathered or maintained by another person through the investment of substantial resources, so as to harm the other person's actual or potential market for a product or service that incorporates such information and is offered in commerce". S. *Atlas* IDEA Jour. of Law and Tech. 1998, 499, 500.

[242] *Pitofsky* 1998, http://www.ftc.gov/os/1998/9809/antipirabli.htm.

[243] A.a.O. 2.

[244] A.a.O. 5.

[245] HR 354, 106th Congress.

enthält jedoch keinen Bezug auf die Zwangslizenzierung und verweist schlicht auf die kartellrechtlichen Vorschriften[246].

VIII. Schlussfolgerungen

In High-Tech-Märkten neigt das marktbeherrschende Unternehmen dazu, seine Stellung zu missbrauchen. Dies geschieht am häufigsten durch ein *monopoly leveraging*, somit bewahrt das Unternehmen seine marktbeherrschende Position. „Hebel" für diese Monopolausdehnung sind Ausschließungsbefugnisse der Immaterialgüterrechte (z.B. Urheberrechte die sich auf Standards beziehen), die dem marktbeherrschenden Unternehmen zur Verfügung stehen. Folglich kann der Innovationsprozess gebremst werden. Die Anwendbarkeit des Kartellrechts auf das geistige Eigentum hat sich nach einer langjährigen Entwicklung der Entscheidungspraxis und der Lehre durchgesetzt. Wie sich insbesondere aus den *IP-Guidelines* ergibt, muss der Richter fallorientiert vorgehen, da keine abstrakte Prinzipien anwendbar sind. Dies impliziert, dass auch die "essential-facilities"-Doktrin auf die Immaterialgüterrechte anwendbar ist[247]. Darüber hinaus haben die *IP-Guidelines* statuiert, dass das geistige Eigentum kartellrechtlich genau wie jede andere Art von Eigentum zu betrachten ist. Obwohl in der Lehre viele Autoren die Anwendung der "essential-facilities"-Doktrin auf die Immaterialgüterrechte misstrauisch[248] oder nur in nichtproblematischen[249] Fällen angenommen haben, erweist sich die "essential-facilities"-Doktrin als ein flexibles Mittel für die Aufrechterhaltung des Wettbewerbs in den High-Tech- Märkten[250]. Auch in der Rechtsprechung[251] könnten viele „Standard-Fälle" unter die "essential-facilities"-Doktrin subsumiert werden[252]. Damit wird Klarheit über die Anwend-

---

[246] Section 1405 (a) und (d) des „The Collections of Information Antipiracy Act". Vgl. *Davidson* EIPR 1999, 283.

[247] Kritisch *Werden* Saint Louis Law Jour. 1987, 479 und *Lipisky/Sidak* Stanford Law Rev. 1999, 1214 ff.. Apodiktisch behaupten die genannten Autoren die Inkompatibilität der "essential facilities"-Doktrin und der Immaterialgüterrechte, ohne die diesbezügliche Rechtsprechung zu berücksichtigen.

[248] S. *Balto/Pitofsky* Antit. Bull. 1998, 595; *Farrell/Katz* Antit. Bull. 1998, 613.

[249] *Farrell/Katz* Antit. Bull. 1998, 649 plädieren für ein Zugangsrecht, wenn die schöpferische Tätigkeit, die einer Schnittstelle zugrunde liegt, relativ einfach ist.

[250] Grundlegend hierzu Donahey AIPLA 1997, 320 ff.: „Following the analogy of Terminal Railroad, then, the essential facilities doctrine would be used to permit open access to standards, in effect creating a sort of "easement" across the monopolist's intellectual property. „

[251] Vgl. Kap. 1 § 2.

[252] Wie im vorherigen Abschnitt ausgeführt, können Computerprogramme patentrechtlich geschützt werden. Auch in dieser Konstellation kann die "essential facilities"-Doktrin angewendet werden. S. *Donahey* AIPLA 1997, 320 ff..

barkeit des Kartellrechts auf das geistige Eigentum geschaffen[253]. Die neue Gestaltung der Immaterialgüterrechte und die Anwendbarkeit der Antitrustregeln auf das geistige Eigentum bringen die Anwendung der “essential-facilities”-Doktrin mit sich. Die Gesetzgebung hat sich jedoch dazu noch nicht ausgesprochen. Die Reformen im immaterialgüterrechtlichen Bereich haben die “essential-facilities”-Doktrin noch nicht direkt erwähnt. Eine genauere Analyse der Aussagen der CONTU und der FTC zeigt jedoch, dass der Inhalt bestimmter Vorschriften die “essential-facilities”-Doktrin andeutet[254].

253 *Cotter* Antit. Bull. 1999, 212: "And while the federal government has shied away from characterizing Microsoft's Windows operating systems –which embody information protected under both copyright and trade secret law – as essential facilities in the market for internet browsers, one of the remedies the government has requested in its ongoing battle with Microsoft is an order requiring the latter to distribute the most current version of Netscape's Internet browser with any version of windows that includes Microsoft's competing browser, a result that would be consistent with finding Windows to be an essential facility in the market for browsers".

254 Der *CONTU* Bericht statuiert, dass „when specific instructions, even though previously copyrighted, are the only and essential means of accomplishing a given task, their later use by another will not amount to infringement". Die Worte „essential means“ haben die gleiche Bedeutung wie die Worte „essential facilities“. *FTC, Anticipating the 21st Century: Competition Policy in the New High-Tech, Global Marketplace CH. 9, § 86*. Auch die Formel “Open Network Architechture“ kann als eine Voraussetzung für die Anwendung der “essential facilities”-Doktrin angesehen werden. Hierzu s. 1. Kap. § 2. III.

KAPITEL 2: DIE "ESSENTIAL-FACILITIES"-DOKTRIN IN DER EU-RECHTSORDNUNG

§ 1. Die "essential-facilities"-Doktrin und das Missbrauchsverbot nach Art. 82 EG

I. Das Missbrauchsverbot nach Art. 82 EG

Während im US-amerikanischen Recht die "essential-facilities"-Doktrin auf den Anfang des XX. Jahrhunderts zurückreicht, wurde in der gemeinschaftlichen Rechtsordnung die Problematik des Zugangs zu „wesentlichen Einrichtungen" erstmals zu Beginn der neunziger Jahre aufgegriffen. Um die gemeinschaftsrechtliche Anwendung der "essential-facilities"-Doktrin besser verstehen zu können, wird das vorliegende Kapitel zuvor auf die zahlreichen Entscheidungen der Wettbewerbshüter eingehen. Danach werden die Gemeinsamkeiten dieser Entscheidungen erörtert, um die Voraussetzungen für die Anwendbarkeit der "essential-facilities"-Doktrin bestimmen zu können.

Der Zugang zu wesentlichen Einrichtungen ist ein zentraler Punkt des sekundären Gemeinschaftsrechts im Hinblick auf die Integration der europäischen Wirtschaft. Der Abbau staatlicher Monopole und die angestrebte Schaffung eines freien und wettbewerbsfähigen Marktes wurde mit einer „Regulierungswelle"[255] verwirklicht. Die Kommission, der Rat und das Parlament haben mehrmals die Zugangsproblematik berücksichtigt, besonders im Telekommunikations-, Energie- und Verkehrsbereich.[256]. In allen liberalisierten Branchen verfügen die ehemaligen Staatsunternehmen (Incumbent) immer noch über die Infrastrukturen, die die damaligen Monopolmärkte kennzeichneten (z.B. Telekommunikationsnetze). Daraus entstand die marktbeherrschende Stellung der Incumbent. Aufgrund der Marktbeherrschung und der vertikalen Integration[257], mit der die früheren Staatsmonopolisten auch in den liberalisierten Märkten tätig sind, versuchen die Infrastrukturinhaber in den meisten Fällen den Zugang zu den wesentlichen Einrichtungen ungerechtfertigt zu verweigern. In der Praxis der Kommission und des

---

[255] Nach Abschaffung der Monopole bedarf es für einen Übergangszeitraum verstärkter Regulierung. Die Reformpolitik und die Liberalisierung führen in einer ersten Phase nicht zu einer weitgehenden Deregulierung (Abbau von Vorschriften), sondern zu einer „Re-Regulierung" (Umbau von Vorschriften). Hierzu s. *Möschel* WuW 1999, 836.

[256] S. unten Kap. 2 § 3.

[257] Hierzu s. Kap. 6 § 3 II 1.

EuGH bedeutet eine derartige Zugangsverweigerung den Missbrauch einer marktbeherrschenden Stellung i.S.v. Art. 82 EG.

Nach Art. 82 EG ist die missbräuchliche Ausnutzung einer beherrschenden Stellung auf dem gemeinsamen Markt oder auf einem wesentlichen Teil desselben durch ein oder mehrere Unternehmen mit dem gemeinsamen Markt unvereinbar und verboten, soweit dies dazu führen kann, den Handel zwischen den Mitgliedstaaten zu beeinträchtigen. Art. 82 II EG normiert vier Regelbeispiele, bei deren Vorliegen eine Wertung für den Missbrauch einer marktbeherrschenden Stellung anzunehmen ist:

1. die unmittelbare oder mittelbare Erzwingung von unangemessenen Einkaufs- und Verkaufspreisen oder sonstigen Geschäftsbedingungen (Art. 82 EG II a)),
2. die Einschränkung der Erzeugung, des Absatzes oder der technischen Entwicklung zum Schaden der Verbraucher (Art. 82 EG II b)),
3. die Anwendung unterschiedlicher Bedingungen bei gleichwertigen Leistungen gegenüber Handelspartnern, wodurch diese im Wettbewerb benachteiligt werden (Art. 82 EG II c)),
4. die an den Abschluss von Verträgen geknüpfte Bedingung, dass die Vertragspartner zusätzliche Leistungen annehmen, die weder sachlich noch nach Handelsgebrauch in Beziehung zum Vertragsgegenstand stehen (Art. 82 EG II d)).

Die Voraussetzungen für die Anwendbarkeit von Art. 82 EG werden unten in Kap. 2 § 4 im Lichte der Anwendbarkeit der "essential-facilities"-Doktrin untersucht.

In Bezug auf das Missbrauchsverbot nach Art. 82 EG hat die Kommission die "essential-facilities"-Doktrin erstmals[258] im Fall *Sealink/B&I Holyhead*[259] erwähnt und als Entscheidungskriterium angewandt. Später wurde die "essential-facilities"-Doktrin von der Kommission weiterentwickelt und in verschiedenen

---

[258] Obwohl nicht erwähnt, wurde die "essential facilities"-Doktrin von der Kommission schon in anderen Fällen angewandt. S. unten Kap. 2 § 2 I 1.

[259] Kommission, Entscheidung vom 11. Juni 1992, (im ABl. nicht veröffentlicht) Bull. EG 1992 6, Tz. 1.3.30. – *Sealink/B&I - Holyhead.* Vgl. CMLR 1992, 255 ff. und Kommission, XXII. Bericht über die Wettbewerbspolitik (1992), Tz. 219. Hierzu s. unten Kap. 3 2 § 2 I 2.

Diese privilegierte monopolartige Position, die aus den Immaterialgüterrechten stammt, soll eine Belohnung für eine geistige Tätigkeit (z.B. eine Erfindung) sein. Die monopolartigen Gewinne, die daraus entstehen, sollen den Innovationsprozess fördern, indem bestimmte Innovationstätigkeiten belohnt werden (z.B. die Forschung neuer Technologien)[183]. Solche Gewinne werden auch als *Schumpeterian rents* bezeichnet[184]. Unter der Ägide der Immaterialgüterrechte kann das marktbeherrschende Unternehmen eigene Standards entwickeln, die anderen Konkurrenten nicht zugänglich sind. Das marktbeherrschende Unternehmen wird also *network externalities* genießen und folglich seine Monopolstellung verfestigen[185]. In den nächsten Abschnitten wird gezeigt, dass in bestimmten Fällen mittels *Schumpeterian rents* - also Immaterialgüterrechten - das beherrschende Unternehmen den Innovationsprozess verhindern kann.

III. Inter- und Intrastandard-Wettbewerb

Die Zugangsproblematik in den sogenannten virtuellen Netzen verschärft sich anlässlich der „Kompatibilität" (oder „Interoperabilität"). Kompatibilität bedeutet die Fähigkeit von zwei bzw. mehreren unterschiedlichen Produkten (z.B. zweier Computer) zusammenzuarbeiten[186].

Die Kompatibilität setzt die Existenz eines gemeinsamen Standards (oder Protokolls)[187] voraus. Der Wettbewerb in High-Tech-Märkten unterscheidet zwischen Interstandard- und Intrastandard-Wettbewerb[188]. Während bei dem Interstandard-

---

crosoft property in its code. These rights include the power to preclude other from copying its code and perhaps its application program interfaces as well."

[182] *Cotter* Antit. Bull. 1999, 228: "Contrary to popular belief, most intellectual property rights do not create „monopolies" in any meaningful sense, because a variety of substitutes exist for most patented inventions, copyrighted works, and trademarked articles: relatively few intellectual products confer the power to monopolize any given market. Nevertheless, most commercially successful intellectual property rights probably do confer some supracompetitive profit, and a few may actually give rise to monopoly power."

[183] Vgl. Einf. II.

[184] *Schumpeter* 1950, 1143 ff.. Hierzu *Teece/Coleman* Antit. Bull. 1998, 820, 821: "In absence of imitation, or the absence of the fear of imitation, the innovating firm has significant control over the scale at which the innovation is implemented in the long run.".

[185] *Sheremata* Antit. Bull. 1998, 563. Vgl. *Lemley* Cal. Law Rev. 1998, 479 ff..

[186] *Farrell/Katz* Antit. Bull. 1998, 610.

[187] Standards auch als *technical protocols* genannt, "allow for the interoperability of computers (software oder hardware)" *Menell* Antit. Bull. 1998, 659.

[188] *Sheremata* Antit. Bull. 1998, 563: "Interstandard competition occurs when products are incompatible.[...] This type of competition is competition for the market. Each product, in effect, creates

Bereichen angewandt.[260] Die Entscheidungen der Kommission betrafen hauptsächlich den Zugang zu Häfen.

Im Fall *Magill* hat der EuGH im Jahre 1995 einem marktbeherrschenden Unternehmen aufgegeben, seinem Mitbewerber den Zugang zu urheberrechtlich geschützten Programmvorschauen zu gewähren. Obwohl der EuGH den Begriff der "essential-facilities"-Doktrin nicht explizit erwähnt hat, weist das *Magill*-Urteil viele Ähnlichkeiten mit den Kommissionsentscheidungen bezüglich der "essential-facilities"-Doktrin auf. Dieses und andere Urteile stellen eine implizite Anwendung der "essential-facilities"-Doktrin dar.

II. Die "essential-facilities"-Doktrin und die Immaterialgüterrechte

Das Urteil *Magill* fand in der Literatur große Beachtung und spaltete die Lehre in zwei Teile, da der EuGH sich nicht über die "essential-facilities"-Doktrin äußerte. Einerseits wurde dieses Schweigen als eine Ablehnung der "essential-facilities"-Doktrin interpretiert. Die urheberrechtlich geschützten Positionen würden die Kriterien einer Essential Facility nicht erfüllen. Eine solche Auffassung spiegelte die Furcht der Lehre wider, die "essential-facilities"-Doktrin zu extensiv auszulegen. Andererseits wurde das Schweigen des EuGH als implizite Bejahung der "essential-facilities"-Doktrin in der Entscheidungspraxis des EuGH beurteilt.

Die heftige Diskussion um den Fall *Magill*[261] betraf die Natur der *essential facilities*. Es ging darum festzustellen, ob die Urheberrechte als „wesentliche Einrichtungen" anzusehen waren. Die Bejahung dieser Frage ermöglicht es, die Verweigerung des Zugangs zu urheberrechtlich geschützten Positionen als Verstoß gegen Art. 82 EG zu werten.

Der Streit um das Verhältnis zwischen Immaterialgüterrechten und wesentlichen Einrichtungen bringt die Lösung der folgenden Frage mit sich: Kann das von Art. 30 EG gewährleistete kommerzielle und gewerbliche Eigentum vor der Anwendung der Wettbewerbsregeln (Art. 81, insbes. 82 EG) verschont bleiben? Anders formuliert: Kann der Inhaber eines Immaterialgüterrechts auf Grundlage des Art. 82 EG verpflichtet werden, einem Dritten die Mitbenutzung seines Rechts durch eine Lizenz zu ermöglichen? Ob die "essential-facilities"-Doktrin auf Immaterialgüterrechte anwendbar ist, hat grundlegende Auswirkungen auf die sogenannten

---

[260] S. Kap. 2 § 2 I 2.

[261] Hierzu s. unten Kap. 2 § 2 II 2.

High-Tech Märkte. Davon hängt es, ob und inwieweit in Zukunft der Wettbewerb auf den High-Tech Märkten gefördert wird[262].

§ 2. Die "essential-facilities"-Doktrin: Entscheidungspraxis

I. Die Haltung der Kommission

Die Entscheidungspraxis der Kommission zur "essential-facilities"-Doktrin kann in zwei Gruppen eingeteilt werden. Einerseits in die Entscheidungen, die eine ungerechtfertigte Zugangsverweigerung zu wesentlichen Einrichtungen als eine bloße Geschäftsverweigerung beurteilen, andererseits in die Entscheidungen, die die "essential-facilities"-Doktrin direkt heranziehen.

1. Die implizite Entscheidungspraxis der Kommission vor den Hafenentscheidungen

Vor der Einführung der "essential-facilities"-Doktrin hat die Kommission die allgemeinen Kartellregeln zur Geschäftsverweigerung[263] angewandt, um die Problematik einer Zugangsverweigerung zu wesentlichen Einrichtungen zu lösen. Beiden, den Geschäftsverweigerungsentscheidungen und den "essential-facilities"-Doktrin-Entscheidungen liegen ähnliche Sachverhalte zu Grunde. Beide Konstellationen stehen im Zusammenhang mit der Re-Regulierungsphase der Schiffs- und Luftfahrtindustrie und mit den High-Tech-Märkten. Eine kurze Darstellung der Entscheidungspraxis zur Geschäftsverweigerung ist also hilfreich, um die spätere Position der Kommission gegenüber der Problematik der wesentlichen Einrichtungen nachvollziehen zu können.

Im Fall *IBM*[264] hat sich die Kommission erstmals mit einer ungerechtfertigten Zugangsverweigerung zu einer wesentlichen Ressource auseinandergesetzt. Nach Auffassung der Kommission besaß das Unternehmen *International Business Machines* (*IBM*) eine marktbeherrschende Stellung auf dem Markt für Zentraleinheiten von Großcomputern. Durch zwei Schlüsselerzeugnisse für die Herstellung des Computers „System/370" konnte das Unternehmen *IBM* auch die nachgelagerten Märkte (die sogenannten kompatiblen Produkte) kontrollieren. Die Weigerung von *IBM*, seinen Wettbewerbern Schnittstelleninformationen bezüglich seines „Hard- und Softwaresystems 370" rechtzeitig mitzuteilen, stellte für

---

[262] S. unten Kap. 2 § 3 II 6 und Kap. 2 § 5.

[263] S. unten Kap. 2 § 2 II.

[264] Kommission, XIV. Bericht über die Wettbewerbspolitik (1984), Tz. 94 ff..

die Kommission einen Missbrauch der marktbeherrschenden Stellung dar. Die Schnittstelleninformationen von *IBM* hatten sich als *de facto*-Normen[265] etabliert und die konkurrierenden Hersteller *IBM*-kompatibler Zusatzgeräte haben diese Informationen benötigt, um mit *IBM* konkurrieren zu können[266]. Die Argumentation der Kommission blieb unbekannt, weil der Fall mit einem Vergleich endete[267]: Der Marktbeherrscher *IBM* verpflichtete sich, seinen Mitbewerbern rechtzeitig bestimmte Schnittstelleninformationen zur Verfügung zu stellen.[268]

Im Fall *London European/Sabena*[269] benutzte die vertikalintegrierte und marktbeherrschende Fluggesellschaft *Sabena* ein computergestütztes Flugreservierungssystem (*Saphir*). Dieses System ermöglichte es den Reisebüros, die Fluglisten, die Flugpreise und den Stand der Buchungen abzufragen[270]. Da die Fluggesellschaft *Sabena* der Fluggesellschaft *London European* den Zugang zu *Saphir* unter diskriminierenden Bedingungen gewährt hatte, rief die diskriminierte Gesellschaft die Kommission an. Ohne Bezug auf die "essential-facilities"-Doktrin zu nehmen[271], hielt die Kommission das Verhalten von *Sabena* für einen Missbrauch nach Art. 82 b) und d) EG.

Die Kommission hat im Fall *British Midland/Aer Lingus*[272] eine ähnliche Entscheidung erlassen. Da die marktbeherrschende Fluggesellschaft *Aer Lingus* das seit vielen Jahren mit dem Unternehmen *British Midland* praktizierte *Interli-*

---

265 S. unten Kap. 2 § 3 II 3.

266 *Sucker* CR 1988, 276.

267 Zu außergerichtlichen Lösungen in Bezug auf die "essential facilities"-Doktrin s. *Cervigni* CEM 1998, 323 ff..

268 Hierzu s. *Temple Lang* Fordham 1994, 258 ff..

269 Kommission, Entscheidung vom 4. November 1988, ABl. 1988 L 317/47 – *London European/Sabena*.

270 Kommission, Entscheidung vom 4. November 1988, ABl. 1988 L 317/47 – *London European/Sabena*. Anlässlich dieser Entscheidung erließ der Rat die Verordnung 3089/93/EWG des Rates vom 29. Oktober 1993, ABl. 1993 L 278/1, zur Änderung der Verordnung 2299/89/EWG über einen Verhaltenskodex im Zusammenhang mit computergesteuerten Buchungssystemen. Vgl. Gruppenfreistellungsverordnung 3652/93/EG der Kommission vom 22. Dezember 1993 für computergesteuerte Buchungssysteme, ABl. 1993 L 333/37 (Geltungsdauer bis 30. Juni 1998). Näher s. Kap. 2 § 3 II 6 a.

271 Vgl. EuGeI, Urteil vom 12. Juni 1997, Rs. T-504/93, Slg. 1997 II, 923, Tz. 133 – *Tiercé Ladbroke SA/Kommission*. Vgl. *Montag* EuZW 1997, 76; *Temple Lang* Fordham 1994, 260; *Berti/Biancardi* CEM 1998, 367.

272 Kommission, Entscheidung vom 26. Februar 1992, ABl. 1992 L 96/34 – *British Midland /Aer Lingus*.

ning[273] gekündigt hatte, verpflichtete die Kommission *Aer Lingus*, dem Konkurrenten *British Midland* das Interliningsystem zur Verfügung zu stellen, bzw. eine *Interlining*-Vereinbarung abzuschließen. Das Verhalten von *Aer Lingus* beeinträchtigte die Möglichkeit, einen neuen Flugdienst (die Strecke London-Berlin) aufzunehmen und einen bestehenden Flugdienst aufrechtzuerhalten. Die bloße Rechtfertigung des Marktbeherrschers, Marktanteile zu sichern, war für die Kommission nicht ausreichend. Deshalb verbot die Kommission das diskriminierende Verhalten.

2. Die Entscheidungspraxis der Kommission nach den Hafenentscheidungen

Der erste ausdrückliche Hinweis auf die "essential-facilities"-Doktrin geht auf die im Jahr 1992 ergangene Entscheidung *Sealink/B&I* zurück[274]. Das Unternehmen *Sealink Harbours Limited* (*Stena Sealink*), Eigentümer und Betreiber des *Holyhead*-Hafens an der westlichen Küste Englands, besaß eine marktbeherrschende Stellung[275]. Die von *Stena Sealink* abgeänderten Fahrpläne veranlasste *B&I*, das mit *Stena* konkurrierende Fährunternehmen, die Kommission anzurufen. Das Unternehmen *B&I* behauptete, dass derartige abgeänderte Fahrpläne keinen Schiffsverkehr während der Be- und Entladung von *B&I* Schiffen ermöglichten. Ein derartiger Schiffsverkehr verursache im Hafen einen erhöhten Wasserstand, der das Be- und Entladen unterbreche und den Passagierverkehr behindere. Die von der Kommission erlassene einstweilige Maßnahme[276] hat das Inkrafttreten der neuen Fahrpläne verboten und folgendes Prinzip festgestellt: Ein marktbeherrschendes Unternehmen, das eine wesentliche Einrichtung sowohl kontrolliert als auch selbst benutzt, und den Zugang zu dieser Einrichtung versagt oder unter diskriminierenden Bedingungen gewährt, handelt missbräuchlich im Sinne von Art. 82 EG. Die Besonderheit dieser Entscheidung liegt darin, dass das beklagte Unternehmen nicht den Zugang verweigert hatte, sondern dass es den Zugang unter diskriminierenden Bedingungen angeboten hatte.

---

[273] Das *Interlining* System ermöglicht den Fluggesellschaften, Leistungen für andere Gesellschaften zu verkaufen und Änderungen an den Flugscheinen vorzunehmen. Das führt zur Ausstellung eines sogenannten „flexiblen Flugscheins."

[274] Kommission, Entscheidung vom 11. Juni 1992, (im ABl. nicht veröffentlicht) Bull. EG 1992 6, Tz. 1.3.30. - *Sealink/B&I - Holyhead.* Vgl. CMLR 1992, 255 ff. und Kommission, XXII. Bericht über die Wettbewerbspolitik (1992), Tz. 219. Näher *Schindler* 1998, 41, 42.

[275] Zu Häfen und marktbeherrschenden Stellungen s. EuGH, Urteil vom 10. Dezember 1991, C 179/90, Slg. 1991 I, 5889 – *Merci convenzionali Porto di Genova SPA/Siderurgica Gabrielli SPA.* Zum Wettbewerb im Hafenbereich s. *Munari*, Dir. Comm. Int. 1999, 319 ff.. Der Autor lehnt eine Anwendung der "essential facilities"-Doktrin für den Zugang zu Häfen (a.a.O. 326, 327) ab.

[276] Zu den einstweiligen Maßnahmen s. *Temple Lang* Fordham 1994, 292, 293.

Sea Containers/Sealink ist die erste förmliche Entscheidung der Kommission, die ausdrücklich den Grundsatz der angemessenen und nichtdiskriminierenden Zugangsgewährung zu einer wesentlichen Einrichtung feststellt[277]. Der gerade erwähnte Fall *B&I/Sealink Holyhead* endete nämlich mit einer einstweiligen Maßnahme. Im Anschluss schlossen die Parteien einen Vergleich. Deshalb sollte der Fall nicht überbewertet werden. Alle verfügbaren Informationen stammen aus einer kurzen Meldung der Kommission. *Stena Sealink Ports* war gleichzeitig Hafenbetriebsbehörde des *Holyhead* Hafens und als Reederei in der Zentralpassage zwischen England und Irland tätig. Das marktbeherrschende Unternehmen *Stena Sealink* verweigerte dem Konkurrenten *Sea Containers* den Zugang zum Hafen. Der *Holyhead* Hafen stellte eine wesentliche Einrichtung dar, um einen Schnellfahrdienst zwischen England und Irland einzurichten. Für das Unternehmen *Sea Container* gab es keine Alternativen. Nach Ansicht der Kommission war der Hafen von *Liverpool* für einen derartigen Schnellfahrdienst zu entfernt und der Bau eines neuen Hafens war „keine realistische Alternative"[278]. Die Entscheidung der Kommission hat das im Fall *B&I/Sealink* ausgesprochene Verbot wiederholt: Wenn die Voraussetzungen des Art. 82 EG erfüllt sind, darf ein marktbeherrschendes Unternehmen, das über eine wesentliche Einrichtung verfügt, anderen Unternehmen ohne sachliche Rechtfertigung nicht den Zugang verweigern oder ihn nur unter diskriminierenden Bedingungen gewähren. Die Kommission stützte sich auf die Gründsätze der Entscheidungen *Hoffmann-La Roche*[279] und *Commercial Solvents*[280] und betonte, dass eine nichtdiskriminierende Zugangsgewährung auch für neu eintretende Konkurrenten gilt.

Der Fall Hafen von *Rødby*[281] scheint eine Kopie der gerade analysierten Fälle zu sein[282]. Die Zugangsverweigerung zum Hafen von *Rødby* und die Verweigerung

---

[277] Kommission, Entscheidung vom 21. Dezember 1993, ABl. 1994 L 15/8 – *Sea Containers/Stena Sealink*. S. auch Kommission, XXIII. Bericht über die Wettbewerbspolitik (1993), Tz. 234; *Schindler* 1998, 42, 43; *Siragusa* 1998, 150. Eine ausführliche Analyse des Falles bietet *Cowen* Fordham 1995, 538 ff..

[278] Kommission, Entscheidung vom 21. Dezember 1993, ABl. 1994 L 15/8, Tz. 63 ff. – *Sea Containers/Stena Sealink*

[279] EuGH, Urteil vom 13. Feb. 1979, Rs. 85/76, Slg. 1979, 461 ff., Tz. 91 – *Hoffman-La Roche & Co. AG/Kommission*, in dem festgestellt wurde, dass die missbräuchliche Verhaltensweise eines beherrschenden Unternehmens die Aufrechthaltung des auf dem Markt noch bestehenden Wettbewerbs oder dessen Entwicklung nicht behindern dürfe.

[280] EuGH, Urteil vom 22. Januar 1974, Verb. Rs. 6 u. 7/73, Slg. 1974, 223 ff. – *Istituto Chemioterapico Italiano S.p.A. und Commercial Solvents Corporation/Kommission*. S. unten Kap. 3. § 2 II 1. Nach den Grundsätzen des Urteils *Commercial Solvents* verstößt ein beherrschendes Unternehmen, das den Marktzugang verweigert, um seine Stellung auf einem verbundenem Markt zu stärken, gegen Art 82 EG.

[281] Kommission, Entscheidung vom 21. Dezember 1993, ABl. 1994 L 55/52 – *Hafen von Rødby*.

einer Genehmigung zum Bau eines privaten Handelshafens stellte nach Auffassung der Kommission ein missbräuchliches Verhalten dar[283]. Die Kommission stellte fest, dass das Verhalten der dänischen Regierung nicht nur gegen Art. 82, sondern auch gegen Art. 86 EG verstieß[284], weil ein solches Verhalten von einem Mitgliedstaat (der dänischen Regierung) begangen wurde. Die *Rødby* Entscheidung ist von großer Bedeutung, da sich die Kommission zur Natur der Rechtfertigungsgründe geäußert hat. Die Behauptung der dänischen Regierung, die Kapazität des Hafens hätte es nicht zugelassen, einem neuen Konkurrenten Zugang zu gewähren, wurde von der Kommission zurückgewiesen. Die Kommission konnte das Bestehen von Kapazitätsproblemen oder anderen technischen Problemen nicht nachvollziehen. Außerdem konnte die dänische Regierung nicht nachweisen, dass keine Nachfrage nach zusätzlichen Dienstleistungen bestand. Hinzu kam noch, dass die dänische Regierung als öffentliche Hand unter einer besonderen Gleichbehandlungspflicht steht und selbst bei ausgelasteter Kapazität den Zugang zu einer wesentlichen Einrichtung gewähren muss[285].

Die Kommission hat sich auch im Fall *Irish Continental Group/CCI Morlaix* mit dem Hafenzugang befasst.[286] Interessant ist hier, dass die Kommission, um einen effektiven Zugang zu gewähren, zusätzliche Investitionen nicht auszuschließen scheint. Solche zusätzlichen Investitionen[287] können durch Verträge mit dem neuen Konkurrenten amortisiert werden. Daraus kann man ableiten, dass die Zugangsinteressenten auch potentielle Wettbewerber des Infrastrukturinhabers sein können.

In dem Fall *HOV-SVZ/MCN*[288] hielt die Klägerin die Bahntarife der marktbeherrschenden *Deutschen Bundesbahn AG* für den Transport von Übersee-Containern

---

[282] Der Fall *Hafen von Rødby* unterscheidet sich von den gerade zitierten Fällen, da es in *Rødby* kein Sonderrecht zugunsten eines Unternehmens gab. Die dänische Regierung war bloß Verwalter der Hafeneinrichtung.

[283] Das Prinzip, wonach die Zugangsverweigerung zu wesentlichen Hafeneinrichtungen gegen Art. 82 und Art. 86 EG verstößt, wurde im Fall *Hafen von Helsingor* von der Kommission wiederholt. S. Kommission, XXVI. Bericht über die Wettbewerbspolitik (1996), Tz. 131. S. auch Pressemitteilung IP/96/456. Vgl. *Siragusa* 1998, 153, *Temple Lang* Fordham 1994, 264; *Meinhardt* 1998, 149.

[284] Zum Verhältnis zwischen Art. 86 EG und *essential facilities* vgl. *Venit/Kallaugher* Fordham 1994, 343.

[285] Kommission, Entscheidung vom 21. Dezember 1993, ABl. 1994 L 55/52, Tz. 16 IV – *Hafen von Rødby*. Die Kommission war aber der Auffassung, dass es in diesem Fall keine Sättigung gab.

[286] Kommission, Entscheidung vom 16. Mai 1995, CMLR 1995, 177 ff. – *Irish Continental Group/CCI Morlaix*.

[287] *Schindler* 1998, 46.

[288] Kommission, Entscheidung vom 29. März 1994, ABl. 1994 L 104/34, – *HOV-SVZ/MCN*.

zwischen Deutschland und belgisch/niederländischen Häfen für überhöht und diskriminierend im Vergleich zu den Tarifen für derartige Container-Transporte über deutsche Häfen. Obwohl alle Voraussetzungen für die Anwendung der "essential-facilities"-Doktrin erfüllt waren, zog die Kommission es vor, den Fall als einen Anwendungsfall des Diskriminierungstatbestandes zu qualifizieren, ohne dabei auf die „essential-facilities"-Doktrin Bezug zu nehmen.

Die Kommission setzte sich mit der Zugangsverweigerungsproblematik auch im Fall *ITT Promedia/Belgacom*[289] auseinander. Der Telefonbuchverlag *ITT Promedia NV* benötigte den Zugang zu Basisdaten, die der Telekommunikationsgesellschaft *Belgacom* aufgrund ihrer Tätigkeit bei der Erbringung von Sprachtelefondiensten zur Verfügung standen. Das Unternehmen *ITT* hob hervor, dass der Zugang auf einer kostenorientierten und nichtdiskriminierenden Basis gewährt werden sollte und dass die diskriminierenden Bedingungen von *Belgacom* gegen Art. 82 EG[290] verstießen. Die Kommission hat sich in diesem Fall auf die Preisbestimmung konzentriert. Obwohl die Kommission keine formelle Entscheidung traf und die Pressemitteilung die "essential-facilities"-Doktrin nicht erwähnte, lässt sich der Fall in die Kasuistik der "essential-facilities"-Doktrin einordnen. Darüber hinaus ist der Kostenorientierungsgrundsatz nach Ansicht der Kommission „nicht nur aus der Sicht der Anwendung von Wettbewerbsregeln relevant, sondern steht auch im Einklang mit den in der ONP-Sprachtelefonrichtlinie enthaltenen EU-Leitlinien." Dies bestätigt, dass die Wettbewerbsregeln und die sektorspezifischen Liberalisierungsregeln zusammenwirken können. Die Wettbewerbshüter haben in den gerade geschilderten Fällen *HOV-SVZ/MCN* und *ITT Promedia/Belgacom* die "essential-facilities"-Doktrin nicht erwähnt. Dennoch können diese Fälle als exemplarische Anwendungen dieser Doktrin betrachtet werden[291], da die "essential-facilities"-Doktrin kein Dogma, sondern ein flexibles kartellrechtliches Instrument ist[292].

---

[289] Pressemitteilung vom 11. April 1997 IP/97/202; Kommission, XXVII. Bericht über die Wettbewerbspolitik (1997).

[290] Mit dem Zugang zu Daten hat sich die Kommission auch im Fall *Unisource* befasst. Vgl. Kommission, Entscheidung vom 29. Oktober 1997, ABl. 1997 L 318/1- *Unisource*. Im Rahmen der dem Gemeinschaftsunternehmen *Unisource* gemäss Art. 81 III EG auferlegten Verpflichtungen haben sich die Gesellschafter von *Unisource* bereit erklärt, Dritten ihre Anlagen und Dienstleistungen sowie ihre Datennetze zu gleichen Bedingungen zur Verfügung zu stellen. A.a.O. Tz. 43 ff..

[291] *Temple Lang* Fordham 1994, 265; *Siragusa* 1998, 160 ff.; *Vasques* CEM 1998, 424.

[292] *Temple Lang* Fordham 1994, 280: "Essential facility cases involve basic principles such as the obligations to contract in some circumstances, and the obligation not to discriminate. The essential

Im Fall *Info-Lab/Ricoh*[293] lehnte die Kommission die Anwendbarkeit der "essential-facilities"-Doktrin auf einen Geschäftsverweigerungstatbestand ab. Das Unternehmen *Info Lab*, Hersteller von Tonern für Kopiergeräte, behauptete, dass die Weigerung von *Ricoh*, ein Hersteller von Kopiergeräten, *Info Lab* mit leeren Kassetten zu beliefern, den Missbrauch einer marktbeherrschenden Stellung darstelle. Die leeren Kassetten von *Ricoh* waren unzumutbar, um mit *Ricoh* beim Verkauf von Tonerkassetten zu konkurrieren. Die Kassetten von *Ricoh* waren nicht duplizierbar, da sie durch Musterrechte geschützt waren. Es handelte sich also um immaterialgüterrechtlich geschützte „essential facilities“. Die Kommission ist bei der Marktabgrenzung vom Markt der *Ricoh*-kompatiblen Kassetten und nicht vom Markt der leeren Kassetten ausgegangen. Damit fehlte die Voraussetzung der Unzumutbarkeit der *facility*. Aufgrund dieser Marktbestimmung hat die Kommission behauptet, dass ein Unternehmen nicht zur Zusammenarbeit mit potentiellen Marktteilnehmern gezwungen werden kann. Eine derart erzwungene Zusammenarbeit könne nur unter außergewöhnlichen Umständen auferlegt werden. Schließlich belegte die Kommission, dass *Ricoh* nicht über eine beherrschende Stellung auf dem Markt der Fotokopiergeräten verfügte. Infolgedessen besaß *Ricoh* keine beherrschende Stellung auf dem Konsumgütermarkt (die Tonerkassetten).

Diese Entscheidung führt jedoch nicht zur Aussetzung der "essential-facilities"-Doktrin. 1999 hat sich die Kommission in Bezug auf ein Zusammenschlussvorhaben zwischen den Gesellschaften *World Com. Inc.* („*World Com*“) und *MCI Communications Corporation* („*MCI*“)[294] auf die "essential-facilities"-Doktrin berufen. Nach einer ausführlichen Untersuchung der Struktur des Internets[295] hat die Kommission die hierarchische Struktur des Internets festsgestellt. Dieser Struktur entspricht einer Aufteilung des Internet-Marktes für Zugangsdienste. Auf der einen Seite stehen die Spitzendienstanbieter, die in dem sogenannten Spitzennetz tätig sind und in der Lage sind, die vollständige Internet-Anschlussfähigkeit eigenständig zu gewährleisten. Auf der anderen Seite stehen die Kunden der Spitzendienstanbieter (sogenannte zweitrangige Dienstanbieter und Wiederverkäufer), d.h. diejenigen Dienstanbieter, die die Internetanschlussfähigkeit an die

facility concept may be merely a useful label for some types of cases rather than an analytical tool".

[293] Kommission, Entscheidung vom (Datum unbekannt), ABl. 1999 L 53 vom 27. Februar 1999 – *Info-Lab/Ricoh*.

[294] Kommission, Entscheidung vom 8. Juli 1998, ABl. 1999 L 116/01 – *World Com/MCI*. Eine zusammenfassende Darstellung dieses Falls wird von *Nikolinakos* ECLR 2000 393 ff. geboten.

[295] Kommission, Entscheidung vom 8. Juli 1998, ABl. 1999 L 116/01, Tz. 17 ff. – *World Com/MCI*.

Endverbraucher verkaufen, sowie die Geschäftskunden und Haushalte, die für den festgeschalteten oder anzuwählenden Internet-Zugang bezahlen[296]. Da die Kunden auf den nachgelagerten Märkten von dem im Spitzennetz marktbeherrschenden Unternehmen *MCI-WorldCom* abhängig würden, bestand nach Ansicht der Kommission die Gefahr, dass *MCI-WorldCom* seine marktbeherrschende Stellung auf die nachgeordneten Märkte ausdehnen würde. In diesem Zusammenhang hat die Kommission behauptet, dass als „Folge des Zusammenschlusses das Netz von *MCI/WorldCom* entweder unmittelbar oder nach einer relativ kurzen Frist zu einer wesentlichen Einrichtung würde, mit der sich alle übrigen Dienstanbieter unweigerlich direkt oder indirekt zusammenschalten müssten, um einen glaubwürdigen Internet-Zugangsdienst anbieten zu können[297]." Aufgrund der Verpflichtung von *MCI*, seine Internet-Geschäfte zu veräußern (sog. *divestiture*), hat die Kommission den Zusammenschluss für zulässig erklärt.

Die Kommission hat mit einer einstweiligen Anordnung kürzlich die Anwendbarkeit der "essential-facilities"-Doktrin auf urheberrechtlich geschützte Daten bestätigt[298]. Die Kommission hat das US-amerikanische Unternehmen *IMS Health*, den Weltmarktführer beim Verkauf pharmazeutischer Daten verpflichtet, binnen kürzester Frist Mitbewerbern den Zugang zum deutschen Markt zu gewähren. *IMS Health* ist Inhaber der sogenannten „1860 Bausteine Struktur", ein urheberrechtlich geschütztes Verfahren zur Erfassung von Absatzdaten, wonach der deutsche Markt in 1860 räumlichen Gebiete unterteilt wird, die als Bausteine bezeichnet werden. Pharmaunternehmen sind stark von dieser Struktur abhängig und es besteht keine alternative Struktur. Dies erklärt sich zum Teil daraus, dass die Pharmaunternehmen selbst zur Schaffung der 1860-Struktur beigetragen haben. Seit 1999 versuchen die Antragsteller, die Unternehmen *NDC Deutschland* und *AzyX Geopharma*, regionale Absatzdaten für die alten Bundesländer nach einer anderen Segmentierung zu vertreiben. Da sich die „Struktur 1860 Bausteine" zu einer landesweiten Norm entwickelt hatte, erwies sich die neue Segmentierung jedoch als nicht marktfähig. Nach Auffassung der Kommission war die Struktur „1860 Bausteine" für die Neuzugänger unerlässlich, um ihre Tätigkeit auszuüben, da es kein gegenwärtiges oder potentielles Substitut gab. Darüber hinaus war die Lizenzverweigerung von *IMS* objektiv nicht zu rechtfertigen und

---

296 A.a.O., Tz. 124 – *World Com/MCI.*

297 A.a.O., Tz. 126 – *World Com/MCI.*

298 Kommission, Entscheidung vom 3. Juli 2001, im ABl. noch nicht veröffentlicht, http://www.europa.eu.int/comm/competition/antitrust/cases/decisions/38044/en.pdf–*NDC Health-/IMS Health.* Hierzu s. Kommission, IP/01/365 vom 14. März 2001 und Kommission, IP/01/941 vom 3. Juli 2001. S. *Immenga* FAZ vom 9. Mai 2001, 29.

geeignet, den Markt gegen potentielle Neuzugänger abzuschotten und jegliche Aussicht auf Wettbewerb in diesem Markt in Deutschland zu beseitigen. Das Vorliegen dieser außergewöhnlichen Umstände veranlasste die Kommission, auf die "essential-facilities"-Doktrin zurückzugreifen. Infolgedessen ordnete die Kommission an, dass *IMS Health* eine Lizenz erteilt.

Das Verfahren ist noch nicht abgeschlossen[299] und es wird weitere Klarheit über die Anwendbarkeit der "essential-facilities"-Doktrin auf die Immaterialgüterrechte mit sich bringen.

II. Die Rechtsprechung des EuGH

Die Entwicklung in der Entscheidungspraxis des EuGH, die zur Einführung der "essential-facilities"-Doktrin geführt hat, lässt sich in drei verschiedene Phasen einteilen:

1. Der EuGH schafft den Oberbegriff „Geschäfts- und Leistungsverweigerung". Eine Geschäfts- bzw. eine Leistungsverweigerung verstößt gegen Art. 82 EG, wenn ein marktbeherrschendes Unternehmen ohne sachlich gerechtfertigte Gründe Geschäftsbeziehungen zu seinen aktuellen Handelpartnern abbricht oder solche mit potentiellen Geschäftspartnern nicht aufnimmt[300].Die Fälle *Commercial Solvents*[301] und *Telemarketing*[302] können

[299] Die Kommission hat eine einstweilige Maßnahme erlassen. Die Befugnis, einstweilige Anordnung zu erlassen, (bis jetzt in weniger als in 15 Fällen) wird ausgeübt, wenn einem bestimmten Unternehmen oder dem Wettbewerb insgesamt schwere und nicht wiedergutzumachende Schäden drohen. Das EuGeI ist jedoch der Auffassung, dass die Voraussetzungen für den Erlass einer einstweiligen Maßnahme nicht vorliegen (EuGeI, Beschluss des Präsidenten des Gerichts vom 10. August 2001, Rs. T-184/01 R, http://europa.eu.int/jurisp/cgi-bin/form.pl?lang=en – *NDC Health/IMS Health,* bestätigt von EuGeI, Beschluss des Präsidenten des Gerichts vom 26. Oktober 2001, a.a.O. – *NDC Health/IMS Health*) und hat statuiert, dass der Vollzug der Entscheidung der Kommission bis zum Erlass eines Beschlusses ausgesetzt wird. Darüber hinaus scheint der EuGeI der Auffassung zu sein, dass auch die Voraussetzungen für die Anwendbarkeit der "essential-facilities"-Doktrin nicht vorliegen (EuGeI, Beschluss des Präsidenten des Gerichts vom 26. Oktober 2001, a.a.O., Tz. 80 ff. – *NDC Health/IMS Health*). Das Urteil über die Rechtssache wurde jedoch noch nicht gefällt.

[300] *Langen/Bunte* 8 Aufl., EGV Art. 86, Tz. 168. Vgl. *Schröter* in *Grabitz/Hilf* u.a. 1999, II, Art. 86, Tz. 204 ff.; *Möschel* in *Immenga/Mestmäcker* EG-Wettbewerbsrecht I 1997, EGV Art. 86, Tz. 214 ff..

[301] *Levi* Riv. Dir. Ind. 1996, II, 193; *Siragusa* 1998, 155.

[302] *Siragusa* 1998 , 155, 157.

als „Urfälle" [303] der "essential-facilities"-Doktrin im europäischen Recht angesehen werden.

2. Mit dem *Magill*-Urteil führt der EuGH die "essential-facilities"-Doktrin in seine Spruchpraxis ein. Es handelt sich um eine stillschweigende Einführung, weil der EuGH die "essential-facilities"-Doktrin anwendet, ohne sie zu erwähnen.
3. Da ein wesentlicher Teil der Lehre eine extensive Interpretation von *Magill* befürchtete, hat sich der EuGH bemüht, ein Gegengewicht zu schaffen. Der EuGH hat die Anwendbarkeit der "essential-facilities"-Doktrin in den Fällen *Tierce Ladbroké SA/Kommission*[304] und in *Bronner/Mediaprint*[305] beschränkt.

In den folgenden Abschnitten wird diese Entwicklung detailliert dargestellt.

1. Die Haltung des EuGH vor dem Magill-Fall: Die implizite Anwendung der "essential-facilities"-Doktrin

In der Entscheidung *Sea Containers/Sealink*[306] bezieht sich die Kommission auf zahlreiche Urteile des EuGH, um damit die Einführung der "essential-facilities"-Doktrin in die gemeinschaftliche Rechtsordnung mit einer glaubwürdigen Quelle zu begründen. Das Urteil *Commercial Solvents* verdient dabei besonderes Augenmerk. Es kann als Urfall der "essential-facilities"-Doktrin betrachtet werden. *Commercial Solvents* ist ein typischer Anwendungsfall von Geschäfts- und Lieferverweigerung (*refusal to supply*)[307]. Im Fall *Commercial Solvents*[308] hatte ein marktbeherrschender Rohstofflieferant die Lieferbeziehung zu seinem bisherigen Abnehmer abgebrochen, nachdem er beschlossen hatte, im abgeleiteten Markt selbst tätig zu werden. Da der Abnehmer vom dominanten Unternehmen wirtschaftlich abhängig war und der Abbruch der Lieferbeziehung den Abnehmer vom nachgelagerten Markt verdrängt hätte, hielt der EuGH diese Verhaltensweise für missbräuchlich (unzulässige Monopolausdehnung[309]). Dieses Abhängigkeits-

---

303 *Levi* Riv. Dir. Ind. 1996, II, 193, qualifiziert diese Fälle als Vorläufer Fälle der "essential facilities"-Doktrin.

304 EuGel, Urteil vom 12. Juni 1997, Rs. T-504/93, Slg. 1997 II, 932 – *Tierce Ladbroké SA/Kommssion.*

305 EuGH, Urteil vom 26. November 1998, Rs. C-7/99, Slg. 1998 I, 7791 – *Bronner/Mediaprint.*

306 A.a.O., Tz. 66, Fußnote 3 – *Bronner/Mediaprint.*

307 EuGH, Urteil vom 22. Januar 1974, Verb. Rs. 6 u. 7/73, Slg. 1974, 223 – *Istituto Chemioterapico Italiano S.p.A. und Commercial Solvents Corporation/Kommission.*

308 Ausführlich dazu *Meinhardt* 1998, 118 ff..

309 Zur *monopoly leveraging* s. Kap. 2 § 4 III 2.

verhältnis und die Ausübung der dominierenden Stellung, um damit Konkurrenten aus dem Markt zu verdrängen, stellt den Anknüpfungspunkt zur “essential-facilities”-Doktrin dar. Das Haupttatbestandsmerkmal der “essential-facilities”-Doktrin liegt darin, dass das marktbeherrschende Unternehmen seine Macht ausübt, um den Zugang neuer Konkurrenten auf einen abgeleiteten Markt zu verhindern oder bereits existierende Konkurrenten zu verdrängen. Wenn die Geschäftsverweigerung eine wesentliche Einrichtung betrifft, kommt die “essential-facilities”-Doktrin in Betracht. Nach einhelliger Meinung ist die Geschäfts- und Leistungsverweigerung der Baumstamm, aus dem die “essential-facilities”-Doktrin abzweigt.[310] In diesem Zusammenhang führen die Kommission [311] und das Schrifttum[312] die “essential-facilities”-Doktrin auf weitere Fälle von Geschäfts- und Lieferverweigerung[313], wie z.B. *CBEM/CLT&IPB*[314] und *RTT/GB-Inno-BM SA*, zurück[315].

[310] *Temple Lang* Fordham 1994, 245 ff. und 289; *Markert* WuW 1995, 564; *Schindler* 1998, 67; *Meinhardt* 1997, 116; *Levi* Riv. Dir. Ind. 1996, II, 195. Vgl. *Furse* ECLR 1995, 469, nach dem die “essential facilities”-Doktrin eine Spezifizierung der aus Art. 82 EG hervorgehenden Prinzipien sei. *Furse* ECLR 1995, 469: “This argument finds support when it is recognized that the Commission could have dealt with the cases, under already existing principles”. Unter „existing principles” (bestehenden Prinzipien) ist die Leistungs- und Geschäftsverweigerung zu verstehen. Die Auffassung von *Furse* wird auch von *Korah* Intellectual Property Quarterly 1997, 399 und *Schindler* 1998, 52 geteilt.

[311] Kommission, Entscheidung vom 21. Dezember 1993, ABl. 1994 L 15/8 ff., Tz. 66, Fußnote 3 – *Sea Containers/Stena Sealink.*

[312] *Schindler* 1998, 52; *Siragusa* 1998, 156, 157; *Temple Lang* Fordham 1994, 268 ff..

[313] Vgl. unten Kap. 2 § 4 IV.

[314] EuGH, Urteil vom 3. Oktober 1985, Rs. 311/84, Slg. 1985, 3261 – *SA Centre belge d'études de marché – Télemarketing (CBEM)/SA Compagnie luxembourgeoise de télédiffusion (CLT) und SA Information publicité Benelux (IPB).* Nach Auffassung des EuGH liegt ein missbräuchliches Verhalten vor, wenn „ein Unternehmen, das auf einem bestimmten Markt eine beherrschende Stellung innehat, sich oder einem zur selben Gruppe gehörenden Unternehmen ohne objektives Bedürfnis eine Hilfstätigkeit vorbehält, die von einem dritten Unternehmen in Rahmen seiner Tätigkeit auf einem benachbarten, aber getrennten Markt ausgeübt werden könnte, so dass jeglicher Wettbewerb seitens dieses Unternehmens ausgeschaltet zu werden droht.“ A.a.O., Tz. 27.

[315] EuGH, Urteil vom 13. Dezember 1991, Rs. C-18/88, Slg. 1991 I, 5941 – *Régie des Telegraphes et des téléphones/GB-Inno-BM SA.*

2. Der Magill-Fall

a. Sachverhalt, die Entscheidungen der Kommission und des EuGeI

Der Fall *Magill* ist der Wendepunkt für das Verhältnis vom Kartellrecht zum Urheberrecht. Bevor auf diese Problematik eingegangen wird[316], ist die Untersuchung des Sachverhaltes und der verschiedenen Entscheidungen notwendig, um die Auswirkungen dieses Falles auf die "essential-facilities"-Doktrin besser darstellen zu können. *Radio Telefis Eireann (RTE), Independent Television Publications (ITV)* und *British Broadcasting Corporation (BBC)* , marktbeherrschende Fernsehanstalten auf dem irischen und nordirischen Markt, veröffentlichten einen eigenen wöchentlichen Fernsehprogrammführer, der ausschließlich ihre eigene Sendungen abdeckte. Zeitschriften und Zeitungen konnten auf Anfrage kostenlose Lizenzen für die Publikation von Programmdaten erhalten. Diese Daten bestanden aus Zusammenstellungen von Programminhalt, Sendekanal, Datum, Zeit und Titel und waren nach dem irischem *Copyright Act* von 1963 als ein urheberrechtliches Werk geschützt. Als das Unternehmen *Magill TV Guide Ltd. (Magill)* beschloss, eine eigene, umfassende, wöchentliche Fernsehprogrammzeitschrift zu veröffentlichen, beriefen sich RTE, BBC und ITP auf ihr Urheberrecht und erhoben Klage gegen *Magill*, um das Projekt zu verhindern. Der irische Richter untersagte die Veröffentlichung der umfassenden Programmzeitschrift. *Magill* rief deshalb die Kommission an.[317]

Nach Auffassung der Kommission verstieß das Verhalten der drei Fernsehanstalten aus den folgenden Gründen gegen Art. 82 EG:

- *RTE*, *BBC* und *ITP* besaßen ein faktisches Monopol (das Abhängigkeitsverhältnis) und ein rechtliches Monopol (das Urheberrecht) über die Datenzusammenstellungen.
- Der Versuch der drei Fernsehanstalten, ihr Monopol auf dem abgeleiteten Markt der wöchentlichen Fernsehprogrammführer zu sichern, führte zu einem Missbrauch der marktbeherrschenden Stellung. Ein solcher Versuch verhinderte nämlich die Schaffung eines neuen Erzeugnisses auf dem nachgelagertem Markt und beschädigte die Interessen der Verbraucher (Art. 82 Abs. 2 EG).

---

[316] Vgl. Kap. 2 § 5.

[317] Kommission, Entscheidung vom 21. Dezember 1988, ABl. 1989 L 78/43, Tz. 23. – *Magill TV Guide/ITP, BBC und RTE.*

- Der spezifische Gegenstand[318] eines nationalen geistigen Eigentumsrechts darf nicht berührt werden. Um den Missbrauch zu begründen, führte die Kommission aus, dass - abgesehen vom spezifischen Gegenstand - die Ausübung eines Immaterialgüterrechts unter besonderen Umständen gegen Art. 86 EG (a.F.) verstoßen könne.[319] Es spielt daher keine Rolle, ob die Lizenzverweigerung vom spezifischen Gegenstand abgedeckt war oder nicht.

Ungeachtet der Tatsache, dass der EuGeI von der Feststellung der Kommission über das irische Urheberrecht abrückte,[320] wurde die Entscheidung der Kommission vom EuGeI im Grunde bestätigt.[321]

b. Die Schlussanträge des Generalanwalts und das Urteil des EuGH

Der Kern der Schlussanträge von Generalanwalt *Gulmann* liegt im Wechselspiel zwischen „spezifischem Gegenstand" und „wesentlicher Funktion"[322] und dem „Vorliegen bestimmter Umstände". Diese Begriffe werden in Kap. 2 § 5 IV erläutert. An dieser Stelle sei nur gesagt, dass die von der Gesetzgebung eines Mitgliedstaats vorgesehenen Immaterialgüterrechte durch den EG in ihrem „Bestand" (auch „spezifischer Gegenstand", „wesentliche Funktion" oder „eigentliche Substanz") nicht berührt werden können. Mit anderen Worten: Die kartellrechtlichen Vorschriften sind dann nicht anwendbar, wenn sie den „Gegenstand" oder „die Funktion" – eine Art innerer Natur des Immaterialgüterrechtes – geistiger Eigentumsrechte berühren.

Zwischen der wesentlichen Funktion und dem spezifischen Gegenstand besteht ein teleologisches Verhältnis, d.h., dass nur bestimmte Befugnisse des spezifi-

---

318 Ausführlich hierzu s. Kap. 2 § 5 IV.

319 Kommission, Entscheidung vom 21. Dezember 1988, ABl. 1989 L 78/43, Tz. 42 ff. – *Magill TV Guide/ITP, BBC und RTE.*

320 Die Kommission bezweifelte, dass das irische Urheberrecht die vom europäischen Recht gesetzten Mindestvoraussetzungen für geistiges Eigentum erfülle. Vgl. EuGeI, Urteil vom 10. Juli 1991, Rs. T-69/89, Slg. 1991 II, 485, Tz. 45 – *Radio Telefis Eireann (RTE) und Indipendent Television Publications (ITP)/Kommission* (im folgenden *Magill I*); EuGeI, Urteil vom 10. Juli 1991, Rs. T-70/89, Slg. 1991 II, 535 – *British Broadcasting Corporation (BBC)/Kommission* (im folgenden *Magill I*); EuGeI, Urteil vom 10. Juni 1991, Rs. T-76/89, Slg. 1991 II, 575 – *ITP/Kommission* (im folgenden *Magill I*).

321 *Mennicke* ZHR 1996, 627. Zu den Urteilen des EuGeI s. *Reindl* IIC 1993, 61 ff.. Kritisch zur Entscheidung der Kommission *Eilmansberger* EuZW 1992, 625 ff..

322 Als Synonym von diesen Begriffen s. den Unterschied „Bestand"/"Ausübung" von Immaterialgüterrechten in Kap. 2 § 5 IV.

schen Gegenstands die wesentliche Funktion[323] (z.B. die Lizenzverweigerung) erfüllen. Dennoch kann es geschehen, dass diese Befugnisse innerhalb des spezifischen Gegenstands, unter besonderen Bedingungen, nicht mehr der Erfüllung der wesentlichen Funktion dienen. Diese Spaltung rechtfertige die Anwendung kartellrechtlicher Vorschriften.[324] Nach dieser komplizierten Argumentation kam der GA *Gulmann* zur Schlussfolgerung, dass das Erscheinen eines neuen Erzeugnisses und das Vorenthalten eines abgeleiteten Marktes durch ein marktbeherrschendes Unternehmen keine „besondere Umstände" darstellen. Infolgedessen sei die Entscheidung der Kommission abzulehnen.

Das Urteil des EuGH ist von GA *Gulmanns* Schlussanträgen abgerückt, und hat die Entscheidungen der Kommission und des erstinstanzlichen Gerichtes bestätigt. In Anlehnung an das Urteil des EuGeI hat der EuGH betont, dass die marktbeherrschende Stellung aus einem faktischen Monopol abzuleiten war und „die Eigenschaft als Inhaber eines Immaterialgüterrechts allein keine beherrschende Stellung begründen kann."[325] Was die missbräuchliche Verhaltensweise angeht, hat sich der EuGH auf die subtile Argumentation des Generalanwalts[326] bezogen. Während der GA das Vorliegen der „außergewöhnlichen Umstände" abgelehnt hatte, führte der EuGH aus, dass solche „außergewöhnlichen Umstände" vorlägen.

Nach Auffassung des EuGH sei die Lizenzverweigerung im Prinzip kein Missbrauch einer marktbeherrschenden Stellung. Ein Missbrauch liege aber vor, wenn folgende „außergewöhnliche Umstände" erfüllt sind[327]:

1. Die Unersetzbarkeit des neuen Erzeugnisses (der wöchentliche Fernsehprogrammführer) und das Bestehen einer potentiellen Nachfrage.[328]

---

[323] EuGH, Urteil vom 6. April 1995, Verb. Rs. C-241 u. C-242/91 P, Slg. 1995 I, 743 ff. – *Radio Telefis Eireann (RTE) und Indipendent Television Publications (ITP)/Kommission* (im folgenden *Magill*). Der GA *Gulmann* stellte fest, dass bestimmte Befugnisse vom spezifischen Gegenstand umfasst werden, indem er prüfte, was zur Erfüllung der wesentlichen Funktion des betreffenden Immaterialgüterrechts notwendig war. A.a.O., Schlussanträge des GA *Gulmann*, Tz. 85, Abs. 2 und Fußnote 54.

[324] „[...] der Gerichtshof zu der Auffassung gelangt ist, dass eine Ausübung von Befugnissen, die grundsätzlich von dem spezifischen Gegenstand umfasst werden, unter den betreffenden Umständen nicht zur Erfüllung der wesentlichen Funktion des Immaterialgüterrechts erforderlich war. A.a.O., Schlussanträge des GA *Gulmann*, Tz. 85, Abs. 3.

[325] A.a.O., Schlussanträge des GA *Gulmann*, Tz. 46 – *Magill.*

[326] A.a.O., Schlussanträge des GA *Gulmann*, Tz. 28 – *Magill.*

[327] A.a.O., Schlussanträge des GA *Gulmann*, Tz. 54, 55, 56 – *Magill.*

2. Das Fehlen von Rechtfertigungsgründen für die Lizenzverweigerung (Art. 82 Abs. 2 Buchstabe b) EG).
3. Die Absicht der Fernsehanstalten, sich durch die Lizenzverweigerung den nachgelagerten Markt vorzubehalten.

Um die missbräuchliche Zugangsverweigerung zu untersagen, hat der EuGH eine Zwangslizenzierung als Sanktion verhängt. Die Zwangslizenzierung hatte jedoch kaum praktische Bedeutung für den Streit: Bereits *Section 176* des *Broadcasting Act* des Jahres 1990 hatte den Sendeanstalten die Verpflichtung aufgelegt, ihre Programminformationen im voraus herauszugeben und Lizenzen zu erteilen[329].

3. Tiercé Ladbroke SA/Kommission

Die Tätigkeit der belgischen Gesellschaft *Tiercé Ladbrocke*[330]bestand darin, in Belgien Buchmacherwetten für im Ausland stattfindende Pferderennen anzunehmen. Als *Tiercé Ladbroke* die französischen Rennvereine um das Recht zur Übertragung des französischen Ton- und Bildmaterials bat, lehnten die französischen Rennvereine dies ab. *Tiercé Ladbrocke* wandte sich deshalb an die Kommission. Die Klägerin, die sich auf den Fall *Magill* berief, legte besonderen Wert darauf, dass die Lizenzverweigerung der französischen Rennvereine missbräuchlich i.S.v. Art. 82 EG sei. Zunächst wies die Kommission und später der EuGeI die Argumentation der belgischen Gesellschaft zurück. Der vorliegende Fall unterschied sich von den typischen Fällen der Geschäfts- und Leistungsverweigerung bzw. der "essential-facilities"-Doktrin deshalb, weil die Rennvereine nicht auf dem relevanten Markt von Belgien tätig waren[331]. Der EuGeI betonte den erwähnten Unterschied zum Fall *Magill*:

„Anders als in der Rechtssache *Magill* [...] ist die Klägerin im vorliegenden Fall nicht nur auf dem Hauptmarkt der Abgabe von Wetten - auf dem das fragliche Erzeugnis, nämlich das Ton- und Bildmaterial, den Verbrauchern angeboten wird - tätig, sondern hat den größten Marktanteil, während die Rennver-

---

[328] Vgl. hierzu EuGH, Urteil vom 5. Oktober 1988, Rs. 238/87, Slg. 1988, 6211, Schlussanträge des GA *Mischo*, Tz. 7-8 – *AB Volvo/Erik Veng (UK) Ltd.*

[329] *Ebenroth/Bohne* EWS 1995, 403.

[330] EuGeI, Urteil vom 12. Juni 1997, Rs. T-504/93, Slg. 1997 II, 923 ff. – *Tiercé Ladbroke SA/Kommission*. Zu einer ausführlichen Darstellung dieses Falls s. *Fitzgerald* EIPR 1998, 154 ff..

[331] EuGeI, Urteil vom 12. Juni 1997, Rs. T-504/93, Slg. 1997 II, 923 ff., Tz. 117, 133 – *Tiercé Ladbroke SA/Kommission.*

eine, die Inhaber der Rechte am geistigen Eigentum, nicht auf dem Markt präsent sind."

Die Weigerung der Rennvereine, der Klägerin Lizenzen zu erteilen, war in den Augen des EuGeI deshalb kaufmännisch gerechtfertigt. Der EuGeI führte außerdem aus, dass die Lizenzverweigerung nicht gegen Art. 82 EG verstößt, da die Voraussetzung der Unersetzbarkeit nicht vorliegen[332]. Daraus folgt, dass die „Einrichtung" nicht „wesentlich" sei[333].

Die vom EuGeI vertretene Auffassung erscheint jedoch nicht haltbar. Sollte sich die Auffassung durchsetzen, wonach das Wettbewerbsverhältnis zwischen dem Infrastrukturinhaber und dem Zugangsinteressenten Voraussetzung für die Anwendbarkeit der "essential-facilities"-Doktrin ist, wäre die praktische Bedeutung der "essential-facilities"-Doktrin wesentlich beschränkt. Der EuGeI hat es vermieden, das Thema „außergewöhnliche Umstände" in Angriff zu nehmen. Offenbar wollte er nicht in ein Wespennest stechen. Obwohl das Urteil *Tiercé/Ladbrocke* eine enge Auslegung der im Urteil *Magill* festgestellten Kriterien darstellt, enthielt die Entscheidung kein hermeneutisches Kriterium für die „außergewöhnlichen Umstände".

4. Bronner/Mediaprint

Im Fall *Bronner* befasste sich der EuGH mit dem Problem der „außergewöhnlichen Umstände"[334]. Der österreichische Verleger *Bronner* veröffentlichte und vertrieb die Zeitschrift *Standard*. Die beklagte marktbeherrschende *Media-Print* Gruppe verlegte und vertrieb die mit *Standard* konkurrierenden Zeitschriften *Neue Kronen Zeitung* und *Kurier*. *Bronner* rief das österreichische Gericht an und führte aus, dass *Mediaprint* - Inhaber eines landesweiten Hauszustellungssystems für Tageszeitungen - den Zugang zu diesem System missbräuchlich verweigere. *Bronner* berief sich auf § 35 des österreichischen Kartellgesetzes[335] und betonte,

---

[332] A.a.O., Tz. 131.

[333] Zu diesem Vergleich mit der "essential facilities"-Doktrin s. *Schindler* 1998, 58 und *Korah* 1998, 173.

[334] EuGH, Urteil vom 26. November 1998, Rs. C-7/97, Slg. 1998 I, 7791 – *Oscar Bronner Gesellschaft mbH & Co. KG./.Mediaprint Zeitungs- und Zeitschriftenverlag Gesellschaft mbH & Co. KG, Mediaprint Zeitungsvertriebsgesellschaft mbH & Co. KG und Mediaprint Anzeigengesellschaft mbH Co. KG (Bronner/Mediaprint).* Hierzu s. auch WuW/E Eu-R 127 =NJW 1999, 2249 ff. = EuZW 1999, 86 ff..

[335] § 35 des österreichischen Kartellgesetzes verbietet die diskriminierende Zugangsverweigerung. Zu einer kurzen Darstellung des österreichischen Kartellrechts s. *Koppensteiner* 1997, 57 ff..

Mediaprints Hauszustellungssystem bilde eine wesentliche Einrichtung, weil es sich um das einzige landesweite, effiziente, unduplizierbare Hauszustellungssystem handelte. Darüber hinaus führte *Bronner* aus, dass *Mediaprint* ein diskriminierendes Verhalten ausübe, indem sie den Zugang zu diesem Hauszustellungssystem einer anderen Zeitschrift gewährt.

Die Schlussanträge des GA *Jacobs* sind für den EuGH der erste Versuch, die Problematik der "essential-facilities"-Doktrin systematisch zu erörtern. Zuerst gab der GA einen ausführlichen Überblick über die einschlägige Anwendungspraxis. Dieser Querschnitt erstreckte sich über die Spruchpraxis des EuGH, der Kommission, der amerikanischen Gerichte und über die nationale Gesetzgebung der EU-Mitgliedstaaten. Der GA hat allerdings keine Stellung zu der Frage bezogen, ob der Fall *Magill* eine Anwendung der "essential-facilities"-Doktrin darstellt[336]. Die Ausführungen des GA bedeuten die Anerkennung der Rezeption der "essential-facilities"-Doktrin im europäischen Recht. Die "essential-facilities"-Doktrin sei, so GA *Jacobs*, kein selbstständiger Begriff, sondern eine Abart der Geschäfts- und Lieferverweigerung[337]. Überdies lieferte der GA Jacobs zwei wertvolle Kriterien, um die "essential-facilities"-Doktrin bzw. das Lieferverweigerungsverbot einzuschränken:

1. Bei der Anwendung der "essential-facilities"-Doktrin solle der Richter auch entgegenstehende Generalinteressen[338], wie z.B. die negative Vertragsfreiheit, die Eigentumsgarantie, die Investitionsanreize des Marktbeherrschers abwägen. Darüber hinaus sollte nicht übersehen werden, dass Zweck des Art. 82 die Leistungsfähigkeit des Wettbewerbs als solche sei und nicht der Schutz vor einzelnen Konkurrenten. Dies gelte insbesondere, wenn es um Immaterialgüterrechte geht[339].

---

[336] EuGH, Urteil vom 26. November 1998, Rs. C-7/97, Slg. 1998 I, 7791 ff., Schlussanträge des GA *Jacobs*, Tz. 45 – *Bronner/Mediaprint.*

[337] A.a.O., Schlussanträge des GA *Jacobs*, Tz. 52: „Somit spielt der Begriff der „essential facilities" in der Praxis der Kommission in Lieferverweigerungsfällen eine wichtige Rolle." S. auch A.a.O., Schlussanträge des GA *Jacobs*, Tz. 65: "Meines Erachtens lässt sich ein solches Vorgehen unabhängig davon, ob es als Anwendung der „essential facilities"-Doktrin oder – traditioneller –als Antwort auf eine Weigerung, Waren zu liefern oder Dienstleistungen zu erbringen, verstanden wird, [...]."

[338] Zu einer eingehenden Analyse der Generalinteressen, s. *Fleischer/Weyer* WuW 1999, 355-357.

[339] EuGH, Urteil vom 26. November 1998, Rs. C-7/97, Slg. 1998 I, 7791 ff., Schlussanträge des GA *Jacobs*, Tz. 62 – *Bronner/Mediaprint.*

[339] A.a.O. Schlussanträge des GA *Jacobs*, Tz. 62 – *Bronner/Mediaprint.*

Das zweite Kriterium - die Unentbehrlichkeit des Zugangs - ist kombiniert mit dem ersten Punkt (entgegenstehende Generalinteressen):

> 2. „Die Zugangsverweigerung stellt nur dann einen Missbrauch dar, wenn es nicht nur für das den Zugang verlangende Unternehmen, sondern auch für jedes andere Unternehmen äußerst schwierig ist, den Wettbewerb aufzunehmen."[340]

Nach Auffassung des GA gibt es eine Ausnahme dann, wenn die Schaffung einer anderen Einrichtung „auf Grund physikalischer, geographischer oder rechtlicher Zwänge [z.B. staatliche Monopole, Anmerkung des Verfassers] unmöglich, äußerst schwierig oder aus Gründen des Gemeinwohls [z.B. Umweltschutz Anmerkung des Verfassers] höchst unerwünscht ist.[341]"

Im Zentrum dieser Argumentation steht, dass die Zugangsverweigerung, genau so wie die Lizenzverweigerung in dem Urteil *Magill*, prinzipiell erlaubt ist, es sei denn, dass „außergewöhnliche Umstände" vorliegen. Während im Fall *Magill* „außergewöhnliche Umstände" vorlagen, hat der EuGH im Fall *Bronner* das Vorliegen der Unentbehrlichkeit des Zugangs abgelehnt. Die Unentbehrlichkeit des Zugangs ist im übrigen eine objektive Tatsache[342], nämlich das Ergebnis einer genauen Marktabgrenzung. Dies führt dazu, dass es keinen Missbrauch gibt[343], wenn alternative Einrichtungen vorliegen.

Der EuGH hat die Argumentation von GA *Jacobs* bestätigt: Da das Unternehmen *Bronner* außer dem Hauszustellungssystem des Verlags *Mediaprint* eine Reihe lokaler und regionaler Netze bzw. andere Vertriebsformen zur Verfügung hatte, stellte die Zugangsverweigerung von *Mediaprint* keinen Anwendungsfall der "essential-facilities"-Doktrin dar.

Bei der Beurteilung des Falls *Bronner* haben einige Stimmen im Schrifttum betont, dass die im *Magill*-Urteil entwickelten Grundsätze bedeutungslos geworden seien.[344] Die Kommission bezog sich z.B. in der Entscheidung *Info-Lab/Ricoh* auf

---

[340] A.a.O. Schlussanträge des GA *Jacobs*, Tz. 66 – *Bronner/Mediaprint*.

[341] A.a.O. Schlussanträge des GA *Jacobs*, Tz. 65 – *Bronner/Mediaprint*.

[342] Vgl. mit dem Fall *AT&T/MCI*. S. Kap. 1 § 2 II 1.

[343] A.a.O. Schlussanträge des GA *Jacobs*, Tz. 12 – *Bronner/Mediaprint*.

[344] *Fleischer/Weyer* WuW 1999, 363; *Treacy* ECLR 1998, 501: "Two recent cases, one before the European Court of Justice ("ECJ") and one before the English High Court, seem to show a healthy degree of skepticism on the part of the national and Community judicial authorities both towards the attempts to expand the ambit of the essential facilities doctrine and towards parallel attempts to

das Urteil *Bronner*, um die Anwendbarkeit der "essential-facilities"-Doktrin auf Musterrechte abzulehnen.

Es darf allerdings nicht übersehen werden, dass der EuGH im *Bronner*-Urteil die Anwendbarkeit der "essential-facilities"-Doktrin auf immaterialgüterrechtlich geschützte Positionen keineswegs ausschließt. Der EuGH beschränkte sich darauf, festzustellen, dass der *Bronner*-Tatbestand kein Anwendungsfall der "essential-facilities"-Doktrin ist. Die Tatsache, dass der EuGH auf die objektive Unentbehrlichkeit des Zugangs ein besonderes Gewicht legt, ist eine Folge des richterlichen Ermessensspielraums, um festzustellen ob die „außergewöhnlichen Umstände" vorliegen und die "essential-facilities"-Doktrin Anwendung findet. Wie von *Lampert*[345] hervorgehoben, hat der EuGH im Fall *Bronner* keine endgültigen Kriterien festgelegt. In der Zukunft können sich also die Wettbewerbshüter auf die "essential-facilities"-Doktrin berufen, um missbräuchliche Zugangsverweigerungen zu untersagen.

§ 3. Sektorspezifische Zugangsvorschriften

I. Wettbewerbsordnung und Liberalisierungsprozess in der EU

Die Entscheidungen der Kommission in Bezug auf den Zugang zu Häfen sind im Zusammenhang mit dem Integrations- und Liberalisierungsprozess der Europäischen Union zu sehen. Die kartellrechtlichen Eingriffe der Kommission und des EuGH gegen die missbräuchliche Verweigerung des Zugangs zu wesentlichen Einrichtungen bilden ein notwendiges Instrument für die Schaffung eines freien Wettbewerbs, können aber nur *ex post* eingreifen[346]. Die Öffnung verschiedener Marktsektoren und die Einführung eines vollständigen Wettbewerbs setzt das Vorliegen von sektorspezifischen Regeln voraus. Nur durch eine ausführliche Re-Regulierung des Markts können staatliche Monopole abgebaut und ein freier Wettbewerb eingeführt werden[347].

---

reinvent the Magill case as an example of the application of the essential facilities doctrine to intellectual property rights". Vgl. *Hancher* CMLR 1999, 1307; *Bergman* ECLR 2000, 59 ff..

345 S. *Lampert* NJW 1999, 2236.

346 Nach Art. 3 I der Verordnung 17/62/EWG des Rates vom 6. Februar 1962 über das Verfahren für die Anwendung und Durchsetzung der Art. 85 und 86, ABl. 1962 13, 204 ff. (zuletzt geändert durch die Verordnung 1216/99/EG ABl. 148/1999) kann jedoch die Kommission einstweilige Maßnahmen erlassen. Vgl. Kommission, Entscheidung vom 21. Dezember 1993, ABl. 1994 L 15/8 – *Sea Containers/Stena Sealink*.

347 In diesem Zusammenhang erweist sich der Begriff Deregulierung als untreffend. Die sogenannte „Re-Regulierung" könnte diese Übergangsphase der europäischen Wirtschaft besser darstellen.

Um bestimmte Märkte zu öffnen und einen effektiven Wettbewerb zu verwirklichen, ist jedoch auch ein Eingriff der kartellrechtlichen Behörden notwendig[348]. In diesem Kontext soll die “essential-facilities”-Doktrin als Hebel zur Eröffnung neuen Wettbewerbs dienen[349]. Verfügt der ehemalige Staatsmonopolist über wesentliche Einrichtungen (z.B. ein Telefonnetz), kann der Wettbewerb im abgeleiteten Markt durch erschwerte Zugangsbedingungen oder durch eine Zugangsverweigerung abgeschottet oder wesentlich erschwert werden. Infolge der vertikalen Integration sind die Newcomer auf die monopolistischen Infrastrukturnetze angewiesen[350]. Das gilt insbesondere in bestimmten Bereichen, wie der Telekommunikation und der Strom- und Gasversorgung. Dort erweist sich die Schaffung von neuen Netzeinrichtungen als problematisch[351]. Die Unduplizierbarkeit der flächendeckenden Einrichtungen des Incumbents ist eine Folge der sogenannten *sunk costs* (versunkenen Kosten) oder von auf lange Sicht amortisierbaren Investitionen.

Der Bereich der Marktöffnung und der „Re-Regulierung“ weist viele Eigenheiten auf. Darauf kann hier nicht im einzelnen eingegangen werden kann. Im Hinblick auf das komplementäre Verhältnis zwischen der „essential-facilities“-Doktrin und den sektorspezifischen Zugangsvorschriften, erscheint ein kurzer Überblick über diese Regeln sachgerecht. Die ergänzende Funktion der “essential-facilities”-Doktrin im Verhältnis zu den sektorspezifischen Zugangsregelungen ergibt sich z.B. aus Tz. 57 ff. der Mitteilung über Zugangsvereinbarungen[352] und aus dem Erwägungsgrund 26 der Interkonnektionsrichtlinie[353]. Überdies können sektor-

---

Vgl. *Möschel* WuW 1999, 836, *Schindler* 1998, 150 Fußnote 835; *König* 1997, 172. Zu den politischen Hintergründen s. *Hèritier* 2001, 1 ff..

348 *Guglielmetti* CEM 1998, 400: "Si ha dunque un controllo sull'organizzazione e la crescita dell'impresa dominante, al fine di garantire ai potenziali rivali condizioni di pari opportunità concorrenziali”.

349 Vgl. *Ridyard* ECLR 1996, 443; *Glasl* ECLR 1994, 311 ff..

350 S. *Kruse/Kiessling* 1996, 10.

351 *Glasl* ECLR 1994, 311: “In order to play a competitive role as a service provider in these markets, a newcomer is often dependent on the use of an already existing infrastructure which cannot, at reasonable terms, be easily duplicated.“ Vgl. *Möschel* WuW 1999, 832 ff.. S. in der italienischen Lehre *Siragusa* 1998, 163 ff..

352 Mitteilung der Kommission über die Anwendung der Wettbewerbsregeln auf Zugangsvereinbarungen im Telekommunikationsbereich- Rahmen, Relevante Märkte und Grundsätze (Mitteilung der Kommission über Zugangsvereinbarungen) vom 22. August 1998, ABl. 1998 C 265/2 ff., Tz. 57.

353 Richtlinie 97/33/EG des Europäischen Parlaments und des Rates vom 30. Juni 1997 (Interkonnektionsrichtlinie), ABl. 1997 L 199/32, i.d.F. Richtlinie 98/61/EG vom 24. September 1998, ABl. 1998 L 268/37. S. folgenden Abschnitt.

spezifische Zugangsregeln als Auslegungskriterien für die allgemeinen Wettbewerbsregeln gelten[354]. Zuzustimmen ist der These von *Möschel*, wonach es sich bei sektorspezifischen Zugangsregelungen im Kern um Recht gegen Wettbeschränkungen handele[355].

Trotz dieser Gemeinsamkeiten sind sektorspezifische Regeln vom Kartellrecht zu unterscheiden. In den sektorspezifischen Zugangsvorschriften wird die Schwelle für den Marktangriff meist tiefer angesetzt[356]. Die Zusammenschaltungspflicht der Interkonnektionsrichtlinie setzt z.B. keine marktbeherrschende Stellung sondern eine schlichte „beträchtliche Marktmacht" voraus[357]. Die flexible Rolle des Art. 82 EG und die darauf gründende "essential-facilities"-Doktrin kommen hinzu. Telekommunikationsmärkte unterliegen aufgrund der schnellen technologischen Entwicklung stärkeren Veränderungen als andere Märkte[358]. Infolge dieser raschen Entwicklung können die allgemeinen Kartellregeln die Lücken einer unvollständigen oder veraltet sektorspezifischen Regulierung ausfüllen[359].

II. Liberalisierungsprozess und sektorspezifische Zugangstatbestände

1. Zugang zu Telekommunikationsnetzen

Mit dem „Grünbuch über die Entwicklung des gemeinsamen Marktes für Telekommunikationsdienstleistungen und Telekommunikationsgeräte", hat die Kommission das Ziel festgelegt, den ganzen Telekommunikationsmarkt (Endgeräte, Dienste und Netze) zu liberalisieren[360]. Aufgrund der wettbewerblichen Überwachungsfunktion des Art. 86 III EG, die sich auf die mitgliedstaatliche Behandlung

---

354 Mitteilung der Kommission über Zugangsvereinbarungen vom 22. August 1998, ABl. 1998 C 265/2, Tz. 81 ff.. Vgl. EuGH, Urteil vom 11. April 1989, Rs. 66/86, Slg. 1989, 838 ff., Tz. 43 – *Ahmed Saeed Flugreisen und Silver Line Reisebüro GmbH/Zentrale zur Bekämpfung Unlauteren Wettbewerbs.*

355 *Möschel* in *Immenga/Mestmäcker* GWB 3. Aufl., § 19, Tz. 182. *Schindler* 1998, 149.

356 *Schindler* 1998, 123.

357 Richtlinie 97/33/EG des Europäischen Parlaments und des Rates vom 30. Juni 1997 (Interkonnektionsrichtlinie), ABl. 1997 L 199/32, i.d.F. Richtlinie 98/61/EG vom 24. September 1998, ABl. 1998 L 268/37. Vgl. folgenden Abschnitt.

358 *Wendland* in *Büchner* u.a. Beck'scher TKG-Kommentar 2. Aufl., Vor § 33, Tz. 18.

359 *Klimisch/Lange* WuW 1998, 15.

360 Grünbuch über die Entwicklung des gemeinsamen Marktes für Telekommunikationsdienstleistungen und Telekommunikationsgeräte, KOM (1987) 290 endg. Allgemein zur Liberalisierung im Telekommunikationsbereich vgl. u.a. *Stürmer* 1997; *Rosenbusch* 2001, 40 ff.; *Hendricks* Fordham 1995, 549 ff.; *Ramsey* Fordham 1995, 561 ff.. Die Zugangsproblematik im Mobilfunk wird in dieser Arbeit nicht erörtert. Hierzu vgl. *Mestmäcker/Schweitzer* 1999.

öffentlicher und monopolartiger Unternehmen bezieht, hat die Kommission mehrere Liberalisierungsrichtlinien erlassen. Dem US-amerikanischen Vorbild folgend[361], initiierte die Kommission den Entmonopolisierungsprozess von Telekommunikationsnetzen mit der Endgeräte-Richtlinie[362]. Der Liberalisierungsprozess[363] setzte sich durch die sogenannte Dienstrichtlinie 90/388 EWG[364] der Kommission fort. Der Anwendungsbereich dieser Richtlinie wurde in den Jahren 1990 bis 1997 durch weitere Liberalisierungsrichtlinien schrittweise ausgeweitet, bis es zur Einführung vollständigen Wettbewerbs – mit Ausnahme weniger Mitgliedstaaten – auf allen Telkommunikationsmärkten zum 1. Januar 1998 kam[365]. Die Öffnung der monopolisierten Telekommunikationsmärkte für den Wettbewerb wurde von einer gemeinschaftsweiten Harmonisierung[366] der rechtlichen Rahmenbedingungen begleitet. Für die Harmonisierung der nationalen Rechtsregeln im Telekommunikationssektor sind die Richtlinien zur Einführung und Vertiefung eines offenen Netzzugangs[367], die auf der Grundlage des Art. 100 A EG vom Rat erlassen wurden, von besonderer Bedeutung. Ausgangspunkt der Zugangsproblematik ist die Richtlinie des Rates 90/387/EWG, die sogenannte ONP (*Open Network Provision*)-Richtlinie[368]. Das ONP-Konzept will den Marktzugang neuer Anbieter durch harmonisierte Grundsätze und Bedingungen für den

---

[361] *Haar* 1996, 238 und 34 Fußnote 20.

[362] Richtlinie der Kommission 88/301/EWG vom 16. Mai 1988 über den Wettbewerb auf dem Markt für Telekommunikations-Endgeräte, ABl. 1988 L 131/73. Durch diese Richtlinie hat die Kommission den bisher kaum herangezogenen Art. 86 III EG angewandt und allgemeine Regeln erlassen, die eine Präzisierung der vertraglichen Verpflichtungen auf der nationalen Ebene benötigen. Zur Vereinbarkeit dieser Richtlinie mit dem Gemeinschaftsrecht EuGH, Urteil vom 17. November 1992, Rs. C 271/90, C 281/90 und C-289/90, Slg. 1992 I, 5833, 5834, 5866 – *Königreich Spanien/Kommission*.

[363] Grundlegend *Van Miert* WuW 1998, 7 ff..

[364] Richtlinie der Kommission 90/388/EWG vom 28. Juni 1990 über den Wettbewerb auf dem Markt für Telekommunikation (ONP-Richtlinie), ABl. 1990 L 192/10.

[365] Es handelt sich um die Richtlinien der Kommission 94/46/EG vom 13. Oktober 1994 insbesondere zur Satelliten-Kommunikation, ABl. 1994 L 268/15; 95/51/EG vom 18. Oktober 1995 Aufhebung der Einschränkungen bei der Nutzung von Kabelfernsehnetzen für die Erbringung bereits liberalisierter Telekommunikationsdienste, ABl. 1995 L 256/49; 96/2/EG vom 16. Januar 1996 zur mobilen Kommunikation und Personal Communications, ABl. 1996 L 20/59; 96/19/EG vom 13. März 1996 Einführung des vollständigen Wettbewerbs auf den Telekommunikationsmärkten, ABl. 1996 L 74/13.

[366] Der erste Versuch der EU, den Telekommunikationsbereich zu harmonisieren, geht auf die Empfehlung des Rates vom 12. November 1984 zur Umsetzung von Harmonisierungsmaßnahmen auf dem Gebiet der Telekommunikation, ABl. 1984 L 298/49, zurück.

[367] Hierzu *Scherer* CR 2000, 37 ff..

[368] Richtlinie des Rates 90/387/EWG vom 28. Juni 1990 zur Verwirklichung des Binnenmarktes für Telekommunikationsdienste durch Einführung eines offenen Zugangs, ABl. 1990 L 192/1.

offenen Zugang begünstigen. Letztere müssen auf objektiven Kriterien beruhen, transparent und veröffentlicht sein und allen Anbietern einen gleichen, diskriminierungsfreien Zugang gewährleisten[369]. Als Rechtfertigungsgründe für eine Verweigerung des Zugangs zum Netz gelten nur die Gewährleistung der Sicherheit des Netzbetriebs, die Aufrechterhaltung der Netzintegrität, die Absicherung der Interoperabilität der Dienste sowie Gründe des Datenschutzes[370]. Die ONP-Grundsätze erstrecken sich auch auf harmonisierte Schnittstellen und Dienstmerkmale, harmonisierte Bedingungen für die Bereitstellung und die Benutzung des Netzes und harmonisierte Tarifgrundsätze[371].

Da die Netzöffnung einen kritischen Punkt im Telekommunikationssektor darstellt[372], der einer ausführlichen Regulierung bedarf, wurden zahlreiche Richtlinien, Empfehlungen und Vorschläge erlassen[373]. Erwähnenswert sind z.B. die ONP-Mietleitungsrichtlinie[374], die Genehmigungsrichtlinie[375] und die Zusammenschaltungsrichtlinie[376].

Im Zusammenhang mit der kartellrechtlichen Zugangsproblematik verdient die „Richtlinie über die Zusammenschaltung in der Telekommunikation im Hinblick auf die Sicherstellung eines Universaldienstes und der Interoperabilität der Anwendung der Grundsätze für einen offenen Zugang (ONP)" (Zusammenschaltungsrichtlinie) ein besonderes Augenmerk. Die Zusammenschaltungsproblematik[377] ist auch als „letzte Meile-Problematik" bekannt. Anders formuliert: Die

---

369 Vgl. Art. 3 ONP-Richtlinie der Kommission 90/388/EWG vom 28. Juni 1990, ABl. 1990 L 192/10.

370 Art. 3 ONP-Richtlinie, a.a.O.. Vgl. *Piepenbrock* in *Büchner* u.a. Beck'scher TKG-Kommentar 2. Aufl., § 33, Tz. 67 ff..

371 Anhang 2, 7 ONP-Richtlinie, a.a.O.

372 *Berti/Biancardi* CEM 1998, 370 ff..

373 Zusammenfassend hierzu *Paulweber* ZUM 2000, 15 Fußnote 26.

374 Richtlinie des Rates 92/44/EGW vom 5. Juni 1992 zur Einführung des offenen Netzzugangs bei Mietleitungen, ABl. 1992 L 165/27, i.d.F. Richtlinie des Europäischen Parlaments und des Rates 97/51/EG vom 6. Oktober 1997, ABl. 1997 L 295/23.

375 Richtlinie des Europäischen Parlaments und des Rates 97/13/EG vom 10. April 1997 (Genehmigungsrichtlinie), ABl. 1997 L 117/15.

376 Richtlinie 97/33/EG des Europäischen Parlaments und des Rates vom 30. Juni 1997 (Interkonnektionsrichtlinie), ABl. 1997 L 199/32, i.d.F. Richtlinie 98/61/EG vom 24. September 1998, ABl. 1998 L 268/37.

377 Die Zusammenschaltung (Interkonnektion) ist in der Richtlinie wie folgt definiert: "Die physische und logische Verbindung von Telekommunikationsnetzen, die von derselben oder einer anderen Organisation genutzt werden, um Benutzern einer Organisation die Kommunikation mit Benutzern derselben oder einer anderen Organisation oder den Zugang zu den von einer anderen Orga-

Newcomer müssen durch die Netzeinrichtung des Incumbent, um Leistungen an ihre Kunden erbringen zu können. Da eine Verdoppelung des Netzes mit vernünftigen Mitteln nicht möglich ist, würde eine ungerechtfertigte[378] oder diskriminierende[379] Zugangsverweigerung durch den ehemaligen staatlichen Monopolisten (marktbeherrschende Stellung) eine missbräuchliche Verhaltensweise i.S.v. Art. 82 darstellen[380]. Die Zusammenschaltung neuer Konkurrenten erfolgt im Telekommunikationsmarkt oft nicht aus eigener Kraft. Art. 4 II der Interkonnektionsrichtlinie sieht deshalb vor, dass Unternehmen mit beträchtlicher Marktmacht[381] allen begründeten Anträgen auf Netzzugang stattzugeben haben. Gemäß Art. 6 der Zusammenschaltungsrichtlinie müssen Zusammenschaltungsleistungen und Informationen von Unternehmen mit beträchtlicher Marktmacht in nichtdiskriminierender Weise den Zugangsinteressenten zu denselben Bedingungen und mit derselben Qualität gewährt werden, wie wenn diese von den Unternehmen mit beträchtlicher Marktmacht verwendet oder ihren Tochtergesellschaften oder Partnern zur Verfügung gestellt würden[382]. Schließlich sei noch erwähnt[383], dass die Zusammenschaltungsrichtlinie sowohl die Grundsätze für Zusammenschaltungsentgelte und die entsprechenden Kostenrechnungssysteme (Art. 7) festlegt, als auch seitens der ehemaligen Staatsmonopolisten eine getrennte Buchführung und Finanzberichte verlangt[384].

Aus den detaillierten Vorschriften der ONP-Richtlinien ergibt sich, dass die Schwelle für eine Sanktionierung der ungerechtfertigten Zugangsverweigerung niedriger ist als in den kartellrechtlichen Vorschriften. Andererseits können die kartellrechtlichen Zugangsvorschriften angewendet werden, wenn bestimmte

---

nisation angebotenen Diensten zu ermöglichen.." (Art. 2 I a) Interkonnektionsrichtlinie 97/33/EG vom 30. Juni 1997, ABl. 1997 L 199/32, i.d.F. ABl. 1998 L 268/37.).

378 Die ausgelastete Kapazität stellt den typischen Rechtfertigungsgrund für den Telekommunikationsmarkt dar. Hierzu vgl. *Bohne* 1998, 198 ff..

379 Daraus folgt, dass die Kartellbehörde eine Preiskontrolle ausüben kann. S. *Möschel* WuW 1999, 840.

380 *Bohne* 1998, 195.

381 Als Unternehmen mit beträchtlicher Marktmacht kommen Unternehmen, die einen Marktanteil von 25% oder mehr haben, in Betracht (Art. 4 III Interkonnektionsrichtlinie). Diese Schwelle kann aber von den Mitgliedstaaten herab- oder heraufgesetzt werden, wenn bestimmte Kriterien erfüllt sind (z.B. die Möglichkeit, Marktbedingungen zu beeinflussen, Art. 4 III Interkonnektionsrichtlinie). S. auch Art. 2 I c) ONP-Richtlinie der Kommission 90/388/EWG vom 28. Juni 1990, ABl. 1990 L 192/10.

382 Art. 6 I a) Interkonnektionsrichtlinie 97/33/EG vom 30. Juni 1997, ABl. 1997 L 199/32, i.d.F. ABl. 1998 L 268/37.

383 Wie in Einf. I schon erwähnt, wird die Entgeltsproblematik in dieser Arbeit nicht erörtert.

384 Art. 7 II Interkonnektionsrichtlinie 97/33/EG vom 30. Juni 1997, ABl. 1997 L 199/32, i.d.F. ABl. 1998 L 268/37. Hierzu zusammenfassend *Schindler* 1998, 156.

ONP-Voraussetzungen nicht vorliegen[385]. Überschneidungen zwischen der kartellrechtlichen Zugangsproblematik[386] im Rahmen der "essential-facilities"-Doktrin und den ONP-Prinzipien sind offensichtlich[387]. Schon 1991 hatte sich die Kommission zu diesem Verhältnis geäußert:[388] "Die ONP-Regeln und die EG-Wettbewerbsregeln stellen zwei verschiedene, aber sich nicht widersprechende Regelungssysteme dar. Demzufolge finden die Wettbewerbsregeln vollständige Anwendung, selbst dann, wenn alle ONP-Regeln erfüllt sind." Dass die ONP-Prinzipien nicht allein durch die sektorspezifischen Regulierungsvorschriften sichergestellt werden sollen, sondern zusammen mit den Wettbewerbsregeln des EG durchzusetzen sind, wurde von der Kommission in der „Mitteilung über die Anwendung der Wettbewerbsregeln auf Zugangsvereinbarungen im Telekommunikationsbereich- Rahmen, Relevante Märkte und Grundsätze" hervorgehoben[389]. Da die erwähnte Mitteilung direkten Bezug auf die Voraussetzungen der "essential-facilities"-Doktrin nimmt, wird sie im Zusammenhang mit der Abhandlung der Voraussetzungen der "essential-facilities"-Doktrin in der gemeinschaftlichen Rechtsordnung erörtert.

Dass beide, die sektorspezifischen und die Antitrust Vorschriften in der EU-Rechtsordnung immer noch von Relevanz sind, ergibt sich aus dem aktuellen Zustand des Wettbewerbs in der EU. Der schwach ausgeprägte Wettbewerb im Bereich des Teilnehmeranschlusses (d.h. der Kupfer-Doppelader-Leitungen zwischen Ortsvermittlungen der etablierten Betreiber und dem Teilnehmer) gab der Kommission den Anlass, die Mitteilung über den entbündelten Zugang zum Teilnehmeranschluss zu verfassen. Darin hat die Kommission darauf hingewiesen, dass die Verweigerung des Zugangs zum Teilnehmeranschluss bzw. diskriminierende Zugangsbedingungen missbräuchlich i.S.v. Art. 82 EG sein kann[390].

---

[385] Hierzu vgl. *Paulweber* ZUM 2000, 15.

[386] Zur Netzzugangsproblematik im Telekommunikationsmarkt s. u.a. *Holznagel* 2001 165 ff.; *Bohne* 1998, 195 ff.; *Lange* 1998, 504 ff.; *Kruse/Kiessling* 1997, 19 ff.; *Hitchings* ECLR 1998, 91.

[387] *Paulweber* ZUM 2000, 16.

[388] Leitlinien der Kommission für die Anwendung der EG-Wettbewerbsregeln im Telekommunikationsbereich, ABl. 1991 C 233/2, 6.

[389] Mitteilung der Kommission über Zugangsvereinbarungen vom 22. August 1998, ABl. 1998 C 265/2, Tz. 57.

[390] Mitteilung der Kommission über den entbündelten Zugang zum Teilnehmeranschluss vom 23. September 2000, ABl. 2000 C 272/55. Vgl. auch die Verordnung 2887/2000/EG des Europäischen Parlaments und des Rates vom 18. Dezember 2000 über den entbündelten Zugang zum Teilnehmeranschluss, ABl. 2000 L 336/4 und die Richtlinie der Kommission vom 23. Juni 1999 nach Artikel 86 Abs. 3 über die rechtliche Trennung zwischen Kabel- und Telekommunikationstätigkeiten, zit. in Kommission, XXIX. Bericht über die Wettbewerbspolitik (1999), 32.

Im Hinblick auf die Feststellung der Mietleitungstarife verschärft sich die Zugangsproblematik[391]. Die Nachfrage nach Mietleitungen ist durch das Internet rasant gestiegen. Die Kommission hat betont, dass die Verbreitung des Internets durch eine europaweite deutliche Senkung der Preise für die Mietleitungen erreicht werden soll[392]. Die Zugänglichkeit des Internets angesichts der kartellrechtlichen Zugangsproblematik wird unten in Kap. 3 § 4 Anhang erörtert.

2. Zugang zu Postnetzen

Auch der Postmarkt unterliegt einem Liberalisierungsprozess. Die Transparenz- und Nichtdiskriminierungsvorschriften der Richtlinie 96/76/EG[393] werden durch eine Bekanntmachung der Kommission ergänzt. Die Bekanntmachung[394] der Kommission legt fest, dass ein marktbeherrschendes Unternehmen missbräuchlich handle, wenn es „für ein bestimmtes Erzeugnis die einzige oder beherrschende Versorgungsquelle ist oder den Zugang zu einer wichtiger Technologie oder Infrastruktur kontrolliert und sich weigert, mit einem Wettbewerber zu verhandeln (mit dem Ziel, diesen auszuschalten)." Vor kurzem hat die Kommission einen Vorschlag zur Änderung der Postrichtlinie[395] abgefasst, um die Liberalisierung zu beschleunigen. Trotz dieser Vorschriften ist die Liberalisierungsidee im Postwesen kaum spürbar[396].

Ob die "essential-facilities"-Doktrin auch auf Postnetze anwendbar ist, erscheint jedoch fragwürdig. Nach der Definition von *Pieper* wird im Postwesen „die logistische Infrastruktur zur Herstellung von (flächendeckenden oder regionalen) Postdienstleistungen" als Netz verstanden, die unabhängig von Schwankungen

---

[391] Kommission, XXX. Bericht über die Wettbewerbspolitik (2000), Tz. 144.

[392] Mit der Preisproblematik hat sich die Kommission auch anlässlich der Zusammenschaltung befasst. S. Mitteilung der Kommission vom 7. September 2000, Sechster Bericht über die Umsetzung des Reformpakets für den Telekommunikationssektor, KOM (2000), 814, 16 ff.. Vgl. Kommission, XXX. Bericht über die Wettbewerbspolitik (2000), Tz. 45. Vgl. auch *Hancher* CMLR 1999, 1306: "The Commission, despite its frequent statements to the effect that it does not want to become involved in setting prices, has in fact been more frequently drawn into access pricing disputes in the telecommunication sector."

[393] Richtlinie 97/67/EG des Europäischen Parlaments und des Rates vom 15. Dezember 1997 über gemeinsame Vorschriften für die Entwicklung des Binnenmarkts der Postdienste der Gemeinschaft und die Verbesserung der Dienstqualität, ABl. 1998 L 15/14. Zum Postmarkt s. *Basedow* EuZW 1996, 143 ff.. S. auch *Gröner/Knorr* EWS 1996, 225 ff..

[394] Bekanntmachung der Kommission über die Anwendung der Wettbewerbsregeln auf dem Postsektor und über die Beurteilung bestimmter staatlicher Maßnahmen betreffend Postdienste, ABl. 1998 C 39/2.

[395] Kommission, XXX. Bericht über die Wettbewerbspolitik (2000), 50.

[396] *Möschel* WuW 1999, 832.

der Sendungsmenge aufrechterhalten werden muss"[397]. Die Lehre hat einhellig darauf hingewiesen, dass Postnetze und die Postinfrastrukturen in den meisten Fällen (z.B. Postfachablagen) duplizierbar sind[398]. Aufgrund dieser Duplizierbarkeit käme die "essential-facilities"-Doktrin nicht in Betracht[399].

3. Zugang zu Normen im Telekommunikationsbereich

Die Realisierung der sogenannten „Global Information Infrastructure" (GII), d.h. die Errichtung des weltweiten Kommunikations- und Informationssystems[400] setzt die Kompatibilität (auch Interoperabilität)[401] zwischen verschiedenen Netzen (z.B. Telefonnetz und Computer) und technologischen Erzeugnissen (z.B. Endgeräte)[402] voraus. Um die Kompatibilität bzw. die Interoperabilität zu gewährleisten, müssen die Unternehmen über bestimmte Normen[403] oder Standards[404] verfügen. Die Standards unterscheiden sich in *de facto*- und *de iure*-Standards. Die *de facto*-Standards werden von marktbeherrschenden Unternahmen etabliert. Wenn das marktbeherrschende Unternehmen den Zugang zu seinen Standards ungerechtfertigt verweigert und wenn diese Standards als eine wesentliche Einrichtung gelten, verstößt dies gegen Art. 82 EG[405]. Der Richter kann in einem solchen Fall die im *Magill*-Urteil festgestellten Prinzipien anwenden[406].

Die *de jure*- Standards sollen die Harmonisierung der verschiedenen technologischen Normen verwirklichen (sogenannte Normung). Dafür hat die Kommission besondere Normungsgremien - CEN, CENLEC und ETSI[407] - beauftragt[408]. Diese Normungsgremien bestehen aus nationalen Normungsorganisationen und verfolgen zwei verschiedene Ziele: Einerseits das Interesse der Allgemeinheit durch die

---

[397] *Pieper* 1996, 35.
[398] *Schindler* 1998, 166; *Baudenbacher* 2001, 184.
[399] *Baudenbacher* 2001, 185.
[400] S. *Montag* EuZW 1997, 77.
[401] Zu einer Definition dieser Begriffe s. Kap. 2 § 3 II 6 b.
[402] S. *Montag* EuZW 1997, 77.
[403] „Norm" ist nach der Richtlinie 83/189/EWG des Rates vom 26. April 1983 über ein Informationsverfahren auf dem Gebiet der Normen und der technischen Vorschriften, ABl. 1983 L 109/8, Art. 1, Tz. 2 „eine technische Spezifikation, die von einer anerkannten Normenorganisation zur wiederholten oder ständigen Anwendung angenommen wurde, deren Einhaltung jedoch nicht zwingend vorgeschrieben ist."
[404] S. Kap. 1 § 2 III 2.
[405] *Greaves* EIPR 1998, 385; *Greaves* ECLR 1995, 244 ff..
[406] Vgl. *Pilny* GRUR Int. 1995, 961.
[407] Zur Strukturierung dieser Organe s. *Bekkers/Liotard* EIPR 1999, 110 ff..
[408] Eine systematische Darstellung wird von *Schießl* 1995, 13 ff. geboten.

Harmonisierung, andererseits die partikulären Interessen der vertretenen Industrien.

Für die kartellrechtliche Aufsicht ist ausschlaggebend, dass die europäischen Normungsorganisationen eine marktbeherrschende Stellung innehaben können[409]. Daraus folgt, dass eine missbräuchliche Verhaltensweise der Normungsgremien (z.B.: diskriminierende Bedingungen für den Zugang zu den Normen) unter Art. 82 EG bzw. Art. 81 EG (Normungsgremien können als Unternehmensvereinigungen angesehen werden) fallen würde[410].

4. Zugang zu Elektrizitäts- und Gasnetzen

Die Öffnung der Elektrizitäts- und Gasmärkte (sogenannte Energiewirtschaft) bietet ein zur Telekommunikationsmarktöffnung ähnliches Szenario, da es in allen drei Fällen um Netzindustrien geht[411]. Die Errichtung eines sogenannten europäischen Binnenmarkts für Energie[412]setzt voraus, dass Elektrizitäts- und Gasmärkte nicht mehr als natürliche Monopole gelten[413]. Auch in diesen Märkten müssen die ehemaligen Monopolisten den Neueinsteigern einen freien Zugang zum Netz (Netzzugang Dritter, sogenannter *Third Party Access*) bieten[414], damit diese mit den Endverbrauchern direkte Lieferverträge abschließen können (sog.

---

[409] Mitteilung der Kommission über geistiges Eigentum und Normung, KOM (1992) 44 5endg., 1992, 24 ff., Tz. 5.1.5 ff.. *Montag* EuWZ 1997, 77. S. auch, Grünbuch, Maßnahmen für eine schnellere technologische Integration in Europa, vom 16. Oktober 1990, KOM (1990) 456, Tz. 92: "In Ausnahmefällen, in denen sich nur schwer eine Übereinstimmung erzielen lässt, sollten pragmatische Verfahren zur Lösungsfindung angewendet werden, die der Notwendigkeit zur Verabschiedung effektiver Normen, den legitimen Interessen der Inhaber von gewerblichen Schutzrechten, Schutzrechten für geistiges Eigentum oder Patenten, sowie der Notwendigkeit zur Wahrung der Transparenz der angewendeten Verfahren und der Vereinbarkeit mit der Wettbewerbspolitik Rechnung zu tragen.“ Zustimmung verdient die Auffassung von *Doutrelpont* GRUR Int. 1994, 307, wonach die Kommission auf die Zwangslizenzen hindeute. Vgl. *Temple Lang* Fordham 1996, 569.

[410] Vgl. *Vinje* EIPR 1995, 303, der die Anwendbarkeit der *Magill*-Prinzipien auf die Normung für möglich hält. Zu dieser Problematik s. auch *Barton* ECLR 1997, 443.

[411] S. Einf. I, Kap. 1 § 4 I.

[412] Mitteilung der Kommission über den Binnenmarkt für Energie, KOM (1988) 238 endg.; Grünbuch zum Thema "Für eine Energiepolitik der Europäischen Union", KOM (1995) 659 endg.; Weißbuch zum Thema "Eine Energiepolitik für die Europäische Union" KOM (1995) 682 endg. S. auch *Stewing* EuR 1993, 41 ff..

[413] *Eickhof/Kreikenbaum* WuW 1998, 672.

[414] *Wiedemann* 1999, 1011. Kritisch zu *Third Party Access* *Burchard* EuZW 1992, 693 ff..

Durchleitungspflicht[415]). Die unbestimmten Vorschriften der Elektrizitätsbinnenmarktrichtlinie[416] räumen den Mitgliedstaaten die Möglichkeit ein, frei zwischen verschiedenen Marktöffnungsmodellen[417] zu wählen. Abgesehen von der Marktöffnungsform sind die Netzbetreiber einem Diskriminierungsverbot unterworfen[418]. Daraus folgt, dass sie zugunsten ihrer Tochter- und Muttergesellschaften andere Stromerzeuger nicht diskriminieren dürfen. Um diskriminierende Verhaltensweisen zu vermeiden, sieht die Richtlinie eine getrennte Rechnungslegung der Erzeugungs-, Übertragungs- und Verteilungsaktivitäten[419] und, genauso wie im Telekommunikationsmarkt, eine separate und getrennte Buchführung[420] vor. Im Hinblick auf den „Zugang Dritter" hat *Wiedemann* betont, dass die Vorgaben des Art. 82 EG nach der Entscheidung *Almelo* [421] des EuGH auch auf die Energiewirtschaft Anwendung fänden. Zusätzliche Bedeutung könnte nach Ansicht von *Wiedemann* die "essential-facilities"-Doktrin gewinnen[422].

In diesem Rahmen gewinnt die Kontrolle der Kartellbehörden über die Durchleitungsentgelte eine besondere Bedeutung[423]. In Übereinstimmung mit der "essential-facilities"-Doktrin können die Inhaber der wesentlichen Einrichtungen den

---

415 *Wiedemann* 1999, 1011: „Der Begriff Durchleitung beschreibt damit einen fiktiven wirtschaftlichen Vorgang, bei dem eine Einspeisung mit einer davon gänzlich unabhängigen zeitgleichen Entnahme der Energie in Verbindung gesetzt wird."

416 Richtlinie 96/92/EG des Europäischen Parlaments und des Rates vom 19. Dezember 1996 betreffend gemeinsame Regeln für den Elektrizitätsbinnenmarkt, ABl. 1997 L 27/20 (EltRL). S. auch Richtlinie 90/547/EGW des Rates vom 29. Oktober 1990 über den Transit von Elektrizitätslieferungen über große Netze, ABl. 1990 L 313/30, die das Prinzip der Durchleitung über fremde Netze einführt.

417 Es handelt sich um drei Modelle:
1. Netzzugang auf Vertragsbasis (verhandelter Netzzugang). Stromerzeuger und „zugelassene Kunden" treffen auf der Grundlage freier kommerzieller Vereinbarungen Lieferverträge (Art. 17 I EltRL, a.a.O.).
2. Geregelter Netzzugang. Die Mitgliedstaaten bestimmen die Netzzugangsbedingungen (Art. 17 IV EltRL, a.a.O.).
3. Alleinkäufersystem (Art. 18 EltRL, a.a.O.). Die Mitgliedstaaten benennen eine juristische Person als Alleinkäufer, die grundsätzlich allein für die Versorgung in einem bestimmten Gebiet zuständig ist. Der Alleinverkäufer kann mit oder ohne Alleinabnahme-Verpflichtung handeln.

418 Art. 7 V und 11 II EltRL., a.a.O.. Vgl. die Anwendbarkeit des Prinzips von Treu und Glauben (Art. 20 II EltRL, a.a.O.)

419 Art. 14 EltRL., a.a.O..

420 Art. 14 EltRL., a.a.O..

421 Vgl. auch EuGH, Urteil vom 27. April 1994, Rs. C 393/92, Slg. 1994 I, 1477 ff. – *Gemeente Almelo/Enegiebdrijf Ijsselmi.*

422 *Wiedemann* 1999, 1015.

423 *Möschel* WuW 1999, 840.

Zugang dann verweigern, wenn ein Rechtfertigungsgrund vorliegt. Ein derartiger Fall liegt vor, wenn der Netzbetreiber bzw. der Alleinabnehmer nicht über die nötige Kapazität verfügt[424]. Mit dem Zugang zu den überlasteten Kupplungsleitungen (Interconnectoren), das heißt zu den Leitungen, die die Elektrizitätssysteme verschiedener Mitgliedstaaten miteinander verbinden, hat sich die Kommission vor kurzem auseinandergesetzt[425].

Die Erdgasbinnenmarktrichtlinie (98/30 EG)[426] bezweckt die Einführung des Wettbewerbs auf den Gasmärkten der Gemeinschaft durch folgendes Instrumentarium:

- Abschaffung von Monopolrechten;
- Einführung eines geregelten Netzzugangs[427];
- Allmähliche Öffnung des Marktes;
- Entflechtung vertikal integrierter Unternehmen.

In ihrem XXX. Wettbewerbsbericht hat die Kommission die primäre Rolle der Netzzugangsfragen betont: Ohne ein effektives System des Netzzugangs können die Kunden die Lieferanten nicht wechseln und den Lieferanten ist es nicht möglich, die zu einem Wechsel bereiten Kunden mit Gas zu versorgen[428]. Obwohl sich die Wettbewerbshüter der EU über Gasnetze als wesentliche Einrichtungen noch nicht geäußert haben, stellen die Gasnetze einen typischen Fall von *essential facilities* dar[429]. Dieser Aspekt wird in Kap. 4 § 2 V anlässlich der Verweigerung des Zugangs zu einem italienischen Gasnetz vertieft.

---

[424] Art. 17 V und 18 IV EltRL., a.a.O..

[425] Kommission, XXX. Bericht über die Wettbewerbspolitik (2000), 44.

[426] S. Richtlinie 98/30/EG des europäischen Parlaments und des Rates vom 22. Juni 1998 betreffend gemeinsame Vorschriften für den Erdgasbinnenmarkt, ABl. 27/20. S. auch Richtlinie 91/296/EWG des Rates vom 31. Mai 1991 über den Transit von Erdgas über große Netze, ABl. 1991 L 147/37, die das Prinzip der Durchleitung über fremde Netze einführt.

[427] Als alternatives Netzzugangssystem können die Mitgliedstaaten ein Netzzugangsmodell auf Vertragsbasis oder eine Kombination zwischen dem geregelten Netzzugang und dem Vertragsmodell wählen.

[428] Kommission, XXX. Bericht über die Wettbewerbspolitik (2000), 43.

[429] S. oben in der vorigen Seite die Argumentation von *Wiedemann* 1999, 1015.

5. Zugang zu Schienennetzen und Flughäfen

Die Richtlinie des Rates 91/440/EWG stellt den ersten Schritt für den Liberalisierungsprozess des europäischen Schienenverkehrs[430] dar. Die Festsetzung des Zugangsrechts (allgemein für den Güterverkehr, beschränkt für die Personenbeförderung)[431] wurde durch zwei Richtlinien ergänzt[432]. Da die europäische Regelung über den Zugang zu Eisenbahninfrastrukturen lückenhaft ist, vertritt *Schindler* die Anwendbarkeit der allgemeinen Kartellregeln und der darauf basierenden "essential-facilities"-Doktrin[433]. Diese Auffassung verdient Zustimmung, da die "essential-facilities"-Doktrin das einzige Instrumentarium für eine effektive Öffnung der Eisenbahninfrastrukturen ist.

Die Freiheit des Zugangs zum Markt im Luftverkehr wurde durch die Verordnung 2408/92 verwirklicht[434]. Ab diesem Zeitpunkt haben die Luftfahrtunternehmer aus allen Ländern der Union Zugang zu allen innergemeinschaftlichen Strecken, sowohl auf nationaler als auch auf internationaler Ebene. Während der Marktöffnungsphase der Flugverkehrsbranche ergaben sich jedoch mehrmals Engpasssituationen.

Die zahlreichen Entscheidungen der italienischen Kartellbehörden[435] in Bezug auf Flughäfen als wesentliche Einrichtungen für die Erbringung von Bodenabfertigungsdiensten verdienen eine kurze Darstellung des einschlägigen sekundären EG-Rechts[436]. Art. 16 der Richtlinie 96/67/EG[437], die den Markt für die Erbrin-

---

430 S. Richtlinie 91/440/EWG des Rates vom 29. Juli 1991 zur Entwicklung der Eisenbahnunternehmen der Gemeinschaft, ABl. 1991 L 237/25. Hierzu vgl. Kommission, XXX. Bericht über Wettbewerbspolitik (2000), 57, Tz. 199: "Die Richtlinie 91/440 hat bisher, was die Belebung des Wettbewerbs auf dem Eisenbahnverkehrsmarkt betrifft, kaum Wirkung gezeigt." Eingehend zu Wettbewerb im Eisenbahnverkehr *Riegger* 1999. Zu den politischen Hintergründen der Liberalisierung im Eisenbahnverkehr s.*Hèritier* 2001, 1 ff. und *Hèritier* 2002, 26 ff..

431 Richtlinie 91/440/EWG des Rates vom 29. Juli 1991 zur Entwicklung der Eisenbahnunternehmen der Gemeinschaft, ABl. 1991 L 237/25, Art. 10 I und II.

432 Richtlinie 95/18/EG des Rates vom 19. Juni 1995 über die Erteilung von Genehmigungen an Eisenbahnunternehmen, ABl. 1995 L 143/70. Richtlinie 95/19/EG des Rates vom 19. Juni 1995 über die Zuweisung von Fahrwegkapazität der Eisenbahn und die Berechnung von Wegentgelten, ABl. 1995 L 143/75.

433 *Schindler* 1998, 165.

434 Verordnung 2409/92/EWG des Rates vom 23. Juli 1992 über den Zugang von Luftfahrtunternehmen der Gemeinschaft zu Strecken des innergemeinschaftlichen Flugverkehrs, ABl. 1992 L 240/8.

435 S. Kap. 4 § 2 III.

436 Allgemein zu Kartellrecht und Flugverkehrsmarkt *Adkins* 1994, 80 ff.; *Ortiz/Houtte* 1996, 150 ff.; *Karlsson/Callaghan* ECLR 1999, 86 ff..

gung von Bodenabfertigungsdiensten liberalisiert, stellt fest, dass die Marktzugangsbedingungen sachgerecht, objektiv und nichtdiskriminierend sein müssen. Im Fall *FAG-Flughafen Frankfurt*[438] hat die Kommission eine diskriminierende und monopolausdehnende Verhaltensweise durch ein marktbeherrschendes Unternehmen untersagt. Mit der Marktzutrittsbehinderung als Folge des Kapazitätsmangels der Flughafeninfrastruktur hat sich die Kommission in zahlreichen Fällen beschäftigt[439], ohne sich jedoch auf die "essential-facilities"-Doktrin zu berufen. Auch in diesen Bereichen bleibt jedoch das primäre EG-Wettbewerbsrecht anwendbar[440].

In der italienischen kartellrechtlichen Anwendungspraxis[441] hat sich die Zugangsproblematik auch bei der Zuweisung von Zeitnischen (sogenannte *Slots*) von Bedeutung erwiesen. Unter Zeitnische versteht man „die flugplanmäßige Lande- oder Startzeit, die für eine Luftfahrzeugbewegung an einem bestimmten Tag auf einem im Sinne dieser Verordnung koordinierten Flughafen zur Verfügung steht oder zugewiesen wird.[442]" Daraus können Engpasssituationen entstehen, die den Hafenfällen ähneln.

Schließlich taucht die Zugangsproblematik auch bei Buchungssystemen und Interlining auf. Dies wird unten in Kap. 2 § 3 II 6 a erörtert.

---

437 Richtlinie 96/67/EG des Rates vom 15. Oktober 1996 über den Zugang zum Markt der Bodenabfertigungsdienste auf den Flughäfen der Gemeinschaft, ABl. 1996 L 272/36. S. *Möschel* WuW 1999, 837 und insbes. 840.

438 Kommission, Entscheidung vom 14. Januar 1998, ABl. 1998 L 72/30 – *FAG-Flughafen Frankfurt/Main AG*. *Toffoletti* CEM 1998, 341; *Berti/Biancardi* CEM 1998, 368; *Braghini* 1995, 57-59.

439 S. z.B. Kommission, Entscheidung vom 30. Oktober 1998, ABl. 1998 L 300/25 – *Flughafen Stuttgart GmbH* ; Kommission, Entscheidung vom 30. Oktober 1998, ABl. 1998 L 300/41– *Flughafen Hamburg GmbH*; Kommission, Entscheidung vom 14. Januar 1998, ABl. 1998 L 173/45 – *Flughafen Düsseldorf GmbH*; Kommission, Entscheidung vom 14. Januar 1998, ABl. 1998 L 173/32 – *Flughafen Frankfurt/Main AG (FAG)*.

440 S. Art. 28 Richtlinie 96/67/EG des Rates vom 15. Oktober 1996 über den Zugang zum Markt der Bodenabfertigungsdienste auf den Flughäfen der Gemeinschaft, ABl. 1996 L 272/36. Vgl. *Karlsson/Callaghan* ECLR 1999, 94: „As with other measures adopted by the E.C. to open up markets, the Groundhandling Directive makes clear that it does not pre-empt the application of the competition rules in the E.C. treaty and their effect on the liberalization of the groundhandling market".

441 S. unten Kap. 4 § 2 III.

442 Art. 2 a) der Verordnung 95/93/EWG des Rates vom 18. Januar 1993 über gemeinsame Regeln für die Zuweisung von Zeitnischen auf Flughäfen in der Gemeinschaft, ABl. 1993 L 14/1.

6. Zugang zu den High-Tech-Märkten

Die Zugangsproblematik ist nicht nur in den gerade dargestellten liberalisierten Märkten von kartellrechtlicher Relevanz, sondern auch in den sogenannten High-Tech Märkten[443]. Die Problematik der Zugangsgewährung in der Telekommunikationsbranche wurde schon oben in Kap. 2 § 3 II 1 abgehandelt. In den folgenden Abschnitten wird die wettbewerbsrechtliche Relevanz des Zugangs im Hinsicht auf Computer, virtuelle Netze, Datenbanken ebenso wie auf patentierte Erfindungen untersucht. Was in Bezug auf die Telekommunikationsbranche[444] schon erörtert wurde, kann infolge der Schaffung der sogenannten „Konvergenz" auch für die anderen High-Tech Märkte gelten. Unter Konvergenz versteht man das Zusammenwachsen unterschiedlicher Netzplattformen, mit deren Hilfe unterschiedliche Informations- und Kommunikationsdienstleistungen erbracht werden können[445]. Die Konvergenz erlangt eine besondere „Bedeutung" bei der:

- Integration von Mobil- und Satellitenkommunikation mit dem Festnetz
- Integration von Breitbandkabel- und Telekommunikationsnetzen
- Integration von Dienstleistungen auf der Grundlage des Internet-Protokolls

Da die Schaffung der Konvergenz sowohl den sektorspezifischen Vorschriften der Telekommunikationsmärkte als auch den allgemeinen Wettbewerbsregeln unterliegen sollte[446], ist es offensichtlich, dass Zugangsfragen mit dem Instrumentarium der "essential-facilities"-Doktrin gelöst werden können[447]. Die nächsten Abschnitte werden insbesondere bei den immaterialgüterrechtlichen Aspekten verweilen, da gerade in den High-Tech-Märkten die Friktion zwischen Kartellrecht und geistigem Eigentum brisant wird[448].

a. Computergesteuerte Buchungssysteme, *Interlining* und Zuweisung von Zeitnischen im Flugverkehrsmarkt

Computergesteuerte Buchungssysteme bestehen aus einem rechnergestützten System, dass Daten über Flüge enthält (z.B. verfügbare Sitzplätze, Flugpreise)

---

443 Zur Definition s. Einf. I.
444 S. oben Kap. 2 § 3 II 1.
445 *Scherer* CR 2000, 39. Vgl. Grünbuch zur Konvergenz der Branchen Telekommunikation, Medien und Informationstechnologie und ihren ordnungspolitischen Auswirkungen, KOM (1997), 623.
446 Mitteilung der Kommission zur Entwicklung neuer Rahmenbedingungen für elektronische Kommunikationsinfrastrukturen und zugehörige Dienste, (KOM) 1999 359, 3 ff..
447 *Stögmüller* CR 1998, 733. Vgl. *Zimmer/Büchner* CR 2001, 168.
448 *Temple Lang* Fordham 1996, 525 ff..

und eventuell die Möglichkeit bietet, Buchungen vorzunehmen oder Flugscheine auszustellen[449]. Der Rat hat festgestellt, dass die wettbewerbsmäßige Neutralität der computergesteuerten Buchungssysteme für Luftfahrtunternehmen in Bezug auf das reibungslose Funktionieren und den Datenschutz insbesondere durch gleichen Zugang zu Funktion, Information/Daten und Schnittstellen sowie durch eine klare Trennung zwischen Buchungsmöglichkeiten und Vertriebsmöglichkeiten eines Luftfahrtunternehmen sichergestellt werden muss[450]. Daraus ergibt sich, dass die Ausnutzung der Netzwerkexternalitäten, die aus einem Buchungssystem entstehen, auf dem benachbarten Markt der Vertriebsmöglichkeiten zu einer Monopolausdehnung bzw. zu einer Diskriminierung führen würde. Verweigert ein Luftfahrtunternehmen seinen Wettbewerbern ohne Rechtfertigungsgrund den Zugang zu dem eigenen Buchungssystem, ist eine solche Verhaltensweise als missbräuchlich auch i.S.v. Art. 82 EG anzusehen. Entscheidend dafür war der Fall *London European/Sabena*[451]. Die Einführung von neuen Technologien und des Internets ermöglicht es allerdings, den vom Computerreservierungssystem ausgeschlossenen Konkurrenten ein neues System zu schaffen oder es durch das Netz zu ersetzen[452]. Ist das Buchungssystem duplizierbar bzw. substituierbar, ist die ausschließende Verhaltensweise nicht wettbewerbswidrig.

Das Interliningsystem, womit Fluggesellschaften Leistungen für andere Gesellschaften verkaufen und Änderungen an den Flugscheinen vornehmen können, kann unter bestimmten Umständen eine wesentliche Einrichtung darstellen[453]. Die

---

449 S. Verordnung 323/99/EG des Rates vom 8. Februar 1999 zur Änderung der Verordnung 2299/89/EWG über einen Verhaltenskodex im Zusammenhang mit computergesteuerten Buchungssystemen (CRS), ABl. 1999 L 40/01.

450 Verordnung 3089/93/EWG des Rates vom 29. Oktober 1993 zur Änderung der Verordnung 2299/89/EWG über einen Verhaltenskodex im Zusammenhang mit computergesteuerten Buchungssystemen, ABl. 1993 L 278/1.

451 S. Kap. 2 § 2 I 1. Vgl. Verordnung 3652/93/EG der Kommission vom 22. Dezember 1993 zur Anwendung von Artikel 85 Absatz 3 des Vertrags auf bestimmte Gruppen von Vereinbarungen zwischen Unternehmen über computergesteuerte Buchungssysteme für den Luftverkehr, ABl. 1993 L 333/37 (Geltungsdauer bis 30. Juni 1998). S. auch *Berti/Biancardi* CEM 1998, 367; *Markert* WuW 1995, 562 ff., *Cave/Crowther* Rivista Internazionale di Scienze Sociali 1995, 152 ff..

452 *Schindler* 1998, 125 Fußnote 701.

453 Vgl. Kommission, Entscheidung von 26. Februar 1992, ABl. 1992 L 96/34 – *British Midland / Aer Lingus*. Vgl. Verordnung 1617/93/EWG der Kommission vom 25. Juni 1993 zur Anwendung des Artikels 85 Absatz 3 EWG-Vertrag auf Gruppen von Vereinbarungen, Beschlüssen und aufeinander abgestimmte Verhaltensweisen betreffend die gemeinsame Planung und Koordinierung von Flugplänen, den gemeinsamen Betrieb von Flugdiensten, Tarifkonsultationen in Personen- und Frachtlinienverkehr sowie die Zuweisung von Zeitnischen auf Flughäfen, ABl. 1993 L 155/18 (Geltungsdauer bis 30. Juni 1998).

Verwirklichung der Liberalisierung des Flugverkehrsmarktes hat einen Teil des Schrifttums veranlasst, zu bezweifeln, dass das Interlining eine wesentliche Einrichtung darstelle[454]. Die Kommission war aber der Auffassung, dass die dominierenden Unternehmen versucht sein könnten, den Zugang zu *Slots*[455] und Interliningsystemen zu verhindern. Anlässlich einer Fusionskontrolle hat die Kommission den Zusammenschluss *Swiss Air/Sabena* genehmigt, unter der Bedingung, dass die Fluggesellschaften den Zugang zu bestimmten Slots, zum Interliningsystem und zum *Frequent Flyer Programm* gewähren würden[456].

b. Schnittstellen und Computerprogramme

Schnittstellen ermöglichen es, verschiedene Hardware- und Software-Elemente zusammenzuschließen. Damit die verschiedenen Elemente kompatibel sind, ist die Kenntnis von Schnittstellen Codes - das heißt von bestimmten Daten - erforderlich[457].

Wie in Kap. 1 § 4 III schon hervorgehoben, steckt hinter den Worten „Interoperabilität" und „Kompatibilität"[458] die Problematik der wesentlichen Einrichtungen. Der in Kap. 2 § 2 I 1 dargestellte Fall *IBM* ist ein typischer Anwendungsfall von missbräuchlicher Zugangsverweigerung zu Schnittstellen. Von diesem Fall ausgehend hatte *Sucker* schon 1988 betont[459], dass Schnittstellen dem Schutzbereich eines immateriellen Schutzrechts unterfallen. Jedoch könne auch dieser Umstand den Missbrauchsvorwurf gegenüber einer Weigerung, Schnittstellen bekannt zu geben, grundsätzlich nicht ausschließen[460]. Wie im Telekommunikationsbereich

---

454 *Mennicke* ZHR 1996, 655.

455 S. oben Kap. 2 § 2 I 1.

456 Kommission, Entscheidung vom 4. August 1995, ABl. 1995 C 200/10 – *Swissair/SABENA*. Die Kommission hat in dieser Entscheidung den Begriff „essential facilities" verwendet." S. auch Mitteilung der Kommission über im Rahmen der Verordnung 4064/89/EWG des Rates und der Verordnung 447/89/EG der Kommission zulässige Abhilfemaßnahmen, ABl. 2001 C 68/3, Tz. 28: "Die durch einen Zusammenschluss bewirkte Veränderung der Marktstruktur kann zu erheblichen Behinderungen beim Eintritt in den relevanten Markt führen.(...) Diese Hindernisse können das Ergebnis einer Kontrolle über Infrastrukturen, insbesondere über Netze oder über Schlüsseltechnologien, zu denen Patenten, Know-how, oder andere geistige Eigentumsrechte gehören, sein. Unter diesen Umständen können Abhilfemaßnahmen den Zweck haben, den Markteintritt dadurch zu erleichtern, dass den Wettbewerbern Zugang zu den erforderlichen Infrastrukturen (...) oder Schlüsseltechnologien gewährt wird."

457 S. *Pilny* GRUR Int. 1995, 960; *Vinje* EIPR 1997, 302.

458 Diese Begriffe werden umfassend von *Farrell/Katz* Antit. Bull. 1998, 609 ff. analysiert.

459 *Sucker* 1988 CR, 276.

460 *Sucker* 1988 CR, 276.

handelt es sich um *de facto*-Normen[461], die durch die marktbeherrschende Stellung eines Herstellers entstehen[462]; Sie können vom marktbeherrschenden Unternehmen ausgenutzt werden, um neuen Konkurrenten den Zugang zum Markt zu behindern.

Schon der Vorschlag für eine Richtlinie des Rates über den Rechtsschutz von Computerprogrammen[463] sah in der Interoperabilität von Schnittstellen den Kernpunkt für die Schaffung von internationalen „Open Standards"[464] an. Davon ausgehend legte die Kommission in ihrem Vorschlag für eine Richtlinie des Rates über den Rechtsschutz von Computerprogrammen fest, dass der Inhaber eines Urheberrechtes[465] kein Monopol über die Information selbst habe, sondern dass nur die Ausdrucksweise dieser Information geschützt ist[466]. Um den Zugang zu Informationen zu gewähren, forderte der Vorschlag der Kommission zur Kooperation zwischen den verschiedenen Parteien auf[467]. Hätte sich der Zugang als problematisch erwiesen, hätten Maßnahmen auch außerhalb des Rahmens der Richtlinie ergriffen werden müssen[468].

Schließlich entwickelte die Richtlinie des Rates über den Schutz von Computerprogrammen[469] diese Prinzipien durch die sogenannte „Dekompilierung" (Art. 6), die einen besonderen Zugangstatbestand bestimmt. Art. 6 der Computerprogrammrichtlinie sieht folgendes vor: „Die Zustimmung des Rechtsinhabers ist nicht erforderlich, wenn die Vervielfältigung des Codes oder die Übersetzung der Codeform (...) unerlässlich ist, um die erforderlichen Informationen zur Herstellung der Interoperabilität eines unabhängig geschaffenen Computerprogramms

---

461 S. oben Kap. 2 § 3 II 3.

462 *Pilny* GRUR Int. 1995, 960.

463 S. Vorschlag der Kommission vom 5. Januar 1989 für eine Richtlinie des Rates über den Rechtsschutz von Computerprogrammen, ABl. 1989 C 91/4.

464 A.a.O., Tz. 3.9.

465 Zum Schutz der Computerprogramme s. u.a. *Junker/Benecke* 2000, 21 ff.; *Lehmann* CR 1998, 2; *Pleister*, GRUR Int. 1997, 694 ff.; *Arriola* GRUR Int. 1996, 9 ff.; *Betten/Körbe* GRUR Int. 1997, 118 ff.; *Menell* Antit. Bull. 1998, 651 ff.; *Müller* CRi 2000, 17 ff.; *Maier/Mattson* GRUR Int. 2001, 677 ff..

466 Vorschlag der Kommission vom 5. Januar 1989 für eine Richtlinie des Rates über den Rechtsschutz von Computerprogrammen, ABl. 1989 C 91/4, Tz. 3.12. II.

467 Vorschlag der Kommission vom 5. Januar 1989 für eine Richtlinie des Rates über den Rechtsschutz von Computerprogrammen, ABl. 1989 C 91/4, Tz. 3.15. II.

468 Vorschlag der Kommission vom 5. Januar 1989 für eine Richtlinie des Rates über den Rechtsschutz von Computerprogrammen, ABl. 1989 C 91/4, Tz. 3.14.

469 Richtlinie 91/250/EWG des Rates vom 14. Mai 1991 über den Rechtsschutz von Computerprogrammen (Computerprogrammrichtlinie), ABl. 1991 L 122/42. Hierzu s. *Lehmann* 1993, 3ff.

mit anderen Programmen zu erhalten." Unter „Interoperabilität" versteht die Richtlinie die Fähigkeit des Programms „zum Austausch von Informationen und wechselseitigen Verwendung der ausgetauschten Informationen"[470]. Art. 6 II und III der Computerprogrammrichtlinie beschränkt diese Befugnis, indem bestimmte Voraussetzungen vorliegen müssen (z.B. die übergebenen Informationen sollen nicht andere Zwecke als zur Herstellung der Interoperabilität verfolgen oder einem anderen Dritten weitergegeben werden). Darüber hinaus sieht der zweite Absatz von Art. 6 eine Generalklausel vor, nach der die rechtmäßigen Interessen des Rechtsinhabers immer berücksichtigt werden müssen. Die engen Voraussetzungen der Computerprogrammrichtlinie sind auf die Kritik der Lehre gestoßen[471], da sie zugunsten der marktbeherrschenden Unternehmen wirken[472].

Infolge dieser beschränkten Anwendbarkeit sind die im Urteil *Magill* entwickelten Grundsätze auch auf Computerprogramme anwendbar, da es letztendlich um urheberrechtlich geschützte Daten und Informationen geht[473]. Sollte ein marktbeherrschendes Unternehmen missbräuchlich den Zugang zu seinen urheberrechtlich geschützten Computerprogrammen verweigern, steht dem Dritten die Möglichkeit zu, sich an die Kartellbehörden zu wenden[474].

c. Datenbanken und „Rechte der Informationsgesellschaft"

Dass Datenbanken als wesentliche Einrichtungen angesehen werden können, wurde vom EuGH sowohl in dem *Magill*-Urteil[475] als auch in einer kürzlich ergangenen einstweiligen Anordnung der Kommission[476] bestätigt. In beiden Fällen ging es um urheberrechtlich geschützte Datensammlungen. Die wettbewerbliche Relevanz des Zugangs zu Datenbanken hat sich seit dem Inkrafttreten der Richt-

---

470 A.a.O., 12. Erwägungsrund der Computerprogrammrichtlinie.

471 Vgl. unten Kap. 3 § 4 II 2 und Kap. 4 § 5 III 1..

472 Zur Entstehungsgeschichte der Computerprogrammrichtlinie und ihrer Förderung der großen Industrie s. *Guglielmetti* in *Ubertazzi* 1994, 175 ff. und *Vinje* EIPR 1995, 302.

473 Hierzu s. Erwägungsgrund 20 der Computerprogrammrichtlinie, wonach die EG-Wettbewerbsregeln (Art. 81, 82 EG) unberührt bleiben. S. auch Erwägungsgrund 21 der Computerprogrammrichtlinie, wonach die Bestimmungen der Computerprogrammrichtlinie unbeschadet spezifischer Auflagen bereits bestehender gemeinschaftlicher Rechtsvorschriften für die Veröffentlichung von Schnittstellen im Telekommunikationssektor oder von Ratsbeschlüssen betreffend die Normung im Bereich der Informations- und Telekommunikationstechnologie gelten sollen.

474 *Pilny* GRUR Int. 1995, 960, nach dem dieses Prinzip *a fortiori* gelte, wenn die Schnittstelle weder patentrechtlich noch urheberrechtlich geschützt ist. S. auch *Guglielmetti* in *Ubertazzi* 1994, 177.

475 S. Kap. 2 § 2 II 2.

476 S. Kap. 2 § 2 I 2.

linie 96/9/EG[477] verschärft, mit der eine zweigliederige Konzeption des Datenbankschutzes eingeführt wurde (urheberrechtlicher und *sui generis* Schutz)[478].

Die Einführung dieses Schutzes hatte zur Folge, dass Flaschenhalspositionen, die aus Datenbanken entstehen, Gegenstand eines Ausschließlichkeitsrechts geworden sind. Daraus folgte eine mögliche Friktion zwischen Datenbankschutz und Kartellrecht[479], wenn der marktbeherrschende Datenbankinhaber den Zugang zu seinen Daten missbräuchlich verweigert.

Diese Friktion hat der europäische Gesetzgeber auf drei verschiedene Arten angepackt:

1. Art. 8 I des Vorschlags für eine Richtlinie über den rechtlichen Schutz von Datenbanken[480] verpflichtete den Hersteller der Datenbanken, einem Dritten eine Lizenz für das Recht auf vollständige oder teilweise Kopie und Weiterverwertung von Werken oder Informationsmaterial aus einer Datenbank zu erteilen, wenn die darin enthaltenen Werke oder das Informationsmaterial nicht unabhängig geschaffen, gesammelt oder erhalten werden konnten. Mit anderen Worten: Die Zwangslizenzierung setzte das Vorliegen der Wesentlichkeit der Einrichtung (die Daten) voraus. Die Lizenz sollte für gewerbliche Zwecke und unter angemessenen und nichtdiskriminierenden Bedingungen erteilt werden.
2. Art. 11 des geänderten Vorschlags für eine Richtlinie des Rates über den Rechtsschutz von Datenbanken[481] beschränkte das Zugangsrecht Dritter. Dritte mussten in einer Erklärung sowohl eine Rechtfertigung, als auch die von ihnen verfolgten gewerblichen Zwecke und die Beantragung einer Lizenz dartun. Die Kommission präzisierte, dass die gewerblichen Zwecke nicht lediglich Zeit, Arbeit oder Kosten sparen sollten.

---

[477] Richtlinie 96/9/EG des europäischen Parlaments und des Rates vom 11. März 1996 über den rechtlichen Schutz von Datenbanken (Datenbankrichtlinie), ABl. 1996 L 77/20.

[478] Hierzu s. *Vogel* in *Schricker* Urheberrechtskommentar 2. Aufl., Vor. §§ 87 ff., Tz. 9 ff. und *Flechsig* ZUM 1997, 577 ff..

[479] *Flechsig* ZUM 1997, 590.

[480] Vorschlag der Kommission für eine Richtlinie des Rates über den rechtlichen Schutz von Datenbanken vom 15. April 1992, ABl. 1992 C 156/4.

[481] Geänderter Vorschlag der Kommission für eine Richtlinie des Rates über den rechtlichen Schutz von Datenbanken vom 15. November 1993, ABl. 1993 C 308/01.

3. Schließlich wurde in der im Jahre 1996 verabschiedeten Datenbankrichtlinie[482] jeglicher Verweis auf Zwangslizenzen gestrichen. Der Verweis auf die allgemeinen Wettbewerbsregeln (Art. 47) ermöglicht jedoch die Anwendbarkeit der "essential-facilities"-Doktrin[483].

Eine zur Datenbankrichtlinie ähnliche Position nahm der europäische Gesetzgeber im „Grünbuch über Urheberrechte und verwandte Schutzrechte in der Informationsgesellschaft[484]“ ein. Zwangslizenzen[485] sind nur gemäss den Wettbewerbsvorschriften des EG zu erteilen[486]. In der Mitteilung „Initiativen zum Grünbuch über Urheberrecht und verwandte Schutzrechte in der Informationsgesellschaft“ hat die Kommission der Zwangslizenzierung in Bezug auf die missbräuchlichen Verhaltensweisen von marktbeherrschenden Verwertungsgesellschaften viel Wert beigemessen[487]. Die kürzlich verabschiedete Richtlinie zum Urheberrecht in der Informationsgesellschaft[488] sah jedoch eine kartellrechtliche Zwangslizenz nicht ausdrücklich vor[489]. Dass der Ausschließlichkeitscharakter den freien Wettbewerb behindern kann, wurde von der Kommission auch in den „Maßnahmen für eine schnellere technologische Integration in Europa“ aner-

---

482 Richtlinie 96/9/EG des Europäischen Parlaments und des Rates vom 11. März 1996 über den rechtlichen Schutz von Datenbanken, ABl. 1996 L 77/20, Art. 13 und Erwägungsgrund 47. Zur Richtlinie vgl. *Thakur* Intellectual Property Quarterly 2001, 100 ff.

483 *Schindler* 1998, 133.

484 Grünbuch über Urheberrechte und verwandte Schutzrechte in der Informationsgesellschaft, KOM (1995) 382 endg., 25 ff., 59 Abs. 4.

485 Vgl. Mitteilung der Kommission, Initiativen zum Grünbuch über Urheberrecht und verwandte Schutzrechte in der Informationsgesellschaft, KOM (1996) 568 endg., 21 ff..

486 Grünbuch über Urheberrechte und verwandte Schutzrechte in der Informationsgesellschaft KOM (1995) 382 endg., 77 ff..

487 Mitteilung der Kommission, Initiativen zum Grünbuch über Urheberrecht und verwandte Schutzrechte in der Informationsgesellschaft, KOM (1996) 568 endg., 24. Zur vor kurzem ergangenen Richtlinie über das Urheberrecht in der Informationsgesellschaft s. *Reinbothe* GRUR Int. 2001, 733 ff..

488 Richtlinie 2001/29/EG des Europäischen Parlaments und des Rates vom 22. Mai 2001 zur Harmonisierung bestimmter Aspekte des Urheberrechts und der verwandten Schutzrechte in der Informationsgesellschaft, GRUR Int. 2001, 745 ff..

489 Der EU-Gesetzgeber hat jedoch betont, dass die Kompatibilität und die Interoperabilität der verschiedenen Systeme gefördert werden sollte (A.a.O. Erwägungsgrund 54). Es liegt auf der Hand, dass die effektive Verwirklichung der Kompatibilität und der Interoperabilität die Erteilung einer Zwangslizenz fordern kann.

kannt. In diesem Kontext hatte sich die Kommission für einen Rückgriff auf ein System der Zwangslizenzen ausgesprochen[490].

d. Patentierte Erfindungen

Ob patentierte Erfindungen als eine wesentliche Einrichtung in Betracht kommen können[491], ist noch nicht von den EU-Wettbewerbshütern erörtert worden. Es steht jedoch fest, dass die Einführung eines „Gemeinschaftspatents" diese Frage aufwerfen könnte[492]. Art. 21 des Vorschlags für eine Verordnung des Rates über das Gemeinschaftspatent befasst sich mit der Erteilung von Zwangslizenzen. Der Rat verweist direkt auf Art. 31 der TRIPS-Übereinkommen. Es handelt sich im Grunde um zwei Konstellationen: Einerseits die unterlassene oder ungenügende Benutzung des Gemeinschaftspatents, andererseits die Fälle, in denen der Inhaber eines nationalen Patents oder eines Gemeinschaftspatents (zweites Patent) sein Patent nicht benutzen kann, ohne ein Gemeinschaftspatent (erstes Patent) zu verletzen.

Dass die zweite Konstellation viele Berührungspunkte mit dem Sachverhalt der Monopolausdehnung hat, wird in Kap.3 § 4 II 1 und Kap. 4 § 5 III 3. erörtert. Art. 31 der TRIPS-Übereinkommen setzt nämlich voraus, dass das zweite Patent gegenüber der im ersten Patent beanspruchten Erfindung einen wichtigen technischen Fortschritt und eine relevante Investition aufweist. Diese Bedingung begrenzt die Möglichkeit, Zwangslizenzen zu erteilen[493]. Infolgedessen sind Zwangslizenzen gemäss Art. 31 der TRIPS-Übereinkommen ungeeignet, um eine kartellrechtlich missbräuchliche Lizenzverweigerung zu untersagen. Gegen einen kartellrechtlichen Patentmissbrauch stünde den Wettbewerbshütern das kartellrechtliche Instrumentarium, und darunter auch die "essential-facilities"-Doktrin, des EG zur Verfügung.

---

490 Grünbuch der Kommission zur Entwicklung der europäischen Normung: Maßnahmen für eine schnellere technologische Integration in Europa, KOM (1990) 456, Tz. 92. *Doutrelpont* GRUR Int. 1994, 307.

491 Vgl. *Pilny* GRUR Int. 1995, 961.

492 S. z.B. Vorschlag der Kommission für eine Verordnung des Rates über das Gemeinschaftspatent vom 1. August 2000, KOM (2000), 412 endg., Art. 45. Vgl. Vereinbarung des Rates über Gemeinschaftspatente - Geschlossen in Luxemburg am 15. Dezember 1989, ABl. 1989 L 41/27, Art. 45.

493 Vgl. Kap. 4 § 5 III 3 und Kap. 5 § 4.

§ 4. Die Voraussetzungen für die Anwendbarkeit der “essential-facilities”-Doktrin

In den folgenden Abschnitten werden die Tatbestandsmerkmale der “essential-facilities”-Doktrin im Lichte des Art. 82 EG und der in Kap. 3 § 2 dargestellten Anwendungspraxis untersucht. Die Untersuchung wird auch auf den verschiedenen Ansätzen des Schrifttums und auf den in der Mitteilung der Kommission über Zugangsvereinbarungen enthaltenen Kriterien beruhen.

I. Das Vorliegen einer Einrichtung

Was unter „Einrichtung“ (*facility*) zu verstehen ist, kann nicht abstrakt definiert werden. Die „ausdrücklichen Entscheidungen“[494] der Kommission betreffen physikalische Einrichtungen, nämlich die Häfen. Eine Trennung zwischen „physikalischen“ und „immateriellen“ Einrichtungen ist dennoch nicht möglich. Sollte man eine Schnittstelle physikalisch oder immateriell betrachten? Außerdem basierte die Hafenentscheidung *Holyhead* (über eine physikalische Einrichtung) auf den Entscheidungen *British Midlands* und *Sabena* (über immaterielle Einrichtungen). Nach der herrschenden Meinung können die Einrichtungen aus Häfen, Flughäfen, Bahnhöfen, Netzen, Informationen, Daten, Dienstleistungen oder Rohstoffen bestehen[495]. Die eingeschränkte Definition von „Einrichtungen“[496], wonach nur körperliche Einrichtungen in Betracht kommen, ist ungerechtfertigt. Unter besonderer Berücksichtigung der technologischen Entwicklung würde eine beschränkende Definition wichtige Branchen schutzlos lassen. Die Definition der „Einrichtung“ innerhalb der High-Tech Märkte ist schwieriger, weil die Grenzen der „Einrichtungen“ bzw. der Märkte infolge der sogenannten Konvergenz unklar sein können[497]. In diesem Zusammenhang hat *Cowen* den Begriff „Matrix Infrastructure“ geprägt[498]. Die sektorspezifische Regulierung ist unzulänglich, um

---

[494] Vgl. Kap. 2 § 2 I 2.

[495] Vgl. *Deselaers* EuZW 1995, 563; *Montag* EuZW 1997, 75. Grundlegend *Temple Lang* Fordham 1994, 275: “An essential „facility“ in the sense used here may be either a product (e.g., a raw material) or a service or access to a physical thing or place such as a harbor or an airport”.

[496] *Glasl* ECLR 1994, 308; *Meinhardt* 1998, 162.

[497] *Temple Lang* Fordham 1996, 562.

[498] *Cowen* Fordham 1995, 546: „[...] the „infrastructure“ over which communications are provided between the users of computer and telecommunications are provided between the users of computer and telecommunications companies' networks will involve a number of interrelationships forming what may be described as a matrix over which services can be provided. These rules may lead to the development of a “matrix infrastructure”, a series of interwoven, cross connected networks where various component parts of that infrastructure are provided by different companies”.

alle Entwicklungen der Computer- und Telekommunikationsindustrie zu umfassen[499], während ein flexibles Instrument wie die "essential-facilities"-Doktrin sich den Innovationsherausforderungen ständig anpassen kann. Dass immaterialgüterrechtlich geschützte Positionen als eine wesentliche Einrichtung angesehen werden können, wird unten in Kap. 2 § 5 V erörtert[500].

II. Die Wesentlichkeit der Einrichtung

Aus den in Kap. 2 § 2 dargestellten Entscheidungen kann man ableiten, dass eine Einrichtung „wesentlich" ist, wenn „der potentielle oder aktuelle Wettbewerber zwingend auf den Zugang bzw. die Nutzung des betreffenden Engpassfaktors bzw. eines Teiles davon ausgewiesen ist, um auf einem verbundenen Markt tätig werden zu können[501]." Mit ihrer Anwendungspraxis und mit derjenigen des EuGH übereinstimmend, hat die Kommission in der Mitteilung über Zugangsvereinbarungen[502] festgestellt, dass der Zugang zu der fraglichen Einrichtung im allgemeinen eine wesentliche Voraussetzung dafür ist, dass sich Unternehmen am Wettbewerb im betreffenden Markt beteiligen können. Diese und andere ähnliche Definitionen sind dennoch tautologisch; anders formuliert, erfüllt eine Einrichtung das Kriterium der „Wesentlichkeit", wenn sie erforderlich ist, um den Zugang zu einem neuen Markt zu gewähren. Daraus folgt, dass die sogenannte „Wesentlichkeit" ein Korollar der Definition des relevanten Markts ist[503]. Nur nach einer genauen Marktabgrenzung kann man bestimmen, ob eine Einrichtung „wesentlich" ist.

1. Der relevante Markt

Die Marktdefinition erweist sich als schwierig, weil kein allgemeingültiges Kriterium anwendbar ist[504]. Die Spruchpraxis der Kommission, des EuGeI und des EuGH - die verschiedene Kriterien für die Definition des relevanten Marktes einführte - sah für die Abgrenzung der Märkte drei Kategorien vor[505]:

---

499 S. oben Kap. 2 § 3 II 6.

500 Vgl *Temple Lang* Fordham 1994, 283: "Legitimate competition includes obtaining and keeping exclusive access to, e.g., patents or physical facilities that confer competitive advantages".

501 *Schindler* 1998, 81.

502 Mitteilung der Kommission über Zugangsvereinbarungen vom 22. August 1998, ABl. 1998 C 265/2, Tz. 91 a).

503 *Schindler* 1998, 82 ff..

504 *Kauper* Fordham 1996, 248: "invariably, both product and geographic market definitions involve matters of degree and element of arbitrariness."

505 Vgl. *Grabitz/Hilf u.a.* 999, II, EGV Art. 86, Tz. 806 ff..

a. Sachlich relevanter Markt

Die Definition des sachlich relevanten Marktes[506] stellt einen Zentralpunkt der "essential-facilities"-Doktrin dar, da das marktbeherrschende Unternehmen oft versucht, seine Monopolstellung missbräuchlich auf einen anderen sachlich relevanten Markt auszudehnen[507]. Bei der Bestimmung des sachlich relevanten Marktes kommen sämtliche Erzeugnisse in Betracht, die sich aufgrund ihrer objektiven Merkmale zur Befriedigung eines gleichbleibenden Bedarfs eignen und mit anderen Erzeugnissen nicht oder nur in geringem Maß austauschbar sind[508].

Um zu bestimmen, ob ein Produkt bzw. eine Dienstleistung zu einem Markt gehört, hat die Spruchpraxis oft auf die Eigenschaften des Produktes (z.B. physikalische, chemische oder technische Eigenschaften) verwiesen[509]. Ein hinreichender Grad von Austauschbarkeit der in Frage stehenden Produkte stellt das maßgebliche Kriterium für die Abgrenzung des sachlich relevanten Markts dar[510]. Üblicherweise bezieht sich die Austauschbarkeit auf die Bedürfnisse der Nachfrage[511]. In bestimmten Fällen kann jedoch das Angebot als Ausgangpunkt der Marktabgrenzung in Erwägung gezogen werden[512]. Im Fall *Ahmed Saeed*[513] wurden die Kriterien für die Marktabgrenzung verschärft. Das Urteil erkannte die „geplanten Flüge“ als einen selbständigen Markt an und führte die Möglichkeit ein, die Märkte mit sehr flexiblen und empirischen Mitteln abzugrenzen. Wie die Untersuchung von *Kauper* zeigt, sind die *essential facility*-Fälle *British Midland, Sea containers* and *Port of Rødby* nur im Rahmen des Falls *Ahmed* zu verstehen. Die ausführliche und enge Marktdefinition dieser Fälle soll den Zugang zu den we-

---

506 Zur Entwicklung der Bestimmung des sachlich relevanten Marktes in der EG s. *Kauper* Fordham 1996, 270 ff..

507 S. unten Kap. 2 § 4 III 2.

508 EuGH, Urteil vom 9. November 1983, Rs. 322/81, Slg. 1983, 3461, 3468, 3505 – *N.V. Nederlandsche Banden-Industrie Michelin/Kommission.*

509 Zur Austauschbarkeit *Kauper* Fordham 1996, 249 ff..

510 EuGH, Urteil vom 21. Februar 1973, Rs. 6/72, Slg. 1973, 215, 245, 248 – *Europemballage Corporation und Continental Can Company Inc./Kommission.*

511 *Kauper* Fordham 1996, 260 ff.. Darüber hinaus zeigt der Autor, dass ähnliche Märkte verschiedene Grenzen haben können, wenn sie auf unterschiedliche Konsumenten abzielen. Der Eis-Markt für Restaurants ist vom Eis-Markt für die Einzelkunden zu unterscheiden.

512 *Kauper* Fordham 1996, 263.

513 EuGH, Urteil vom 11. April 1989, Rs. 66/86, Slg. 1989, 803, 824 ff. – *Ahmed Saeed Flugreisen und Silver Line Reisebüro GmbH/Zentrale zur Bekämpfung Unlauteren Wettbewerbs.*

sentlichen Einrichtungen erleichtern und den Liberalisierungsprozess beschleunigen[514].

Schließlich hat die Kommission durch die Bekanntmachung zur Definition des relevanten Marktes[515] ein Marktabgrenzungskriterium geliefert. Sachlich relevanter Markt ist derjenige sämtlicher Erzeugnisse und/oder Dienstleistungen, „ die von den Verbrauchern hinsichtlich ihrer Eigenschaften, Preise und ihres vorgesehenen Verwendungszwecks als austauschbar oder substituierbar angesehen werden"[516]. Produkteigenschaften und Verwendungszweck sind jedoch nach der Bekanntmachung der Kommission zur Definition des relevanten Markts nicht ausreichend für die sachliche Marktbestimmung[517]. Als entscheidend für die sachliche Marktabgrenzung erweist sich die Nachfragesubstitution aufgrund kleiner andauernder Änderungen bei den relativen Preisen.

Die Kommission rezipiert mit dieser Regel das Kreuzpreiselastizitätskriterium der Fusionskontrollentscheidungen und den US-amerikanischen SSNIP-Test („small but significant and nontransitory increase in prices")[518], womit der sachlich relevante Markt auf einer statistischen und empirischen Basis definiert wird.

b. Räumlich relevanter Markt

Art. 82 EG setzt voraus, dass die missbräuchliche Ausnutzung einer marktbeherrschenden Stellung den gemeinsamen Markt oder einen wesentlichen Teil desselben betreffen muss. Damit soll festgestellt werden, in welchem Gebiet ein oder mehrere Unternehmen marktbeherrschend sind[519]. Da der Umfang des räumlich

---

514 *Kauper* Fordham 1996, 256:" [...] narrow markets seem to be serving the particular end of imposing public utility-like duties to provide access to facilities thought to be important to the public, and to do so as a matter of EC law".

515 Bekanntmachung der Kommission zur Definition des relevanten Marktes im Wettbewerbsrecht , ABl. 1997 C 372/5, Tz. 7.

516 Bekanntmachung der Kommission zur Definition des relevanten Marktes im Wettbewerbsrecht, ABl. 1997 C 372/5, Tz. 15 ff.. Weiter berücksichtigt die Bekanntmachung die Austauschbarkeit der Nachfrage „wenn sie sich genauso wirksam und unmittelbar auswirkt wie die Nachfrage Substituierbarkeit" (a.a.O. Tz. 20).

517 Bekanntmachung der Kommission zur Definition des relevanten Marktes im Wettbewerbsrecht, ABl. 1997, C 372/5, Tz. 36.

518 Hierzu *Gassner* 1999, 144.

519 Ausführlich hierzu *Kauper* Fordham 1996, 264 ff..

relevanten Markts nicht so problematisch[520] wie der des sachlich relevanten Markts ist, beschränkt sich dieser Abschnitt darauf, die von der Kommission gegebene Definition zu erwähnen: "Der geographisch relevante Markt umfasst das Gebiet, in dem die beteiligten Unternehmen die relevanten Produkte oder Dienstleistungen anbieten, in dem die Wettbewerbsbedingungen hinreichend homogen sind und das sich von benachbarten Gebieten durch spürbar unterschiedliche Wettbewerbsbedingungen unterscheidet[521]."

c. Zeitlich relevanter Markt

Die Abgrenzung des zeitlich relevanten Marktes erweist sich von geringerer Bedeutung im EU-Kartellrecht[522]. Von Bedeutung kann die Abgrenzung von zeitlich relevanten Märkten für die High-Tech-Märkte sein, in denen die ständige Innovation rapide Änderungen der Märkte mit sich bringt[523].

2. *Die Unentbehrlichkeit des Zugangs: Das Fehlen von Alternativen und die Unduplizierbarkeit*

Der Zugang zu einer Einrichtung muss nicht nur einen Vorteil für den aktuellen oder potentiellen Wettbewerber darstellen, sondern muss erforderlich sein, um auf einem bestimmten Markt tätig werden zu können[524]. Die Wesentlichkeit[525] der Einrichtung ist fallspezifisch zu bestimmen und verlangt die Ausübung eines

---

520 Die Kommission hat sogar betont, dass ein Hafen oder ein Flughafen als wesentliche Einrichtung in Betracht kommen, auch wenn sie keinen wesentlichen Teil des gemeinsamen Markts darstellen (Kommission, XXII. Bericht über die Wettbewerbspolitik (1992), Tz. 219.

521 Bekanntmachung der Kommission zur Definition des relevanten Marktes im Wettbewerbsrecht, ABl. 1997 C 372/5, Tz. 8. Ausführlich zum räumlich relevanten Markt und zur Zugangsverweigerung *Bittner* 1998, 99 ff.; *Riegger* 1999, 47 ff..

522 *Gassner* 1999, 143.

523 Mitteilung der Kommission über Zugangsvereinbarungen vom 22. August 1998, ABl. 1998 C 265/2, Tz. 45. Vgl. EuGeI, Urteil vom 6. Oktober 1994, T-83/91, Slg. 1994 II, 755, Tz. 66 ff. – *Tetra Pack II SA/Kommission*. Vgl. auch *Kauper* Fordham 1996, 258: "Over the long term, consumer habits evolve, technology changes and market boundaries shift".

524 *Montag* EuZW 1997, 75, 76.

525 Vgl. EuGH, Urteil vom 26. November 1998, Rs. C-7/97, Slg. 1998 I, 7791 ff., Schlussanträge des GA *Jacobs*, Tz._45, 47 – *Bronner/Mediaprint*: „Eine Einrichtung wird als wesentlich angesehen, wenn der Zugang zu ihr unverzichtbar ist, um auf dem betreffenden Markt den Wettbewerb mit dem die Einrichtung kontrollierenden Unternehmen aufzunehmen." .

weiten Ermessensspielraums[526]. Das Fehlen von Alternativen und die Unduplizierbarkeit der Einrichtung sind „Zeichen" der Erforderlichkeit des Zugangs.

Bei der Beurteilung der „Ersetzbarkeit" werden die Substitutionsmöglichkeiten[527] überprüft. Das Fehlen von „echten Alternativen" wurde schon in dem Fall *Sea Containers/Stena Sea Link*[528] als Entscheidungsmaßstab erwähnt. Nach Auffassung der Kommission stellte der Hafen von *Liverpool* keine geographische Alternative zum Hafen von *Holyhead*, weil die Überfahrt doppelt so lange dauerte[529]. Auf den High-Tech-Märkten ist die Überprüfung von Substitutionsmöglichkeiten von besonderer Bedeutung, da die technologische Innovation Alternativen bieten kann. Telefonieren via Internet könnte einen sehr einfachen Netzzugang ermöglichen und die sogenannte *local loop*-Problematik endgültig lösen[530]. Daraus würde folgen, dass die erdgebundenen Netze ihre „Wesentlichkeit" verlieren und keine „wesentliche Einrichtung" mehr darstellen würden[531].

Wenn also feststeht, dass die Zugangsinteressenten auf die Einrichtung angewiesen sind und keine Alternativen vorhanden sind, ist weiter zu prüfen, ob es dem Zugangsinteressenten unmöglich oder unzumutbar ist, die Infrastruktur selbst zu errichten[532]. In den Entscheidungen *British Midland*[533] und *London European/Sabena*[534] berücksichtigte die Kommission die Fähigkeit eines hypothetischen Wettbewerbers, die Interlining- und Reservierungssysteme zu errichten. In Anlehnung an das US-amerikanische Recht sah der Generalanwalt *Jacobs* im Fall

---

526 *Montag* EuZW 1997, 76: „Es ist jeweils im Einzelfall festzustellen, ob ein zwingendes Angewiesensein des Wettbewerbers auf die Einrichtung vorliegt."

527 *Schindler* 1998, 94.

528 Kommission, Entscheidung vom 11. Juni 1992, ABl. 1994 L 15/18, Tz. 64 – *Sea Containers/Stena Sea Link*.

529 A.a.O., Tz. 63.

530 *König* 1997, 40 ff..

531 S. *Paulweber* ZUM 2000, 16, wonach die Erbringung der Telefondienste über Stromnetze die Problematik des Zugangs zur sogenannten Letzten Meile lösen könnte. Vgl. *Schindler* 1998, 95, 120 ff..

532 S. *Deselaers* EuZW 1995, 566 „Denn das Schmarotzen an einer fremden Leistung darf auch nicht über die „essential facilities"-Doktrin zu einem von Art. 86 EGV geschützten Verhalten führen."

533 Kommission, Entscheidung vom 26. Februar 1992, ABl. 1992 L 96/34, Tz. 29 ff. – *British Midland /Aer Lingus*.

534 Kommission, Entscheidung vom 4. November 1988, ABl. 1988 L 317/47, Tz. 14 – *London European/Sabena*. S. auch *Montag* EuZW 1997, 76.

Bronner die Duplizierbarkeit als grundlegend für die Bestimmung der „essential facilities“[535] an.

Dementsprechend teilte der GA *Jacobs* die Hindernisse für die Schaffung einer wesentlichen Einrichtung in vier Gruppen ein:

1. Physikalische und geographische Gründe[536]. Es handelt sich um eine tatsächliche Unmöglichkeit.[537] Darunter fallen Häfen genauso wie Schnittstellendaten, deren Verdoppelung und Beschaffenheit unmöglich oder unzumutbar ist.
2. Rechtliche Zwänge[538]. Darunter fallen Staatsmonopole genauso wie Gesetze und Verordnungen, die die Duplizierung der Einrichtung verbieten.
3. Gründe des Gemeinwohls. Umweltschutz, Gesundheit und andere politische Faktoren sind einzubeziehen[539]. Diese Kategorie kann auch aus rechtlichen Zwängen bestehen. Ein natürliches Monopol kann ein rechtlicher Zwang sein, weil aus Gründen des Gemeinwohls der Wettbewerb nicht erwünscht ist.
4. Wirtschaftliche Hindernisse. Die Duplizierbarkeit der Einrichtungen ist eine Frage von Kosten. Der EuGH stellte im Urteil *Bronner* fest, dass solche Hindernisse den Zugang unmöglich machen oder mindestens unzumutbar erschweren[540] sollen. Diese „wirtschaftliche Unzumutbarkeit“[541] setzt die Unbeachtlichkeit von Anlaufverlusten voraus. Kurzfristige Verluste beim Aufbau einer neuen Einrichtung haben keine Bedeutung, da Anlaufsverluste beim Vordringen in neue Märke wettbewerbskonform sind[542]. Der GA[543] und der EuGH[544] gehen davon aus, dass die Beurteilung

[535] EuGH, Urteil vom 26. November 1998, Rs. C-7/97, Slg. 1998 I, 7791 ff., Schlussanträge des GA *Jacobs*, Tz. 47 – *Bronner/Mediaprint:* „Zweitens muss es einem Wettbewerber praktisch unmöglich oder unzumutbar sein, eine gleichartige wesentliche Einrichtung zu schaffen.“

[536] EuGH, Urteil vom 26. November 1998, Rs. C-7/97, Slg. 1998 I, 7791 ff., Schlussanträge des GA *Jacobs*, Tz. 65 – *Bronner/Mediaprint.*

[537] *Schindler* 1998, 96.

[538] EuGH, Urteil vom 26. November 1998, Rs. C-7/97, Slg. 1998 I, 7791 ff., Schlussanträge des GA *Jacobs*, Tz. 65 – *Bronner/Mediaprint.*

[539] A.a.O., Tz. 65.

[540] A.a.O., Tz. 66.

[541] *Fleischer/Weyer*, WuW 1999, 359.

[542] A.a.O., 360.

[543] EuGH, Urteil vom 26. November 1998, Rs. C-7/97, Slg. 1998 I, 7791 ff., Schlussanträge des GA *Jacobs*, Tz. 66 – *Bronner/Mediaprint.* „Die Zugangsverweigerung stellt nur dann einen Missbrauch dar, wenn es nicht nur für das den Zugang verlangende Unternehmen, sondern auch für jedes andere Unternehmen äußerst schwierig ist, den Wettbewerb aufzunehmen.“

der Rentabilität und der Zugangsverweigerung einen objektiven Maßstab benötigt. Die Schaffung einer gleichartigen Einrichtung ist dann unrentabel, wenn sie auch für einen anderen Zugangsinteressenten unrentabel wäre[545].

III. Die marktbeherrschende Stellung und die vertikale Integration

1. Die marktbeherrschende Stellung und das Verfügen über die Einrichtung

Nach ständiger Entscheidungspraxis des EuGH ist ein Unternehmen dann marktbeherrschend, wenn es in der Lage ist, die Aufrechthaltung eines wirksamen Wettbewerbs auf dem relevanten Markt zu verhindern. Die marktbeherrschende Stellung verschafft einem Unternehmen die Möglichkeit, sich gegenüber den Wettbewerbern, den Abnehmern und letztlich den Verbrauchern in einem nennenswerten Umfang unabhängig zu verhalten[546]. Anders formuliert: Besitzt das Unternehmen die Fähigkeit, den wirksamen Wettbewerb auszuschließen bzw. maßgeblich einzuschränken oder potentielle Konkurrenten am Markteintritt zu hindern, belegt das Unternehmen eine marktbeherrschende Stellung. Um zu beurteilen, ob das Unternehmen marktbeherrschend ist, konzentrieren sich die Kommission und der EuGH auf die Marktstruktur (Marktanteil) und das Marktverhalten[547].

Was die "essential-facilities"-Doktrin anbelangt, hat die europäische Spruchpraxis keine besonderen Kriterien für die Bestimmung einer marktbeherrschenden Stellung entwickelt. Im Urteil *Magill* stellte der EuGH fest, dass „die Eigenschaft eines Immaterialgüterrechts allein keine beherrschende Stellung begründen kann“[548]. Daraus folgt, dass der Richter die üblichen Kriterien für Bestimmung

---

[544] EuGH, Urteil vom 26. November 1998, Rs. C-7/97, Slg. 1998 I, 7791 ff., Tz. 45, 46 – *Bronner/Mediaprint.*

[545] Hinzu vgl. *Fleischer/Weyer* WuW 1999, 360, 361, die von „Objektivierung des Zumutbarkeitsmaßstabs“ und „Operationalisierung des Zumutbarkeitsmaßstabes“ reden.

[546] Vgl. EuGH, Urteil vom 13. Februar 1979, Rs. 85/76, Slg. 1979, 461, Tz. 38 ff. – *Hoffmann-La Roche & Co. AG/Kommission*; S. auch EuGH, Urteil vom 14. Februar 1978, Rs. 27/76, Slg. 1978, 207, Tz. 63 ff. – *United Brands Co. und United Brands Continental BV/Kommission.* Vgl. Bekanntmachung der Kommission zur Definition des relevanten Marktes im Wettbewerbsrecht, ABl. 1997 C 372/5, Tz. 10.

[547] Zur marktbeherrschenden Stellung s. *Grabitz/Hilf* u.a. 1999, II, Art. 86, Tz. 51-96; zusammenfassend *Gassner* 1999, 145, 146.

[548] EuGH, Urteil vom 6. April 1995, Verb. Rs. C-241 u. C-242/91 P, Slg. 1995 I, 743 ff., Tz. 46 – *Magill.*

einer marktbeherrschenden Stelle anwenden soll (z.B. Marktanteil). Erwähnenswert ist, dass ein Marktanteil von 50% nach Ansicht der Kommission schon eine marktbeherrschende Stellung darstellen[549] kann. Niedriger ist die Schwelle in Bezug auf die ONP-Vorschriften. In diesem Rahmen sieht die Interkonnektionsrichtlinie vor[550], dass ein Marktanteil von 25 % oder mehr zu einer „beträchtlichen Marktmacht" führen kann. Die Kommission betonte jedoch in der Mitteilung über Zugangsvereinbarungen, dass „beträchtliche Marktmacht" grundsätzlich weniger wirtschaftliche Macht als eine „marktbeherrschende Stellung" fordert[551].

Auf das Verfügen über die Einrichtung, das im US-amerikanischen Recht erste Voraussetzung für die Anwendung der "essential-facilities"-Doktrin ist[552], wird von der Kommission und dem EuGH weniger Wert gelegt. Dies bedeutet aber nicht, dass die Kontrolle über die Einrichtung nicht wichtig wäre. Die Kontrolle der wesentlichen Einrichtung und infolgedessen ihres Zugangs ist ein Korollar, eine Folge der beherrschenden Stellung und wird mit der Bestimmung der dominierenden Lage in Angriff genommen[553].

2. Vertikale Integration und Monopolausdehnung

Wie schon in Bezug auf die sachliche Marktbestimmung erwähnt, ist Tatbestandsmerkmal der "essential-facilities"-Doktrin die sogenannte Monopolausdehnung (*monopoly leveraging*). Darunter versteht man den Versuch eines marktbeherrschenden Unternehmens, das in den meisten Fällen über ein natürliches Monopol verfügt, seine privilegierte Position auf einen nachgelagerten Markt zu übertragen[554]. Die Hafenbetriebsbehörde des Hafens *Holyhead*, die eine marktbeherrschende Lage innehatte, versuchte z.B. ihre Macht auf den Reedereimarkt zu übertragen. Im Telekommunikationsbereich hat die Mitteilung über Zugangsvereinbarungen ausdrücklich zwei verschiedene relevante Märkte anerkannt, den Markt für die Dienstleistung und den Markt für den Zugang zu den Einrichtungen. Bemerkenswert ist, dass die Mitteilung nicht nur physikalische Strukturen

---

549 *Riehmer* MMR 1998, 356.

550 Art. 4 III Interkonnektionsrichtlinie 97/33/EG vom 30. Juni 1997, ABl. 1997 L 199/32, i.d.F. ABl. 1998 L 268/37.

551 Mitteilung der Kommission über Zugangsvereinbarungen vom 22. August 1998, ABl. 1998 C 265/2 ff., Fußnote 58.

552 S. Kap. 1 § 3 II.

553 *Schindler* 1998, 100.

554 S. *Guglielmetti* CEM 1998, 412, nach dem der Markt der Essential Facility unterschiedlich (*diverso*) und gleichzeitig angrenzend (*contiguo*) sein muss. S. auch *Toffoletti* CEM 1998, 346 ff..

(Netze), sondern auch nicht physikalische Einrichtungen berücksichtigt (Informationen).

Die Monopolausdehnungsproblematik spitzt sich zu, wenn der Inhaber von Immaterialgüterrechten seine Macht auf einem benachbarten Markt ausspielen will[555]. Üblicherweise setzt die Monopolausdehnung eine vertikale Integration[556] des marktbeherrschenden Unternehmens voraus. Wenn das dominierende Unternehmen vertikal integriert ist, stellt sich die Frage, ob es auch auf dem nachgelagerten Markt marktbeherrschend sein muss. Die herrschende Lehre meint, dass die bloße Präsenz des diskriminierenden Unternehmens auf dem abgeleiteten Markt ausreicht[557], um die Wettbewerbshüter einzuschalten.

IV. Die missbräuchliche Ausnutzung einer beherrschenden Stellung

Art. 82 EG verbietet nicht die marktbeherrschende Stellung als solche, sondern nur deren missbräuchliche Ausnutzung. Von dem Beispielkatalog von Art. 82 EG ausgehend, haben die Kommission und der EuGH als missbräuchlich definiert: Die „Verhaltensweisen eines Unternehmens in beherrschender Stellung, die die Struktur eines Marktes beeinflussen können, auf dem der Wettbewerb gerade wegen der Anwesenheit des fraglichen Unternehmens bereits geschwächt ist, und die die Aufrechthaltung des auf dem Markt noch bestehenden Wettbewerbs oder dessen Entwicklung durch die Verwendung von Mitteln behindern, welche von den Mitteln eines normalen Produkt- oder Dienstleistungswettbewerbs auf der Grundlage der Leistungen der Marktbürger abweichen"[558]. Schutzobjekt der Norm ist die Erhaltung des Wettbewerbs und damit der permanenten Leistungssteigerung und Fortschrittsförderung. Es handelt sich, im Gegensatz zum US-amerikanischen Recht[559], um einen objektiven Begriff[560]: Auf die Absicht des dominierenden Unternehmens kommt es nicht an.

---

555 Dagegen plädiert für eine strikte Trennung zwischen Monopolausdehnung und "essential facilities"-Doktrin *Meinhardt* 1998, 155.

556 S. *Teece/Coleman* Antit. Bull. 1998, 841 ff.; *Azcuenaga* Antit. Law Jour. 1990, 888: "access problems arise generally when the bottleneck monopolist is partially vertically integrated. The monopolist is then competing with those who requires access to its facilities."

556 Hierzu s. Einf. I.

557 *Temple Lang* Fordham 1994, 276: "The company need not to be dominant on both Markets". *Meinhardt* 1998, 156. Dagegen *Klimisch/Lange* WuW 1998, 23; *Schindler* 1998, 114.

558 EuGH, Urteil vom 13. Februar 1979, Rs. 85/76, Slg. 1979, 461, Tz. 91. – *Hoffmann-La Roche & Co. AG/Kommission.*

559 *Vasques* CEM 1998, 425. S. Kap. 1 § 1 IV 1.

560 *Grabitz/Hilf* u.a. 1999, II, EGV Art. 86, Tz. 829.

Die “essential-facilities”-Doktrin lässt sich im wesentlichen als Sonderfall der Geschäftsverweigerung und der Zugangsgewährung unter diskriminierenden Bedingungen einordnen[561]. Nach ständiger Spruchpraxis der Kommission und des EuGH sind solche Verhaltenswseisen als wettbewerbswidrig anzusehen (Art. 82 EG). Wie in Kap. 2 § 2 II 1 schon erörtert, bestand die ursprüngliche Form der “essential-facilities”-Doktrin aus einer „Geschäftsverweigerung“, mit der der Ressourceninhaber eine bestehende Geschäftsbeziehung abbrechen wollte (sogenannter Verdrängungswettbewerb)[562]. In Bezug auf die Geschäfts-verweigerung hat die Kommission diesen missbräuchlichen Tatbestand als „Entzug des Zugangs eines bestehenden Kunden“ qualifiziert[563].

Die Zugangsverweigerungskonstellationen[564] können in drei Gruppen eingeteilt werden:

1. Der Inhaber nutzt die Einrichtung ausschließlich für seine Tätigkeit auf dem betreffenden verbundenen Dienstleistungsmarkt. Normalerweise handelt es sich um vertikalintegrierte ex-Monopolisten (z.B. Telefongesellschaften)[565], die ihr Monopol verfestigen bzw. ausdehnen wollen. In den klassischen Fällen der “essential-facilities”-Doktrin zielt der Ressourceninhaber darauf ab, keine neuen Geschäftsbeziehungen aufzunehmen.
2. Der Inhaber stellt die wesentliche Einrichtung unter diskriminierenden Bedingungen zur Verfügung [566]. Das beherrschende Unternehmen verstößt nicht nur gegen Art. 82 EG, wenn es den Zugang zu dieser Einrichtung ohne sachliche Rechtfertigung verweigert, sondern auch dann, „wenn es den Zugang unter Bedingungen, die ungünstiger sind als für seine eigenen Dienste, gewährt“[567]. Im Fall *Holyhead*[568] forderte die Kommission, dass

---

[561] Vgl. *Temple Lang* Fordham 1994, 280, in dem „obligation to contract“ und „obligation not to discriminate“ gleichzustellen sind.

[562] *Schindler* 1998, 107; vgl., EuGH, Urteil vom 22. Januar 1974, Verb. Rs. 6 u. 7/73, Slg. 1974, 223 ff. – *Istituto Chemioterapico Italiano S.p.A. und Commercial Solvents Corporation/Kommission.*

[563] Mitteilung der Kommission über Zugangsvereinbarungen vom 22. August 1998, ABl. 1998 C 265/2, Tz. 82 c) und 99.

[564] Vgl. *Eilmansberger* EuZW 1992, 626 ff..

[565] Mitteilung der Kommission über Zugangsvereinbarungen vom 22. August 1998, ABl. 1998 C 265/2, Tz. 90, 91. Vgl. *Guglielmetti* CEM 1998, 395.

[566] *Schindler* 1998, 108.

[567] Kommission, Entscheidung vom 21. Dezember 1993, ABl. 1994 L 15/8, Tz. 66 ff. – *Sea Containers/Stena Sealink.* S. *Ridyard* ECLR 1996, 450.

[568] Kommission, Entscheidung vom 21. Dezember 1993, ABl. 1994 L 15/8, Tz. 75 ff. – *Sea Containers/Stena Sealink.*

das marktbeherrschende Unternehmen identische Zutrittsbedingungen schaffen sollte, um die Gleichbehandlung zu gewähren. Die Kommission hat die Verhaltensweise einer „unabhängigen Hafenbehörde" als Maßstab[569] für die Gleichbehandlung angewendet. Die Beurteilung der Diskriminierung variiert von Fall zu Fall, je nach der Zahl der Wettbewerber, die auf dem betroffenen Markt tätig sind[570]. Diese Diskriminierungsform kommt normalerweise als nicht gerechtfertigte Forderung unterschiedlicher Preise (Preisdiskriminierung) in Betracht. In diesem Zusammenhang setzt die Mitteilung über Zugangsvereinbarungen voraus, dass das zugangsbegehrende Unternehmen zur Zahlung eines angemessenen und nichtdiskriminierenden Entgelts bereit ist und im übrigen alle nichtdiskriminierenden Zugangsbedingungen akzeptiert[571]. Aus dem Diskriminierungsverbot folgt eine Pflicht zur Gleichbehandlung der Konkurrenten. Ziel der Gleichbehandlung ist nicht der Schutz der einzelnen Newcomer, sondern die Aufrechthaltung eines wirksamen Wettbewerbs[572].

3. Der Inhaber hat die Einrichtung auf dem potentiellen nachgelagerten Markt[573] noch gar nicht eingesetzt oder durch Dritte einsetzen lassen[574]. Diese Konstellation wird in der Mitteilung über Zugangsvereinbarungen geregelt als die „Verweigerung des Zugangs, der zum Zweck der Erbringung einer Dienstleistung beantragt wird, wenn weder der Zugangsanbieter noch ein anderer Betreiber auf diesem Dienstleistungsmarkt tätig

---

569 Kommission, Entscheidung vom 21. Dezember 1993, ABl. 1994 L 15/8, Tz. 66 ff. – *Sea Containers/Stena Sealink*.

570 Vgl. *Deselaers* EuZW 1995, 567: "Wenn z.B. sichergestellt ist, dass in einem bestimmten Hafen bei Zulassung von insgesamt drei Anbietern von Fährdiensten wirksamer Wettbewerb besteht, reduziert sich die Gleichbehandlungspflicht des marktbeherrschenden Unternehmens darauf, unter einer etwaigen größeren Zahl an Bewerbern nach objektiven und transparenten Kriterien auszuwählen."

571 Mitteilung der Kommission über Zugangsvereinbarungen vom 22. August 1998, ABl. 1998 C 265/2, Tz. 91 d).

572 S. EuGH, Urteil vom 26. November 1998, Rs. C-7/97, Slg. 1998 I, 7791 ff., Schlussanträge des GA *Jacobs*, Tz. 66. – *Bronner/Mediaprint:* "Die Zugangsverweigerung stellt nur dann einen Missbrauch dar, wenn es nicht nur für das den Zugang verlangende Unternehmen, sondern auch für jedes andere Unternehmen äußerst schwierig ist, den Wettbewerb aufzunehmen." Vgl. *Areeda* Antit. Law Jour. 1990, 841; *Mennicke* ZHR 1996, 654; *Overd/Bishop* ECLR 1998, 184.

573 Vgl. Mitteilung der Kommission über Zugangsvereinbarungen vom 22. August 1998, ABl. 1998 C 265/2, Tz. 91 c). Die Kommission hat festgelegt, dass eine missbräuchliche Zugangsverweigerung vorliegt, wenn folgende Bedingungen erfüllt sind: "Der Eigentümer der Einrichtung befriedigt die Nachfrage auf einem bestehenden Dienst- oder Produktmarkt nicht, verhindert die Entstehung eines potentiellen neuen Dienstes oder Produktes, oder beeinträchtigt den Wettbewerb auf einem bestehenden oder potentiellen Dienst- oder Produktmarkt."

574 *Schindler* 1998, 109.

ist"[575]. In diesem Zusammenhang bezog sich die Kommission u.a. auf den Fall *Magill* und auf Art. 82 Buchstabe b)[576] (Verhinderung eines neuen Produktes)[577]. Die Position der Kommission in der Mitteilung über Zugangsvereinbarungen erweist sich als zutreffend, da auch potentielle Entwicklungen des marktbeherrschenden Unternehmens auf einem neuen nachgelagerten Markt zu berücksichtigen sind. *Schindler* hat hervorgehoben[578], dass die "essential-facilities"-Doktrin nicht anwendbar ist, wenn der Inhaber der wesentlichen Einrichtung nicht auf dem nachgelagerten Markt tätig ist, d.h. wenn kein Wettbewerbsverhältnis besteht. Nach Auffassung von *Schindler* fiele eine solche Verhaltensweise unter Art. 82 II c) EG. Diese Anschauung erweist sich als formalistisch, weil die "essential-facilities"-Doktrin und Art. 82 II c) EG kombiniert angewendet werden können, wie schon oben erläutert. Die Monopolausdehnung auf einem neuen Markt und die Verhinderung eines "neuen Produktes"[579] können in bestimmten Fällen die Anwendungsvoraussetzung für die "essential-facilities"-Doktrin darstellen. Es sollte jedoch nicht übersehen werden, dass es sich um kein Begründungselement, sondern um einen Sonderfall[580] der "essential-facilities"-Doktrin handelt.

V. Das Fehlen von objektiven Rechtfertigungsgründen

Die "essential-facilities"-Doktrin findet keine Anwendung, wenn ein objektiver Grund die Zugangsverweigerung rechtfertigt. Wann ein solcher Grund vorliegt, ist noch weitgehend offen[581]. Die Beurteilung der objektiven Rechtfertigung setzt eine Interessenabwägung zwischen dem Eigentumsrecht des Ressourceninhabers und den Auswirkungen seines Verhaltens auf dem nachgelagerten Markt voraus[582]. Diese Interessenabwägung basiert auf dem Grundsatz der Verhältnismäßigkeit.[583] Danach müssen die Eingriffe der Gemeinschaftsorgane durch im Inte-

---

575 Mitteilung der Kommission über Zugangsvereinbarungen vom 22. August 1998, ABl. 1998 C 265/2, Tz. 84 b).

576 Mitteilung der Kommission über Zugangsvereinbarungen vom 22. August 1998, ABl. 1998 C 265/2, Tz. 76.

577 Mitteilung der Kommission über Zugangsvereinbarungen vom 22. August 1998, ABl. 1998 C 265/2, Tz. 88.

578 *Schindler* 1998, 109. Dagegen *Guglielmetti* CEM 1998, 400.

579 *Eilmansberger* EuZW 1992, 630.

580 *Deselaers* EuZW 1995, 566; *Mennicke* ZHR 1996, 653.

581 *Deselaers* EuWZ 1995, 567.

582 *Siragusa* 1998, 184.

583 *Deselaers* EuWZ 1995, 568.

resse des Allgemeinwohls liegende Ziele gerechtfertigt und im Hinblick auf diese Ziele verhältnismäßig sein[584]. Zugrundeliegende Ziele der in Kap. 2 § 3 II 1 ff. dargestellten Richtlinien sind die Förderung des Wettbewerbs durch Re-Regulierung des Marktzutritts sowie eine verbesserte Versorgung der Allgemeinheit mit den mittels der Infrastruktureinrichtungen erbrachten Leistungen durch Ausbau transeuropäischer Netze[585]. Diese Zwecke rechtfertigen die Eingriffe in das garantierte Recht auf Eigentum von marktbeherrschenden Unternehmen[586].

Das Vorliegen von bestimmten Bedingungen kann jedoch die Zugangsverweigerung rechtfertigen. Als objektive Rechtfertigungsgründe kommen folgende Konstellationen in Betracht[587]:

- Der Dritte erfüllt bestimmte technische, wirtschaftliche oder fachliche Standards nicht[588]. Es muss sich um objektive und nichtdiskriminierende Standards handeln.
- Begrenzte Kapazität der Einrichtung. Die Kartellbehörden können jedoch prüfen, ob die Einrichtung optimal ausgenutzt wurde und in Ausnahmenfällen eine Kapazitätserweiterung auferlegen. Im Gegensatz zum US-amerikanischen Recht hat die Kommission in der Entscheidung *Morlaix* festgestellt, dass die begrenzte Kapazität die Zugangsverweigerung nicht rechtfertige. Nach Auffassung der Kommission könnte - infolge der Einführung des Wettbewerbs in einen bestimmten Markt - die Nachfrage sich steigern und sich dementsprechend die Kapazität der Einrichtung ausdehnen[589].
- Die mangelnde Kreditwürdigkeit der Newcomer bzw. die Nichtzahlung des Entgeltes (*exceptio inadempleti contractus*)[590].
- Das Interesse des marktbeherrschenden Unternehmens an einer effizienten und vertikal integrierten Produktion[591]. Daraus können Vorteile für die Konsumenten entstehen.

---

584 *Temple Lang* Fordham 1994, 274.

585 Vgl. Kap. 5 § 3 II 1.

586 Eingehend *Stollhoff* 2000, 232 ff..

587 Umfassend hierzu *Stollhoff* 2000, 169. Zur Rechtfertigung der Zugangsverweigerung im Telekommunikationssektor s. *Riehmer* MMR 1998, 357.

588 *Möschel* in *Immenga/Mestmäcker* EG Wettbewerbsrecht 1997, EGV, Art. 86, Tz. 263.

589 Dagegen z.B. *Siragusa* 1998, 190.

590 *Siragusa* 1998, 187.

591 *Owen* Antit. Law Jour. 1990, 891 „The third remedy is to require vertical disintegration, so that the monopolist does not compete with those who require access. An absolute ban on vertical ex-

- Sicherung der Funktionsfähigkeit der Einrichtung. Das Problem ergibt sich, wenn die Einrichtung nur eine begrenzte Nutzung tragen kann (z.B. ein Hafen).

Diese Liste ist selbstverständlich nicht erschöpfend und dass marktbeherrschende Unternehmen kann auch auf eine andere Weise die Zugangsverweigerung begründen.

VI. Die Rechtsfolgen einer missbräuchlichen Zugangsverweigerung

Die Möglichkeit für die Kommission, die Beteiligten zur Abstellung von Zuwiderhandlungen zu verpflichten (Art. 3 Verordnung 17/62), hat sich im wesentlichen in zwei Arten verwirklicht:

1. Die Kommission kann in einem extremen Fall dem marktbeherrschenden Unternehmen besondere Umstrukturierungspflichten auferlegen. Diese Möglichkeit wurde – auf theoretischer Ebene – von der Kommission in *Sea Containers/Sea Link* in Erwägung gezogen[592]: „[..] könnte es beispielweise notwendig sein, getrenntes Personal für die Hafenverwaltung und für den Betrieb des Fährdienstes einzusetzen, einen nichtdiskriminierenden Verhaltenskodex festzulegen, ein Verfahren zur Konsultation anderer Hafenbenutzer vorzusehen und für den Fall von Streitigkeiten ein unhabhängiges Schlichtungsverfahren einzurichten[593]. Eine solche Konstellation erscheint sehr unwahrscheinlich in der EU-Rechtsordnung.
2. Die Kommission kann eine Zugangsverpflichtung/ Kontrahierungspflicht auferlegen[594]. Diese Pflicht kann aus einer einfachen ugangsgewährung (die Hafenentscheidungen), aus der Mitteilung von bestimmten Daten *IBM*-Fall), aus der Mitbenutzung eines Netzes (z.B. Telefonnetz, Gasnetz), aus einer Zwangslizenz (*Magill*-Fall), aus einer zeitlich beschränkten Zugangsgewährung (*Aer Lingus*-Fall), usw... bestehen[595].

Wie in Einl. I schon erwähnt, ist die Zugangsproblematik unter Art. 82 EG im wesentlichen eine Preisproblematik. Die Festsetzung eines „angemessenen und

---

tensions into competitive activities solves the problem of access (there is no gain to the monopolist in discriminating), but at the expense of possible economies of partial integration".

[592] Kommission, XXII. Bericht über die Wettbewerbspolitik (1992), 165., Tz. 234.

[593] Diese Auffassung stößt auf heftige Kritik der Lehre. S. *Deselaers* EuZW 1995, 567; *Burchard* EuZW 1992, 693; *Schindler* 1998, 142.

[594] *Stollhoff* 2000, 172.

[595] Vgl. Kap. 2 § 2.

nichtdiskriminierenden Preises" stellt die Praxis vor schwierige Probleme, da die verschiedenen Marktöffnungsrichtlinien[596] verschiedene Kriterien für die Preissetzung[597] liefern. Die Kriterien für die Bestimmung der Entgelte sind Angelegenheit der nationalen Regulierungsbehörden und dem kann in dieser Arbeit nicht nachgegangen werden.

§ 5. Die "essential-facilities"-Doktrin im Spannungsfeld zwischen Art. 82 und 30 EG

I. Anwendbarkeit der "essential-facilities"-Doktrin auf die Immaterialgüterrechte?

In diesem Paragraphen soll erörtert werden, ob und inwieweit die "essential-facilities"-Doktrin auf die Immaterialgüterrechte anwendbar ist. Wie schon in Kap. 2 § 2 II 2 erwähnt, stellt das Urteil *Magill* den Wendepunkt dar, nach dem der EuGH anerkannt hat, dass unter außergewöhnlichen Umständen die Ausübung von bestimmten Ausschließungsbefugnissen eines Immaterialgüterrechtes missbräuchlich im Sinne von Art. 82 EG sein kann. Im Folgenden wird zuerst die Natur des geistigen Eigentums im EU-Recht einer theoretischen Betrachtung unterzogen (Art. 30, 295 EG); danach wird erläutert, unter welchen Bedingungen die Ausübung eines solchen Rechtes missbräuchlich sein kann und warum dieser Missbrauch einen Anwendungsfall der "essential-facilities"-Doktrin darstellt.

II. Die ausschließliche Natur der Immaterialgüterrechte

Kennzeichnend für die Immaterialgüterrechte ist ihre ausschließliche Natur[598]: Dem Rechtsinhaber steht das ausschließliche Recht zu, über das geschützte immaterielle Gut frei zu bestimmen und zu verfügen[599]. Dadurch werden Bereiche geschaffen, die vom Wettbewerb ausgenommen sind. Diese ausschließliche Natur ist aber nicht mit einem Monopol zu verwechseln[600]. Der Rechtsinhaber kontrolliert den Gebrauch des geschützten Immaterialgüterrechtes. Dies bedeutet noch keine marktbeherrschende Position. Nur wenn keine Alternative zu einem im-

---

596 Vgl. z.B. Kap. 2 § 3 II 1.

597 Zur Preissetzung s. z.B. *Möschel* in *Immenga/Mästmecker* EG-Wettbewerbsrecht 1997, EGV Art. 86, Tz. 268; *Ridyard* ECLR 1996, 441; *Berti/Biancardi* CEM 1996, 436; *Eilmansberger* EuZW 1992, 628; *Lipsky/Sidak* Stanford Law Review 1999, 1233.

598 S. Kap. 1 II.

599 *Troller* 1983, I, 69 ff..

600 *Ullrich* in *Immenga/Mestmäcker* EG-Wettbewerbsrecht I 1997, GRUR, 1250.

materialgüterrechtlich geschützten Produkt besteht, entsteht auch eine dominierende Position[601].

Was bei den Immaterialgüterrechten auffällt, ist ihre außergewöhnliche Natur. Um die Innovation zu fördern, ist es erlaubt, dass in bestimmten Fällen der Wettbewerb zum Teil abgeschottet wird. Es handelt sich um einen „Ausnahmezustand", der keine Ausdehnung erlaubt. Deswegen schafft der Gesetzgeber scharfe Konturen in der Materie der Ausschließlichkeitsrechte. Überschreitet der Inhaber diese Konturen, ist die Ausübung dieses Sonderrechts nicht mehr gerechtfertigt. Diese Problematik ergibt sich insbesondere bei den High-Tech-Märkten. Auszugehen ist von der folgenden Konstellation: ein Patentinhaber ist versucht, seine beherrschende Stellung auf einen nachgelagerten Markt auszudehnen (*monopoly leveraging*). Dafür wird der Patentinhaber mittels seiner Immaterialgüterechte ein missbräuchliches Verhalten ausüben. In diesem Falle wird der Grund fehlen, der die Ausschließlichkeit des Patentrechts rechtfertigt. Bei der Missbrauchsbeurteilung kommt der Schutzzweck des ausschließlichen Rechts in Betracht: Immaterialgüterrechte dürfen den Wettbewerb nur so weit beschränken, wie der Schutzzweck dies zulässt. Auf diese Weise können Wettbewerb und Immaterialgüterechte in Einklang gebracht werden.

III. Art. 30 EG als Ausgangspunkt

Um die Dialektik zwischen Wettbewerb und ausschließlichen Immaterialgüterrechten besser verstehen zu können, muss man von Art. 30 EG ausgehen. Art. 30 EG statuiert, dass die Bestimmungen der Artikel 28 bis 29 EG (freier Warenverkehr) Einfuhr-, Ausfuhr- und Durchfuhrverbote oder -beschränkungen nicht entgegen stehen, die u.a. aus Gründen des gewerblichen und kommerziellen Eigentums gerechtfertigt sind. Da von dieser Freiheit die einzelnen europäischen Mitgliedstaaten aus wirtschaftsprotektionistischen Gründen profitieren könnten, fügt Art. 30 II EG hinzu, dass die Verbote und Beschränkungen weder ein Mittel zur willkürlichen Diskriminierung noch zur verschleierten Handelsbeschränkung zwischen den Mitgliedstaaten darstellen dürfen. Art. 30 EG gestattet also den Mitgliedstaaten lediglich, unter bestimmten Voraussetzungen zum Schutz des geistigen Eigentums (und der anderen aufgezählten Rechtsgüter) von den Verboten der Artikel 28 und 29 EG abzuweichen. Da diese Maßnahmen nur eine Ausnahme darstellen, ist Art. 30 EG eng zu interpretieren[602].

---

601 *Ullrich* in *Immenga/Mestmäcker* EG-Wettbewerbsrecht I 1997, GRUR, 1250.

602 *Ebenroth/Bohne* EWS 1995, 44. S. auch *Ebenroth/Hübschle* 1994, 137, die für eine gemeinschaftsrechtliche Auslegung plädieren.

Um die Vereinbarkeit nationaler geistiger Eigentumsrechte mit dem freien Warenverkehr zu prüfen, hat der EuGH die Kriterien „Bestand" - vom Gemeinschaftsrecht unberührte Befugnisse des Immaterialgüterrechts - und „Ausübung" - den Schranken des Gemeinschaftsrechts unterliegende Befugnisse des Immaterialgüterrechts - entwickelt[603], die die Kompetenzaufteilung zwischen der EU und den Mitgliedstaaten besser festlegen sollen.

IV. „Bestand" und „Ausübung" der Immaterialgüterrechte in der Entscheidungspraxis des EuGH

Die Dichotomie „Bestand"/„Ausübung" wurde vom EuGH auch auf die Wettbewerbsregeln der Art. 81 und 82 EG übertragen[604]. Entscheidend hierfür erwies sich der Fall *Consten/Grundig*. Der Antragssteller berief sich auf Art. 295 EG (Art. 222 a.F.) und behauptete die Nicht-Anwendbarkeit der in Art. 81 EG enthaltenen Verbote auf den Gebrauch eines Warenzeichens[605]. Art. 295 statuiert, dass der EG die Eigentumsordnung in den verschiedenen Mitgliedstaaten unberührt lässt[606]. Der EuGH legte jedoch fest, dass zwar der Bestand[607] der nationalen Schutzrechte unberührbar sei, die Ausübung dieser Rechte gegenüber den Verbotsnormen des EG aber nicht immun sei[608]. Der EuGH bestätigte zum ersten Mal

---

[603] Vgl. EuGH, Urteil vom 31. Oktober 1974, Rs. 15/74, Slg. 1974, 1147, 1163 – *Centrafarm/Sterling Drug*; EuGH, Urteil vom 17. Oktober 1990, Rs. C-10/89, Slg. 1990, 3711, Tz. 12 – *Hag II*. In der Literatur s. u.a. *Stolloff* 2000, 246; *Beier* 1991, 15 ff.; *Ebenroth/Bohne* EWS 1995, 399 ff..

[604] *Ebenroth/Bohne* EWS 1995, 399 ff..

[605] Der EuGH hat die Unterscheidung „Ausübung"/"Bestand" in anderen Fällen gemäß Art. 81 EG angewandt. Dazu vgl. u.a. EuGH, Urteil vom 15. Juni 1976, Rs. 51/75, Slg. 1976, 811 – *E.M.I. Records Ltd./CBS United Kingdom*; EuGH, Urteil vom 25. Februar 1986, Rs. 183/83, Slg. 1986, 611 – *Windsurfing International Inc./Kommission.*

[606] Art. 295 ist als Anhang des Art. 83 EKGSV anzusehen. Art. 83 EKGSV lautet: "Die Errichtung der Gemeinschaft berührt in keiner Weise die Ordnung des Eigentums an dem Unternehmen, für welche die Bestimmungen dieses Vertrages gelten." Zu Recht haben *Mennicke* ZHR 1996, 640, *Vinje* EIPR 1995 300 und *Marenco/Banks* ELR 1990, 226 unterstrichen, dass Art. 295 EG mit der kartellrechtlichen Problematik des geistigen Eigentums nichts zu tun habe, da Art. 295 EG nur darauf abziele, die öffentlichrechtliche oder privatrechtliche Natur eines Unternehmens in den Mitgliedstaaten zu bestimmen.

[607] Illustrativ die Definition von *Stollhoff* 2000, 247: „Spezifischer Gegenstand des Patent- und Gebrauchmusterrechts ist prinzipiell, dass dem Inhaber für seine erfinderische Tätigkeit gewährte ausschließliche Recht, gewerbliche Erzeugnisse herzustellen und in den Verkehr zu bringen, d.h. die Erfindung selbst oder durch Lizenzvergabe an Dritte zu verwerten." Was unter „Bestand" und „Ausübung" zu verstehen ist, ist Gegenstand einer umfangreichen Anwendungspraxis. Hierzu s. *Bellamy/Child* 8-011 ff.. Vgl. auch *Grabitz/Hilf* u.a. 1997, I, Art. 36, Tz. 810 ff..

[608] EuGH, Urteil vom 13. Juli 1966, verb. Rs.56 und 58/64, Slg. 1966, 321, 394 – *Consten SA und Grundig-Verkaufs GmbH/Kommission.*

im Urteil *Parke Davis* die Beschränkung nationaler geistiger Eigentumsrechte durch Art. 82 EG[609]: “Sonach kann, da über den Bestand des Patentrechts gegenwärtig allein die innerstaatliche Gesetzgebung entscheidet, nur die Ausübung dieses Rechts dem Gemeinschaftsrecht unterliegen, wenn sie zu einer beherrschenden Stellung beiträgt, deren missbräuchliche Ausnutzung dazu führen kann, den Handel zwischen den Mitgliedstaaten zu beeinträchtigen.“ Obwohl der „spezifische Gegenstand“ Angelegenheit der Mitgliedstaaten ist, bedeutet dies nicht, dass er dem letzten Satz von Art. 30 EG nicht unterliegt. Wenn eine willkürliche Diskriminierung oder eine verschleierte Handelsbeschränkung zwischen den Mitgliedstaaten vorliegt, stellt eine solche Rechtsausübung zum spezifischen Gegenstand einen Missbrauch dar. [610]

In den letzten Jahren hat sich einerseits eine allmähliche Distanzierung von der Unterscheidung Bestand/Ausübung abgezeichnet. Nach der Spruchpraxis fällt nicht bloß die Ausübung unter den Vorbehalt von Art. 30 II EG, sondern auch der Bestand des nationalen Immaterialgüterrechts[611]. Andererseits hat sich eine Entwicklung des Begriffes „Bestand“ durchgesetzt. Der EuGH hat im Urteil *Deutsche Grammophon* festgestellt[612], dass Art. 30 EG Ausnahmen von Art. 28 EG nur insoweit zulässt, als dies zur Wahrung jener Rechte notwendig ist, die den „spezifischen Gegenstand“ des nationalen geistigen Eigentums ausmachen[613]. Den Begriff „spezifischen Gegenstand“ hat der EuGH auch im Urteil *Volvo/Veng* weiter bearbeitet. Im Fall *Volvo/Veng*[614] ging es um eine Geschmacksmusterver-

---

609 Vgl. EuGH, Urteil vom 29. Februar 1968, Rs. 24/67, Slg. 1968, 85, 113 – *Parke Davis & Co/Probel, Reese, Beintema-Interpharm und Centrafarm.*

610 *Bellamy/Child* 2001, 8-003, 426.

611 *Meinhardt* 1998, 99. Hierzu s. u.a. EuGH, Urteil vom 17. Mai 1988, Rs. 158/86, Slg. 1988, 2605 – *Warner Brothers und Metronome/Christiansen*; EuGH, Urteil vom 30. Juni 1988, Rs. 35/87, Slg. 1988, 3585, 3606, Tz. 16 – *Thetford Corp./Fiamma S.p.A.*; EuGH, Urteil vom 18. Februar 1992, Rs. C-235/89, Slg. 1992 I, 777 – *Kommission/Italienische Republik*; EuGH, Urteil vom 18. Februar 1992, Rs. C-30/90, Slg. 1992 I, 829 – *Kommission/Vereinigtes Königsreich Großbritannien und Nordirland*; EuGH, Urteil vom 17. Oktober 1990, Rs. C-10/89, Slg. 1990 I, 3711 – *SA CNL Sucai NV/Hag, GF AG.*

612 EuGH, Urteil vom 8. Juni 1971, Rs. 78/70, Slg 1971, 487, 499, Tz. 11 – *Deutsche Grammophon GmbH/Metro-SB-Grossmärkte GmbH.*

613 Vgl. EuGH, Urteil vom 29. Februar 1968, Rs. 24/67, Slg. 1986, 99 – *Parke Davis & Co/Probel, Reese, Beintema-Interpharm und Centrafarm.* Der EuGH stellte fest, dass Wettbewerbsbeschränkungen zulässig sind, „die einerseits für die Erreichung des besonderen Ziels des Patentrechts notwendig sind und andererseits das Endziel des Vertrages, die Errichtung eines freien gemeinsamen Marktes zwischen den Mitgliedstaaten nicht beeinträchtigen.“

614 EuGH, Urteil vom 5. Oktober 1988, Rs. 238/87, Slg. 1988 I, 6211, 6235, Tz. 8.; 1139 Tz. 16 – *AB Volvo/Erik Veng (UK) Ltd.*. Zu gleichen Schlussfolgerungen kam der EuGH, Urteil vom 5. Oktober 1988, Rs. 52/87, Slg. 1988 I, 6039 ff. – *CICRA/Règie National des Usines Renault.*

letzungsklage; die unabhängige Gesellschaft *Veng*, die für das Autounternehmen *Volvo*, Ersatzteile vertrieb und ohne Einwilligung von *Volvo* aus anderen Mitgliedstaaten Vorderkotflügel nach England einführte, wurde wegen Gebrauchsmusterverletzung vor dem *High Court of Justice* in Großbritannien von *Volvo* verklagt. Der nach Art. 234 EG angerufene EuGH war der Ansicht, dass die Weigerung des Produzenten *Volvo*, dem ersatzteilbegehrenden Unternehmen *Veng* gegen angemessene Gebühren eine Herstellungslizenz zu erteilen, keine missbräuchliche Verhaltensweise darstellte. Der EuGH stellte nämlich fest[615], dass eine an sich vom „spezifischen Gegenstand“ erfasste Ausübung des Schutzrechtes nur dann missbräuchlich sei, wenn „außergewöhnliche Umstände“ vorliegen. Unter außergewöhnlichen Umständen verstand der GA *Mischo* in seinen Schlussanträgen[616] die willkürliche Lieferverweigerung unabhängiger Reparaturwerkstätten, die Festsetzung unangemessener Preise und die Produktionseinstellung trotz bestehender Nachfrage. Damit wurde die Schwelle für einen Eingriff in die nationalen Immaterialgüterrechte herabgesetzt[617].

Eine weitere Beschränkung des spezifischen Gegenstandes hat der EuGH mit dem Urteil *Magill* entwickelt. Der EuGH zog die sogenannte „wesentliche Funktion“ heran[618]:

> „Das Gericht weist darauf hin, dass die wesentliche Funktion des Urheberrechts darin besteht, den Schutz der Rechte an dem geistigen Werk und die Vergütung der schöpferischen Tätigkeit unter Beachtung der Zwecke insbesondere des Artikels 86 (a.F.) sicherzustellen[619].“

Die „Beachtung der Zwecke“ deutet auf eine Annäherung der EU-Prinzipien und des nationalen Urheberrechts[620] hin. Nach Ansicht des EuGH ist die wesentliche Funktion ein nützliches Instrumentarium für die Interessenabwägung zwischen dem Schutz des betroffenen Immaterialgüterrechts einerseits und der Freiheit des Warenverkehrs und eines unverfälschten Wettbewerbs andererseits. Obwohl die Ausführungen des EuGH irreführend sind und zu einer Identifizierung der wesentlichen Funktion mit dem spezifischen Gegenstand führen könnten, besteht

---

615 A.a.O., Tz. 8 und 16.

616 A.a.O., Tz. 28 ff.

617 *Eilmansberger* EuZW 1992, 632; *Mennicke* ZHR 1996, 642.

618 Vgl. EuGH, Urteil vom 22. Juni 1976, Rs. 119/75, Slg. 1976, 1039, 1062, Tz. 6 – *Terrapin (Overseas) Ltd./Terranova Industrie C.A. Kapferer & Co.*

619 EuGH, Urteil vom 6. April 1995, Verb. Rs. C-241 u. C-242/91 P, Slg. 1995 I, 743 ff., Tz. 69 – *Magill.*

620 A.a.O., Tz. 70.

eine subtile Unterscheidung zwischen den beiden Begriffen[621]. Die wesentliche Funktion hat eine teleologische Natur und stellt den Zweck des spezifischen Gegenstands dar.

Die Ausübung von Befugnissen, die üblicherweise von dem spezifischen Gegenstand umfasst werden, kann also unter betreffenden Umständen nicht zur Erfüllung der wesentlichen Funktion des Immaterialgüterrechts erforderlich sein[622]. Schwerpunkt der ganzen *ratio decidendi* sind also die außergewöhnlichen Umstände. Im Urteil *Magill* stellten die Verhinderung eines neuen Erzeugnisses, das Fehlen von Rechtfertigungsgründen und der Ausschluss des Wettbewerbs auf einem abgeleiteten Markt die außergewöhnlichen Umstände dar, die die Anwendbarkeit von Art. 82 EG rechtfertigten. Bei der Bestimmung der „außergewöhnlichen Umstände“ spielt die Ermessensfreiheit des Richters eine wesentliche Rolle[623]. Der Richter ist keine „Bouche de la Loi“ und seine Aufgabe besteht aus einem einzelfallbezogenem Vorgehen.[624] Diese Ermessensfreiheit des Richters stieß auf heftige Kritik des Schrifttums[625], da sie zum Ende der Rechtssicherheit führen würde.

Wie die Rechtsprechung des EuGH zeigte, hat sich diese Sorge nicht bewahrheitet. In einem zweiten *Renault*[626]-Fall hat sich der EuGH anlässlich einer Frage zur Auslegung des Übereinkommens über die gerichtliche Zuständigkeit und die

---

621 S. EuGH, Urteil vom 6. April 1995, Verb. Rs. C-241 u. C-242/91 P, Slg. 1995 I, 743 ff., Schlussanträge des GA *Gulmann*, Tz. 74 – *Magill*. *Meinhardt* 1998, 104 führt aus, dass die wesentliche Funktion ein Synonym des spezifischen Gegenstands sei und eine Unterscheidung zwischen den zwei Begriffen verwirrend sei. Weiter irreführend sei die Verwendung von Begriffen wie der „eigentlichen Substanz des Immaterialgüterrechts“ (vgl. a.a.O. *Magill*, I 816, Tz. 26) und des eigentlichen Inhalts (EuGeI, Urteil vom 10. Juni 1991, Rs. T-76/89, Slg. 1991 II, 575 – *Magill I*).

622 EuGH, Urteil vom 6. April 1995, Verb. Rs. C-241 u. C-242/91 P, Slg. 1995 I, 743 ff., Schlussanträge des GA *Gulmann*, Tz. 85 III ff. – *Magill*. Der EuGH a.a.O., Tz. 28 hat die Auffassung des GA bestätigt.

623 *Stollhoff* 2000, 249.

624 Dieses einzelfallbezogene Vorgehen offenbart die „spruchpraxisartige Natur“ der Ermessensfreiheit. Es soll betont werden, dass das lateinische Wort „Prudentia“, Bestandteil von „Jurisprudenza, neben „Kenntnis“, „Wissenschaft“ auch „Klugheit“ bedeutet. Hierzu vgl. *Münchener Rechtslexikon*, 1987, unter „Jurisprudenz.“

625 Verfechter dieser Auffassung war insbesondere *Beier* 1991, 15 ff., 31. *Miller* EIPR 1994, 416 betont kategorisch, dass: "Abuses of dominance can never be caused by the exercise of an intellectual property right.“ *Miller* führt weiter aus, dass die Reibung zwischen geistigem Eigentum und freiem Warenverkehr eine Angelegenheit der Gesetzgebung sei.

626 EuGH, Urteil vom 11. Mai 2000, Rs. C-38/98, Slg. 2000 I 2973 – *Règie Nazional des Usines Renault SA gegen Maxicar SpA (Renault/Maxicar II)*. Vgl. EuGH, Urteil vom 5. Oktober 1988, Rs. 52/87, Slg. 1988 I, 6039 ff. – *CICRA/Règie National des Usines Renault*.

Vollstreckung gerichtlicher Entscheidungen in Zivil- und Handelsachen vom 27. September 1968 (EuGVÜ)[627] über Immaterialgüterrechte und Wettbewerb ausgesprochen. Das Berufungsgericht Dijon verurteilte das italienische Unternehmen *Maxicar* u.a. wegen der Straftat einer Fälschung, da es für Kraftfahrzeuge der Marke *Renault* bestimmte Karosserieteile hergestellt und ohne Lizenz in den Verkehr gebracht hatte. Als *Renault* sich an das Turiner Berufungsgericht für die Vollstreckbarerklärung des französischen Urteils wandte, trug das italienische Gericht unter anderem vor, dass die Vollstreckung des französischen Urteils gegen die öffentliche Ordnung Italiens i.S.v. Art. 27 EuGVÜ verstoßen würde. Die Verletzung der öffentlichen Ordnung bestand nach Ansicht des italienischen Gerichts u.a. in der Verletzung der Wettbewerbsordnung. Die *Corte d'Appello* berief sich auf das *Magill*-Urteil, wonach die Ausübung des ausschließlichen Rechts durch den Inhaber unter außergewöhnlichen Umständen missbräuchliches Verhalten darstellen kann[628]. Die *Corte d'Appello* Turin lehnte den Antrag von *Renault* ab, wogegen Renault Rechtsbefehl einlegte. In diesem Verfahren wandte sich die *Corte d'Appello* Turin im Rahmen eines Vorabentscheidungsverfahrens an den EuGH, der für Auslegungsfragen zum EuGVÜ und den einschlägigen Protokollen zuständig ist. Der GA *Alber* stellte in seinen Schlussanträgen fest, dass die Autoersatzteile kein neues Produkt darstellen und dass der Tatbestand mit dem *Magill*-Fall nicht vergleichbar war[629]. Die Schlussanträge wurden vom EuGH implizit bestätigt[630]. Somit hat der EuGH nochmals hervorgehoben, dass die Ausübung von Immaterialgüterechten keinen Missbrauch einer marktbeherrschenden Stellung darstellt, solange keine außergewöhnliche Umstände vorliegen.

V. Zugangsgewährung und EMRK

Abgesehen von Art. 30 EG werden die Eigentumsrechte im EG nicht ausdrücklich geregelt. Der EuGH hat jedoch im Urteil *Internationale Handelsgesellschaft*[631] festgelegt, dass die Grundrechte zu den allgemeinen, vom EuGH zu wahrenden Rechtsgrundsätzen gehören. Darunter fällt u.a. die Europäische Men-

---

[627] Hierzu s ABl. 1972 L 299, 32 und ABl. 1989 L 285, 1.

[628] EuGH, Urteil vom 11. Mai 2000, Rs. C-38/98, Slg. 2000 I, 2973 ff., Schlussanträge des Generalanwalts *Alber*, Tz. 109 ff., 123 ff. – *Renault/Maxicar II.*

[629] A.a.O. Tz. 125.

[630] EuGH, Urteil vom 11. Mai 2000, Rs. C-38/98, Slg. 2000 I 2973, Tz. 15 ff. – *Renault/Maxicar II.*

[631] EuGH, Urteil vom 17. Dezember 1979, Rs. 11/70, Slg. 1970, 1125, 1135 – *Internationale Handelsgesellschaft mbH/Einfuhr- und Vorratsstelle für Getreide und Futtermittel.*

schenrechtskonvention (EMRK)[632]. Bei der Beurteilung der Zugangsgewährung in Form einer Zugangsverpflichtung bzw. einer Zwangslizenz, wird der EuGH nicht nur den EG berücksichtigen müssen, sondern auch die EMRK.

Art. 1 des ersten Protokolls der EMRK schützt „anything of economic value and capable of private ownership." Darunter sind die essential facilities auch als Immaterialgüterrechte zu verstehen. Die allgemeine Aussage des Art. 1 der EMRK findet zwei Beschränkungen: Abs. 1 regelt die vollständige Eigentumsentziehung und Abs. 2 die Eigentumsnutzungsmöglichkeiten. Ob der erzwungene Zugang zu einer wesentlichen Einrichtung und die Zwangslizenz gemäß Art. 82 EG unter die Beschränkungen des EMRK fallen, ist vom EuGH noch nicht entschieden worden. Es liegt jedoch auf der Hand, dass die Eingriffe der Wettbewerbshüter das Eigentum i.S.v. Art. 1 Abs. 1 nicht entziehen dürfen. Darüber hinaus wird der Zugangsinteressent ein Entgelt zahlen müssen. Wie von *Meinhardt* hervorgehoben[633], ermöglichen jedoch das Vorliegen eines öffentlichen Interesses (Art. 82 EG) und die Erforderlichkeit und Angemessenheit (Verhältnismäßigkeit) der Maßnahme einen Eingriff in das Eigentum einer wesentlichen Einrichtung, auch wenn es um ein Immaterialgüterrecht geht.

VI. Immaterialgüterrechte als wesentliche Einrichtungen: Das Urteil *Magill* und das Schrifttum

Die Besonderheit des Falls *Magill* liegt darin, dass die Zugangsproblematik urheberrechtlich geschützte Positionen betraf. Ob der Fall *Magill* eine Anwendung der "essential-facilities"-Doktrin darstelle, löste im Schrifttum heftige Diskussionen aus. Viele Stimmen haben an dem Urteil *Magill* scharf kritisiert[634], dass die Nische des geistigen Eigentums ihre Besonderheit verlieren würde. Die Anwendung der "essential-facilities"-Doktrin auf Immaterialgüterrechte würde zu einer Schwächung des Wettbewerbs führen, weil sie die von der Zugangsgewährung

---

[632] Europäische Konvention zum Schutze der Menschenrechte und Grundfreiheiten vom 4. November 1950, BGBl. 1952 II, 685, geändert durch Protokoll Nr. 11 vom 11. Mai 1994, BGBl. 1995 II, 578. Vgl. *Meinhardt* 1998, 29 ff..

[633] *Meinhardt* 1998, 29 ff..

[634] *Beier* FS Quack 1991, 31 ff.; *Miller* EIPR 1994, 415 ff.; *Fleischer/Weyer* 1999, 363; *Eilmansberger* EuWZ 1992, 632 ff.; *Pilla* 2000, 267 ff.; *Bittner* 1998, 220; *Overd/Bishop* ECLR 1998, 185; *Subiotto* ECLR 1992, 240 ff.; *Meinhardt* 1998, 162. Dagegen wurde die Anwendbarkeit der "essential facilities"-Doktrin auf Immaterialgüterrechte begrüßt von *Pilny* GRUR Int. 1995, 956; *Reindl* IIC 1993, 81; *Ridyard* ECLR 1996, 446 ff.; *Mennicke* ZHR 1996, 626 ff.; *Montag* EuZW 1992, 71 ff.; *Cohen Jehoram/Mortelmans* GRUR Int. 1997, 11 ff.. Mit Vorbehalt haben *Müller* EuZW 1998, 232 ff.; *Ebenroth/Bohne* EWS 1995, 404; *Schindler* 1998, 133 ff. das *Magill*-Urteil aufgenommen.

begünstigten Unternehmen von eigenen Investitionen und Innovationen abhalten würde[635]. Die Unterscheidung „Bestand/Ausübung" stieß auf scharfe Kritiken, weil der konkrete Bestand des Schutzrechtes sich gerade auch in seiner Ausübung realisiere[636]. Demzufolge haben diese Autoren hervorgehoben, dass der EuGH zu weit gegangen sei und die Anwendung der "essential-facilities"-Doktrin zu beschränken sei. Mit einem bildhaften Ausdruck wurde das Urteil *Magill* mit dem höchsten Stand einer Flut[637] verglichen.

Diese Stimmen haben aber bis jetzt zu begründen versäumt, warum das geistige Eigentum nicht als eine wesentliche Einrichtung angesehen werden darf[638]. Die These, wonach die "essential-facilities"-Doktrin auf die Immaterialgüterrechte nicht anwendbar ist, geht davon aus, dass die Immaterialgüterrechte eine Art von Monopol verleihen. Da dieses Monopol eine nationale Angelegenheit sei[639], sollten die Europäischen Behörden nicht in diese Sonderrechte eingreifen. Das kodifizierte Recht der EU bzw. der Mitgliedstaaten[640] stelle das einzige Mittel dar, solche Rechte anzugreifen. Diese Argumentationsweisen erscheinen jedoch unhaltbar. Die Konturen des Begriffes „wesentliche Einrichtung" sind flexibel. Darunter können auch Immaterialgüterrechte eingeordnet werden. Der EuGH hat im Fall *Magill* die "essential-facilities"-Doktrin nicht direkt erwähnt. Allerdings ist der Bezug auf das „unentbehrliche Ausgangsmaterial" im Urteil *Magill* ein klarer Hinweis auf den Ausdruck „wesentliche Einrichtung"[641]. Auch die neuesten Eingriffe der Kommission bestätigen eine solche Auslegung. Die Mitteilung über Zugangsvereinbarungen der Kommission unterscheidet nicht zwischen materiellen und nicht-materiellen (und darunter können auch Immaterialgüterrechte fallen) Einrichtungen[642]. Immaterialgüterrechte wurden auch in der neuesten

---

635 *Beier* FS Quack 1991, 31 ff.; *Miller* EIPR 1994, 415 ff.; *Fleischer/Weyer* WuW 1999, 363; *Eilmansberger* EuWZ 1992, 632 ff.; *Pilla* 2000, 267 ff.; *Bittner* 1998, 220; *Overd/Bishop* ECLR 1998, 185; *Subiotto* ECLR 1992, 240 ff.; *Meinhardt* 1998, 162.

636 S. *Miller* EIPR 1994, 419: "The existence/exercise doctrine is illogical. Property rights and intellectual property rights exist to be exercised. The existence and the exercise are inseparable".

637 *Overd/Bishop* ECLR 1998, 183 ff.. S. auch *Treacy* ECLR 1998, 501 ff., insbesondere 503: "Indeed he (der GA, Anm. des Verf.) went out of his way to extend his opinion to deal with intellectual property and the opportunity which had been sized by someone to use Magill as Trojan horse to open the route to compulsory licensing of intellectual property rights".

638 *Mennicke* ZHR 1996, 645 ff.; *Ridyard* ECLR 1996, 446.

639 *Crowther* ELR 1995, 524.

640 Ein Eingriff der Gesetzgebung wird von *Miller* EIPR 1994, 421, erwünscht. Vgl. *Govaere* 1996, 651.

641 Vgl. *Mennicke* ZHR 1996, 650 und *Crowther* ELR 1995, 525.

642 Mitteilung der Kommission über Zugangsvereinbarungen vom 22. August 1998, ABl. 1998 C 265/2, Tz. 50: "Wo ein Unternehmen bei der Erbringung einer Dienstleistung, z.B. bei der Tele-

einstweiligen Anordnung der Kommission im Fall *IMS* im Lichte der "essential-facilities"-Doktrin betrachtet.

Trotz dieses weiten Umfangs des Begriffes „wesentliche Einrichtung" wird die "essential-facilities"-Doktrin auf den „wesentlichen Gehalt" des Immaterialgüterrechts erst anwendbar sein, wenn der Zugangsinteressent das Vorliegen von außergewöhnlichen Umständen nachweist[643]. Schließlich wird sich im nächsten Abschnitt zeigen, dass die Anwendung einer kartellrechtlichen Zwangslizenz kein Hindernis für die Entfaltung des Wettbewerbs auf den High-Tech-Märkten ist.

VII. Kartellrechtliche Zwangslizenzen im Lichte der neuesten Entwicklungen der Immaterialgüterrechte

Aufgrund des Art. 3 Verordnung Nr. 17/1962[644] verpflichtete der EuGH im Urteil *Magill* die beherrschenden Fernsehanstalten, die bestrittenen Informationen zur Verfügung zu stellen. Der EuGH hat nur auf eine Zurverfügungstellung hingewiesen und auf keinerlei Zwangslizenz. Es liegt jedoch auf der Hand, dass die Erteilung einer Zwangslizenz die einzige Möglichkeit ist, Dritten ein Urheberrecht zu Verfügung zu stellen[645].

Wie im vorigen Abschnitt schon erwähnt, haben viele Stimmen die Erteilung von Zwangslizenzen i.S.v. Art. 82 EG abgelehnt[646]. Die Erteilung von Zwangslizenzen sei nur aufgrund eines mitgliedstaatlichen Eingriffs möglich[647]. In diesem Rahmen sei erwähnt, dass das Unternehmen *RTE* im Fall *Magill* Art. 9 II der Berner Übereinkunft herangezogen hatte. Danach sind Eingriffe in das ausschließliche Recht der Vervielfältigung (d.h. Zwangslizenzen)[648] nur in Wege der nationalen Gesetzgebung in Sonderfällen erlaubt, wenn eine solche Vervielfältigung weder die normale Auswertung des Werkes beeinträchtigt, noch die berech-

---

fonauskunft und bei Telefonverzeichnissen, eine beherrschende Stellung hat, ergeben sich ähnliche Probleme wie beim physischen Zugang."

643 S. Kap. 2 § 2 II 2.

644 Verordnung 17/62/EWG des Rates vom 6. Februar 1962 über das Verfahren für die Anwendung und Durchsetzung der Art. 85 und 86, ABl. 1962 13/62 204, Art. 3 ermächtigt die Kommission Ge- und Verbote zu erlassen, die der festgestellten Zuwiderhandlung angepasst sein sollen.

645 In diesem Sinn vgl. *Pilny* GRUR Int. 1995, 961, der die Unbestimmtheit des EuGH kritisiert.

646 *Beier* FS Quack 1991, 31 ff.; *Miller* EIPR 1994, 415 ff.; *Fleischer/Weyer* WuW 1999, 363; *Eilmansberger* EuWZ 1992, 632 ff.; *Pilla* 2000, 267 ff.; *Bittner* 1998, 220; *Overd/Bishop* ECLR 1998, 185; *Subiotto* ECLR 1992, 240 ff.; *Meinhardt* 1998, 162.

647 *Miller* EIPR 1994, 421.

648 S. *Pilny* GRUR Int. 1995, 959.

tigten Interessen des Urhebers unzumutbar verletzt. Nach Ansicht des EuGH war diese Vorschrift aufgrund mangelnder Umsetzung nicht anwendbar.

Die Auffassung, nach der Zwangslizenzen nur eine mitgliedstaatliche Angelegenheit seien, ist nicht vertretbar. Die Gesetze der Mitgliedstaaten können auch Zwangslizenzen vorsehen, wenn bestimmte Interessen schutzbedürftig sind. Art. 58 des holländischen Mediengesetzes kennt z.B. ein Zwangslizenzsystem, wonach ein Fall wie *Magill* nicht so problematisch wäre[649]. Diese wettbewerbsfördernde Position wurde in Art. 40, Abs. 2 erster Abschnitt des *GATT-Agreement on Trade Related Aspects of Intellectual Property Rights* (TRIPS)[650] bestätigt. Wettbewerbsfördernde Zwangslizenzen sind jedoch eine Ausnahme in den EU-Gesetzgebungen. Zwangslizenzen sind normalerweise für den Schutz der Freiheit des Wettbewerbs nicht geeignet[651]. Auch auf EU-Ebene erweisen sich die Zwangslizenzen (Zwangslizenzen in Bezug auf das Gemeinschaftspatent[652]) und andere Zugangsmöglichkeiten (Dekompilierung[653]) für den Schutz der Freiheit des Wettbewerbs als unzureichend. In anderen Fällen hat der EU-Gesetzgeber (Datenbankrichtlinie[654]) schlicht auf die EU-Wettbewerbsregeln hingewiesen.

Der Bedarf an kartellrechtlichen Zwangslizenzen kann im Lichte der neuesten Entwicklungen der Immaterialgüterrechte besser erläutert werden. Diese Entwicklung wurde von GA *Gulmann* im Fall *Magill* erläutert. Die Entwicklung der Immaterialgüterrechte konkretisiert sich in einer Unterscheidung zwischen „literarischen und künstlerischen Werken im engeren Sinne" und „funktionellen und nutzbringenden Werken", die sich z.B. auf Telekommunikation, Datenverarbeitung, Informationstechnologie und Datenbanken beziehen. Der Generalanwalt hat betont, dass das Urheberrecht an den funktionellen und nutzbringenden Werken in höherem Maße zu wirtschaftlicher Abhängigkeit und damit zu beherrschenden

---

649 S. *Jehoram Kohen/Mortelmanns* GRUR Int. 1997, 15.

650 „Nothing in this Agreement shall prevent Members form specifying in their legislation licensing practices or conditions that may in particular cases constitute an abuse of intellectual property rights having an adverse effect on competition in the relevant market." Vg. Kap. 5 § 4.

651 Kap. 4 § 5 III.

652 Kap. 2 § 3 II 6 d.

653 Kap. 2 § 3 II 6 b.

654 Kap. 2 § 3 II 6 c.

Stellungen führen könnte[655]. Dies könnte wettbewerbsbeschränkende Verhaltensweisen zur Folge haben[656].

In Anbetracht dieser Entwicklungen, und der Tatsache, dass die EU sowie die mitgliedstaatliche Gesetzgebung keine wettbewerbsfördernde Zwanglizenz kennen, bieten die allgemeinen Wettbewerbsregeln und die darauf beruhende "essential-facilities"-Doktrin die einzige Möglichkeit, um den Zugang zu immaterialgüterrechtlich geschützten wesentlichen Einrichtungen zu gewähren. Somit kann die Öffnung der High-Tech-Märkte gewährt und der Innovationsprozess gefördert werden.

VIII. Schlussfolgerungen

Aus den dargestellten Gründen kann man folgern, dass Zwangslizenzen als eine Form der Eigentumsbeschränkung zu verstehen sind. Die Argumentation für die Sanktionierung der kartellrechtlich missbräuchlichen Lizenzverweigerung ist die gleiche wie für die Sanktionierung einer Geschäftsverweigerung bzw. einer Zugangsverweigerung zu einer wesentlichen Einrichtung. Das marktbeherrschende Unternehmen wird im Falle der Geschäftsverweigerung gezwungen, einen (neuen) Kunden (weiterhin) zu beliefern, während im Falle der Zugangsverweigerung zu einer wesentlichen Einrichtung das dominierende Unternehmen die wesentliche Einrichtung gegen einen angemessenen Preis zur Verfügung stellen soll. Wenn die wesentliche Einrichtung aus einem geschützten Immaterialgüterrecht besteht und besondere Umstände vorliegen, wird sich das Zurverfügungstellen in einer Zwangslizenz konkretisieren.

---

655 Vgl. *Ridyard* ECLR 1996, 446 „Enforcing compulsory licensing for TV listings (even at a negligible fee) does nothing to upset dynamic incentives because the incentive to produce and dissiminate TV listings will be the same irrespective of whether the broadcasters are protected from competition in the Tv guides market."

656 EuGH, Urteil vom 6. April 1995, Verb. Rs. C-241 u. C-242/91 P, Slg. 1995 I, 743 ff., Schlussanträge des GA *Gulmann*, Tz. 134 – *Magill*.

KAPITEL 3: DIE "ESSENTIAL-FACILITIES"-DOKTRIN IN DER DEUTSCHEN RECHTSORDNUNG

§ 1 Die Kodifizierung der "essential-facilities"-Doktrin im GWB

Mit § 19 IV Nr. 4 der 6. GWB-Novelle[657] hat der deutsche Gesetzgeber im Rahmen des Missbrauchsverbots einen Tatbestand für die Zugangsverweigerung zu Netzen und wesentlichen Einrichtungen eingeführt. Die Formulierung der erwähnten Regel stellt eine Rezeption der "essential-facilities"-Doktrin in die deutsche Rechtsordnung dar[658].

Im Anschluss an eine Untersuchung des § 19 IV Nr. 4 GWB gibt das vorliegende Kapitel einen Überblick über die Problematik der Zugangsverweigerung in den kürzlich liberalisierten Märkten. Das Telekommunikationsgesetz (TKG)[659], das Energiewirtschaftsgesetz (EnWG)[660] und das allgemeine Eisenbahngesetz (AEG)[661], beinhalten u.a. besondere Zugangsregelungen, da ein zentraler Punkt der Marktöffnung gerade die Zugangsgewährung ist[662].

§ 4 dieses Kapitels wird sich mit der Problematik der Zugangsverweigerung bei Immaterialgüterrechten auseinandersetzen. Hier stellt sich wiederum die Frage, inwieweit die Ausübung eines Immaterialgüterrechts einen Missbrauch darstellen kann. Die Gesetzesbegründung von § 19 IV Nr. 4, wonach die gewerblichen Schutzrechte keine wesentlichen Einrichtungen sein können, scheint die Immaterialgüterrechte von der "essential-facilities"-Doktrin zu verschonen. Eine zielorientierte Analyse des § 19 GWB und der sektorspezifischen Zugangsregeln wird jedoch zeigen, dass die Gesetzesbegründung widersprüchlich ist und dass auch in der deutschen Rechtsordnung die "essential-facilities"-Doktrin auf die Immaterialgüterechte anwendbar ist.

---

[657] Gesetz gegen Wettbewerbsbeschränkungen i.d.F. vom 26. August 1998, BGBl. I 2547.

[658] *Dreher* DB 1999, 833; *Fleischer/Weyer* WuW 1999, 350; *Klimisch/Lange* WuW 1998, 15; *Möschel* in *Immenga/Mestmäcker* GWB 3. Aufl., § 19, Tz. 178; *Müller* EuZW 1998, 232; *Rittner* 1999 301.

[659] 1996 BGBl. I, 2378 ff.. Hierzu s. unten Kap. 4 § 3 2 II.

[660] 1998 BGBl. I, 730 ff.. Hierzu s. unten Kap. 4 § 3 2 I.

[661] 1993 BGBl. I, 1120 ff.. Hierzu s. unten Kap. 4 § 3 2 IV.

[662] Vgl. *Möschel* in *Immenga/Mestmäcker* GWB 3. Aufl., § 19, Tz. 182: "Zu nennen sind Zugangsregelungen im Eisenbahn-, Telekommunikations- Strom-, Flugverkehr- und Postsektor (...). Im Kern handelt es bei diesen sektorspezifischen Zugangsregelungen um Recht gegen Wettbewerbsbeschränkungen (..)."

I. Der Zugang zu wesentlichen Einrichtungen nach der alten GWB Missbrauchsaufsicht

Vor dem Inkrafttreten der sechsten Novelle sah das GWB keine allgemeine Zugangsregelung vor. Die missbräuchliche Zugangsverweigerung seitens eines marktbeherrschenden Unternehmens fiel unter § 22 IV (Formen des Missbrauchs) und 26 IV GWB a.F. (Diskriminierungsverbot). Ob diese Tatbestände die Anwendbarkeit der auf europäischer Ebene schon rezepierten "essential-facilities"-Doktrin in deutschem Recht begründen konnte, stand jedoch offen.

Nach der Entscheidung "Gasdurchleitung" entstand in der Literatur die Frage, ob das Vorliegen von sektorspezifischen Zugangsregelungen mit den allgemeinen Missbrauchstatbeständen von §§ 22 und 26 GWB vereinbar war[663]. Der Entscheidung „Gasdurchleitung“ lag ein klassischer Zugangsverweigerungstatbestand zugrunde: *Verbundnetz Gas AG* (*VNG*) verweigerte einem anderen Gasversorgungsunternehmen die Durchleitung zu wesentlichen Infrastrukturen[664]. In seiner Entscheidung hat sich der BGH auf § 103 V 2 Nr. 4 a.F. GWB[665] berufen, nach dem die Versorgungsunternehmen unter engen Voraussetzungen verpflichtet waren, eine Durchleitung von Gas oder Strom über ihre Netze zu gestatten. Damit hat der BGH den Grundsatz eingeschränkt, nach dem niemand verpflichtet ist, einen Wettbewerber zum eigenen Schaden zu fördern. Die Begründung des BGH ging davon aus, dass die Interessenabwägung berücksichtigen soll, dass "ein Unternehmen mit besonderer Marktmacht im Vergleich zu anderen Unternehmen engeren Schranken in seiner Betätigungsfreiheit und im Gebrauch seines Eigentums unterliegt. Dies schließt gegebenenfalls auch Pflichten zum Tätigwerden für andere Unternehmen ein"[666]. Unter besonderer Berücksichtigung der Grundrechte der Art. 12 und 14 GG hat der BGH ausgeschlossen[667], dass diese Grundrechte eine Zugangsverweigerung rechtfertigen. Andererseits ergibt sich aus dieser Entscheidung, dass die Zugangsgewährung nur gegen Zahlung eines angemessenen Entgelts erfolge[668].

---

663 Vgl. *Klimisch/Lange* WuW 1998, 20 ff., die aufgrund dieser Fragestellung die Schaffung einer kartellrechtlich allgemeinen Zugangsregelung befürworteten.

664 Zur Entwicklung dieses Falles vgl. BKartA, RdE 1992 197 – *Durchleitungsverweigerung;* KG, WuW/E OLG 5165; BGH, WuW/E BGH 2953 – *Gasdurchleitung*. Vgl. BKartA, WuW/E BKartA 2721 – *Demarkation Gasversorgung;* KG, WuW/E OLG 5642 – *Demarkation Gasversorgung*. Hierzu s. *Schulz/Wagemann* 1999, 145 ff..

665 *Klaue* in *Immenga/Mestmäcker* GWB 2. Aufl., § 103, S. 2396, 2436 ff..

666 *Klaue* in *Immenga/Mestmäcker* GWB 2. Aufl., 2396, 2436 ff..

667 Zu den verfassungsrechtlichen Aspekten vgl. Kap. 3 § 2 II.

668 Vgl. *Markert* WuW 1995, 566.

Die Ableitung einer Durchleitungspflicht in der Energiebranche implizierte allerdings keine allgemeine Anwendbarkeit der Durchleitungspflicht auf andere Gebiete. Infolgedessen stellte sich die Frage, ob aufgrund der §§ 22 und 26 a.F. GWB ein Zugangsgewährungsanspruch durchsetzbar war. Die bisherige Rechtsprechung zu §§ 22 und 26 GWB a.F. hatte mehrmals betont, dass niemand grundsätzlich verpflichtet sei, einen Konkurrenten zum eigenen Schaden zu fördern[669]. Trotzdem betonte *Markert*, dass diese Entscheidungen kein großes Hindernis zur Anwendbarkeit der "essential-facilities"-Doktrin darstellen, da das deutsche Kartellrecht sich mit dem europäischen Kartellrecht harmonisieren müsse[670]. Dies hat zu einem Richtungswechsel geführt, wonach Unternehmen gezwungen werden können, Wettbewerber zum eigenen Schaden zu fördern[671].

Das Vorliegen einer einzigen Zugangsregelung für die Energiebranche und die ungewisse Anwendbarkeit der §§ 22 und 26 a.F. GWB erwies sich jedoch als nicht ausreichend im Hinblick auf die Öffnung des Wettbewerbs für ehemalige Staatsmonopole. Um diese Marktöffnung effektiv zu realisieren, musste man den Zugriff auf fremde Netze auch gegen den Willen der Netzbetreiber ermöglichen. Infolgedessen hob der Gesetzgeber die Sonderregelung des § 103 GWB auf und schuf eine allgemeine Zugangsregelung[672], die die in Spezialgesetzen enthaltenen Sonderregelungen flankieren sollte.

II. § 19 IV Nr. 4 n.F. GWB und die Tatbestandsmerkmale der "essential facilities"-Doktrin

Nach § 19 GWB unterliegen marktbeherrschende Unternehmen einem strengen Missbrauchsverbot[673]. Zweck dieser Norm ist die Anpassung des deutschen Kar-

---

[669] *Markert* WuW 1995, 568 ff.: Hierzu s. BGH, WuW/E BGH 1953 – *Gasdurchleitung*; BGH, WuW/E BGH 2755, 2759 – *Aktionsbeträge*; BGH, WuW/E 1288 – *EDV-Ersatzteile*; BGH, WuW/E BGH 2535 – *Lüsterbehangsteine*; WuW/E BGH 2589 – *Frankiermaschinen*. Es handelt sich im Grunde um Geschäftsverweigerungsfälle. Auch in der deutschen Rechtsordnung ist die "essential facilities"-Doktrin eine Abzweigung des Geschäftverweigerungsverbots.

[670] *Markert* 1995 WuW, 568.

[671] Vgl. *Dreher* DB 1999, 835, der diesen Richtungswechsel heftig kritisiert.

[672] Die Frage, ob die Problematik der Zugangsverweigerung einem allgemeinen kartellrechtlichen Tatbestand oder einer Sonderregelung unterliegen soll, bildete einen umstrittenen Punkt in der Literatur. Zur Entwicklung dieser Auseinandersetzung und zur parallelen Entstehungsgeschichte des Zugangsverweigerungstatbestands des § 19 IV Nr. 4 GWB s. *Klaue* BB 1992, 1937 ff.; Ders. BB 1993, 740 ff.; *Markert* BB 1997, 1421 ff., insbes. 1423; *Klimisch/Lange* WuW 1998, 15, insbes. 20 ff.; *Bunte* WuW 1997, 302, insbes. 304 ff..

[673] Zu einer rechtshistorischen Untersuchung des Missbrauchsverbots im deutschen Recht s. *Rittner* 1999, 299 ff..

tellrechts an Art. 82 EG. Da zwischen der europäischen (Art. 82 EG) und der deutschen (§§ 19 und 20 GWB) Regelungsebene „keine gravierenden Unterschiede" bestehen[674], wird verwiesen auf das 1. Kapitel für eine Untersuchung der Begriffe „Marktbeherrschung" und „Missbrauch"[675].

Was die Zugangsverweigerung anbelangt, sieht § 19 IV Nr. 4 vor, dass ein Missbrauch[676] dann vorliegt, wenn das marktbeherrschende Unternehmen:

„sich weigert, einem anderen Unternehmen gegen angemessenes Entgelt Zugang zu den eigenen Netzen oder anderen Infrastruktureinrichtungen zu gewähren, wenn es dem anderen Unternehmen aus rechtlichen oder tatsächlichen Gründen ohne die Mitbenutzung nicht möglich ist, auf dem vor- oder nachgelagerten Markt als Wettbewerber des marktbeherrschenden Unternehmens tätig zu werden; dies gilt nicht, wenn das marktbeherrschende Unternehmen nachweist, dass die Mitbenutzung aus betriebsbedingten oder sonstigen Gründen nicht möglich oder nicht zumutbar ist."

Aus diesen Worten ergibt sich, dass die Marktöffnung einem privatrechtlich vertraglichen Gestaltungsprinzip unterliegt. Die Zugangsgewährung und das Entgelt

---

674 BT Drucks. 13/9720, 56. Vgl. auch *Gassner* 1999, 102.

675 Damit § 19 GWB anwendbar ist, muss man zuerst den relevanten Markt abgrenzen (sachlich, räumlich und zeitlich). Dann ist die Marktbeherrschung zu prüfen. Das Fehlen eines wesentlichen Wettbewerbs, eine überragende Marktstellung und ein Oligopol können zur Marktbeherrschung führen (§ 19 II GWB). Um die Marktbeherrschung besser ermitteln zu können, hat der Gesetzgeber Marktbeherrschungsvermutungen vorgesehen (§ 19 III GWB). Der Missbrauch einer marktbeherrschenden Stellung kann sich durch einen Behinderungsmissbrauch (§ 19 IV Nr. 1 GWB), einen Ausbeutungsmissbrauch (§ 19 IV Nr. 2 GWB), einen Strukturmissbrauch (§ 19 IV Nr.3 GWB) oder – wie gerade erwähnt – durch eine Zugangsverweigerung (§ 19 IV Nr. 4 GWB) realisieren. S. *Bechtold* Kartellgesetz 2. Aufl., § 19, Tz. 1 ff.; *Wiedemann* 1999, 810 ff.; *Ebel* Kartellrecht 1999, GWB § 19, Tz. 1 ff.; *Schultz/Wagemann* 1999, 143 ff.. Zu einer synoptischen Darstellung mit dem EG-Kartellrecht s. *Gassner* 1999, 101 ff.. Was die beträchtliche Marktmacht anbelangt, hat jedoch die Kommission der Bundesrepublik Deutschland vorgeworfen, § 19 GWB gewährleiste nicht die sachgerechte Umsetzung des Begriffs der beträchtlichen Marktmacht in Art. 4 Abs. 3, Richtlinie des Europäischen Parlaments und des Rates 97/33/EG vom 30. Juni 1997, ABl. 1997 L 199/33. Nach dieser Vorschrift liege beträchtliche Marktmacht vor, wenn eine Organisation einen Anteil von über 25 % an einem bestimmten Telekommunikationsmarkt in einem Mitgliedstaat habe. Die Vermutung nach § 19 III GWB beruhte hingegen auf dem höheren Marktanteil von mindestens einem Drittel. Hierzu s. *Wendland* in *Büchner* u.a. Beck'scher Kommentar 2 Aufl., Vor § 33, Tz. 1.

676 § 19 IV Nr. 4 stellt also einen Sonderfall des missbräuchlichen Verhaltens dar. Hierzu hat *Schwintowski* WuW 1999, 842 hervorgehoben, dass der Missbrauchtatbestand, anders als in der Fusionskontrolle, verhaltensbezogen und nicht strukturell zu interpretieren ist.

bilden Leistung und Gegenleistung des Vertrages. Der Gesetzgeber hat also keine spezifische Regelung für die Zugangsgewährung zu Netzen und anderen wesentlichen Einrichtungen vorgesehen, sondern den Privaten die Möglichkeit eingeräumt, diese „Regeln" selbst zu schaffen. Das in § 19 IV enthaltene Missbrauchsverbot bildet die Grenze der Vertragsfreiheit. Es sollte nicht vergessen werden, dass § 19 IV Nr.4 ein Auffangtatbestand ist und dass der Gesetzgeber in speziellen Branchen die Schwelle für den Eingriff herab- oder heraufsetzen kann. Diese spezialgesetzlichen Vorschriften bleiben unberührt und haben Vorrang[677] vor dem GWB. Der Vorrang der Spezialregelungen bedeutet nicht, dass in den regulierten Branchen die kartellrechtliche Missbrauchsdefinition keine Anwendung findet. Außerhalb des Anwendungsbereichs der Spezialgesetze kommt § 19 IV Nr. 4 in Betracht[678]. Diese „Ersatzfunktion" des GWB ergibt sich aus den Worten des Gesetzgebers: wenn künftig die sektorspezifische Regulierung im Bereich der Telekommunikation aufgehoben wird, wird der Auffangtatbestand des GWB eingreifen[679].

Als *essential facilities* kommen die Begriffe „Netz" und „Einrichtung" in Betracht. Zwischen diesen beiden Begriffen besteht kein großer Unterschied, da das „Netz" bloß ein Unterfall der „Einrichtung" ist[680]. Netze und Infrastruktureinrichtungen sind beide die Basis für die Erbringung von Dienstleistungen[681]. § 19 IV Nr. 4 GWB geht davon aus, dass es auf bestimmten Märkten Wettbewerb nur geben kann, wenn die Netze und Infrastruktureinrichtungen von konkurrierenden Dritten in Anspruch genommen werden können[682]. Es stellt sich jedoch die Frage, welches die Netze und Einrichtungen sind, die diesem Öffnungsprinzip unterliegen. Da die Legislative auf den Energie- Bahn- und Telekommunikationssektor und die Bodenabfertigungsdienste - also die damaligen sogenannten natürlichen Monopole - als Beispiele hinweist, betrifft § 19 § IV Nr. 4 insbesondere Elektrizität, Schienen und Versorgungsnetze sowie Flughafeneinrichtungen[683]. Die Liste

---

677 BT Drucks. 13/9720, 36: "Damit liegt ein Missbrauch nicht vor, wenn das Verhalten aufgrund spezialgesetzlicher Regelungen zulässig ist." A.a.O. 37. S. auch *Rittner* 1999, 301: „(...) spezielle Regelungen, die entweder mit Nr. 4 konkurrieren oder ihr sogar vorgehen."

678 *Bechtold* Kartellgesetz 2. Aufl., GWB § 19, Tz. 86.

679 BT Drucks. 13/9720, 73; *Klimisch/Lange* WuW 1998, 21; *Emmerich* 1999, 216.

680 BT Drucks. 13/9720, 51. Vgl. auch *Ebel* Kartellrecht 1999, § 19 GWB, Tz. 46; *Bechtold* Kartellgesetz 2. Aufl., GWB § 19, Tz. 80: "Der Begriff der Infrastruktureinrichtung geht insofern über den des Netzes hinaus, als dafür nicht unbedingt die Verbindung zwischen mehreren Orten der Leistungserbringung erforderlich ist."

681 *Bechtold* Kartellgesetz 2. Aufl., § 19, Tz. 81 ff..

682 *Bechtold* Kartellgesetz 2. Aufl., § 19, Tz.79.

683 BT Drucks. 13/9720, 36.

der *essential facilities* bleibt jedoch offen: darunter sind alle „strategischen Engpasseinrichtungen" zu erfassen, die für die Aufnahme des Wettbewerbs auf einem bestimmten Markt notwendig sind. Für *Schwintowski* gelten Netze und Einrichtungen als *essential facilities*, wenn sie einen eigenständig abgrenzbaren und gleichzeitig dominierten Markt darstellen und an diesen Markt ein anderer Markt angeknüpft ist[684]. Flughäfen können z.B. im Hinblick auf Bodenabfertigungsdienste eine wesentliche Einrichtung darstellen[685]. Obwohl die Definition von „Einrichtung" offen ist[686], ist in der Gesetzesbegründung festgelegt worden, dass gewerbliche Schutzrechte von § 19 IV Nr. 4 nicht erfasst sind[687]. Dieser ungerechtfertigte Ausschluss der Immaterialgüterrechte wird unten in Kap. 3 § 4 IV kritisch betrachtet.

Die Wesentlichkeit einer Einrichtung ergibt sich aus dem Vorliegen der folgenden Voraussetzungen[688]:

1. Die Schaffung einer eigenen Einrichtung ist dem Zugangsinteressenten nicht möglich oder nicht zumutbar. Die mangelnde Duplizierbarkeit der Einrichtung muss auf Grund objektiver Kriterien bestimmt werden. Dies bedeutet, dass geschäftspolitische Präferenzen oder Motive des Dritten nicht relevant sind. Die Existenz von technischen[689], rechtlichen[690] oder wirtschaftlichen[691] Hindernissen kann ein objektives Kriterium darstellen[692]. Im Fall *Vogelfluglinie*[693] hat das BKartA anlässlich einer Zugangsverweigerung zu Hafenanlagen das wirtschaftliche Kriterium erläutert. Maßgeblich hierbei seien die Entscheidungskriterien eines hypothetischen „sorgfältigen Kaufmannes". Danach sind jeder Beurteilung über die Duplizierbarkeit die Annahmen zugrunde zu legen, auf die ein sorgfältiger

---

684 *Schwintowsky* WuW 1999, 850, 851.

685 *Rittner* 1999, 301. Vgl. § 9 Verordnung über Bodenabfertigungsdienste auf Flugplätzen (BADV) vom 10. Dezember 1997 (BGBl. I, 2885) und *Möschel* in *Immenga/Mestmäcker* GWB 3. Aufl., § 19, Tz. 182.

686 Kritisch zu dem „uferlosen weiten" Begriff von Netzen und Infrastruktureinrichtungen *Dreher* DB 1999, 834.

687 Im Schrifttum s. *Dreher* DB 1999, 834.

688 BT Drucks. 13/9720, 51.

689 Z.B. es ist kein weiterer Platz für die Schaffung von Schienen vorhanden.

690 Z.B. die Existenz von umweltschützenden Vorschriften, die die Duplizierung der Einrichtung verbieten.

691 Z.B. die Duplizierung ist unter Anlegung eines Maßstabes kaufmännischer Vernunft weder für Zugangsinteressenten noch für andere potenzielle Konkurrenten sinnvoll.

692 *Wiedemann* 1999, 841; BT Drucks. 13/9720, 51.

693 S. unten Kap. 3 § 2 I.

Kaufmann seine Investitionsentscheidungen bei realistischer Betrachtung im konkreten Einzelfall stützen würde. In diesem Zusammenhang hat das BKartA betont, dass kein sorgfältiger Kaufmann im vorliegenden Fall in einen Hafenbau investieren würde, obwohl die Anwendung dieses Kriteriums im Fall *Bronner* zur Verneinung der Mitbenutzung des Zustellungssystems geführt hat.

2. Ist die Duplizierung nicht möglich, soll weiter geprüft werden, ob die Mitbenutzung der begehrten Einrichtung notwendig ist, um den Wettbewerb auf den vor- oder nachgelagerten Märkten sicherzustellen. Der Antragsteller kann nicht den Zugang zu einer Einrichtung verlangen, wenn ihm andere Möglichkeiten zur Verfügung stehen[694]. Ob die Voraussetzungen für Marktmacht vorliegen und das damit einhergehende strategische Verhalten nicht durch Substitutionsmöglichkeiten (z.B. durch funkbasierte Netztechnologien in der Telekommunikationsbranche) ausgefallen ist, ist - wie von *Knieps* betont - in jedem Einzelfall zu prüfen[695]. Diese Voraussetzung bestätigt das Prinzip, wonach das Kartellrecht nicht einzig die Konkurrenten schütze, sondern die Freiheit des Wettbewerbs[696]. Für dieses Prinzip erweisen sich die Entscheidungen *Vogelfluglinie* und *Bewag* als sehr aufschlussreich[697]. In beiden Entscheidungen hat sich das BKartA auf das „öffentliche Interesse" berufen. Dieses Interesse entspreche der Erhaltung der Wettbewerbsstrukturen[698]. Anders formuliert: die Zugänglichkeit einer wesentlichen Einrichtung ermögliche die Schaffung von Preiswettbewerb und einer nachfrageorientierten Differenzierung des Leistungsmarkts[699].

§ 19 IV Nr. 4 GWB setzt weiter voraus, dass die Mitbenutzung der Einrichtung es dem Interessenten ermöglichen soll, „auf dem vor- oder nachgelagerten Markt als Wettbewerber des marktbeherrschenden Unternehmens tätig zu werden." Der Zugangsinteressent begehrt also die Etablierung als Wettbewerber des Einrichtungsinhabers auf einem unterschiedlichen, aber verbundenen Markt. Dies passiert z.B., wenn der Zugangsinteressent als Fahrunternehmen den Zugang zu

---

[694] *Emmerich* 1999, 216.
[695] *Knieps* MMR 1998, 279.
[696] Vgl. Kap. 5 § 3 IV 2.
[697] S. unten Kap. 3 § 2 I.
[698] BKartA, www.bundeskartellamt.de/BEWAG.pdf, 32 – *Bewag - RWE.*
[699] BKartA, www.bundeskartellamt.de/B9-199-97_16-98.pdf, 40 – *Scandlines- Deutsche Bahn (Vogelfluglinie).*

einem Hafen begehrt und der Hafenbetreiber den Zugang verweigert. In der Lehre hat *Wiedemann*[700] hervorgehoben, dass der Hafenbetreiber (der Inhaber der Einrichtung) gleichzeitig auch Fahrunternehmer sein muss; betreibt der Hafeninhaber keinen Fahrdienst, dann sei nicht § 19 IV Nr.4, sondern § 20 I GWB anzuwenden[701]. Der Einrichtungsinhaber müsse also auf zwei Märkten tätig sein. Diese strenge Voraussetzung erweist sich jedoch als ein Hindernis zur Entwicklung des Wettbewerbs, da nicht immer zwischen dem Netzbetreiber und dem Zugangspetenten ein Wettbewerbsverhältnis besteht. Der deutsche Gesetzgeber hat mit der Formulierung des Wettbewerbsverhältnisses verkannt, dass ein Zugangsverweigerungstatbestand eine Monopolausdehnung impliziere. Wie schon in Kap. 1 § 3 II 1 und Kap. 2 § 4 III 2 erörtert, ist die "essential-facilities"-Doktrin mit der Monopolausdehnungstheorie eng verbunden. Nach der Monopolausdehnungstheorie ist die Tätigkeit des Einrichtungsinhabers auf zwei Märkten nicht erforderlich. Monopolausdehnung bedeutet nicht, dass das marktbeherrschende Unternehmen auf dem anderen Markt tätig ist oder diesen erobert, sondern dass das marktbeherrschende Unternehmen den Zugang zu diesem Markt behindert[702]. Die Voraussetzung des Bestehens eines Wettbewerbsverhältnisses geriet also in Konflikt mit der Monopolausdehnungstheorie, die in vielen Anwendungsfällen ein wesentlicher Bestandteil der "essential-facilities"-Doktrin ist.

In diesem Kontext hat *Bechtold* die Figur des „Wettbewerbsverhältnisses“ extensiv ausgelegt, um die strenge Voraussetzung von § 19 IV Nr. 4 GWB zu umgehen. Ein Wettbewerbsverhältnis bestehe nicht nur, wenn Unternehmen auf demselben sachlich relevanten Markt tätig sind (aktuelle Wettbewerber), sondern auch wenn ihre Tätigkeit als Wettbewerber sinnvoll wäre (potentielle Wettbewerber)[703]. Um das gleiche Hindernis zu umgehen, haben *Theobald* und *Zenke* die Figur des mittelbaren Wettbewerbsverhältnisses verwendet[704].

Weist das marktbeherrschende Unternehmen nach, dass „die Mitbenutzung aus betriebsbedingten oder sonstigen Gründen nicht möglich oder nicht zumutbar ist“, gilt die zugangsbefördernde Regelung von § 19 IV Nr. 4 nicht. Die Gesetzesbegründung definiert die Kriterien „Unmöglichkeit“ und „Unzumutbarkeit“ nicht und verweist lakonisch auf die Kriterien „die von den Kartellbehörden und Ge-

---

700 *Wiedemann* 1999, 842, 843.

701 BKartA, www.bundeskartellamt.de/B9-199-97_16-98.pdf, 11 – *Vogelfluglinie*.

702 S. *Bechtold* Kartellgesetz 2. Aufl., GWB § 19, Tz. 22.

703 *Bechtold* Kartellgesetz 2. Aufl., GWB § 19, Tz. 21. Vgl. *Knieps* MMR 1998, 277 ff..

704 *Theobald/Zenke* WuW 2001, 22, 23.

richten zum Behinderungsmissbrauch entwickelt worden sind[705]." Als Beispiele werden erst die nicht ausreichende Kapazität der Einrichtung für eine Drittzulassung, das Verlangen seitens des Inhabers nach einer angemessenen Nutzungsvergütung und die Existenz von spezialgesetzlichen Regelungen[706] erwähnt. Obwohl die GWB-Novelle nicht mehr auf die „sachliche Rechtfertigung"[707], sondern auf „Unmöglichkeit" bzw. „Unzumutbarkeit" abstellt, handelt es sich im Grunde um „sachliche Rechtfertigung". Die Anwendbarkeit des Kriteriums der sachlichen Rechtfertigung wird nicht nur in der Literatur befürwortet[708], sondern auch in der Gesetzesbegründung[709] erwähnt. Als „sachliche Rechtfertigung" kommen z.B. die folgenden Tatbestände in Betracht: die Gefahr von möglichen Störungen im Betriebsablauf[710], das Vorliegen von technischen Vorfragen im Falle der Mitbenutzung der Netze durch Dritte[711], die mangelnde Zuverlässigkeit des Zugangsinteressenten[712], die Nichtbezahlung des Zugangspreises[713], usw.. Was die letzte Konstellation anbetrifft, bereitet die Berechnung eines angemessenen Entgelts viele Schwierigkeiten, insbesondere bei der Öffnung der sogenannten natürlichen Monopole[714]. Diese sehr komplizierte Problematik kann hier nicht vertieft werden. Es sei bloß erwähnt, dass ein angemessenes Entgelt nicht nur die variablen Kosten, sondern auch einen Teil der fixen Kosten und eine angemessene Verzinsung des investierten Kapitals umfassen muss[715].

III. Die Zugangsverweigerung als Konkretisierung des Diskriminierungsverbots

Während § 19 GWB das Missbrauchsverbot beinhaltet, sieht § 20 I GWB ein Diskriminierungsverbot vor.

---

705 BT. Drucks. 13/9720, 20, 51.

706 BT. Drucks. 13/9720, 13, 52. Hierzu vgl. *Knieps* MMR 1998, 275 ff..

707 Auf die „sachliche Rechtfertigung" stellte der Regierungsentwurf ab. Vgl. Bundesministerium für Wirtschaft I B 5- 22 12 00 – Referenten Entwurf.

708 *Wiedemann* 1999, 842.

709 BT. Drucks. 13/9720, 52.

710 BT. Drucks. 13/9720, 73.

711 *Wiedemann* 1999, 842. Vgl. *Möschel* in *Immenga/Mestmäcker* GWB 3. Aufl., § 19, Tz. 205 ff..

712 *Emmerich* 1999, 218.

713 Dieser Rechtfertigungsgrund ergibt sich aus der privatrechtlichen Natur der Zugangsgewährung. S. auch BT Drucks., 13/9720, die implizit diese Möglichkeit enthält.

714 Vgl. Einf. I.

715 *Emmerich* 1999, 218. Eingehend hierzu vgl. „Bericht der Arbeitsgruppe Netzzugang Strom der Kartellbehörde des Bundes und der Länder" vom 19. April 1999, abrufbar unter www.bundeskartellamt.de/Abschlussbericht.pdf

> „Marktbeherrschende Unternehmen, Vereinigungen von Unternehmen (.....) dürfen ein anderes Unternehmen in einem Geschäftsverkehr, der gleichartigen Unternehmen üblicherweise zugänglich ist, weder unmittelbar noch mittelbar unbillig behindern oder gegenüber gleichartigen Unternehmen ohne sachlich gerechtfertigten Grund unmittelbar oder mittelbar unterschiedlich behandeln.„

Nach der alten Fassung des GWB war es klar, dass in den Diskriminierungsfällen ausschließlich § 26 GWB angewendet werden sollte. Da jetzt der Missbrauch einer marktbeherrschenden Stellung in § 19 GWB ebenso wie die unbillige Behinderung und die sachlich ungerechtfertigte Ungleichbehandlung in § 20 GWB gesetzlich verboten sind, stellt sich die Frage, ob und unter welchen Voraussetzungen Diskriminierung zugleich auch Missbrauch einer marktbeherrschenden Stellung ist[716]. Auf diese Frage hat *Wiedemann* geantwortet, dass die meisten Zugangsverweigerungsfälle im Kern Diskriminierungsfälle seien[717]. Anders gewendet, § 20 I GWB ergänze u.a. das Missbrauchsverbot für marktbeherrschende Unternehmen in § 19 GWB[718]. Ein klares Beispiel ist für *Wiedemann* der *Pay-TV-Durchleitung* Fall[719] in Deutschland und die Fälle *Sabena*, *Aer Lingus* und *Magill* auf gemeinschaftsrechtlicher-Ebene[720].

Darüber hinaus ist die missbräuchliche Zugangsverweigerung eine Entwicklung aus der Nichtbelieferung von Wettbewerbern und der Geschäftsverweigerung, die typische Diskriminierungstatbestände sind[721]. Vergleichbar[722] mit diesen Tatbeständen ist die Nichtzulassung zu Messen und Ausstellungen. Im Schrifttum hat *Oechsler* versucht die Tragweite des § 19 GWB zugunsten von § 20 GWB zurückzuschrauben. Der Autor hat der Fassung des § 19 GWB aufgelastet, ihr fehle ein eigener gegenüber § 20 I GWB abgegrenzter Anwendungsbereich[723]. Diese Ansicht ist jedoch unhaltbar, da § 19 GWB und 20 I GWB sich gegenseitig ergänzen. §§ 19 und 20 I GWB sind in bestimmten Fällen eine Art von Hendiadyoin, d.h. sie können gleichzeitig greifen, um einen Zugangsanspruch zu schützen.

---

716 *Bechtold* Kartellgesetz 2. Aufl., GWB § 20, Tz. 2.

717 *Wiedemann* 1999, 844.

718 *Wiedemann* 1999, 855

719 BGH, NJW 1996, 2656 ff. – *Pay-TV-Durchleitung*

720 *Wiedemann* 1999, 844 Fußnote 278.

721 *Bechtold* Kartellgesetz 2. Aufl., GWB § 20, Tz. 43. Vgl. auch *Dreher* DB 1999, 835.

722 *Gassner* 1999, 125. Vgl. OLG Hamburg, WuW/E OLG 5703 – *Fachdental Nord 1994*; OLG Hamburg, WuW/E DE-R 2 – *Dentalmesse*; BGHZ 52, 65 – *Sportartikelmesse* II.

723 *Oechsler* ZHR 2000, 512.

IV. Die Rechtsfolgen der Zugangsverweigerung

Die Zugangsverweigerung zu *essential facilities* kann auf drei Arten sanktioniert werden:

1. Das kartellrechtliche Verfahren. Aufgrund § 32 GWB können die Kartellbehörden Unternehmen und Vereinigungen von Unternehmen ein nach dem GWB verbotenes Verhalten untersagen. Das missbräuchliche Verhalten nach § 19 I und IV Nr. 4 GWB fällt unter diese Vorschrift. Das Verfahren wird nach Ermessen der Kartellbehörde eingeleitet und unterliegt den allgemeinen Vorschriften des GWB für Verwaltungsverfahren (§ 54 ff. GWB)[724]. Durch die Missbrauchsverfügung[725] konkretisiert sich die in § 32 enthaltene Untersagung. Nach einhelliger Spruchpraxis[726] dürfen die Kartellbehörden kein bestimmtes Verfahren gebieten[727]. Trotzdem hat die Rechtsprechung die Möglichkeit anerkannt, Missbrauchsgrenzen festzulegen[728]. Die Grenze zwischen einer Gebots- bzw. Verbotsverfügung kann also verschwommen sein. Wie Literatur[729] und Rechtsprechung[730] gezeigt haben, kann ein Kontrahierungszwang durch Missbrauchsverfügungen realisiert werden.

2. Das zivilrechtliche Verfahren. Nach § 22 V GWB a.F. war ein missbräuchliches Verhalten nur mittels eines Eingriffes der Kartellbehörde

---

[724] Zu einer umfassenden Darstellung der verfahrensrechtlichen Problematik bezüglich des missbräuchlichen Verhaltens s. *Wiedemann* 1999, 845.

[725] Zwischen § 32 GWB n.F. und § 22 V a.F. GWB, der den gleichen Tatbestand regelte, besteht kein wesentlicher Unterschied. Obwohl § 32 GWB die Unwirksamkeit eines missbräuchlichen Vertrages nicht erwähnt, wird die Unwirksamkeit von der Lehre aus § 134 BGB abgeleitet. S. *Wiedemann* 1999, 844.

[726] KG, WuW/E 5165 ff., 5180 – *Gasdurchleitung*.

[727] S. BGHZ 67, 104 ff., 107 – *Vitamin B 12*; BGH, WuW/E 1345 ff. – *Polyester/Kunststoffe*; BGH, WuW/E 2406 ff., 2407 – *Inter-Mailand*.

[728] BGH, WuW/E 2967 ff., 2976 – *Strompreis Schwäbisch-Hall*; BGH, WuW/E 3140 ff., 3145 – *Gaspreis*.

[729] „Auch in dem Fall, in dem nur eine rechtmäßige Handlungsalternative besteht, wird die Zulässigkeit eines Gebotes im Regelfall verneint [...]. Dies schließt es freilich nicht aus, dass ein Untersagungs- bzw., der Sache nach ein Gebot enthält; auch dies kann rechtlich zulässig sein, insbes. in Fällen des Kontrahierungszwangs.“ *Wiedemann* 1999, 845. S. auch *Ebel* Kartellrecht 1999, GWB § 19, 59, 2: „Ein Beschluss, der nach seinem Wortlaut als Gebot gefasst ist, kann sachlich ein Verbot enthalten und umgekehrt."

[730] Vgl. BGH, WuW/E BGH 2990, 2992 – *Importarzneimittel*; KG, WuW/E OLG 5165, 5180 ff. – *Gasdurchleitung*; BGH, WuW/E BGH 1345, 1346 – *Polyester-Grundstoffe*; BKartA, *www.bundeskartellamt.de/B9-199-97_16-98.pdf, 52, 53 – Vogelfluglinie*.

sanktionierbar. Die privaten Subjekte hatten also eine passive Rolle. Die Umgestaltung einer Missbrauchsaufsicht in den §§ 22 und 26 GWB a.F. zu einem Missbrauchsverbot in § 19 GWB n.F. bringt mit sich, dass den diskriminierten Subjekten[731] ein Schadenersatz[732]- und Unterlassungsanspruch zusteht[733]. Die zivilrechtliche Klagbarkeit[734] dieser Ansprüche wird explizit auch in der Regierungsbegründung bestätigt[735]. Die Umkehrung der Beweislast für die Frage der Rechtfertigung der Zugangsverweigerung verbessert die Aussichten des Zugangsinteressenten nicht unerheblich.

Bei der Umsetzung des Schadenersatz[736]- und Unterlassungsanspruches erweist sich wiederum die Missbrauchsverfügung als entscheidend. Damit kann dem Infrastrukturinhaber die Pflicht auferlegt werden, einen diskriminierungsfreien Zugang zu gewähren bzw. einen Vertrag abzuschließen.

3. Schließlich sei noch erwähnt, dass das missbräuchliche Verhalten mit einer Ordnungswidrigkeit nach § 81 Nr. 6 GWB sanktioniert werden kann.

§ 2. Entscheidungspraxis zur "essential-facilities"-Doktrin und Kontrahierungszwang

I. Die Entscheidungspraxis des BKartA

Das deutsche Bundeskartellamt hat, im Vergleich mit den EU-, US-amerikanischen und italienischen Kartellbehörden, bis jetzt selten die Zugangsverweigerungsproblematik aufgegriffen. Die Eingriffe der deutschen Wettbewerbshüter

---

731 Diskriminiertes Subjekt kann auch ein Verbraucher sein; s. *Wiedemann* 1999, 847.

732 *Schwintowsky* WuW 1999, 851, der den Schadensersatzanspruch nach § 826 GWB als allgemeine Lösung zur Zugangsverweigerungsproblematik im Privatrecht ansieht. Vgl. *Weyer* AG 1999, 258. Verstöße gegen §§ 19 IV 4 Nr. 4 und 33 GWB sind als unerlaubte Handlungen i.S.v. § 32 ZPO zu betrachten, die einen deliktischen Gerichtsstand begründen. Vgl. z.B. KG Berlin, KGR Berlin 2000, 181, 182.

733 Dies bedeutet die Anwendbarkeit von §§ 249-252 BGB in Verbindung mit § 33 GWB. Wie im letzten Punkt schon ausgeführt, sind die gegen § 19 verstoßenden Verträge nach § 134 GWB nichtig. Vgl. *Emmerich* 1999, 220.

734 Zur Durchsetzbarkeit der Durchleitungsansprüche gemäss § 93 ZPO s. LG Leipzig, NJWE-WettbR 2000, 279, 280.

735 Regierungsbegründung zur 6. GWB Novelle, BT. Drucks. 13/9720, 35, 36.

736 Bei Mehrerlösabschöpfung ist § 32 GWB anwendbar.

betrafen insbesondere Durchleitungsansprüche[737] in der Energiewirtschaftsbranche vor den Berufungsgerichten[738].

Das Bundeskartellamt hat die Durchleitungsproblematik in der Energiewirtschaftsbranche erstmals im Fall *Elektromark AG* behandelt. Infolge eines Abmahnschreibens des BKartA, wonach eine anteilige Netzkapazität im Falle einer das Netzkapazitätsangebot überschreitenden Nachfrage zu erfolgen hat, einigten sich die Parteien über die Netzzugangsbedingungen[739].

Anlässlich der Durchleitungsgewährung in der Energiebranche untersagte das Bundeskartellamt dem marktbeherrschenden Netzbetreiber *Bewag*[740], dem Unternehmen *RWE*[741] die Einräumung von Durchleitungsrechten zu versagen[742]. Nach Ansicht des Bundeskartellamts war es dem marktbeherrschenden Unternehmen *Bewag* weder tatsächlich noch rechtlich unmöglich, dem Unternehmen *RWE* zur Strombelieferung des Unternehmens *K.* Zugang zu seinen Stromversorgungsnetzen zu gewähren. Infolgedessen erwies sich die Durchleitungsverweigerung als ungerechtfertigt. Im Mittelpunkt der Entscheidung steht, ob und inwieweit der Netzinhaber verpflichtet werden kann, den eigenen Bedarf zur Nutzung seines Netzes hinter die Fremdinteressen zurückzustellen. Während in der Literatur *Büdenbender* für die Priorität der Interessen des Eigentümers plädiert[743], hat das Bundeskartellamt betont, dass die marktbeherrschenden Unternehmen den besonderen Verhaltenspflichten durch § 19 IV Nr. 4 GWB und § 6 I EnWG unterlie-

---

737 S. z.B. im Rahmen einstweiliger Verfahren LG Magdeburg, RdE 2000, 206 ff.; LG Dortmund, Kartellkammer, WuW/E DE-R, 565 ff..

738 Mit Hinblick auf die Gasdurchleitungsproblematik haben sich verschiedene Oberlandesgerichte eingeschaltet. Zu einem Überblick über diese Rechtsprechung s. *Theobald/Zenke* WuW 2001, 19 ff., *Scholtka* NJW 2000, 548 und Kommission, XXIX. Bericht über die Wettbewerbspolitik (1999), 396 ff.. Vgl. den obigen Abschnitt.

739 BKartA, Abmahnschreiben vom 22. Dezember 1998 (Az. B8-40100-T-248/98).

740 *Bewag (Berliner Kraft und Licht (Bewag) Aktiengesellschaft)* ist ein Elektrizitätsversorgungsunternehmen, das von Dritten bezogene und in eigenen Kraftwerken erzeugte Elektrizität an Letztverbraucher verteilt.

741 *RWE Energie Aktiengesellschaft* ist das größte deutsche auf allen Stufen der Elektrizitätswirtschaft tätige Stromverbundunternehmen. Was die Stromleitungen nach Berlin, in der Nähe Berlins oder im Berliner Stadtgebiet angeht, ist *RWE* auf die Infrastrukturen von *Bewag* angewiesen. Als *RWE* einen Antrag auf Durchleitung von Strom durch das Netz von *Bewag* für insgesamt 401 Standorte stellte, lehnte *Bewag* die begehrte Durchleitung mit der Begründung ab, dass diese aufgrund von Kapazitätsrestriktionen aus netztechnischen Gründen nicht möglich war.

742 BKartA, WuW DE-V 149 ff. = BKartA, www.bundeskartellamt.de/BEWAG.pdf, 32 – *Bewag - RWE*.

743 BKartA, www.bundeskartellamt.de/BEWAG.pdf, 14 – *Bewag - RWE*.

gen. Darüber hinaus sei die von *Büdenbender* vertretene These nach Ansicht des BKartA mit dem Übergang von der monopolwirtschaftlichen Orientierung zu Wettbewerbsmärkten nicht kompatibel, da sie zu einer Verfälschung bei der Verteilung knapper Ressourcen führen könne. Von besonderem Interesse erweist sich die Argumentation des BKartA anlässlich der Beurteilung des missbräuchlichen Verhaltens. In Betracht kommen nicht nur die dem Marktbeherrschenden auferlegten Öffnungspflichten, sondern auch die Vorteile, die das marktbeherrschende Unternehmen infolge der Liberalisierung genossen hat[744]. Diese Vorteile kompensieren die neuen Pflichten, die das marktbeherrschende Unternehmen zu beachten hat. Großen Wert hat das Bundeskartellamt dem öffentlichen Interesse am Netzzugang beigemessen[745]. Das Vorliegen des öffentlichen Interesses veranlasste das BKartA eine sofortig vollziehbare Verfügung gemäß § 65 I GWB anzuordnen. Dies beweist, dass die Netzzugangsvorschriften nicht nur den Schutz der Newcomer, sondern auch die Erhaltung der Wettbewerbsstrukturen bezweckt. Obwohl der Beschluss des BKartA auf heftige Kritik von *Büdenbender* stieß[746], hat *Haus* zu Recht betont, dass solche Maßnahmen den Wandel von der Monopolwirtschaft zum Wettbewerb begleiten müssen[747]. Schließlich sei noch die Anomalie erwähnt, dass trotz des Interesses der Literatur für die “essential-facilities”-Doktrin und die Netzzugangsproblematik die neusten Beiträge über die “essential-facilities”-Doktrin und die Zugangsproblematik den *Bewag*-Beschluss vernachlässigt haben[748].

Neben diesen Energiewirtschaftsfällen ist die “essential-facilities”-Doktrin anlässlich einer Zugangsverweigerung zu Hafenanlagen aufgetaucht. Der Fall *Vogelfluglinie*[749] ist zum Teil eine Weiterentwicklung des *Rødby*-Falls[750], in dem die

---

744 BKartA, www.bundeskartellamt.de/BEWAG.pdf, 26 – *Bewag - RWE,* in dem das BKartA auf die Regierungsbegründung zum Gesetzentwurf verweist: "Ob diese Voraussetzungen im Einzelfall gegeben sind, ist in einer umfassenden Abwägung der Interessen aller Beteiligten zu ermitteln. Damit haben Kartellbehörden und Gerichte - im Vergleich zu einem speziellen gesetzlichen Durchleitungstatbestand - auch mehr Spielraum, um das eigene Verhalten des Durchleitungsinteressenten in der Abwägung einzubeziehen. Die Ablehnung der Durchleitung ist daher u.a. nicht missbräuchlich, wenn derjenige, der die Durchleitung begehrt, seinerseits Durchleitungen verweigert."

745 Vgl. auch das Missbrauchsverfahren gegen *e.dis Nord AG* wegen überhöhter Entznutzungsentgelte, Pressemeldung des Bundeskartellamts vom 08. Februar 2001, unter *http://www.bundeskartellamt.de/* Vgl. das Missbrauchsverfahren des BKartA gegen die Stadtwerke München in *Schwerpunkte des Kartellrechts* 1999, 44.

746 S. *Bündenbender* WuW 2000, 199 ff..

747 *Haus* WuW 1999, 1192.

748 S. *Oechselr* ZHR 2000, 479 ff.; *Theobald* WuW 2000, 231 ff..

749 BKartA, *www.bundeskartellamt.de/B9-199-97_16-98.pdf,* – *Vogelfluglinie.*

Europäische Kommission der dänischen Regierung untersagt hatte, der *Stena Rederei* die Aufnahme eines Fährbetriebes in *Rødby* zu verwehren. Im Fall *Vogelfuglinie* hatte *Scandilines Deutschland GmbH*, an der indirekt je zur Hälfte die *Deutsche Bahn AG* und das *Königreich Dänemark* beteiligt sind, dem Unternehmen *Easy Line* (*Eidsiva Rederi*) und einem Konsortium, an dem die schwedische *Stena Rederi AB*, die dänische *Difko A/S* sowie der dänische Reeder *Ole Lauritzen* beteiligt waren, den Zugang zum Hafen Puttgarden gegen angemessenes Entgelt verweigert. Aus einer umfassenden Analyse des BKartA ergab sich, dass *Scandilines* sowohl eine marktbeherrschende Stellung auf dem Markt der Leistungen von Infrastruktureinrichtungen als auch auf dem Markt von Fährdiensten für den Dänemarkverkehr besaß und dass den Konkurrenten keine Ausweichmöglichkeiten zur Verfügung standen[751]. Infolgedessen zog das BKartA die "essential-facilities"-Doktrin heran, um die missbräuchliche Ausnutzung der Monopolstellung zu untersagen. Kürzlich hat der BGH bestätigt, dass die Unbestimmtheit der Verfügung des BKartA hinsichtlich des „angemessenen Entgelts" und der baulichen Änderungen, die für die Zugangsgewährung vorgenommen werden müssen, nicht gesetzwidrig ist[752]. Die Verfügung des BKartA soll darauf abzielen, dass Scandilines GmBH Verhandlungen mit dem Zugangsinteressenten aufnimmt[753].

II. Verfassungsrechtliche Bemerkungen: Die Zulässigkeit des diktierten Vertrags in der deutschen Rechtsordnung

Beide gerade ausgeführten Beschlüsse des BKartA betonen den Einklang zwischen der Eigentumsgarantie gemäß Art. 14 GG und dem Netzzugangstatbestand gemäß § 19 IV Nr. 4 GWB, der eine Infrastrukturmitbenutzung mit sich bringt. Nach Auffassung des BKartA werden Inhalt und Schranken der Verfügungsbefugnisse des Infrastrukturinhabers durch die allgemeinen Gesetze bestimmt. Unter diese Gesetze falle auch das GWB. Im Fall *Bewag* hat das BKartA[754] die These von *Bechtold* herangezogen, wonach die Mitbenutzung durch Dritte eher zumutbar ist, wenn das Netz oder die sonstige Infrastruktureinrichtung unter Inanspruchnahme gesetzlich abgesicherter Monopole oder Privilegien unter Ausschluss erheblicher unternehmerischer Risiken errichtet wurde. Zu einer ähnli-

---

750 S. oben Kap. 2 § 2 I 2.

751 BKartA, www.bundeskartellamt.de/B9-199-97_16-98.pdf, 28 ff. – *Vogelfluglinie.*

752 BGH, http://rws-verlag.de/bgh-free/volltext3/vo77600.htm – *Vogelfluglinie.*

753 A.a.O. II, 2 c.

754 Dagegen *Bündenbender* WuW 2000, 199 ff., nach dem dieser Beschluss die Substanz des Eigentumsrechts (a.a.O. 133) gefährde und der vor der „Wettbewerbseuphorie" warnt (a.a.O. 135).

chen Schlussfolgerung gelangte das BKartA anlässlich des *Vogelfluglinie*-Beschlusses. Die marktbeherrschende Stellung auf dem Markt der Infrastruktur und auf dem nachgelagerten Markt der Dienstleistungen unterwerfe den Infrastrukturinhaber engen Schranken in seiner Betätigungsfreiheit und im Gebrauch seines Eigentums. Erschwerend kommt hinzu, dass das Eigentum des marktbeherrschenden Unternehmens weder auf Leistung noch auf Tüchtigkeit beruhe, da es aus einem staatlichen Monopol entstanden ist.

Ein neuer Beschluss des BVerfG macht diese Bemerkungen verständlich[755]. In dem diesbezüglichen Fall weigerte sich ein marktbeherrschendes Arzneigroßhandelsunternehmen die Produkte eines bestimmten Arzneimittelimporteurs nach großhandelsüblichen Bedingungen zu beziehen, auf Lager zu nehmen und zu vertreiben. Das BKartA qualifizierte 1992 diese Verweigerung als einen Verstoß gegen § 26 GWB a.F. (§ 20 GWB n.F.). Das diskriminierende Unternehmen berief sich auf die allgemeine Vertragsfreiheit und die Freiheit zu wirtschaftlicher bzw. unternehmerischer Betätigung gemäß Art. 12 GG und stellte dem BVerfG die Frage, inwieweit ein Gebot die Aufnahme bestimmter Geschäftsbeziehungen auferlegen kann. Das Gebot sei nach Auffassung des BVerfG unzulässig, wenn es sich nicht darauf beschränke, die grundsätzliche unternehmerische Entscheidung über die Aufnahme von Geschäftsbeziehungen zu korrigieren, sondern auch alle wesentlichen Einzelheiten dieser Beziehungen festlegt. Diese Festlegung beschränke die Adressaten der Verfügung darauf, die behördlicherseits getroffene Entscheidung umzusetzen, sowie die hieraus resultierenden wirtschaftlichen Konsequenzen zu tragen.

Nipperdeys Ausführungen[756] können diesen Unterschied schon Anfang des letzten Jahrhunderts erleuchten:

„Es ist ein Unterschied, ob ich sage: "Du sollst Dich mit X einigen, einen Vertrag mit ihm schließen: wenn Du ihn nicht schließt, Dich nicht einigst, verurteile ich Dich dazu, diktiere ich den Vertrag, das Urteil, das Diktat ersetzt deine Willenserklärung, mit der Rechtskraft des Urteils, mit dem Diktat wird der Vertrag als abgeschlossen fingiert." Oder ob ich sage "Zwischen Dir und X wird von jetzt ab das Bestehen eines Vertrages fingiert." Denn im ersten Fall wird dem Verpflichteten primär geboten, den Vertrag zu schließen. Er kann dem Gebot

---

[755] BVerfG, WuW 2000, 1225 ff. – *Importarzneimittel-Boykott*.

[756] *Nipperdey* 1920, 129. Zum Kontrahierungszwang in *Nipperdey* vgl. den nächsten Abschnitt.

nachkommen und sich mit dem Berechtigten einigen. Erst die Nichteinigung löst die sekundäre Rechtsfolge des Diktats aus.[757]"

Die verfassungsrechtliche Konformität der Wettbewerbsöffnung und der Mitbenutzungsrechte Dritter an Infrastruktureinrichtungen wurde in der Literatur schon vor den oben genannten Entscheidungen des BKartA von *Papier* betont[758]. Die Berufs- bzw. Unternehmensfreiheit gemäß Art. 12 GG schütze nicht vor (neuer) Konkurrenz, also vor konkurrenzbedingter Minderung des Geschäftsumfangs und der Erwerbsmöglichkeiten[759]. Was die Eigentumsgarantie aus Art. 14 GG anbelangt, seien Durchleitungsansprüche Dritter legitim, solange sie nicht zur Existenzvernichtung oder Existenzgefährdung des auf Durchleitung in Anspruch genommenen Unternehmens führen[760]. Im Kielwasser *Papiers* sind auch die Thesen von *Theobald* und *Zenke* anzusiedeln[761]. Aus dem Vorstehenden kann man also ableiten, dass die verfassungsrechtliche Rechtsprechung und Literatur die Marktöffnung reibungslos unterstützen.

III. Rechtshistorische Bemerkungen: Kontrahierungszwang und diktierter Vertrag

Die vom BVerfG verwendete Figur des Kontrahierungszwangs geht auf die 1920 von *Nipperdey* gegebene Definition zurück. Unter Kontrahierungszwang verstand *Nipperdey*, „die aufgrund einer Norm der Rechtsordnung einem Rechtssubjekt ohne seine Willensbindung im Interesse eines Begünstigten auferlegte Verpflichtung, mit diesem einen Vertrag bestimmten oder von unparteiischer Seite zu bestimmenden Inhalts abzuschließen." Der Kontrahierungszwang sollte für *Nipperdey* die privatrechtlichen mit den sozialen Interessen der Nachkriegszeit in Einklang bringen. Dass die dem *Bewag*- und dem *Vogelfluglinie*-Beschluss zugrundeliegenden Interessen den Schutz des Wettbewerbs und nicht den Schutz der von *Nipperdey* erwähnten sozialen Interessen bezwecken, liegt auf der Hand. Trotzdem erweist sich die Definition von *Nipperdey* als nützlich für alle Obligationen *ex lege*. In gedanklicher Verbindung mit dem Begriff des Kontrahierungszwangs sah *Busche* die vom Gesetzgeber geschaffenen Zugangstatbestände

---

757 Zum gleichen Schluss kommt auch BGH, http://rws-verlag.de/bgh-free/volltext3/vo77600.htm, II 2 c – *Vogelfluglinie*.

758 Gegen die verfassungsrechtliche Konformität von § 19 IV Nr. 4 GWB *Dreher* DB 1999, 838.

759 *Papier* BB 1997, 1213 ff., insbes. 1218.

760 *Papier* BB 1997, 1218. Zu verfassungsrechtlichen Zugangsfragen im Telekommunikationsbereich unter besonderer Berücksichtigung der Entbündelung s. *Fuhr/Kehrkhoff* MMR 1998, 6 ff..

761 *Theobald/Zenke* WuW 2001, 25.

(GWB, TKG, EnWG, usw.) als Erscheinungsformen des allgemeinen Kontrahierungszwangs gemäß § 826 BGB an[762]. Der Grundsatz der Vertragsfreiheit (§ 305 BGB) ist insoweit aufgehoben. Unter Zugangsansprüchen werden in diesem Rahmen keine rein tatsächlichen, unmittelbar durchsetzbaren Ansprüche auf Zugang zu einer Einrichtung, sondern ein Anspruch auf Abschluss eines entsprechenden Durchleitungsvertrages zwischen dem Durchleitungsinteressenten und dem Infrastrukturbetreiber[763] verstanden. Hinter den spezialgesetzlichen Regelungen stehen andere Wertungsmaximen als hinter dem allgemeinen Kontrahierungszwang gemäß § 826 BGB. Diese Wertungen konkretisieren sich in der Freiheit des Wettbewerbs. Trotz dieses Unterschieds sind alle spezialgesetzlichen Zugangstatbestände auf die Figur des Kontrahierungszwangs zurückzuführen[764].

§ 3 Sektorspezifische Zugangsvorschriften

I. Zugang zu Energieversorgungsnetzen

Der in Kap. 3 § 1 I ausgeführten Aufhebung des § 103 GWB a.F. folgte die Schaffung einer Durchleitungssonderregelung für das Energiewirtschaftsrecht[765]. Dabei handelt es sich nicht mehr darum, „ob" ein Durchleitungsrecht existiert, sondern „wie" das Durchleitungsrecht durchsetzbar ist[766]. Durch die §§ 5 und 6 EnWG hat der Gesetzgeber die Art und Weise des Netzzugangs im Rahmen des sogenannten verhandelten Netzzugangs[767] geschaffen[768]. Die Zugangsvorschrift

[762] *Busche* 1999, 110 ff., mit einer umfassenden Darstellung der Literatur und Rechtsprechung zum Thema Kontrahierungszwang.

[763] *Büdenbender* ZIP 1999, 1470.

[764] Gegen diese Auffassung vgl. *Theobald/Zenke* WuW 2001, 24, die ein gesetzliches Schuldverhältnis in den Durchleitungstatbeständen sehen. Diese Frage hat auch die landesgerichtliche Rechtsprechung gespalten. Zu dieser Auseinandersetzung s. *Theobald/Zenke* WuW 2001, 24.

[765] Gesetz über die Elektrizitäts- und Gasversorgung (Energiewirtschaftsgesetz – EnWG), vom 24. April 1998, BGBl. I 730, zuletzt geändert durch das Gesetz vom 26. August 1998, BGBl. I 2521. Hierzu s. *Monopolkommission* 1998, 38 ff.. Gegen die Einführung einer spezialgesetzlichen Regelung s. aber den Entwurf eines Gesetzes zur Neuregelung des Energiewirtschaftsrechts, BR Drucks. 806/96, 55 ff..

[766] *Büdenbender* WuW 2000, 121 der diese Problematik in Hinsicht auf politische, wirtschaftliche und verfassungsrechtliche Änderungen analysiert. Zu einer umfassenden Darstellung der Zugangsproblematik in der Energiebranche s. *Theobald* WuW 2001, 231 ff.; *Wiedemann* 1999, 1011 ff..

[767] Zu den unterschiedlichen Konstellationen des Netzzugangs in der Energiewirtschaft s. Kap. 2 § 3 II 4.

[768] Ein entsprechender § 6 a EnWG als Umsetzung der Gasrichtlinie wurde angesichts der umfassenden Regelung in § 19 IV Nr. 4 GWB von der Regierung für nicht erforderlich gehalten. Vgl. *Theobald/Zenke* WuW 2001, 20.

des § 6 I EnWG sieht vor, dass die Betreiber von Elektrizitätsversorgungsnetzen verpflichtet sind, anderen Unternehmen das Versorgungsnetz für Durchleitungen zu Bedingungen zur Verfügung zu stellen, die nicht ungünstiger sind, als sie von ihnen in vergleichbaren Fällen für Leistungen innerhalb ihres Unternehmens oder gegenüber verbundenen oder assoziierten Unternehmen tatsächlich oder kalkulatorisch in Rechnung gestellt werden. Weist der Netzbetreiber nach, dass ihm die Durchleitung aus betriebsbedingten oder sonstigen Gründen unter Berücksichtigung der Ziele des § 1 EnWG nicht möglich oder zumutbar ist, gilt die Zugangsregelung nicht[769]. Aus § 6 EnWG folgt also kein unmittelbar durchsetzbarer Anspruch auf den Netzzugang, sondern zunächst ein Anspruch auf Abschluss eines entsprechenden Durchleitungsvertrags zwischen dem Zugangsinteressenten und dem Netzbetreiber[770].

Der Durchleitungsanspruch nach § 6 EnWG kann auch von Energieaufsichtsbehörden durchgesetzt werden. Bezüglich der Überwachung der Einhaltung der Vorschriften des Energiewirtschaftsgesetzes ermächtigt § 18 EnWG die Energieaufsichtsbehörde, im Einzelfall die erforderlichen Maßnahmen zur Durchführung des Gesetzes anzuordnen[771]. Dies unterscheidet den Zugangstatbestand nach § 6 EnWG von § 19 IV Nr. 4 GWB. Während § 19 IV Nr. 4 GWB als Missbrauchsverbot fungiert, bildet § 6 EnWG eine Deregulierungsvorschrift, die durch Öffnung der Netze gerade eine Korrektur der Marktstruktur bewirken soll[772].

Trotz dieser Zugangsvorschriften haben *Theobald* und *Zenke* unterstrichen, dass die Netznutzung immer noch kein Normalfall geworden ist[773]. Die Marktregulierung durch Verbandsvereinbarungen habe bisher auf dem deutschen Energiemarkt zu keinem wirksamen Wettbewerb geführt. Infolgedessen plädieren die Autoren für die Einführung einer Netzzugangverordnung[774]. Kürzlich hat jedoch das Bundeskartellamt eine elfte Beschlussabteilung für Zugangsverweigerungsfälle eingerichtet. Dies zeigt die negative Einstellung des Kartellamts gegenüber

---

769 Zu den technischen Rechtfertigungsgründen s. *Kühne/Scholtka* NJW 1997, 1905. Zu spezifischen Rechtfertigungsgründen der Energiebranche s. *Theobald/Zenke* WuW 2001, 30 ff..

770 *Büdenbender* ZIP 1999, 1470.

771 Zu den zivil- und öffentlich-rechtlichen Durchsetzungsmöglichkeiten des Durchleitungsanspruchs s. *Büdenbender* ZIP 1999, 1470.

772 *Busche* 1999, 612.

773 *Theobald/Zenke* WuW 2001, 35. Übereinstimmend *Piltzt* WuW 2001, 552 ff..

774 *Theobald/Zenke* WuW 2001, 36.

einer sektorspezifischen Regulierung des Energiemarktes durch eine Regulierungsbehörde[775].

II. Zugang zu Telekommunikationsnetzen

Auch im Telekommunikationssektor hat sich eine marktorientierte Überzeugung, derzufolge die auf ein staatliches Monopol gestützte Ordnung überholt ist[776]. Infolge der rasanten technologischen Entwicklung ist die staatliche Monopolbewirtschaftung von Kommunikationsnetzen überflüssig geworden. In Deutschland haben die Postreformen I[777] und II[778] in den Jahren 1989 und 1994 die Voraussetzung für die Marktöffnung geschaffen. Als Vollendung dieses Reformprozesses[779] verabschiedete der Gesetzgeber das Telekommunikationsgesetz (TKG)[780].

Durch die Regulierung von Unternehmen mit marktbeherrschender Stellung (d.h. die Deutsche Telekom AG)[781] zum Zeitpunkt der Marktöffnung[782] schuf der Ge-

---

775 Gegen die Errichtung einer Regulierungsbehörde *Koenig/Kühling* WuW 2001, 810 ff.. Für einen Regulierungsweg als Übergangslösung plädiert *Piltz* WuW 2001, 558.

776 BT Drucks. 13/3609, 33. Hierzu vgl. auch „Wettbewerb und Regulierung in der Telekommunikation", BT Drucks. 13/1291, 41 ff..

777 Mit der „Postreform I" hat der Gesetzgeber die *DBP* in drei Unternehmen (*DBP Telekom*, *DBP Postdienst* und *DBP Postbank*) aufgeteilt und die hoheitlichen Aufgaben des Post-und Fernmeldewesens auf das Bundesministerium für Post und Telekommunikation (BMPT) übertragen. Darüber hinaus folgte die Umstellung der Rechtsbeziehungen zwischen den Unternehmen der DBP und ihren Kunden von öffentlichem auf privates Recht. Hierzu s. *Haar* 1995, 288 ff..

778 Mit der „Postreform II" schuf der Gesetzgeber durch die Änderung des Grundgesetzes (Art. 87 GG) die verfassungsrechtlichen Voraussetzungen für die Privatisierung der *DBP*. Eckpunkt dieser Reform war die Umwandlung der Unternehmen der *DBP* in Aktiengesellschaften, die Telekommunikationsdienstleistungen „als privatwirtschaftliche Tätigkeiten" (Art. 87 GG) erbringen sollte. S. Gesetz zur Neuordnung des Postwesens und der Telekommunikation (Postneuordnungsgesetz) vom 14. September 1994, BGBl. I, 2325), das zusammen mit dem für die Postreform II grundlegenden Gesetz zur Änderung des Grundgesetzes vom 30. August 1994, BGBl. I, 2245 verabschiedet wurde.

779 Es soll erwähnt werden, dass die Postreform I und II bis zum 31. Dezember 1997 befristet waren. Infolge der Entschließungen vom 22. Juli 1993 und vom 22. Dezember 1994 des Rates der EU sollten die „Telekommunikationsinfrastrukturen" und der öffentliche Dienst zum 1. Januar 1998 liberalisiert werden.

780 TKG vom 25. Juli 1996, BGBl. I, 1120.

781 Wie die nächsten Zeilen zeigen werden, sind Adressaten der kartellrechtlichen Vorschriften des TKG marktbeherrschende Unternehmen des Telekommunikationssektors. Dies bringt auch die Anwendung des kartellrechtlichen Marktbeherrschungs- und Missbrauchsverbots mit sich. Zu einer ausführlichen Analyse dieses Aspektes s. *Lampert* WuW 1998, 29 ff.; *Immenga* Auslegung des Marktbeherrschungsbegriffs MMR 2000, 141 ff.. S. auch *Immenga* Relevante Märkte MMR 2000, 196 ff., der die Entscheidungspraxis der Telekommunikationsbehörde kritisiert.

setzgeber einen Rahmen für einen funktionierenden Wettbewerb. Die Netzzugangsproblematik stellt einen Zentralpunkt der Marktöffnung dar und kann in der vorliegenden Arbeit nur in ihren Grundlagen erörtert werden.

Um einem Newcomer einen effektiven Netzzugang zu ermöglichen, sieht das TKG verschiedene Tatbestände vor:

- Nach §§ 33 und 34 TKG sind marktbeherrschende Anbieter von Telekommunikationsdienstleistungen einer besonderen Missbrauchsaufsicht unterworfen, mit dem Ziel, einen „offenen Netzzugang"[783] zu gewährleisten[784]. § 33 TKG verpflichtet den marktbeherrschenden Anbieter von Telekommunikationsdienstleistungen, „Wettbewerbern auf diesem Markt diskriminierungsfrei den Zugang zu seinen intern genutzten und zu seinen am Markt angebotenen Leistungen, soweit sie wesentlich sind, zu den Bedingungen zu ermöglichen, die er sich selbst bei der Nutzung dieser Leistungen für die Erbringungen anderer Telekommunikationsdienstleistungen einräumt, es sei denn, dass die Einräumung ungünstiger Bedingungen [...] sachlich gerechtfertigt ist[785]." Nutzt der Anbieter von Telekommunikationsdienstleistungen seine marktbeherrschende Stellung missbräuchlich aus, kann die Regulierungsbehörde dieses Verhalten untersagen, Verträge ganz oder teilweise für unwirksam erklären oder das gebotene Verhalten auferlegen (§ 33 II TKG). Um den offenen Netzzugang besser zu ermögli-

---

[782] Nach dem Gesetzwortlaut fallen unter die Regelung des TKG auch Unternehmen, die nach dem Inkrafttreten des TKG eine marktbeherrschende Lage erreicht haben. Dagegen s. *Lampert* WuW 1998, 38, 39. Der Autor plädiert für eine teleologische Reduktion des Gesetzwortlauts auf solche Unternehmen, die 1) infolge eines gesetzlichen Monopols marktbeherrschend wurden und 2) dies bereits bei Inkrafttreten des TKG waren. Die marktbeherrschenden Newcomer sollten nach dieser Ansicht unter die GWB- Regelung fallen. Zu einem flexiblen Begriff der Marktbeherrschung, nach dem die Konsequenzen der technologischen Entwicklung auf die Marktbestimmung berücksichtigt werden, s. *Immenga* Relevante Märkte MMR 2000, 196 ff.; *Immenga* Auslegung des Marktbeherrschungsbegriffs MMR 2000, 144.

[783] Unter „offenem Zugang" versteht man gemäß § 3 Nr. 3 TKG die „physische und logische Verbindung von Endeinrichtungen oder sonstigen Einrichtungen mit einem TK-Netz oder Teilen desselben, sowie die physische und logische Verbindung eines TK-Netzes mit einem anderen TK-Netz oder Teilen desselben zum Zwecke des Zugriffs auf Funktionen dieses TK-Netzes oder auf die darüber erbrachten TK-Dienstleistungen."

[784] Es handelt sich um eine Umsetzung des Art. 3 der ONP-Richtlinie der Kommission 90/388/EWG vom 28. Juni 1990, ABl. 1990 L 192/10, wonach die ONP-Bedingungen „auf objektiven Kriterien beruhen", transparent, diskriminierungsfrei sein und einen „gleichen Zugang gewährleisten" sollen. Hierzu s. *Scherer* NJW 1996, 2961.

[785] Zu einer umfassenden Darstellung s. *Wendland* und *Piepenbrock* in *Büchner* u.a. Beck'scher TKG-Kommentar 2. Aufl., vor § 33 und § 33.

chen, bestimmt § 34 TKG, dass sich die Schnittstellen für den offenen Zugang an die von der EU festgelegten Normen anpassen sollen.

- Die Zusammenschaltung[786] stellt einen Anwendungsfall der „Gewährung von Netzzugang"[787] dar[788]. Die Zusammenschaltungspflicht sieht vor, dass die marktbeherrschenden Betreiber von Telekommunikationsnetzen für die Öffentlichkeit anderen Betreibern solcher Netze auf Nachfrage ein Angebot auf Zusammenschaltung abgeben (§ 36 TKG, Verhandlungspflicht). Können sich die Normadressaten auf eine Zusammenschaltungsvereinbarung nicht einigen, kann die Regulierungsbehörde die Zusammenschaltung anordnen (§ 37 TKG). Marktbeherrschende Betreiber eines Telekommunikationsnetzes, die der Öffentlichkeit Telekommunikationsdienstleistungen anbieten, sind verpflichtet, anderen Nutzern - also nicht bloß anderen Netzbetreibern - Zugang zu ihrem Telekommunikationsnetz oder zu Teilen desselben zu ermöglichen (§ 35 I, 1 TKG). Dieser Zugang kann über für sämtliche Nutzer bereitgestellte Anschlüsse (allgemeiner Netzzugang) oder über besondere Anschlüsse (besonderer Netzzugang) gewährt werden (§ 35 I, 2 TKG). Die Vereinbarungen über den Netzzugang zwischen dem Nutzer und dem marktbeherrschenden Netzbetreiber müssen auf den ONP-Prinzipien beruhen. Auch für die Konstellation unter § 35 TKG) kann die Regulierungsbehörde die Zusammenschaltung anordnen, wenn die Einigung nicht zustande kommt[789]. Schließlich sei noch erwähnt, dass nach § 38 TKG die Vereinbarungen über die Gewährung von Netzzugang i.S. von § 35 TKG unwirksam sind, soweit sie die Wettbewerbsmöglichkeiten anderer Unternehmen auf einem Markt der Telekommunikation ohne sachlich gerechtfertigten Grund beeinträchtigen.

---

786 Das Wort stammt aus dem in *common law* angewendeten Begriff *interconnection*. Nach der gesetzlichen Definition (§ 3 Nr. 24 TKG) ist die „Zusammenschaltung" derjenige Netzzugang, der die physische und logische Verbindung von Telekommunikationsnetzen herstellt, um Nutzern, die an verschiedenen Telekommunikationsnetzen angeschaltet sind, die mittelbare oder unmittelbare Kommunikation zu ermöglichen.

787 Zur Abgrenzung zwischen § 33 und 35 TKG s. *Holzhäuser* MMR 2000, 466 ff.; *Piepenbrock* in *Büchner* u.a. Beck'scher TKG-Kommentar 2. Aufl., § 35, Tz. 1 und ff..

788 Die Literatur über die Zusammenschaltungsproblematik ist uferlos. An dieser Stelle seien erwähnt *Hiltl/Großman* BB 1996, 169 ff.; *Nolte* BB 1996, 2631 ff.; *Geppert/Ruhle/Schuster* 1998, 284 ff., insbes. 299 ff.; *Scherer* NJW 1996, 2961 ff.; *Berger* 1999 CR, 222 ff.; *Gramlich* CR 1999, 492 ff.. Eine umfassende Literaturübersicht wird von *Wendland* in *Büchner* u.a. Beck'scher TKG-Kommentar 2. Aufl., vor. § 35, 522 geliefert.

789 Netzzugangsverordnung (NZV) vom 31. Oktober 1996, BGBl. I, 1568.

Diese komplexe Netzzugangsregulierung spiegelt die Skepsis des Gesetzgebers wider, die Marktöffnung den reinen Marktdynamiken zu überlassen[790]. In diesem Kontext hat *Holzhäuser* betont, dass der Zugangstatbestand gemäß § 33 TKG die Kodifizierung der "essential-facilities"-Doktrin sei[791]. Obwohl die Antitrustvorschriften andere Zwecke als die Sektorregulierung haben, ist der Einfluss der "essential-facilities"-Doktrin auf §§ 33 und 35 TKG unbestreitbar. In beiden Fällen geht es um den Missbrauch einer dominierenden Stellung[792] durch eine Zugangsverweigerung. Mittels der Eingliederung der "essential-facilities"-Doktrin in §§ 33 und 35 TKG verfügt die Telekommunikationsbehörde über ein wirksames Instrumentarium für die Netzzugangsproblematik. Der aufgrund des § 81 TKG von der Telekommunikationsbehörde vorgelegte Tätigkeitsbericht hat jedoch gezeigt, dass auf dem Telekommunikationsmarkt kein funktionsfähiger Wettbewerb besteht[793]. Infolgedessen wäre eine aktive Rolle des Bundeskartellamts - anhand seiner zur Telekommunikationsbehörde parallelen Zuständigkeit[794] - zu begrüßen.

III. Zugang zum digitalen Fernsehen

Die dank der Digitalisierung[795] erreichte einschneidende Vermehrung der Sendekapazitäten und die auf EG- und deutscher Ebene regulierenden Eingriffe haben es ermöglicht, einen für den Wettbewerb offenen Markt zu schaffen[796]. Die Digitalisierung der Fernsehübertragung führt zur Schaffung typischer Engpasssituationen[797]. Diese Engpasssituationen resultieren aus:

---

[790] *Nolte* BB 1996, 2631.

[791] *Holzhäuser* MMR 2000 468; *Piepenbrock* in *Büchner* u.a. Beck'scher TKG-Kommentar 2. Aufl., § 33, Tz. 39.

[792] Marktbeherrschung im GWB, Marktmacht im TKG.

[793] Nach § 81 TGK soll die Regulierungsbehörde alle zwei Jahre den gesetzgebenden Körperschaften des Bundes einen Bericht über die Tätigkeit sowie über die Lage und die Entwicklung auf dem Gebiet der Telekommunikation vorlegen. Vgl. *König/Kühling* WuW 2000, 596 ff..

[794] *Martenczuck* CR 1999, 363 ff..

[795] Dies bedeutet, dass sämtliche Daten und Informationen unabhängig von ihrer sinnlichen Wahrnehmungsform wie bei einem Computer schematisch in *digits* (Ziffern) dargestellt werden (*Thierfelder* 1999, 6 ff.).

[796] *Kruse* in Multimedia Symposion 1998, 23 ff..

[797] Es handelt sich im Grunde um eine Folge des Liberalisierungsprozesses im Telekommunikationsbereich. S. *Thierfelder* 1999, 53 ff..

- den Übertragungskapazitäten der Fernsehkabelnetze[798]. Während bei der Satellitenausstrahlung einige hundert Programmplätze zur Verfügung stehen, sind es beim terrestrischen Digitalfernsehen nur rund 30[799];
- den technischen Plattformen. Die Verbreitung der digitalisierten Programmsignale erfolgt mittels der Komprimierung der Signale. Die technischen Lösungen (*Conditional Access* und *Set-Top-Box*[800]), die dem Programmempfänger eine Verschlüsselung der Programmsignale ermöglichen, stellen auch eine Engpasssituation dar. Es handelt sich im Grunde um Standards und Schnittstellen, bei denen die Zugangsberechtigung besonders problematisch ist;
- den Anwendungsprogrammen. Es handelt sich um Programme, die zusätzlichen Nutzen für den Zuschauer stiften sollen. Darunter kommen die Navigationssysteme in Betracht, die als elektronische Programmführer fungieren. Die Aufnahme und Präsentation eines Veranstalters erweist sich als notwendig um einen Zuschauerzugang zu ermöglichen[801].

Das digitale Fernsehen setzt die Konvergenz der Telekommunikations-, Informationstechnologie- und Medienbereiche[802] voraus. Daraus folgt, dass die digitale Fernsehverbreitung unter verschiedene Regulierungen fällt. Was die Zugangsfragen angeht, kommen die folgenden Rechtsbranchen in Betracht:

- Telekommunikationsrecht. Nach einer in der Literatur erst umstrittenen Phase[803] wurde einhellig anerkannt, dass die digitale Fernsehübertragung dem TKG unterliegt[804]. Die Umwandlung des Medienrechts ins Medienprivatrecht setzt also besonders in Fragen der Kanalbelegung voraus, dass sich die Fernsehveranstalter außerhalb des medienrechtlichen *must carry*-Bereichs direkt an die Infrastrukturinhaber wenden können[805]. Entscheidend hierfür sind die §§ 33 und 35 TKG.

---

798 *Thierfelder* 1999, 47 ff..

799 Zum Zugang zum Kabelnetz s. BGH, NJW 1996, 2656 ff. – *Pay-TV-Durchleitung*. In diesem Fall handelte es sich um eine Verweigerung des Zugangs zum TV-Kabelnetz der *Telekom* in Berlin gegenüber der Gesellschaft *Vebacom*.

800 Zu diesen Begriffen s. *Thierfelder* 1999, 119, 120.

801 „Regulierung und Wettbewerb im Bereich der elektronischen Medien", BT Drucks. 13/1129, 310.

802 BT Drucks. 13/11291, 302. Zur Konvergenz s. Kap. 2 § 3 II 6.

803 Zu einem Überblick s. *Weisser/Meinking* WuW 1998, 831 ff..

804 Hierzu s. *Weisser/Meinking* 1998, 831 ff. Vgl. auch *Thierfelder*, 63 ff., 127 ff., 151 ff..

805 *Weisser/Meinking* WuW 1998, 831.

- Allgemeines Kartellrecht. Die Anwendbarkeit der allgemeinen kartellrechtlichen Zugangsregelungen ist in der Lehre unbestritten[806].

- Rundfunkrecht. Ein Zugangsfreiheitsrecht zu technischen Plattformen und Programm- und Vermarktungsplattformen ist im Rundfunkstaatsvertrag des Jahres 2001 vorgesehen[807]. Insbesondere statuiert § 53 des Rundfunkstaatsvertrags[808]: „(1)[...] Die Diskriminierung ist nur dann gewährleistet, wenn die Decoder über zugangsoffene Schnittstellen verfügen, die Dritten die Herstellung und den Betrieb eigener Anwendungen erlauben[809]. (3)[...] Ein Anbieter, der bei der Bündelung und Vermarktung von Programmen eine marktbeherrschende Stellung innehat, darf andere Anbieter, die einen solchen Dienst nachfragen, weder unmittelbar noch mittelbar unbillig behindern oder gegenüber gleichartigen Anbietern ohne sachlich gerechtfertigten Grund unmittelbar oder mittelbar unterschiedlich behandeln"[810]. Wie die ausführliche Untersuchung von *Thierfelder* zeigt, verlieren in einer digitalisierten, stark kommerzialisierten Fernsehlandschaft materiell-rundfunkrechtliche Probleme an Bedeutung[811]. Infolgedessen hat der Gesetzgeber einen ähnlichen Tatbestand betreffend Zugangsdienste zu digitalen Fernsehdiensten geschaffen[812]. Da Decoder und Programmnavigatoren einen „Bottleneck"-Charackter haben, erweisen sich die sektorspezifischen Zugangsregelungen als notwendig, um die Zugänglichkeit von diesen „essential facilities" zu bewahren[813].

IV. Weitere sektorspezifische Zugangstatbestände

Die "essential-facilities"-Doktrin geht auf die Entscheidung *Railroad associaton* zurück[814], deren Zentralpunkt der Zugang zu Eisenbahninfrastrukturen war. Im

---

806 *Weisser/Meinking* WuW 1998, 847 ff..

807 Diese Norm ist die Umsetzung der Richtlinie 95/47/EG des europäischen Parlaments und des Rates über die Anwendung von Normen für die Übertragung von Fernsehsignalen vom 24. Oktober 1995, ABl. 1995 L 281/51.

808 § 53 RStV2001 Vom 31. August 1991, i.d.F. des fünften Rundfunkänderungsstaatsvertrags, in Kraft seit dem 1. Januar 2001, abrufbar unter http://www.artikel5.de/gesetze/rstv.html#para53.

809 Im zweiten Absatz dieser Norm ist eine ähnliche Vorschrift für Navigatoren enthalten.

810 Zu einer Erläuterung dieser Norm s. *Thierfelder* 1999, 121 ff.; 148 ff..

811 *Thierfelder* 1999, 51, 55.

812 Gesetz über die Anwendung von Normen für die Übertragung von Fernsehsignalen (Fernsehsignalübertragungsgesetz – FÜG) vom 14. November 1997, BGBl. 1997, I, 2710, § 7.

813 *Monopolkommission* 2000, 364.

814 S. Kap. 1 § 2 I 1.

Hinblick auf die Öffnung der Bahninfrastrukturen hat der deutsche Gesetzgeber vorgesehen, dass die Zugangsverweigerungsfälle nicht nur den allgemeinen Kartellvorschriften, sondern auch der Sonderegelung des § 14 AEG unterliegen[815]. Infolgedessen steht den Eisenbahnverkehrsunternehmen mit Sitz in der BRD ein Recht auf diskriminierungsfreie Benutzung der Eisenbahninfrastruktur von Eisenbahnunternehmen zu, die dem öffentlichen Verkehr dienen. Auch bei dem Zugang zu Bahninfrastrukturen kann die Regulierungsbehörde eingreifen, wenn eine Vereinbarung über den Zugang nicht zustande gekommen ist. Schließlich ist noch erwähnenswert, dass §§ 28 und 29 PostG[816] speziale Zugangsgewährungspflichten für marktbeherrschende Unternehmen vorsehen.

V. Anwendbarkeit der "essential-facilities"-Doktrin auf die sektorspezifischen Zugangstatbestände

Den in den vorstehenden Abschnitten dargestellten Zugangsvorschriften liegen ähnliche Tatbestände zugrunde. Im Rahmen eines Marktöffnungsprozesses erstreben Newcomer den Zugang zu wesentlichen Einrichtungen (Telefonnetzen, Elektrizitätsnetzen, Schienennetzen, usw.). Es handelt sich um die gleichen Engpasssituationen, die in Amerika zur Anwendung der "essential-facilities"-Doktrin geführt haben. Obwohl der deutsche Gesetzgeber in den Spezialgesetzen auf die "essential-facilities"-Doktrin nicht explizit verwiesen hat, ist es unbestritten, dass das Gedankengut der *essential facilities* diese Zugangstatbestände prägte. In Hinsicht darauf betonte *Möschel*[817], dass es sich bei sektorspezifischen Zugangsregelungen um ein Recht gegen Wettbewerbsbeschränkungen handelt. Daher können sektorspezifische Zugangsregelungen parallel zum § 19 IV Nr. 4 GWB angewandt werden[818]. Diese gemeinsame Wurzel zwischen den sektorspezifischen Regeln und dem Kartellrecht wird dadurch bestätigt, dass die Anwendbarkeit der kartellrechtlichen Regeln von den sektorspezifischen Vorschriften unberührt bleibt[819].

---

815 § 14 AEG, V, 2. Während das Bundeskartellamt für allgemeine kartellrechtliche Fragen zuständig ist (z.B. Preismissbrauchsaufsicht), entscheidet über die technischen Zugangsfragen (z.B. technische Anforderungen) das Bundesbahnsamt.

816 Postgesetz vom 22. Dezember 1997, BGBl. I, 3294.

817 *Möschel* in *Immenga/Mestmäcker* GWB 3. Aufl., § 19, Tz. 182.

818 *Möschel* in *Immenga/Mestmäcker* GWB 3. Aufl., § 19, Tz. 209.

819 S. z.B. Art 2 III TKG (*Schuster* in *Büchner* u.a. Beck'scher TKG-Kommentar 2. Aufl, Tz. 31 ff.) und § 7 II FÜG.

§ 4. Immaterialgüterrechte als *essential facilities*?

I. Kartellrecht und Immaterialgüterrechte

In Kap. 2 § 2 II 2 wurde festgestellt, dass die *Magill*-Entscheidung einen Anhaltspunkt für die Anwendbarkeit der "essential-facilities"-Doktrin auf die Immaterialgüterrechte bedeutet. In diesem Kapitel soll erörtert werden, ob und inwieweit die "essential-facilities"-Doktrin im deutschen Recht auf Immaterialgüterrechte anwendbar ist. Es geht darum, ob die ungerechtfertigte Zugangsverweigerung zu geistigem Eigentum die missbräuchliche Ausnutzung einer marktbeherrschenden Stellung bildet. Die Anwendbarkeit der "essential-facilities"-Doktrin auf die gewerblichen Schutzrechte ergäbe sich aus § 50 GWB, wonach das Bundeskartellamt Art. 82 EG anwenden[820] und sich so auf die entsprechende Rechtsprechung berufen kann. Die sechste Novelle des GWB hat allerdings versäumt, die Zugangsproblematik in Hinsicht auf die Immaterialgüterrechte zu regeln[821]. In seiner Begründung zur sechsten Novellen des GWB hat der Gesetzgeber sogar festgestellt, dass die gewerblichen Schutzrechte von der Zugangsverweigerungsvorschrift des § 19 IV Nr. 4 GWB unberührt bleiben sollen[822].

II. Gesetzliche Zwangslizenzen

Es soll jetzt untersucht werden, ob die missbräuchliche Ausnutzung einer marktbeherrschenden Stellung mittels gesetzlicher Zwangslizenzen untersagt werden kann.

1. Patentrechtliche Zwangslizenzen

§ 24 I PatG[823] sieht vor, dass eine Zwangslizenz nur erteilt werden soll, wenn:

1. der Lizenzsucher sich innerhalb eines angemessenen Zeitraumes erfolglos bemüht hat, vom Patentinhaber die Zustimmung zu erhalten, die Erfindung zu angemessenen geschäftsüblichen Bedingungen zu benutzen, und

---

820 *Möschel* WuW 1999, 839.

821 §§ 17 und 18 GWB n.F. über Wettbewerbsbeschränkungen seitens eines Lizenzgebers sind wenig hilfreich, da sie die Erteilung einer Lizenz voraussetzen. Hingegen besteht die Zugangsverweigerung in einer Lizenzverweigerung.

822 S. unten Kap. 3 § 4 III 1.

823 Patentgesetz vom 16. Dezember 1980, BGBl. 1981 1.

2. das öffentliche Interesse die Erteilung einer Zwangslizenz gebietet[824].

Im Hinblick auf die Zugangsproblematik kommt der zweite Tatbestand in Betracht. Das öffentliche Interesse wird berührt, wenn besondere Umstände hinzutreten[825]. Als besondere Umstände kommen vor allem technische, wirtschaftliche, sozialpolitische oder medizinische Gesichtpunkte in Betracht[826]. Nach herrschender Meinung stellt die Freiheit des Wettbewerbs kein öffentliches Interesse dar und eine kartellrechtliche Zwangslizenz ist ungerechtfertigt[827]. *Beier* ist der Ansicht, dass kartellrechtliche Zwangslizenzen weder nach § 24 PatG noch nach dem GWB erteilt werden können[828]. Auch die Rechtsprechung hat oft festgestellt, dass Wettbewerbsbeschränkungen, die auf einem Patent beruhen, rechtmäßig sind[829]. Die Erteilung einer Zwangslizenz aufgrund des Missbrauchs einer beherrschenden Stellung ist also fragwürdig. Es ist allerdings offensichtlich, dass bestimmte schutzwürdige Interessen – z.B. der Innovationsanreiz oder der Verbraucherschutz im Fall *Magill* – viel mit dem öffentlichen Interesse gemeinsam haben und keinen Schutz unter dem PatG finden. Auch § 24 II PatG liefert keinen kartellrechtlichen Rechtsschutz für die Lizenzsucher. Danach kann eine Zwangslizenz zugunsten des Inhabers bzw. des Anmelders einer von dem Streitpatent abhängigen jüngeren Erfindung (sogenannte Sperrpatente) nur erteilt werden kann, wenn die jüngere Erfindung für die Belange der Allgemeinheit einen wesentlichen Fortschritt bedeutet. Dadurch wird die Erteilung einer Zwangslizenz dem Vorliegen einer strengen Voraussetzung unterworfen.

---

824 *Benkard* PatG 9. Aufl., § 24, Tz. 19. Zu einer Untersuchung der Zwangslizenz unter Berücksichtigung der Wirtschafts- und Wettbewerbspolitik s. *Greif* GRUR Int. 1981, 731 ff., insbes. 734, 735.

825 *Benkard* PatG 9. Aufl., § 24, Tz. 16.

826 Vgl. *Benkard* PatG 9. Aufl., § 24, Tz. 16 ff., mit vielen Hinweisen auf die Rechtsprechung.

827 *Fahrenschon* GRUR 1955, 218; *Möhring* GRUR 1955, 512, 517, 518 (zitiert in *Benkard* PatG 9. Aufl., § 24, Tz. 16).

828 *Beier* IIC 1999, 273: "In both cases (PatG und GWB, Anmerkung des Verfassers), as mentioned above, it is necessary to take into account that the legal "monopoly position" occupied by the patent owner will not suffice to establish a public interest in the grant of a compulsory license." Mit der rechtsdogmatischen Einordnung der patentgesetzlichen Zwangslizenz (§ 11 PatG vom 7. April 1891 und vom 6. Juli 1911) hatte sich schon *Nipperdey* 1920, 48 Fußnote 1 befasst. *Nipperdey* sah in der Zwangslizenz keinen Kontrahierungszwang sondern, eine reine verwaltungsrechtliche Angelegenheit. Dagegen *Müller* EuZW 1998, 237.

829 Vgl. schon RGZ 83, 9, 13 ff.; RGZ 106, 214; RG, GRUR 1936, 489, 491.

2. Urheberrechtliche Zwangslizenzen

Der Konflikt zwischen Kartellrecht und Immaterialgüterrechten wird in mehreren Paragraphen des UrhG[830] geregelt.

§ 45 UrhG zementiert das Prinzip, wonach das Urheberrecht - wie das Sacheigentum - im Interesse der Allgemeinheit einer Sozialbindung unterliegt[831]. Dieses Prinzip ist Anfang des XX. Jahrhunderts auf *Riezler* zurückzuführen: "Diese Beschränkungen des Immaterialgüterrechts sind den gesetzlichen Eigentumsbeschränkungen im Sachenrecht vergleichbar.[832]" Zwangslizenzen gemäß § 45 II UrhG können i.S. von § 61 UrhG[833] zur Herstellung von Tonträgern auferlegt werden[834]. Diese Norm bezweckt nicht nur, die kartellrechtlich negativen, sondern auch die kulturell beschränkenden Auswirkungen eines Monopols zu beseitigen[835]. In der Praxis erlangte jedoch die Zwangslizenz gemäß § 61 UrhG kaum Bedeutung, da im einzigen Fall der Zwangslizenz die entsprechenden Rechte durch eine Verwertungsgesellschaft wahrgenommen werden und deshalb ohnehin dem Abschlusszwang nach § 11 WahrnG unterliegen[836].

Nach § 11 WahrnG ist die Verwertungsgesellschaft verpflichtet, auf Grund der von ihr wahrgenommenen Rechte jedermann auf Verlangen zu angemessenen Bedingungen Nutzungsrechte einzuräumen oder Einwilligungen zu erteilen. Auch bei § 11 WahrnG ist die kartellrechtliche Bedeutung von geringer Relevanz. Der Schwerpunkt der Zwanglizenzen gemäß § 11 WahrnG liegt mehr in der Zugänglichkeit zur Allgemeinheit der von Verwertungsgesellschaften verwerteten

---

830 Urhebergesetz vom 9. September 1965, BGBl. I 1273, zuletzt geändert durch Gesetz vom 22. Juli 1997, BGBl. I Nr. 52, 1870.

831 *Melichar* in *Schricker* Urheberrecht 2. Aufl., Vor § 45 1.

832 *Riezler* 1909, 430. Vgl. auch RGZ 144, 106, 112; RGZ 153, 1, 22 – *Rundfunksendung von Schallplatten, die die Gleichrangigkeit des Interesses der Allgemeinheit mit dem Interesse des Autors feststellen.*

833 „Ist einem Hersteller von Tonträgern ein Nutzungsrecht an einem Werk der Musik eingeräumt worden mit dem Inhalt, das Werk zu gewerblichen Zwecken auf Tonträger zu übertragen und diese zu vervielfältigen und zu verbreiten, so ist der Urheber verpflichtet, jedem anderen Hersteller von Tonträgern, der im Geltungsbereich dieses Gesetzes seine Hauptniederlassung oder seinen Wohnsitz hat, nach Erscheinen des Werkes gleichfalls ein Nutzungsrecht mit diesem Inhalt zu angemessenen Bedingungen einzuräumen (...)."

834 S. *Melichar* in *Schricker* Urheberrecht 2. Aufl., UrhG § 61, Tz. 1 ff.. In der Rechtsprechung s. BGH, NJW 1998, 1393 ff. – *Coverversion.*

835 *Melichar* in *Schricker* Urheberrecht 2. Aufl., UrhG § 61, Tz. 1.

836 *Melichar* in *Schricker* Urheberrecht 2. Aufl., UrhG § 61, Tz. 1; *Melichar* in *Schiricker* Urheberrecht, UrhG Vor. § 45, Tz. 29.

Rechte[837]. Im Zusammenhang mit den Verwertungsgesellschaften sei auch § 24 WahrnG erwähnt, der § 102 a.F. GWB ergänzt hat. Nach diesen Vorschriften genossen Verwertungsgesellschaften eine kartellrechtliche Sonderstellung. Unter bestimmten Voraussetzungen fanden § 1 GWB a.F. (Unwirksamkeit wettbewerbsbeschränkender Vereinbarungen) und § 15 GWB a.F. (Nichtigkeit von Verträgen über Preisgestaltung oder Geschäftsbedingungen) keine Anwendung auf Verwertungsgesellschaften. Um diese Freistellung auszugleichen, sah § 102 GWB a II a.F. eine besondere Missbrauchsaufsicht über Verwertungsgesellschaften vor[838].

In der Praxis war die Missbrauchsaufsicht von geringer Bedeutung. Infolgedessen hat der Gesetzgeber in der 6. GWB-Novelle zwar die kartellrechtliche Sonderstellung der Verwertungsgesellschaften bewahrt (§ 30 GWB n.F.), aber die besondere Missbrauchsaufsicht aufgehoben. Nach dem Inkrafttreten der 6. GWB-Novelle unterliegt missbräuchliches Verhalten von marktbeherrschenden Verwertungsgesellschaften den §§ 19 und 20 GWB[839].

Durch § 69 e UrhG hat der deutsche Gesetzgeber[840] die „Dekompilierung" (Rückübersetzung) zwecks Herstellung der Interoperabilität der verschiedenen Elemente eines Computersystems geregelt. Wie in Kapitel 2 § 3 II 6 b schon erläutert, ermöglicht die Dekompilierung die „Rückübersetzung" des maschinenlesbaren Objektcodes eines Programms mit dem Ziel der Ermittlung des - für Menschen lesbaren- Quellencodes[841]. Da Schnittstellen oder andere technische Definitionen sich als *de facto*-Standards etablieren können, können die Inhaber dieser *de facto*-Standards zu marktbeherrschenden Unternehmen werden und ihre privilegierte Stellung missbrauchen. Die Einführung von § 69 e UrhG sollte eine kartellrechtliche Lösung zur Zugangsverweigerung von Computerprogrammen darstellen. Die deutsche Umsetzung der Computerrichtlinie erweist sich jedoch

---

[837] *Reinbothe* in *Schricker* Urheberrecht 2. Aufl, WahrnG § 11, Tz. 8.

[838] Beispielhaft vgl. BGH, ZUM 1989, 80 – *GEMA – Wertungsverfahren.*

[839] *Reinbothe* in *Schricker* Urheberrecht 2. Aufl., WahrnG § 24, Tz. 9. Vgl. auch *Lux* WRP 1998, 38. Ein Missbrauch i.S.v. § 19 GWB liege vor, wenn das marktbeherrschende Unternehmen ohne sachliche Rechtfertigung ein Verhalten zeigt, das bei wirksamer Konkurrenz nicht möglich wäre. Eine Diskriminierung i.S. von § 20 GWB setze eine „unbillige Behinderung" voraus, die nicht sachlich gerechtfertigt ist.

[840] Durch die am 24. Juni 1993 in Kraft getretene Novelle wurde dem 1. Teil des UrhG ein achter Abschnitt „Besondere Bestimmungen für Computerprogramme" (§§ 69 a-69 g UrhG) hinzugefügt.

[841] *Junker/Benecke* 2000, 67. Zur Entstehung der Dekompilierung s. *Lehmann* CR 1989, 1057 ff.; *Harte-Bavendann* GRUR 1990, 657 ff..

als unbefriedigend, da sie viele Fragen offen lässt und kaum zu überwindende Abgrenzungsschwierigkeiten aufwirft[842]. Darüber hinaus beschränken die zahlreichen Voraussetzungen des § 69 UrhG e die Zugangskonstellationen zu Computerprogrammen. In diesem Rahmen ist z.B. die Herstellung der Interoperabilität von Hardware[843] oder die Dekompilierung zwecks Herstellung konkurrierender Programme[844] verboten. Zustimmung verdient daher die Auffassung von *Lehmann*[845], nach dem die Ausstrahlungswirkung des Kartellrechts die praktische Bedeutung von § 69 e UrhG zurückschraubt. Folglich lassen die Vorschriften über die Dekompilierung die kartellrechtlichen Vorschriften (z.B. eine Zwanglizenz gemäß § 19 bzw. § 20 GWB) unangetastet.

Dass die Dekompilierungsvorschriften nur einen kleinen Teil der Zugangsbedürfnisse in der Computerbranche erfüllen, ergibt sich auch aus einem Urteil des OLG München[846]. Nach Ansicht des Münchener Gerichts könne der Betreiber eines EDV-gesteuerten Ticketverkaufssystems vom Leitungs- und Rechnerbetreiber rechtzeitig vor Ablauf des Geschäftsbesorgungs- und Lizenzvertrages die Herausgabe einer aktuellen und gut lesbaren Version aller ihm als Systembetreiber anvertrauten Kunden- und Auftragsdaten sowie Eigendaten verlangen, die er benötigt, um einen reibungslosen Übergang auf ein Ersatzsystem zu gewährleisten[847]. Obwohl es im vorliegenden Fall um eine Entschlüsselungsproblematik ging, vermied es das OLG München, sich auf die Zugangsvorschriften zu berufen. Trotz der ungerechtfertigten Weigerung eines marktbeherrschenden Unternehmens, erforderliche und nicht duplizierbare Daten herauszugeben, vermied es das OLG München, sich auch auf das kartellrechtliche Instrumentarium zu berufen. Die Entscheidung stellte auf das zivilrechtliche Prinzip von Treu und Glauben und auf das Verbot des Rechtsmissbrauchs ab. Das Urteil des OLG München ist deshalb dahingehend zu interpretieren, dass in der sich schnell entwickelnden High-Tech Branche allgemeine zivilrechtliche Prinzipien zweckmäßiger als komplizierte kartellrechtliche bzw. urheberrechtliche Architekturen sein können.

Wie beim Schutz von Computerprogrammen hat sich der deutsche Gesetzgeber auch beim Schutz von Datenbanken für eine Blockimplementierung in das UrhG

---

[842] *Loewenheim* in *Schricker* Urheberrecht 2. Aufl., UrhG 69 e, Tz. 2. Zu den gesetzgeberischen Schwierigkeiten vgl. BT Drucks. 12/4022, 13.

[843] *Loewenheim* in *Schricker* Urheberrecht 2. Aufl., UrhG 69 e, Tz. 11.

[844] *Loewenheim* in *Schricker* Urheberrecht 2. Aufl., UrhG 69 e, Tz. 12; *Moritz* CR 1993, 266; *Raubenheimer* CR 1996, 76.

[845] *Lehmann* NJW 1993, 1824. Die gleiche Auffassung wird von *Junker/Benecke* 2000, 69 vertreten.

[846] OLG München, CR 1999 484 ff. – *Pflicht zur Datenherausgabe*.

[847] A.a.O. Leitsatz der Redaktion.

entschieden (§ 4 UrhG und §§ 87a - 87 e UrhG). Dadurch wurde der in der EU-Datenbankrichtlinie enthaltene zweistufige Rechtsschutz für Datenbanken umgesetzt[848]. Dass aus Datenbanken Monopolstellungen entstehen können und dass die Lizenzverweigerung unter außergewöhnlichen Umständen ein missbräuchliches Verhalten darstellen kann, ist eine unbestrittene Tatsache im Schrifttum[849]. Die Umsetzung der Datenbankrichtlinie spiegelt jedoch die Endfassung der Datenbankrichtlinie wider und versäumt daher die Zwangslizenz für Datenbanken in die deutsche Rechtsordnung einzuführen. In der Auseinandersetzung mit der deutschen Umsetzung und mit der Streichung der Zwangslizenz in der Datenbankrichtlinie plädierte *Flechsig* für die Einführung einer Zwanglizenz für Datenbanken[850]. Art. 13 und Erwägungsgrund 47 der Datenbankrichtlinie stellen jedoch fest, dass u.a. die EU und mitgliedstaatliche Kartellvorschriften unberührt bleiben. Daraus folgt, dass ein missbräuchliches Verhalten des Datenbankinhabers gemäß Art. 82 EG bzw. §§ 19 und 20 GWB geahndet werden könnte.

Aus den gerade dargestellten UrhG-Vorschriften ergibt sich, dass trotz der Gleichrangigkeit der Urheberrechte mit anderen Sachenrechten die Einschränkungen von Urheberrechten durch Zwangslizenzen (§§ 61, 69 e UrhG) sehr strengen Voraussetzungen unterliegen. Infolgedessen kann die Auferlegung einer kartellrechtlichen Zwangslizenz nicht auf den schwachen Gesetzesgrundlagen des UrhG beruhen.

III. Zugangsverweigerung und Immaterialgüterrechte

1. Das Verbot, § 19 IV Nr. 4 GWB auf die Immaterialgüterrechte anzuwenden

Die Entstehungsgeschichte der 6. Novelle zeigt eindeutig, dass der Gesetzgeber geistige Eigentumsrechte vom Anwendungsbereich des § 19 IV Nr. 4 GWB ausgeschlossen hat: „Entsprechend dem Votum des Bundesrates wird der Tatbestand [§ 19 IV Nr. 4 GWB Anmerkung des Verfassers] eingeschränkt; dadurch wird deutlicher zum Ausdruck gebracht, dass Ansprüche auf Nutzung fremder ge-

---

848 Zum Rechtsschutz von Datenbaken vgl. Kap. 2 § 3 6 c. Zum Schutz des Datenbankherstellers vgl. umfassend *Vogel* in *Schricker* Urheberrecht 2. Aufl., UrhG Vor. § 87 a Tz. 20 ff.. Zu einem Überblick s. *Junker/Benecke* 2000, 45 ff.. In der Rechtsprechung hat sich der BGH anlässlich von Telefonverzeichnissen über die Natur von Datenbanken ausgesprochen (BGH, MMR 1999 638 ff. – *Tele-Info-CD*). Zu dieser grundlegenden Entscheidung vgl. auch *Leistner* IIC 2000, 950 ff.. Zur Zugangsproblematik von Datenbanken in der Informationsgesellschaft vgl. *Leßmann* ZUM 1999, 623 ff..

849 *Vogel* in *Schricker* Urheberrecht 2. Aufl., UrhG 87 a, Tz. 37.

850 *Flechsing* ZUM 1997, 590, 591.

werblicher Schutzrechte nicht begründet werden sollen.[851]“ Der Gesetzgeber rechtfertigte diese Entscheidung mit der folgenden wettbewerbspolitischen Erwägung: „Mit dem zusätzlichen Beispieltatbestand wird der wettbewerbspolitische Grundsatz, Pioniergewinne als Innovationsanreiz zu akzeptieren, nicht in Frage gestellt. Dies gilt insbesondere für geistiges Eigentum.“[852]

Mit der Ersetzung des Begriffes „wesentliche Einrichtungen“ durch „andere Infrastruktureinrichtungen“ bezweckte die Bundesregierung, das geistige Eigentum vor § 19 IV Nr. 4 GWB zu verschonen[853]. Dieser Ausschluss wurde in der Literatur nicht bestritten, da § 19 IV Nr. 4 GWB bezwecke[854], die bisher als natürlich angesehenen Monopole zu öffnen und die notwendigen Voraussetzungen für einen effektiven Wettbewerb erst zu schaffen.

Diese Position ist allerdings abzulehnen. Während Sonderregelungen wie das TKG „Fremdkörper im System des deutschen Kartellrechts“[855] darstellen, die eine bestimmte und zeitbegrenzte Aufgabe haben, bietet das GWB eine allgemeine Klausel, die das missbräuchliche Verhalten marktbeherrschender Unternehmen sanktionieren soll. Durch § 19 IV Nr. 4 GWB sollen nicht nur bestimmte Märkte geöffnet werden, sondern auch der schon bestehende Wettbewerb anderer Märkte gewahrt werden. Im Folgenden wird gezeigt, dass der erwähnte Ausschluss, besonders im Hinblick auf die wesentliche Rolle der Immaterialgüterrechte auf den High-Tech-Märkten ungerechtfertigt ist.

2. § 19 I GWB und 20 I GWB als Grundlage für die Erteilung von Zwangslizenzen?

Das Verbot, Zwangslizenzen an gewerblichen Schutzrechten nach § 19 IV Nr. 4 GWB zu erteilen, bedeutet noch nicht, dass solche Lizenzen überhaupt verboten sind. *Emmerich* hat auf die Generalklausel des § 19 I GWB hingewiesen, um

---

[851] BT Drucks. 13/10633, 72.; BT Drucks. 13/9720, 73, 74;. vgl. 13/9720, 79, 80: "[...] der Tatbestand [§ 19 IV Nr. 4] nicht abzielt, Ansprüche auf Nutzung fremder gewerblicher Schutzrechte zu begründen.“

[852] BT Drucks. 13/9720, 36.

[853] BT Drucks. 13/9720, 79; *Weyer* AG 1999, 261; *Wiedemann* 1999, 840.

[854] Vgl. *Ebel* Kartellrecht 1999, GWB § 19, Tz. 54 und *Möschel* in *Immenga/Mestmäcker* GWB 3. Aufl., § 19, Tz. 194 mit vielen Hinweisen auf die Literatur.

[855] *Lampert* WuW 1998, 36.

solche Zwangslizenzen zu begründen[856]. § 19 IV Nr. 4 GWB stellt nämlich einen Fall[857] des Verbotes eines missbräuchlichen Verhaltens nach § 19 I GWB dar.

Die missbräuchliche Ausnutzung von Immaterialgüterrechten könnte auch unter dem Gesichtspunkt des § 20 GWB (Diskriminierungsverbot) betrachtet werden. Danach könnten § 19 I GWB und § 20 I GWB dazu beitragen, die missbräuchliche Ausnutzung geistiger Immaterialgüterrechte zu untersagen. Überdies können § 19 I und IV Nr. 4 GWB und § 20 I GWB nebeneinander Anwendung finden[858].

Die Anwendung von § 19 IV Nr. 4 GWB auf die Immaterialgüterrechte wäre ein sehr effektives Instrumentarium, um die Öffnung der High-Tech-Märkte zu ermöglichen. Obwohl die Gesetzesbegründung die gewerblichen Schutzrechte nicht erfasst, führen viele Gründe zur Anwendbarkeit dieser Vorschrift. Diese Gründe werden in den folgenden Abschnitten erläutert.

IV. Kritische Beurteilung des Verbots

1. Verfassungsrechtliche Anmerkungen: Die Sozialbindung des geistigen Eigentums

Die Anwendbarkeit des § 19 IV Nr. 4 GWB auf das geistige Eigentum lässt sich auch verfassungsrechtlich begründen. Um die volle, sozial produktive Entfaltung des Privateigentums bei der Marktöffnung zu ermöglichen, darf der Eigentumsschutz der Wirtschaftsverfassung nicht als Waffe gegen den Wettbewerb eingesetzt werden[859]. Ausgangspunkt dieser Argumentation ist Art. 14 GG, der eine Sozialpflicht des Eigentums vorsieht. Unter diese Vorschrift fallen auch die Immaterialgüterrechte. Für eine umfassende Darstellung dieser Problematik wird auf das Werk von *Leinemann*[860] verwiesen. Die Sozialbindung des geistigen Eigentums wurde auch von einer Entscheidung des BVerfG vom 7. Juli 1971 festgestellt, wonach das Urheberrecht als ein Nutzungsrecht als „Eigentum" im Sinne

---

[856] *Emmerich* 1999, 216. Vgl. *Möschel* in *Immenga/Mestmäcker* GWB 3. Aufl., § 19, Tz. 218.

[857] In der Literatur haben *Schulz* und *Wagemann* (*Schultz/Wagemann*, 1999, 144) ausgeführt, dass die Liste des § 19 GWB den Inhalt des Missbrauchsverbots zu erschöpfen tendiert. Diese Auslegung ist unhaltbar, da der Gesetzgeber einen offenen Missbrauchstatbestand bezweckte.

[858] *Wiedemann* 1999, 848.

[859] *Von Weizsäcker* WuW 1997, 577.

[860] *Leinemann* 1998.

des Art. 14 Abs. 1 Satz 1 GG anzusehen ist[861]. Damit hat das Bundesverfassungsgericht statuiert, dass nicht jede nur denkbare Verwertungsmöglichkeit verfassungsrechtlich gesichert ist. Schließlich sei noch folgendes bemerkt: *Weizsäcker* hat betont, der Zweck der Netze sei die Distanzüberwindung. Insoweit hätten sie Ähnlichkeit mit den ubiquitären abstrakten Gütern des geistigen Eigentums[862]. Es wäre also verfassungsrechtlich bedenklich, nur marktbeherrschende Infrastruktur- bzw. Netzinhaber zu einer diskriminierungsfreien Zugangsgewährung zu verpflichten, während marktbeherrschende Inhaber von Immaterialgüterrechten von dieser Pflicht verschont blieben. Anders gesagt: Eigentum würde ungerechtfertigt nur im ersten Fall verpflichten.

2. Der gemeinschaftsrechtliche Ansatz

Wie soeben ausgeführt, schließt die Gesetzesbegründung einen Eingriff in den wesentlichen Gehalt der gewerblichen Schutzrechte aufgrund des § 19 IV Nr. 4 aus. Danach scheint also die im Fall *Magill* festgestellte Möglichkeit eines Eingriffes in den wesentlichen Gehalt der Immaterialgüterrechte auch bei Vorliegen außergewöhnlicher Umstände nicht möglich zu sein. Nach § 50 GWB ist allerdings die deutsche Kartellbehörde ermächtigt, die europäischen Kartellregeln anzuwenden[863]. Die deutschen Kartellbehörden könnten also im Falle einer ungerechtfertigten Zugangsverweigerung zu urheberrechtlich geschützten Daten (wie im Fall *Magill*) auf Art. 82 EG - und die sich darauf stützende Rechtsprechung über den Eingriff in den wesentlichen Gehalt gewerblicher Schutzrechte unter außergewöhnlichen Umständen - zurückgreifen. Dies könnte jedoch zu einem Konflikt zwischen dem nationalen (Nichtanwendbarkeit der "essential-facilities"-Doktrin auf die Immaterialgüterechte) und dem gemeinschaftsrechtlichem Ansatz (Anwendbarkeit der "essential-facilities"-Doktrin auf die Immaterialgüterechte) führen.

Hinzu kommt noch, dass Inhalt und Ausübung der gewerblichen Schutzrechte einen zentralen Punkt des deutschen Kartellrechts darstellen. Anlässlich der §§ 17 (Lizenzverträge) und 18 GWB (Verträge über andere geschützte und nicht ge-

---

861 Beschluss des Ersten Senats vom 7. Juli 1971, Nr. 21, 229 ff.. Dass der Gedanke der „sozialgebundenen Befugnis" auch für das Recht an Geisteswerken berücksichtigt werden soll, wurde schon vom Reichsgericht unterstrichen (RGZ 140, 264, 270).

862 *Von Weizsäcker* WuW 1997, 578.

863 *Möschel* WuW 1999, 838. S. auch *Bechtold* Kartellgesetz 2. Aufl., GWB Vor § 19 , Tz. 3, der betont, dass ein Vorrang des Gemeinschaftsrechts mit Ausschlusswirkung gegenüber dem nationalen Recht nicht existiert

schützte Leistungen und Saatgut), die §§ 20, 21 GWB a.F. entsprechen, hat die deutsche Rechtsordnung eine bestimmte Sensibilität gegenüber den Verhältnissen zwischen Kartellrecht und Immaterialgüterrechten entwickelt[864]. Im Lichte dieser Erfahrung erweist sich die Nichtanwendbarkeit von § 19 IV Nr. 4 GWB auf die gewerblichen Schutzrechte als widersprüchlich.

3. Teleologische Argumentation

Die Möglichkeit eines Eingriffes in die Immaterialgüterrechte nach § 19 IV Nr. 4 GWB lässt sich auch teleologisch begründen. Wie sich aus dem Text der Gesetzesbegründung ergibt, ist der Eingriff in das geistige Eigentum verboten, um dem Rechtsinhaber die sogenannten Pioniergewinne zu gewährleisten[865]. Dies bedeutet, dass der Zweck, die sogenannte wesentliche Funktion der gewerblichen Schutzrechte, von § 19 IV Nr. 4 GWB unberührt bleibt. Diese Funktion besteht darin, den Schutzrechtsinhaber für seine Leistung bei der Schaffung des Eigentumsgegenstands zu belohnen.[866] Die Ausschließungsbefugnisse des Schutzrechtsinhabers erstreckt sich aber nur insoweit, wie sie erforderlich ist, um dem Rechtsinhaber eine Belohnung für zuvor erbrachte Leistung zu sichern[867]. Konkretisiert sich das Verhalten des Rechtsinhabers in einer Monopolausdehnung, in einer Behinderung der technologischen Entwicklung, in einer diskriminierenden Geschäfts- bzw. Zugangsverweigerung, handelt es sich nicht mehr um eine Belohnung für die geistige Leistung. Bei solchen Konstellationen würde das Verhalten des marktbeherrschenden Unternehmens die Funktion des geistigen Eigentums nicht erfüllen und wäre also nach § 19 IV Nr. 4 GWB sanktionierbar. Anders gesagt: Es würde an der Tüchtigkeit und Leistung fehlen, die bestimmte Ausnutzungsmöglichkeiten des Eigentums rechtfertigen könnten[868].

4. Die Herausforderungen der neuen Technologien und die Wandlung des geistigen Eigentums

Durch eine offene Definition der *essential facilities* bezweckte der Gesetzgeber, die heute noch nicht absehbaren Entwicklungen auf künftigen Märkten zu erfas-

---

864 S. *Bechtold* Kartellgesetz 2. Aufl., §§ 17, 18 GWB; *Wiedemann* 1999, 454 ff.. Vgl. auch *Ullrich* GRUR Int. 1996, 555 ff..

865 S. BT Drucks. 13/9720, 36. S. auch BT Drucks. 13/9720, 73, 74.

866 *Bittner* 1997, 220.

867 *Bittner* 1997, 220.

868 S. BKartA, www.bundeskartellamt.de/B9-199-97_16-98.pdf, 43 – *Vogelfluglinie.*

sen[869]. Wie in Kap. 2 § 3 II 6 ausgeführt, spielen die Immaterialgüterrechte eine entscheidende Rolle bei den High-Tech-Märkten, die wiederum einen wichtigen Teil der „künftigen Märkte“ bilden. Patent- und urheberrechtlich geschützte Positionen wie die Schnittstellen sind wesentliche Einrichtungen für den Zugang zu sogenannten virtuellen Netzen[870]. Das Problem verschärft sich, wenn solche Positionen zu *de facto*-Standards werden. In der Lehre haben *Klimisch* und *Lange* festgelegt, dass auch die Setzung von *de facto*-Standards durch ein oder mehrere Unternehmen dem Verfügen über Engpasseinrichtungen entspreche[871]. Die gleiche Position wird von *Oechsler* vertreten[872]. *Oechsler* gelangt aber zu unterschiedlichen Schlussfolgerungen: die ungerechtfertigte Zugangsverweigerung sollte zur Anwendung der Monopolausdehnungstheorie des Diskriminierungsverbots ex § 20 GWB führen. Dies ist aber eine Konsequenz der skeptischen Einstellung von *Oechsler* gegenüber dem neuen Tatbestand von §19 IV 4. Nach Ansicht von *Oechsler* fehlt § 19 IV 4 ein eigener gegenüber § 20 I GWB abgegrenzter Anwendungsbereich[873]. Betrachtet man dagegen § 19 IV 4 als selbstständigen Tatbestand, kommt die Anwendung des § 19 IV 4 auch bei Missbrauch von *de facto*-Standards und Netzwerkexternalitäten in Betracht.

Die Nichtanwendbarkeit der “essential-facilities”-Doktrin auf Immaterialgüterrechte wird auch von *Möschel* behauptet[874]. *Möschel* befürwortet jedoch die Anwendbarkeit der “essential-facilities”-Doktrin auf technische Standards wie Schnittstellen für Computersoftware, technische Programmplattformen (z.B. die d-Box) und elektronische Programmführer (Navigatoren) und auf Daten und Informationen (z.B. Teilnehmerdaten für Sprachtelefondienste). Es liegt jedoch auf der Hand, dass solche Einrichtungen oft immaterialgüterrechtlich geschützt sind. Aus diesem Widerspruch kann man ableiten, dass die gerade erwähnten Einrichtungen, auch wenn sie immaterialgüterrechtlich geschützt sind, unter § 19 IV Nr. 4 GWB fallen können.

5. Die Unzulänglichkeit der gesetzlichen Zwangslizenzen

Wie in Kap. 3 § 4 II 1 und 2 ausgeführt, sind die im deutschen UrhG und PatG enthaltenen Zwangslizenzvorschriften ungeeignet, den Zugang zu wesentlichen

---

869 BT Drucks. 13/9720, 51.
870 Zu den virtuellen Netzen s. Kap. 1 § 4 I.
871 *Klimisch/Lange* WuW 1998, 22.
872 *Oechsler* 2000 ZHR, 511.
873 *Oechsler* 2000 ZHR, 512.
874 *Möschel* in *Immenga/Mestmäcker* GWB 3. Aufl., § 19, Tz. 196.

immaterialgüterrechtlichen Infrastrukturen zu gewähren. Diese Vorschriften stehen einer parallelen Anwendbarkeit der Missbrauchskontrolle nicht entgegen (Dualismustheorie)[875]. Die Anwendbarkeit von § 19 IV Nr. 4 GWB wäre also die einzige Möglichkeit, einen funktionsfähigen Wettbewerb auf den High-Tech-Märkten zu garantieren. Dies gilt insbesondere im Hinblick auf die sogenannten funktionellen und nutzbringenden Werke, die sich z.B. auf Telekommunikation, Datenverarbeitung, Informationstechnologie und Datenbanken beziehen. Der Generalanwalt hat im Fall *Magill* betont, dass das Urheberrecht an den funktionellen und nutzbringenden Werken in höherem Maße zu wirtschaftlicher Abhängigkeit und damit zu beherrschenden Stellungen führen könnte. Dies könnte ein wettbewerbsbeschränkendes Verhalten zur Folge haben[876]. Da der deutsche Gesetzgeber bei der Umsetzung der Datenbankrichtlinie keine spezielle Zwangslizenz für die Datenbanken vorgesehen hat, wäre eine Zwangslizenz ex § 19 IV Nr. 4 GWB das geeignetste Mittel, einem kartellrechtlich missbräuchlichen Verhalten seitens eines Datenbankeninhabers entgegenzutreten.

6. Die Anpassung an die Vorschriften der Telekommunikationsbranche

Die Gesetzesbegründung des Telekommunikationsgesetzes weist in mehreren Punkten auf das sekundäre Gemeinschaftsrecht[877] hin. Da das sekundäre Gemeinschaftsrecht mehrmals betont hat, dass auch immaterialgüterrechtlich geschützte Positionen unter das Missbrauchsverbot des Art. 82 EG fallen[878], resultiert daraus, dass die Netzzugangsvorschriften des TKG auch solche Positionen betreffen können. Außerdem wird der Zugang zu Informationen in mehreren die Telekommunikationsbranche betreffenden Vorschriften geregelt (abgesehen davon, ob sie immaterialgüterrechtlich geschützt sind). Nach § 4 NZV hat der marktbeherrschende Unternehmer seinen Wettbewerbern auf Anfrage alle für die Inanspruchnahme von Leistungen nach § 1 Abs. 2 NZV benötigten Informationen bereitzustellen[879]. Darunter sind z.B. die Bereitstellungsfristen zu verstehen, die Netzzusammenschaltungen ermöglichen. In diesem Zusammenhang sieht § 34 die Gewährleistung des Zugangs zu proprietären Schnittstellen[880] für einen offenen

---

[875] *Möschel* in *Immenga/Mestmäcker* GWB 3. Aufl., § 19, Tz. 218.

[876] S. EuGH, Urteil vom 6. April 1995, Verb. Rs. C-241 u. C-242/91 P, Slg. 1995 I, 743 ff., Schlussanträge des GA *Gulmann*, Tz. 134 – *Magill*.

[877] BT Drucks. 13/3609, 46, 47.

[878] S. Kap. 2 § 3 II 6.

[879] Ähnlich sieht § 3 NZV ein diskriminierungsfreies Zugangsrecht zu übertragungs-, vermittlungs- oder betriebstechnischen Schnittstellen vor. Hierzu s. *Piepenbrock* in *Büchner* u.a. Beck'scher TKG-Kommentar 2. Aufl., TKG Anh. § 39, § 3 und § 4 NZV.

[880] Zu Schnittstellen s. Kap. II § 3 6 b.

Netzzugang vor. Es wäre missbräuchlich, durch unilaterale Standardisierungsentscheide seitens des etablierten Telekommunikationsunternehmens ohne technische Rechtfertigung einen Marktvorsprung gegenüber einem Konkurrenten herbeizuführen[881]. Durch geheime oder sonst nicht zugängliche Schnittstellen können „verschlossene" Netzzugänge zu den ONP-Grundsätzen im Widerspruch stehen[882]. Daraus folgt, dass die erwähnten Vorschriften Anwendung finden, auch wenn die begehrten Daten (Schnittstellen) immaterialgüterechtlich geschützt sind. Die Anwendbarkeit der Zugangsregelungen auf die gewerblichen Schutzrechte nach dem TKG und die anderen sektorspezifischen Vorschriften einerseits und der Ausschluss einer solchen Anwendbarkeit nach § 19 IV Nr. 4 GWB andererseits wäre eine Dissonanz in der deutschen Gesetzgebung.

V. Schlussfolgerungen

Aus den im vorstehenden Abschnitt dargelegten Gründen ergibt sich, dass § 19 IV Nr.4 auch Immaterialgüterrechte als wesentliche Einrichtungen erfassen sollte. Das in der Gesetzesbegründung enthaltene Verbot steht also weder mit der deutschen noch mit der gemeinschaftlichen Rechtsordnung im Einklang. Die spezialgesetzlichen Zwangslizenzen bzw. das Diskriminierungsverbot des § 20 Abs. 1 und 2 GWB sind nur bedingt geeignet, Dritten den Zugang zu wesentlichen Einrichtungen zu öffnen. Deshalb sollte der allgemeine Zugangstatbestand von § 19 IV GWB sich auch auf das geistige Eigentum erstrecken.

Bei Anwendung des 19 IV Nr. 4 GWB auf gewerbliche Schutzrechte soll noch hervorgehoben werden, dass die vom EuGH und von der Kommission entwickelten Begriffe (wesentlicher Gehalt, wesentliche Funktion, usw.) eine entscheidende Rolle spielen würden. Dies bedeutet, dass die Anwendung der "essential-facilities"-Doktrin auf immaterialgüterrechtlich geschützte Positionen auch das Vorliegen von „außergewöhnlichen Umständen" voraussetzen würde. Die Ausschließungsbefugnisse sind nämlich der Kern des geistigen Eigentums[883]. Der Missbrauch einer marktbeherrschenden Stellung, die auf dem geistigen Eigentum beruht, käme nur in Betracht, wenn unter außergewöhnlichen Umständen der

[881] Eine ähnliche Zugangsproblematik entsteht auch beim Bereitstellen von Teilnehmerdaten (§ 12 TKG). S. *Möschel* in *Immenga/Mestmäcker* GWB 3. Aufl., § 19 Tz. 183, und Monopolkommission 2000, 298.

[882] *Piepenbrock* in *Büchner* u.a. Beck'scher TKG-Kommentar 2. Aufl., § 34, Tz. 3. Zur Standardisierung im Telekommunikationssektor s. Kap. 2 § 3 II 3.

[883] Dagegen *Bittner* 1997, 222 ff., der den Ausschließungsbefugnissen des Sacheigentums den gleichen Inhalt beimisst.

Gebrauch des Schutzrechts der wesentlichen Funktion des Rechts nicht entsprechen würde[884]. Unter dieser Voraussetzung könnte § 19 IV Nr. 4 GWB auf die Immaterialgüterrechte verwendet werden.

Anhang: Die Zugangsproblematik des Internets. Internetengpässe als *essential facilities*

Wie in Kap. 2 § 2 I 2 schon ausgeführt, kann es im Internet zu Engpasssituationen kommen. Dies ergibt sich aus der Netzstruktur des Internets. Die Zugangsverweigerung zum Internet könnte also einen typischen Anwendungsfall von § 19 IV Nr. 4 GWB darstellen. Bis jetzt hat sich das Bundeskartellamt noch nicht mit der Zugangsverweigerung zum Internet als einer missbräuchlichen Ausnutzung einer marktbeherrschenden Stellung befasst. Gleichwohl sind zwei Konstellationen erwähnenswert.

I. Internet- und Börsenplattformen als *essential facilities*

Anlässlich eines Zusammenschlussvorhabens hat sich das BKartA über das Internet als wesentliche Einrichtung ausgesprochen[885]. Unter die Lupe des BKartA fiel die Schaffung der Business to Business (B2B) Internet Plattform *Covisint*, an der u.a. die *Daimler Chrysler AG*, die *Ford Motor Company*, die *General Motors Corporation* teilnehmen wollten. Internetplattformen sollen nach der Definition des Bundeskartellamts Computerzugänge ermöglichen, „die von einzelnen Personen, Unternehmen, Organisationen, Verbänden, staatlichen Einrichtungen eingerichtet wurden, um darüber auf Basis verteilter Kommunikationsnetzwerke vor allem untereinander zu kommunizieren, Informationen auszutauschen[886], Dienstleistungen anzubieten und Geschäftsvorfälle abzuwickeln." Die Bezeichnung „B2B" bezieht sich auf Beschaffungsvorgänge und unternehmensspezifische Vorgänge, die die Herstellungs- und Vertriebsprozesse rationalisieren und damit die Rentabilität der Plattformgesellschaften erhöhen. Wie man aus den Namen der zusammengeschlossenen Unternehmen leicht ableiten kann, handelt es sich um eine automobilspezifische Plattform.

---

[884] S. Kap. 2 § 5 IV. Außerdem vgl. *Bittner* 1997, 189 ff..

[885] BKartA, WuW 2000, 1237 ff.. – *B2B - Internet - Plattformen.* Zu einer umfassenden Darstellung dieses Beschlusses und zum parallelen Verfahren vor der US-amerikanischen FTC s. *Gassner* MMR 2001, 140 ff..

[886] Zur wettbewerblichen Relevanz der Informationen im Internet s. *Kirchner* WuW 2001, 1030 ff..

Die aus diesen Plattformen entstehenden Marktkonstellationen sind jedoch nach Auffassung des BKartA noch unklar. Infolgedessen konnte das BKartA keine marktbeherrschende Stellung (weder der Plattform noch ihrer Gründungsunternehmen) ermitteln. Trotzdem hat das BKartA anerkannt, dass sich wegen der Größe der an *Covisint* beteiligten Unternehmen ein „Flaschenhals" für andere Hersteller und Zulieferer ergeben könnte. Diese Gefahr sei jedoch solange nicht virulent, wie ein offener und diskriminierungsfreier Zugang für die Teilnehmer besteht, keine Ausschließlichkeit der Nutzung verlangt wird und kein gemeinsamer Einkauf betrieben wird. Was die erste Voraussetzung anbelangt, scheint sich das BKartA auf die "essential-facilities"-Doktrin zu beziehen. Die Gewährung eines offenen und diskriminierungsfreien Zugangs nur zugunsten der Teilnehmer scheint jedoch nicht gerechtfertigt, die Zahl der Zugangsinteressenten zu beschränken. Ein offener und diskriminierungsfreier Zugang sollte auch dritten Unternehmen gewährt werden. Es liegt aber auf der Hand, dass die Anwendung der "essential-facilities"-Doktrin auf eine solche Zugangsverweigerung in Betracht käme, wenn alle anderen "essential-facilities"-Doktrin -Voraussetzungen erfüllt sind: Vorliegen einer marktbeherrschenden Stellung, Erforderlichkeit des Zugangs, Mangel an Alternativen, Unduplizierbarkeit, Fehlen von Rechtfertigungsgründen[887]. Wie von *Gassner* betont[888], sollten die Wettbewerbshüter sich mit einer umfassenden Marktanalyse auseinandersetzen: Wie hoch der durch die Zugangsverweigerung entstandene Schaden ist, ob die diskriminierten Unternehmen ihn teilweise oder völlig minimieren können und ob die Zugangsverweigerung den Wettbewerb auf den Märkten für Güter und Dienstleistungen beeinträchtigt. Eine solche ausführliche Marktanalyse erscheint notwendig, um die verschwommenen Konturen der Internet-Märkte besser definieren zu können. In diesem Rahmen sei noch betont, dass offene Interface-Standards und die Kompatibilität mit anderen Internetnetzen technischen Marktabschottungen vorbeugen[889]. Eine Änderung dieser Lage würde also zu einer *Sabena*-Konstellation[890] führen und dementsprechend die Anwendung der "essential-facilities"-Doktrin rechtfertigen. Aus den soeben erwähnten Bedenken hat sich das BKartA vorbehalten, die konkrete Praxis von *Covisint* einer späteren kartellrechtlichen Prüfung zu unterziehen[891]. Bei der kartellrechtlichen Prüfung könnte es zum "essential-

---

[887] Zur Anwendbarkeit der "essential facilities"-Doktrin auf Plattformen s. *Immenga/Lange* RIW 2000, 738.

[888] *Gassner* MMR 2001, 143.

[889] S. *Gassner* MMR 2001, 143. Vgl. Kap. 2 § 3 II 6.

[890] Vgl. Kap. II § 2 I 2.

[891] BKartA, WuW 2000, 1241 – B2B - *Internet - Plattformen* in. Zu einem ähnlichen Sachverhalt mit gleichen Schlussfolgerungen seitens des BKartA s. *Goodyear Tire and Rubber Company - Compagnie Générale des Établissements Michelin* unter http://www.bkarta.de/archivfus01.html.

facilities”-Doktrin-Instrumentarium greifen und damit das offene Merkmal des Internet schützen[892]. Zu dieser Schlussfolgerung führt der Hinweis des Bundeskartellamts auf die Flaschenhalsproblematik: wie das US-amerikanische siebte Appellationsgericht im Entscheid *MCI* festgestellt hat, kann der Begriff „Flaschenhals“ als Synonym zum Begriff „wesentliche Einrichtungen“ verstanden werden[893].

Die Zugänglichkeit der Handelsplattformen ist mit der Zugänglichkeit der Börsen eng verknüpft. Die Auffassung, wonach bestimmte Märkte als natürliche Monopole nicht mehr in Betracht kommen, betraf nicht nur u.a. die Telekommunikations- und die Energiebranche, sondern auch das Börsenwesen[894]. Dies hat die Transformation der deutschen Börsen in private Organisationsformen zur Folge. In Rahmen dieses Börsenwandels hat *Mues* darauf hingewiesen, dass Handelsplattformen im Internet Merkmale einer Börse aufweisen[895]. Börsliche Plattformen, so hat *Mues* akzentuiert, seien durch Netzeffekte gekennzeichnet[896]. Netzeffekte entstehen im Börsenhandel durch zeitliche und örtliche Konzentration der Orderströme. Es handele sich um ein Netzwerk von Börsenaufträgen. Da die Börseneinrichtungen unerlässlich für die Wettbewerber der nachgelagerten Märkte sind und ihre Duplizierbarkeit nicht realistisch wäre, erlangt die kartellrechtliche Zugangsfrage zunehmende Bedeutung. Wertpapierhändler, die über eine solche Handelseinrichtung verfügen, könnten nämlich ihre bevorzugte Stellung missbrauchen, um nachgelagerte Märkte für Wertpapierdienstleistungen zu kontrollieren (z.B. den Markt der Depotverwaltung oder der Anlageberatung) bzw. um den Zugang zu bestimmten Märkten unbillig zu behindern. Eine missbräuchliche Zugangsverweigerung könnte also gemäß Art. 82 EG oder § 19 IV Nr. 4 GWB sanktioniert werden. Aus dem zuvor Gesagten ergibt sich, dass kartellrechtlich relevante Zugangsfragen über Handelplattformen infolge der Wandlung des Börsenwesens, unter besonderer Berücksichtigung ihrer internetbezogenen Entwicklungen, entstehen werden. Eine mögliche Antwort auf diese Fragen kann durch die “essential-facilities”-Doktrin erfolgen.

---

892 Vgl. *Nikolinakos* ECLR 2000, 395: “(a) The Commission takes a positive attitude to the creation of strategic alliances which promote technical innovation, offer new products and services and therefore, contribute to the development of multimedia markets (im vorligenden Fall Automarkt). (b) At the same time, the Commisison’s target is to maintain open and competitive market structures in the Internet.

893 Hierzu s. Kap. 2 § 2 1 1.

894 *Mues* 1999, insbesondere 161 ff.

895 *Mues* 1999, 174.

896 *Mues* 1999, 192.

II. Domain-Name-Vergabestellen als *essential facilities*

Die Vergabe von Domain-Namen stellt eine besondere Zugangsproblematik für das Internet dar. In der Literatur haben *Nordemann, Czychowsky* und *Grüter* die delikate und noch nicht erforschte Cyberlaw-Branche einer kartellrechtlichen Untersuchung unterzogen[897]. Nach einer umfassenden Analyse der Struktur des Internets sind die Autoren zu der Schlussfolgerung gekommen, dass beiden, der Registratur *Nic.de*[898] und der Organisation *IHAC* (*Internet Ad Hoc Committe*)[899] ein Kontrahierungszwang auferlegt werden könnte. Was *Nic.de* anbelangt, würde eine Vergabeverweigerung ein missbräuchliches Verhalten darstellen, da *Nic.de* das einzige Unternehmen ist, das den „Top Level Domain" „.de" vergibt. Als Rechtfertigungsgrund der Verweigerung haben die Autoren das sogenannte *domain grabbing* genannt: *Nic.de* könnte sich weigern, einen Domain-Namen zu vergeben, wenn der Domain-Interessent sich fremde berühmte Marken als *domain names* im Internet reserviert, um diese später an den legitimen Markeninhaber zu veräußern. Eine ähnliche Konstellation haben sich *Nordemann/Czychowski/Grüter* auch für *IHAC* vorgestellt. Kartellrechtliche Kontrahierungsansprüche von Dritten kämen jedoch beim Fehlen an technischer Kapazitäten von *IHAC* nicht in Betracht. Die Prophezeiungen der drei Autoren haben sich 1999 in einem Urteil des LG Frankfurt erfüllt. Die Vergabestelle für Domain-Namen unter der *Top-Level-Domain* „.de" wurde als marktbeherrschendes Unternehmen betrachtet[900]. Die Weigerung seitens der Vergabestelle, die Registrierung einer tatsächlich nicht genutzten Domain zugunsten eines Nutzungsinteressenten aufzuheben und diesen als Domain-Inhaber zu registrieren, wurde aufgrund des Behinderungsverbotes untersagt. Das LG Frankfurt zog die "essential-facilities"-Doktrin nicht heran. Es ist aber zu erwarten, dass die Anwendung der "essential-facilities"-Doktrin für Internet-Fälle auch in Deutschland auftauchen wird.

---

[897] *Nordemann/Czychowski/Grüter* NJW 1997, 1897 ff..

[898] *Nic.de* ist ein Konsortium von Firmen, das über das Rechenzentrum der Universität Karlsruhe die Internetadressen in Deutschland vergibt.

[899] Es handelt sich um eine Gruppe, die das weltweite Internet Adress-System umgestalten sollte. Natur, Struktur und Legitimation dieser Gruppe sind nicht klar. Vgl. *Nordemann/ Czychowski/Grüter* NJW 1997, 1899.

[900] LG Frankfurt a.M. in NJW 1999, 586 – *ambiente.de*.

KAPITEL 4: DIE "ESSENTIAL-FACILITIES"-DOKTRIN IN DER ITALIENISCHEN RECHTSORDNUNG

§ 1. Die "essential-facilities"-Doktrin als Konkretisierung des Missbrauchsverbots

I. Die italienische Wettbewerbsordnung und die "essential-facilities"-Doktrin

Der italienische Gesetzgeber hat erst im Jahre 1990 ein Kartellgesetz verabschiedet[901]. Nach einem mehr als zweijährigen Gesetzgebungsverfahren[902] wurden die *Norme per la tutela della concorrenza e del mercato*[903] (*legge antitrust*)[904], in die italienische Rechtsordnung eingeführt. Bis zu diesem Zeitpunkt konnte der italienische Richter sich in Fällen mit wettbewerbsrechtlichem Einschlag zur Wahrung der Wettbewerbsfreiheit allein auf die allgemeinen Prinzipien der italienischen Verfassung[905], auf die Wettbewerbsregelen der europäischen Gemeinschaft oder auf die zivilrechtlichen Regeln des unlauteren Wettbewerbs[906] berufen.

Seit dem Inkrafttreten der *legge antitrust* ist die sogenannte *Autorità garante della concorrenza e del mercato* („Garantiebehörde für Wettbewerb und Markt", im Folgenden *Autorità* oder AGCM) Hüterin für die Anwendung dieses Gesetzes[907]. In dem Kartellgesetz hat der italienische Gesetzgeber die gemeinschafts-

---

901 Zur Entstehungsgeschichte des Kartellgesetzes und zu den vorausgegangen langwierigen Auseinandersetzungen anlässlich seinem Verabschiedung vgl. *Silva* Concorrenza Autorità Antitrust 2000, unter http://www.agcm.it unter dem Stichwort „eventi". Ein gesetzlicher Eingriff gegen Wettbewerbsbehinderungen wurde schon von *Einaudi* 1944, 67 ff. befürwortet. Grundlegend zum italienischen Kartellrecht *Amato* Il gusto della libertà, 1998; *Amato* Il potere e l'Antitrust 1998. In der deutschen Literatur vgl. *Tonke* WuW 1989, 202 ff.; *D'Amely* WuW 1981, 410-413. Zu Art. 3 des italienischen Kartellgesetzes vgl. *Stangl* 1996, 171 ff.; *Kaufmann* 1993, 67 ff..

902 *Tonke*, WuW 1989, 202 ff.. S. auch *d'Amely*, WuW 1981, 410-413. Zu Art. 3 des italienischen Kartellgesetzes vgl. auch *Stangl*, 1996, 171 ff.; *Kaufmann* 1993, 67 ff..

903 Gesetzliche Bestimmungen für den Schutz des Wettbewerbs und des Marktes.

904 *Legge* Nr.287 vom 10. Oktober 1990, *Gazz. Uff. (*Amtsblatt*)* Nr.240 vom 13. Oktober 1990. Eine deutsche Übersetzung ist in WuW 1991, 302 ff. abgedruckt. Einen Überblick über das Gesetz und die ersten Erfahrungen gibt *Beck* WuW 1991, 707 ff..

905 Durch Art. 2 (*die Freiheit der Person*) und Art. 41 (*die gewerbliche Freiheit*) erfährt die Freiheit des Wettbewerbs eine verfassungsrechtliche Anerkennung. Zur verfassungsrechtlichen Relevanz des „Marktes" und der „Marktfreiheit" in der italienischen Rechtsordnung. Vgl. *Niro* 1994, 7 ff.. Vgl. auch *Niro* Le nuove Leggi Civili commentate 1998, 447 ff..

906 In Betracht kamen insbesondere die Art. 2598 - 2600 des italienischen *Codice Civile* (Zivilgesetzbuch), die den unlauteren Wettbewerb sanktionieren.

907 Die *Autorità* arbeitet als Kollegialorgan (ein Vorsitzender und vier Mitglieder, die vom Parlament für eine Amtsdauer von sieben Jahren ernannt werden). Es handelt sich um eine sogenannte „*Au-*

rechtlichen Antitrustbegriffe und -regelungen fast wörtlich übernommen. Darüber hinaus besagt Art. 1 IV l. 287/90, dass die Bestimmungen des Gesetzes nach den Grundsätzen der EG-Wettbewerbsregeln auszulegen sind. In diesem Zusammenhang ist die besondere Rolle hervorzuheben, die das EG- Kartellrecht bei der Anwendung der "essential-facilities"-Doktrin in Italien spielt. Die Autorità hat in ihren Entscheidungen hierzu wiederholt auf Entscheidungen der Kommission und des EuGH Bezug genommen.

Ebenso wie in der EU und in Deutschland ist die "essential-facilities"-Doktrin in Italien ein Anwendungsfall des Verbots des Missbrauchs einer beherrschenden Stellung (Art. 3 *legge antitrust*). Im Gegensatz zum deutschen Bundeskartellamt hat die italienische *Autorità* oft auf die Rechtsfigur der "essential-facilities"-Doktrin zurückgegriffen. Diese Entscheidungen werden in Kap. 4 § 2 dargestellt. Nach einem Überblick über die sektorspezifische Regulierung im Zuge des Liberalisierungsprozesses in Kap. 4 § 3 sollen in Kap. 4 § 4 die Merkmale der "essential-facilities"-Doktrin in Italien erörtert werden. Ob und inwieweit Immaterialgüterrechte eine wesentliche Einrichtung darstellen können, wird in Kap. 4 § 5 erörtert.

II. Die Abschlusspflicht im Fall einer Monopolstellung

Mangels einer expliziten kartellrechtlichen Regelung konnte der italienische Richter bis 1990 die Rechtsmäßigkeit von Vertrags- und Lieferverweigerungen ausschließlich auf der Grundlage des im Zivilgesetzbuch geregelten Kontrahierungszwangs[908] beurteilen. Gemäß Art. 2597 c.c. kann einem Monopolunternehmen eine Abschlusspflicht unter folgenden Voraussetzungen auferlegt werden:

> „Wer ein Unternehmen mit gesetzlicher Monopolstellung betreibt, ist verpflichtet, mit jedem, der Leistungen in Anspruch nehmen will, die den Gegenstand des Unternehmens bilden, Verträge abzuschließen, wobei Gleichbehandlung zu wahren ist."

Die Reichweite dieser Bestimmung war jedoch unklar. Besonders umstritten ist die Frage, wer die Schutzadressaten dieser Bestimmung sind. Aus der *Relazione*

---

torità amministrativa indipendente", eine unabhängige Verwaltungsbehörde mit richterlichen Befugnissen. Der Begriff *„Autorità amministrative indipendenti*" stammt aus der französischen Rechtsordnung. S. hierzu, unter besonderer Berücksichtigung der historischen und verfassungsrechtlichen Aspekte, *Amato* in *Violante* 1998, 369 ff.

908 Vgl. schon *Stolfi* Rivista di Diritto Civile 1932, 126 ff..

al codice civile[909] ergibt sich, dass diese Vorschrift dem Verbraucherschutz dienen sollte[910]. Danach wären die Konsumenten die Schutzadressaten. Die herrschende Lehre hat Art. 2597 c.c. jedoch extensiv ausgelegt[911]. Unter den Schutzbereich von Art. 2597 c.c. fielen nicht nur Verbraucher, sondern auch Unternehmen, die von einem Monopolunternehmen abhängig sind und diskriminiert werden [912]. Diese Interpretation sollte dazu beitragen, den wettbewerbsrechtlichen Zweck (*funzionalità concorrenziale*)[913] des Art. 2597 c.c. zu verbessern und den Kontrahierungszwang des Zivilgesetzbuches mit den EG- kartellrechtlichen Vorschriften in Einklang zu bringen. Auch der Begriff des „gesetzlichen Monopols" in Art. 2597 c.c. wurde in der Literatur extensiv ausgelegt: Gesetzliche Monopole seien nicht nur auf einem Gesetz beruhende Monopole, sondern auch faktische Monopole[914]. Es darf nicht übersehen werden, dass die extensive Auslegung des Geltungsbereichs des Art. 2597 c.c. den Zweck hatte, das Fehlen kartellrechtlicher Vorschriften zu kompensieren. Dies belegen auch die Stimmen im Schrifttum, die den Gesetzgeber aufforderten[915], ein Diskriminierungsverbot einzuführen.

Eine ähnliche Argumentation verwendete auch im Jahre 1989 die *Corte Costituzionale* (der italienische Verfassungsgerichtshof) in ihrem Urteil zum diskriminierenden Verhalten eines Monopolisten. Diese lautete: Solange es in Italien kein Kartellgesetz gebe, soll Art. 2597 c.c. auch diskriminierende Verhaltensweisen

---

909 Für den Fall, dass sich der Sinn einer Vorschrift des *codice civile* vom Wortlaut her nicht erschließt und nicht klar ist, weist Art. 12 der *Preleggi* (Einführungsgesetz zum *codice civile*) auf die Notwendigkeit einer teleologischen Auslegung hin. Bei der Auslegung sind ferner auch die Motive des Gesetzgebers und die Gesetzesmaterialien zu berücksichtigen, die die Gesetzgebung begleitet haben (*Galgano* 1999, I, 110). Dazu gehört auch die *Relazione al codice civile* (Bericht zum *codice civile*).

910 *Relazione al codice civile*, Nr. 1046.

911 *Marchetti* 1969, 324.

912 *Libertini* 1981, 278, 279. S. auch *Marchetti*, der hier das Diskriminierungsverbot berührt. *Marchetti*, 1969, 32, Fussnote 83 bezieht sich insbesondere auf *Section 2 Clayton Act*, in der durch den *Robinson Patman Act* von 1936 geänderten Fassung ("Nothing .... contained ... in this title shall prevent persons engaged in selling goods, wares or merchandises in commerce from selecting their own customer in bona fide transactions and not in restraint of trade") und (*Marchetti*, 1969, 32 Fußnote 84) auf die deutsche Lehre vom Gleichbehandlungsprinzip im Wettbewerbsrecht (*Hueck* 1958, 77 ff., 170 ff.).

913 *Libertini* 1981, 290. S. auch *Marchetti* 1969, 344.

914 S. *Ascarelli* 1960, 57; *Marchetti* 1969, 335 ff.; *Franceschelli* Riv. Dir. Ind. 1962, II, 123; *Libertini* 1981, 293; *Nivarra* 1992, 35 ff..

915 S. *Ascarelli* 1960, 57 und *Marchetti* 1969, 320, die eine kartellrechtliche Lösung *de jure condendo* begrüßten.

erfassen[916]. Dagegen entschied die *Cassazione* (das italienische Revisionsgericht), dass Art. 2597 c.c. zugunsten von Unternehmen nicht anwendbar sei[917]. Art. 2597 hatte dieser Entscheidung zufolge den Versorgungs- und Verbraucherschutz und nicht die Gleichbehandlung von Wettbewerbern zu gewährleisten[918].

Nach dem Inkrafttreten des Kartellgesetzes gibt es für eine extensive Auslegung von Art. 2597 c.c. keine Rechtfertigung mehr. Da der Kontrahierungszwang zugunsten eines diskriminierten Unternehmens unter das Kartellgesetz fällt, ist der Auffassung zuzustimmen, dass der Anwendungsbereich von Art. 2597 c.c. auf den Schutz von Konsumenten beschränkt ist[919].

III. Der Missbrauch einer marktbeherrschenden Stellung gemäß Art. 3 l. 287/90

Art. 3 der *legge antitrust* regelt wie folgt den: Missbrauch einer beherrschenden Stellung:

> „Der Missbrauch einer beherrschenden Stellung auf dem Inlandsmarkt oder eines bedeutenden Teils desselben durch ein oder mehrere Unternehmen ist verboten; untersagt ist insbesondere:
>
> a) die direkte oder indirekte Auferlegung ungerechtfertigt belastender Einkaufspreise, Verkaufspreise oder anderer Vertragsbedingungen;
> b) die Verhinderung oder Beschränkung der Erzeugung, des Absatzes oder des Marktzugangs, der technischen Entwicklung oder des technologischen Fortschritts zum Nachteil der Verbraucher;

---

916 *Corte Costituzionale* vom 15. Mai 1990, Nr.241, Giur. It. 1990, I, 1, 1501 ff., insbesondere 1515. Das Urteil erfuhr große Aufmerksamkeit in der Literatur. S. u.a. *Abriani* Giur. It. 1990, I, 1, 1501 ff.; *Nivarra* Foro it. 1990, I, 2, 2401 ff.; *Pace* Giur. Cost. 1990, 1482 ff.; *Bianchini* Dir. Inf. 1990, 923 ff..

917 *Cass.* vom 15. März 1985, Nr. 2018, Giur. A. Dir. Ind. 1986, 1283. In diesem Fall weigerte sich ein Verein von Verlegern und Zeitungsverkäufern, mit einem Zeitungsverkäufer zu kontrahieren. S. auch *Cass.* vom. 16. April 1983, Nr. 2643, Foro it. 1983, I, 2160. In diesem Zusammenhang s. auch *Tribunale Milano* vom 22. März 1976, Giur. A. Dir. Ind. 1976, 702 ff.; *App. Milano* vom 24. November 1978, a.a.O. 1978, 702 ff.; *Cass.* vom 23. Februar 1983, Nr. 1403, a.a.O. 1984, 5 ff., wonach die Weigerung eines Monopolisten gegenüber einer Vertriebsgesellschaft über den Art. 86 EGV zu untersagen war. S. auch *Cass.* vom 15. Januar 1982, Nr. 253, a.a.O. 1982, 1466 ff..

918 S. *Cass.* vom 12. Januar 1993, Nr. 266, Riv. Dir. Ind. 1993, II, 332; *Cass.* vom 23. Februar 1994, Nr. 1785, Giur. Comm. 1995, II, 359.

919 *Nivarra* 1992, 212 ff., insbes. 240, der die Antitrustbestimmungen klar von Art. 2597 c.c. abgrenzt. Vgl. *Guglielmetti* CEM 1998, 399, Fuß. 24.

c) in den Geschäftsbeziehungen mit anderen Vertragspartnern die Anwendung von objektiv unterschiedlichen Bedingungen für gleichwertige Leistungen, so dass für diese ungerechtfertigte Wettbewerbsnachteile entstehen;
d) Vertragsabschlüsse von der Annahme zusätzlicher Leistungen durch die Vertragspartner abhängig machen, die durch ihre Art oder nach handelsüblichen Gepflogenheiten in keinerlei Verbindung zum Gegenstand der jeweiligen Verträge stehen[920]."

Daraus ergibt sich, dass die *legge antitrust* die Verhinderung des Missbrauchs einer beherrschenden Stellung bezweckt, nicht aber die Expansion eines Unternehmens *per se*, die zu einer Marktdominanz führt.

Die Tatbestandsmerkmale von Art. 3 *legge antitrust* sind jedoch offen, da der Gesetzgeber weder die marktbeherrschende Stellung noch ihren Missbrauch definiert hat. Während der deutsche Gesetzgeber die Marktbeherrschung durch das Aufstellen von gesetzlichen Vermutungen präzisiert hat, verzichtete das italienische Gesetz auf jegliche Erläuterung[921]. Für die Auslegung des Art. 3 l. 287/90 spielen hier vielmehr die von der Kommission und dem EuGH entwickelten Auslegungskriterien eine grundlegende Rolle[922].

Die Übereinstimmungen der italienischen und der EG- Kartellrechtsvorschriften zum Verbot des Marktmissbrauchs veranlassten *Moglia* und *Durante*, sich die folgende äußerste Konstellation auszumalen:[923] die italienische Kartellbehörde könnte die Entscheidung eines Falls dem EuGH überlassen. Die Autoren berufen sich auf den Fall *Bronner*: Die Vorlegung einer Frage an den EuGH durch die österreichische Kartellbehörde nach Art. 234 EG im Wege einer Vorabentschei-

---

920 Zu den Voraussetzungen des italienischen Missbrauchsverbots in deutscher Sprache s. *Pilla* 2000, 289 ff..

921 Nach Art. 2 des von *Rossi* vorgelegten Entwurfs für ein Kartellgesetz konnte beim Vorliegen eines Marktanteils von mindestens 45 % eine dominierende Stellung vermutet werden (vgl. *Frignani/Pardolesi/Patroni Griffi* 1993, I, 311). Der italienische Gesetzgeber hat es jedoch - ebenso wie der französische, der spanische und der portugiesische Gesetzgeber - vorgezogen, auf eine Definition der marktbeherrschenden Stellung zu verzichten. Dagegen haben der belgische, der deutsche, der englische und der niederländische Gesetzgeber in den jeweiligen Kartellgesetzen eine Definition der marktbeherrschenden Stellung gegeben. (*Frignani/Pardolesi/Patroni Griffi* u.a. 1993, I, 317).

922 Vgl. *Frignani/Pardolesi/Patroni Griffi* u.a. 1993, I, 312 und 317, derer Auffassung zufolge die Auslegungskriterien der Kommission und des EuGH unmittelbar anwendbar seien.

923 *Moglia/Durante* CEM 1999, 302.

dung bezweckte hier die Auslegung eines österreichischen Gesetzes und nicht die Auslegung des EG. Aufgrund der Ähnlichkeit zwischen den mitgliedstaatlichen (österreichischen bzw. italienischen) Missbrauchsverbotsvorschriften und denen des EG könnte also der EuGH eingeschaltet werden. Auf diese Weise würde der EuGH eine mitgliedsstaatliche Wettbewerbsvorschrift ausgelegen und einen beim Gericht eines Mitgliedstaats anhängigen Fall direkt lösen[924].

Die Voraussetzungen des „Missbrauchs einer marktbeherrschenden Stellung" werden weiter unten im Zusammenhang mit der Untersuchung der Tatbestandsmerkmale der "essential-facilities"-Doktrin als Anwendungsfall von Art. 3 *legge antitrust* in Kap. 4 § 4 erörtert[925].

§ 2. Die "essential-facilities"-Doktrin in der Entscheidungspraxis der *Autorità*

Anders als das BKartA hat die italienische *Autorità* bereits mehrmals auf die "essential-facilities"-Doktrin zurückgegriffen[926], um gegen missbräuchliche einseitige[927] Verhaltensweisen von marktbeherrschenden Unternehmen vorzugehen.

---

924 Für eine solche Auslegung plädiert auch *Vasques* Foro It. 1999, IV, 51.

925 Wie bereits erwähnt, nimmt Art. 1 IV l. 287/90 Bezug auf die Grundsätze der EG-Wettbewerbsregeln.

926 Die in den folgenden Abschnitten dargestellten Entscheidungen sind chronologisch geordnet.

927 Wie schon in der Einführung erwähnt, beschränkt sich die vorliegende Arbeit auf eine Untersuchung der einseitigen Verhaltensweisen. Es ist jedoch erwähnenswert, dass die *Autorità* diese in zahlreichen Fällen in Zusammenhang mit Absprachen und Zusammenschlüssen zugrunde legte. Vgl. z.B. AGCM, Beschluss vom 20. Juli 1995, Boll. 29/1995 – *Ram - Rifornimenti Aeroporti Milanesi;* AGCM, Beschluss vom 21. November 1996, Boll. 47/1996 – *AGIP Petroli /Kuwait Petroleum Italia/ESSO Italiana - PAR*; AGCM, Beschluss vom 20. Mai 1998, Boll. 21/1998 – *AGIP Petroli /Esso Italiana/Kuwait/Petroleum Italia-HUB* und AGCM, Beschluss vom 4. Juni 1998, Boll. 23/1998 – *AGIP Peroli/Esso Italiana*. In diesen Fällen ging es um die Gründung von Joint Ventures, und um das Entstehen von *essential facilities* und um mögliche Marktzutrittsbeschränkungen. Hierzu s. *Siragusa/Beretta* Contratto e Impresa 1999, 307 ff.. S. auch AGCM, Beschluss vom 27. Juli 2000, Boll. 30/2000, § Tz. 96 – *Telecom Italia/Seat Pagine Gialle*, in dem ein Zusammenschluss genehmigt worden ist, unter der Bedingung dass der Zugang zu wesentlichen Einrichtungen (einer Datenbank) nicht ungerechtfertigt verweigert wird. Die "essential facilities"-Doktrin lag auch dem AGCM, Beschluss vom 13. November 1997, Boll. 46/1997, Tz. 63, 116 – *Telecom Italia/Intesa*, zugrunde. Schließlich sei noch erwähnt, dass die "essential-facilities"-Doktrin im Rahmen der wettbewerblichen Aufsichtsbefugnisse der *Banca d'Italia* (Italienische Zentralbank) verwendet worden ist. S. *Banca d'Italia*, Beschluss vom 8. Oktober 1998, Boll. 42/1998 – *Pagobancomat*. In diesem Fall ging es um die Zugänglichkeit von Bankinfrastrukturen. Hierzu vgl. *Gyselen* Fordham 1996, 329 ff. und *Blumenthal* Antit. Law Jour. 1990, 855 ff..

Diese Spruchpraxis[928] wird im Folgenden nach Wirtschaftsgruppen geordnet. Eine Analyse dieser Wirtschaftsgruppen an späterer Stelle (Kap. 5 § 4) wird zeigen, dass sie derzeit einen Liberalisierungsprozess durchlaufen. Die *Autorità* setzt die Anwendung der "essential-facilities"-Doktrin ein, um den Liberalisierungsprozess zu unterstützen.

I. Zugang zu Telekommunikationsnetzen

Entsprechend der wettbewerbsrechtlichen Spruchpraxis auf europäischer Ebene stellt die Frage des Zugangs zu Telekommunikationsnetzen auch in Italien einen typischen Anwendungsfall der "essential-facilities"-Doktrin dar. In der Entscheidung *3C Communication* hatte das damalige staatliche Monopolunternehmen *SIP*[929] einem Wettbewerber den Zugang zu Telefonnetzen verweigert[930]. Das Telekommunikationsunternehmen *3C Communication* war auf das Telefonnetz von *SIP* angewiesen, um einen Zahlungsdienst anbieten zu können[931]. Obwohl der oben skizzierte Sachverhalt einen typischen Fall der "essential-facilities"-Doktrin darstellt, untersagte die *Autorità* die Zugangsverweigerung von *SIP* aufgrund Art. 3 b) l. 287/90), ohne auf die "essential-facilities"-Doktrin Bezug zu nehmen.

Erstmals in der Entscheidung *Telesystem/SIP* aus dem Jahr 1995 hat die *Autorità* die "essential-facilities"-Doktrin ausdrücklich angewandt[932]. Die *Autorità* stellte hier fest, dass das ehemalige gesetzliche Monopolunternehmen (*monopolista legale*) *Telecom Italia S.p.a.*[933] (*Telecom*)[934] über eine wesentliche Einrichtung (das Telefonnetz) verfüge. Ohne den Zugang zu dieser Einrichtung könne das Konkurrenzunternehmen *Telesystem* seinen Kunden den *GCU*-Telefondienst[935]

---

[928] Ein Überblick über die Spruchpraxis der Kartellbehörde in Italien bis 1996 findet sich in OCDE/GD(96)113, http://www1.oecd.org/daf/clp/Roundtables/ess05.htm.

[929] *Società Italiana per l'esercizio delle telecomunicazioni*, die italienische Telekom.

[930] AGCM, Beschluss vom 4. März 1992, Boll. 5/92, Tz. 7 – *3C Communication.*

[931] Die Firma *3C Communication* bot den Konsumenten die Möglichkeit, telefonische Anrufe per Kreditkarte zu bezahlen.

[932] AGCM, Beschluss vom 10. Januar 1995, Boll. 1-2/1995, Tz. 7 – *Telsystem/Sip.*

[933] *Società per azioni*, Aktiengesellschaft.

[934] Das Unternehmen *Telecom* besteht aus einem Zusammenschluss von mehreren Gesellschaften, darunter auch der *SIP S.p.a.*.

[935] Der GCU, *Servizio di telefonia per gruppi chiusi di utenti* ist ein Telefondienst für geschlossene Gruppen von Telefonteilnehmern. Es handelt sich um Vorzugsbedingungen bei Telekommunikation innerhalb eines begrenzten Kreises von Teilnehmern. Durch dieses System können Unternehmen mit ihren in unterschiedlichen Städten ansässigen Niederlassungen vergünstigt kommunizieren.

nicht anbieten. Die *Autorità* differenzierte zwischen dem Markt für mietweise Verschaffung des Zugangs zu Telefonnetzen (Hauptmarkt) – für welchen die *Telecom* ein Monopol besaß – und dem Markt der *GCU*-Telefondienstleistungen (abgeleiteter Markt). *Telecom* verhinderte ohne objektive Rechtfertigung den Zugang zu diesem Hauptmarkt. Folglich qualifizierte das italienische Kartellamt dieses Verhalten als Missbrauch[936] einer beherrschenden Stellung[937].

Auch im Fall *Albacom/Telecom-Circuiti Dedicati*[938] hat sich die *Autorità* mit einem Fall des Missbrauchs einer marktbeherrschenden Stellung in Form einer Zugangsverweigerung auseinandergesetzt. Im Untersuchungsverfahren[939] begehrte *Albacom* als Newcomer den Zugang zum Telekommunikationsnetz, um seinen Kunden Datenübertragungsdienste und andere Telekommunikationsdienste anbieten zu können. Das Fehlen alternativer Übertragungsmittel (via Kabel oder via Rundfunk) veranlasste das italienische Kartellamt, das Netzwerk als eine wesentliche Einrichtung einzustufen. Trotz ihrer Hinweise auf die Notwendigkeit einer nichtdiskriminierenden Zugangsgewährung und darauf, die kostenorientierten Tarife[940] zugrunde zu legen, vermied es die *Autorità*, die "essential-facilities"-Doktrin in ihrer Entscheidungsbegründung heranzuziehen[941].

Der Zugang zu Telekommunikationsnetzen erlangt eine besondere Bedeutung für die sogenannten *Internet Service Provider* (ISP)[942]. Die *Associazione Italiana*

---

936 Vgl. *Bonelli/Cassese* 1999, 1067 ff..

937 Vgl. die zwei einstweiligen Verfügungen vom *App. Milano*, Foro it. 1995, I, 1325 ff. und *App. Milano* vom 18. Juli 1995, Foro it., 1996, I, 274 ff. Das Berufungsgericht hat sich mit einem Zugangsverweigerungsfall auseinandergesetzt, ohne allerdings die "essential facilities"-Doktrin zu erwähnen. Vgl. hierzu *Ricolfi*, Giur. It. 1996, I, 2 95 ff., mit einer Analyse im Lichte der Liberalisierungsproblematik.

938 AGCM, Beschluss vom 30. Oktober 1997, Boll. 44/97 – *Albacom/Telecom Italia-Circuiti Dedicati*. S. auch *Bonelli/Cassese* 1999, 1062 ff..

939 AGCM, Beschluss vom 19. Dezember 1996 Boll. 51/1996, Tz. 3 ff..- *Albacom/Telecom Italia – Circuiti Dedicati*,

940 Die *Autorità* berief sich insbesondere auf die EG-Richtlinie 92/44, die eine spezifische Regulierung vorsieht, um die Erbringung von konkurrierenden Dienstleistungen auf den gleichen Leitungen zu ermöglichen AGCM, Beschluss vom 30. Oktober 1997, Boll. 44/1997, Tz. 69 – *Albacom/Telecom Italia-Circuiti Dedicati*.

941 Trotzdem betrachtete die *Autorità* in dem Beschluss vom 25. Februar 1999, Boll. 8/1999, Tz. 153, Fussnote 57 – *SNAM - Tariffe di Vettoriamento* den Fall *Albacom/Telecom Italia-Circuiti Dedicati* als Anwendungsfall der "essential facilities"-Doktrin.

942 Zur Zugangsverweigerung und den *Internet Service Providers* s. Kap. 2 § 2 I 2 und Kap. 3 § 4 Anhang. Zur Problematik der Diskriminierung und der Zugangsverweigerung in Zusammenhang mit dem Internet s. *Costanzo* DRT 1999, 95.

Internet Providers[943] (ein Verein von *Internet Service Providern*) wandte sich wegen eines diskriminierenden Verhaltens der *Telecom*, die zugleich dominierender Netzbetreiber und *Internet Service Provider* war, an die italienische Kartellbehörde. Nach Ansicht der *Autorità* konkretisierte sich der Missbrauch der *Telecom* in folgenden Verhaltensweisen:

- Auf dem *business to business*-Markt hatte *Telecom* anderen *Service Providern* diskriminierende Bedingungen auferlegt. Die diskriminierenden Bedingungen bestanden aus Rabatten zugunsten von Geschäftskunden der *Telecom* und hohen Tarifen für die übrigen konkurrierenden Internet Service Provider. Auf diese Weise soll *Telecom* versucht haben, Wettbewerber aus dem Markt zu verdrängen.

- Auf dem *business to consumer* Markt hatte *Telecom* ihre Monopolstellung durch eine äußerst aggressive Preispolitik ausgenutzt. Quersubventionierungen und die vertikal integrierte Unternehmensstruktur ermöglichten es *Telecom*, Verluste im *business to consumer*-Markt auszugleichen.

Während das letztere Verfahren (*business to consumer*) gütlich beendet werden konnte[944], hat die italienische Kartellbehörde im anderen Verfahren (*business to business*) ein Bußgeld verhängt. Auch in diesem Fall erwähnte die *Autorità* die "essential-facilities"-Doktrin allerdings nicht.

Einen weiteren Fall des Machtmissbrauchs durch die *Telecom* bildet die Sache *Tiscali-Albacom/Telecom Italia*. Infolge der Monopolstellung der *Telecom* im Hinblick auf das Telefonnetz, waren die übrigen zugelassenen Telekommunikationsunternehmen, sogenannte *OLO* (*other licensed operators*), auf die Telecom angewiesen, damit die Kunden der *OLO* die Anrufe der *Telecom*-Kunden empfangen konnten (sogenannte *interconnessione inversa*) [945]. Mit anderen Worten: *Telecom* verfügte als marktbeherrschendes Unternehmen über wesentliche Einrichtungen[946], über die die potentielle Kundschaft der *OLOs* zu erreichen war. Darüber hinaus erstreckte sich die marktbeherrschende Position der *Telecom* auch auf den Markt des Zugangs zum Internet. Nach der Definition der *Autorità* war die *Telecom* für die *OLOs* damit ein sogenannter *partner obbligato* (Zwangsge-

---

[943] AGCM, Beschluss vom 28. Januar 2000, Boll. 4/2000. – *Associazione Italiana Internet Providers/Telecom.*

[944] Der Text der Vergleichsvereinbarung kann unter http://aiip.it/accordo.html abgerufen werden.

[945] AGCM, Beschluss vom 13. Juli 2000, Boll. 28/2000, Tz. 136 – *Tiscali-Albacom/Telecom Italia.*

[946] A.a.O. Tz. 79.

schäftspartner)[947]. Unter Ausnutzung ihrer marktbeherrschenden Stellung änderte *Telecom* die Zusammenschaltungsvereinbarungen[948] mit ihren Wettbewerbern willkürlich[949] und legte den *OLOs* neue Zusammenschaltungsbedingungen[950] auf, um dadurch für sich selbst Vorteile zu erzielen. Nach Auffassung der *Autorità* begründete das Fehlen von "objektiven Rechtfertigungsgründen"[951] für die Änderung der Zusammenschaltungsbedingungen einen Verstoß gegen Art. 3 l. 287/90[952]. Um der Verhängung von Bußgeldern zu entgehen, verpflichtete sich die *Telecom*, dieses missbräuchliche Verhalten abzustellen, billige Zusammenschaltungsbedingungen anzubieten und den *OLOs* den entstandenen Schaden zu ersetzen.

Mit der Entscheidung *Infostrada/Telecom Italia – Tecnologia ADSL* hat die *Autorità* ihre im Telekommunikationsbereich eingenommene wettbewerbsfreundliche und marktöffnende Einstellung bestätigt[953]. Die Einführung der *ADSL*-Technologie (*Asymmetric Digital Subscriber Line*) ermöglicht es, in der Fernmeldetechnik eingesetzte Kupferleitungen Informationen, Dateien und Bilder zu übertragen, die andernfalls über Glasfaserkabel übertragen werden müssten[954]. Das Netz der Kupferleitungen stellte folglich eine sehr begehrte Einrichtung dar. Im vorliegenden Fall besaß die *Telecom* ein faktisches Monopol für diese Haupttelekommunikationseinrichtungen (darunter ist das Festnetz der Telecom zu verstehen)[955]. Mittels dieser Einrichtungen war *Telecom Italia* der Hauptanbieter von Übertra-

---

947 A.a.O. Tz. 133.

948 Zur Zusammenschaltung vgl. Kap. 2 § 3 II 1.

949 Dadurch bezweckte *Telecom*, die *Internet Service Provider* von ihrer Netzarchitektur abhängig zu machen.

950 *Tiscali-Albacom/Telecom Italia*, Beschluss vom 13. Juli 2000, Boll. 28/2000, § § 117-135.

951 A.a.O. 120. Überdies entdeckte die *Autorità* im Rahmen einer Inspektion bei der *Telecom*, dass die Handelsstrategien der *Telecom* eine Behinderung der ISP bei der Akquisition neuer Kunden darstellten.

952 Bei der Beurteilung des Verhaltens der *Telecom* verwies die *Autorità* auf billige, verhältnismäßige und nichtdiskriminierende Zusammenschaltungsbedingungen und auf die Notwendigkeit der Förderung neuer Zusammenschaltungsarten. Vgl. auch a.a.O. Tz. 52.

953 AGCM, Beschluss vom 27. April 2001, Boll. 16/17 2001, Tz. 191 ff. – *Infostrada/Telecom Italia-Tecnologia ADSL.*

954 Die ADSL-Technologie gehört zur X-DSL-Übertragungstechnologie. „Es gibt grundsätzlich zwei Varianten: Asymmetrisches DSL (ADSL) verwendet mehr Tempo für das Herunterladen von Daten als für das Senden und ist deshalb eher für Privatleute geeignet, die viel surfen, aber nur kleine Datenpäckchen wie z.B. E-Mails versenden. Beim symmetrischen DSL (SDSL) werden die Daten mit gleichen Bitraten gesendet und empfangen. SDSL richtet sich eher an Geschäftskunden mit regem Internet-Verkehr." (Handelsblatt vom 12. März 2001, Beilage Netzwert, 9).

955 S. die Einleitung der Untersuchung, AGCM, Beschluss vom 17. November 1999, Boll. 46/99, Tz. 14 – *Infostrada/Telecom Italia- Tecnologia ADSL.*

gungskapazitäten für die mit ihr konkurrierenden *Internet Service Provider* in den Märkten des Angebots von internetbezogenen Datenübertragungsdienstleistungen und der Verschaffung eines Internetzugangs für Endverbraucher. Die Verfügungsbefugnis bzgl. der vorgenannten Einrichtungen war für die *New Comers* unentbehrlich, um Telekommunikationsdienste auf den liberalisierten Märkten anbieten zu können[956]. Nach Ansicht der *Autorità* ist die diskriminierende Verhaltensweise von *Telecom Italia* zu dem Zwecke erfolgt, die innovativsten Marktsegmente der Internetzugangsmärkte und der Datenübertragungsmärkte zu erobern, ebenso wie die Zusammenschaltungsverweigerung auf lokaler Ebene u.a. die technologische Entwicklung zu Lasten der Konsumenten behindert. Infolgedessen hat die AGCM Telecom mit einer Geldbusse von ca. 60 Millionen Euro belegt.

II. Zugang zu Datensammlungen

Auch nach italienischem Recht können Datensammlungen unter bestimmten Voraussetzungen als geistiges Eigentum geschützt werden – urheberrechtlich und/oder als *jus sui generis*[957]. Ein Konflikt *a la Magill* zwischen Kartellrecht und Schutzrechten an Datensammlungen ist folglich auch im italienischen Recht denkbar. Obwohl die Verweigerung des Zugangs zu Datensammlungen in zwei Fällen unter die Lupe der *Autorità* gefallen ist, hat sich die *Autorità* zu immaterialgüterrechtlich geschützten Datenbanken als möglichen wesentlichen Einrichtungen bislang noch nicht geäußert.

In dem Verfahren *Sign/Stet-SIP*[958] stellten die Daten über Telefonkunden eine Engpasssituation dar. Art. 287 der sogenannten Postordnung[959] gewährte den Unternehmen *Telecom* und *Stet* das ausschließliche Recht, ein allgemeines Verzeichnis aller Telefonkunden zu erstellen, zu verkaufen und zu vertreiben. Die Weigerung seitens *Telecom* und *Stet*, diese Daten dem konkurrierenden Unternehmen *SIGN* zur Verfügung zu stellen, veranlasste *Sign*, sich an die *Autorità* zu wenden. Ohne den Zugang zu den Telefonkundendaten konnte *Sign* die Entwicklung eines *off-line* Geräts nicht durchführen, das die Suche nach Telefon-

---

956 A.a.O Tz. 15. Der Beschluss der *Autorità* verweist auf den *d.p.r.* Nr. 420/25, welcher den normativen Rahmen für die Liberalisierung der italienischen Telekommunikationsmärkte darstellt. S. unten Kap. 4 § 3 II.

957 S. Kap. 5 § 6 II.

958 AGCM, Beschluss vom 27. April 1995, Boll. 17/1995 – *SIGN/STET-SIP*.

959 *D.p.r.* Nr. 156 vom. 29. März 1973, *Testo unico delle disposizioni legislative in materia postale, di bancoposta e di telecomunicazioni* (*codice postale*), die italienische Postverordnung, *Gazz. Uff.* (Supplemento Ordinario) Nr. 113 vom 3. Mai 1973.

kunden erleichterte. *Telecom* und *Stet* haben u.a. folgende Punkte als Rechtfertigungsgründe für ihr Verhalten vorgebracht[960]:

- das Vorliegen eines ausschließlichen Rechts (ein gesetzliches Monopol)
- das Recht auf eine Belohnung für die aufwendige Informationssammlung
- der notwendige Schutz für die personenbezogenen Daten
- das Vorliegen eines *jus sui generis* bzgl. der Datenbank
- das Verbot gemäß Art. 288 *codice postale*, für andere Unternehmen die von *Telecom* und *Stet* erlangten Daten zu vervielfältigen und zu verwerten.

Die italienischen Kartellbehörden hielten jedoch diese Gründe für eine Zugangsverweigerung für unzureichend, weil die Zugangsverweigerung zu den Kundendaten den Zugang zu verschiedenen nachgelagerten Märkten behinderte. Auch das Vorliegen eines Monopols, das nach Art. 8, II l. 287/90 grundsätzlich die Anwendbarkeit der Wettbewerbsregeln ausschließt, konnte als Rechtfertigungsgrund nicht herhalten. Gemäß Art. 8, II l. 287/90 sind Monopolunternehmen in ihrer Tätigkeit streng an die Erfüllung der ihnen übertragenen Aufgaben gebunden. Mit anderen Worten: Die Ausübung eines ausschließlichen Rechts selbst darf gemäß Art. 8, II l. 287/90 nicht den Zweck überschreiten, aufgrund dessen das Recht gewährt worden ist. Nach Ansicht der *Autorità* war der Schutzumfang des gesetzlichen Monopols von *Telecom* und *Stet* ausschließlich auf die Sammlung und die Verbreitung von Daten der Telefonkunden beschränkt.

Tätigkeiten auf benachbarten Märkten – z.B. die Anfertigung von interaktiven Telefonverzeichnissen oder das sogenannte *direct marketing*[961] – fallen nicht in den Schutzbereich des ausschließlichen Rechts[962]. Die Zugangsverweigerung zu den vorgenannten Daten, die wesentlich für die Aufnahme des Wettbewerbs auf benachbarten Märkten waren, brachte folglich eine Monopolausdehnung mit sich. *Sign* und andere potentielle Konkurrenten hatten ihrerseits keine Möglichkeit, ähnliche Datenbanken zu schaffen. Das Kopieren bzw. Abschreiben der Datenbank war aus technischen und wirtschaftlichen Gründen unzumutbar[963]. Aus diesen Gründen befand die *Autorità*, dass das Verhalten von *Stet* und *Telecom* gegen

---

960 AGCM, Beschluss vom 27. April 1995, Boll. 17/1995, Tz. 20, 21 – *SIGN/STET-SIP*.

961 A.a.O. Tz. 34-41.

962 Es ist offensichtlich, dass die teleologische Argumentation der *Autorità* auf die Linie der Entscheidung *Magill* (vgl. Kap. 2 § 2 II 2) liegt.

963 AGCM, Beschluss vom 27. April 1995, Boll. 17/1995 Tz. 33 – *Sign/Stet-Sip*. S. auch Tz. 48 des Beschlusses in dem die *Autorità* die Daten als wesentliche Ressourcen qualifiziert. Obwohl die *Autorità* auf die Entscheidung *Magill* verwies, erwähnte den Konflikt zwischen Immaterialgüterrechten und Kartellrecht nicht.

Art. 3 b) l. 287/90 verstoße und erlegte den beiden Unternehmen auf, einen diskriminierungsfreien Zugang zu der streitgegenständlichen Datenbank zu ermöglichen[964].

Einer ähnlichen Argumentation hat sich die *Autorità* in der Entscheidung *Denunce Infocamere – Cerved*[965] bedient. Die Unternehmen *Infocamere, Cerved Holding und Cerved*[966] hatten eine beherrschende Stellung im Hinblick auf die Daten der italienischen Handelskammer. Diese Daten wurden von den vorgenannten Gesellschaften auf CD-ROMS gespeichert[967]. Das missbräuchliche Verhalten von marktbeherrschenden Unternehmen bestand hier aus unbilligen Eintrittsbedingungen. Um die Daten von *Infocamere* kaufen zu können, mussten konkurrierende Unternehmen nachweisen, einen Mindestumsatz von 5 Milliarden Lire zu erzielen und ein Stammkapital bzw. Nettovermögen von 5 Milliarden Lire[968] zu haben. Erschwerend kam noch ein Rabatt-System hinzu, das potentielle neue Wettbewerber behinderte und *Cerved* begünstigt hatte. Betroffen von diesem Verhalten waren Unternehmen, die auf den Märkten von Sammlung, Archivierung und dem Vertrieb der Daten der Handelskammer tätig waren. Unbillige, unverhältnismäßige und diskriminierende Bedingungen für den Zugang zu Einrichtungen, die unentbehrlich für die Ausführung von unternehmerischen Tätigkeiten waren, verstoßen in den Augen der *Autorità* gegen Art. 3 l. 287/90[969]. Nach Aufhebung dieser Bedingungen seitens der beherrschenden Unternehmen hielt die *Autorità* das Verhalten von *Infocamere/Cerved* nicht mehr für wettbewerbswidrig[970].

---

964 Die Frage, ob SIGN ein verwaltungsrechtlich zu beurteilendes Zugangsrecht hat, bejahte der *Consiglio di Stato* (letztinstanzliches Verwaltungsgericht) in einem parallelen verwaltungsrechtlichen Verfahren. Dieses Recht besteht nach Ansicht des *Consiglio di Stato* aus einem allgemeinen Schutz des Wirtschaftrechts und stimmt mit der Maßnahme der Autorità überein (*Consiglio di Stato* vom 22. Juni 1995, Foro Amm. 1998, 90; *Bonelli/Cassese* 1999, 1077).

965 AGCM, Beschluss vom 6. November 1997, Boll. 45/97 – *Denunce Infocamere – Cerved*,.

966 Nach Auffassung der *Autorità* waren die drei erwähnten Gesellschaften als „einzige einheitliche Wirtschaftseinheit" (*unica entità economica*, § 2 der Entscheidung) zu betrachten.

967 Es ging hauptsächlich um Daten bzgl. der in Handelsregistern eingetragenen Unternehmen, deren Bilanzen und Gesellschafterlisten, sowie um Daten über zu Protest gegangene Wechsel.

968 Circa 2,4 Millionen Euro.

969 Die *Autorità* verwies diesbezüglich auf die Entscheidung *Sign/Stet-Sip* und auf die Entscheidung des EuGH *Magill*. S. AGCM, Beschluss vom 6. November 1997, Boll. 45/97, Tz. 104 – *Denunce Infocamere – Cerved*.

970 Bei dem Entscheidungsverfahren der *Autorità* spielte das Vorliegen von Rechtfertigungsgründen eine wesentliche Rolle. Rabattsysteme für bestimmte Zugangsmöglichkeiten ließen sich aus technischen Gründen erklären. Die Verweigerung von Daten über Schuldner, deren Wechsel zu Protest gingen, war im Hinblick auf personbezogene Daten gerechtfertigt.

III. Zugang zu Flughäfen

Mehrmals hat sich die *Autorità* mit dem Zugang zu wesentlichen Infrastrukturen in der Flugverkehrsbranche befasst. Der Sache *Associazione Consumatori Utenti/Alitalia*[971] lag folgender Sachverhalt zugrunde: *Alitalia* behinderte bzw. erschwerte Konkurrenten durch die *Clearence*[972] für die Verleihung der *Slots* [973] den Zutritt zu dem 1992 liberalisierten Markt der „Strecken des innergemeinschaftlichen Flugverkehrs“[974]. Aufgrund der Verwaltung der *Clearence* und des Verfügens über wichtige Informationen besaß Alitalia eine marktbeherrschende Stellung, die von sogenannten Netzwerkeffekten verstärkt wurde[975]. Die Zuweisung der *Slots* zum eigenen Vorteil und die Zugangsverweigerung zum eigenen Interliningssystem[976] durch *Alitalia* veranlassten die *Autorità*, die Grundsätze der "essential-facilities"-Doktrin anzuwenden[977], um die ungerechtfertigte Marktzutrittsbehinderung zu sanktionieren.

---

971 AGCM, Beschluss vom 6. November 1996, Boll. 45/1996 – *Associazione Consumatori Utenti/Alitalia.*

972 Die *Direzione Generale dell'Aviazione civile del Ministero dei Trasporti e della Navigazione (Civilavia)* - die Aufsichtsbehörde des Transportministeriums im Bereich des Zivilluftfahrt - gewährte Alitalia seit dem 29. Oktober 1971 das ausschließliche Recht, die *Slots* auf den italienischen Flughäfen zu verleihen (sog. *Clearence*). Seit dem 24. Oktober 1996 hat Alitalia auf die Aufgabe verzichtet. Hierzu vgl. AGCM, Gutachten vom 14. November 1996, in Boll. 45/1996 – *Disciplina della clearance aeroportuale.*

973 Es handelt sich um die Zuweisung von Zeitnischen für Abflüge und Landungen. Diese Problematik wurde durch die Verordnung 95/93/EWG vom 18. Januar 1993 über gemeinsame Regeln für die Zuweisung von Zeitnischen auf Flughäfen in der Gemeinschaft, ABl. 1993 L 14/1 einheitlich geregelt. Hierzu s. Kap. 2 § 3 II 5.

974 Die Freiheit des Zugangs zu diesem spezifischen Markt beruht auf der Verordnung 2408/92/EWG des Rates vom 23. Juli 1992 über den Zugang von Luftfahrtunternehmen der Gemeinschaft zu Strecken des innergemeinschaftlichen Flugverkehrs, ABl. 1992 L 240/8. Nach Art. 3 dieser Verordnung wird Luftfahrtunternehmen der Gemeinschaft vorbehaltlich dieser Verordnung „von den betroffenen Mitgliedstaaten die Genehmigung erteilt, Verkehrsrechte auf Strecken in der Gemeinschaft auszuüben.“ Es ist erwähnenswert, dass schon der *Tribunale Amministrativo Regionale del Lazio* (Berufungsinstanz des Verwaltungsgerichts *Lazio*) mit Urteil vom 23. Januar 1996 ausschließliche Rechte von *Alitalia* in diesem Bereich generell verneint hatte (AGCM, Beschluss vom 6. November 1996, Boll. 45/1996 Tz. 23 – *Associazione Consumatori Utenti/Alitalia*).

975 AGCM, Beschluss vom 6. November 1996, Boll. 45/1996, Tz. 73 – *Associazione Consumatori Utenti/Alitalia*. Zu den Netzwerkeffekten s. Kap. 1 § 4 I ff..

976 Hierzu s. Kap. 2 § 3 II 6 a.

977 Die AGCM hat die "essential facilities"-Doktrin nur im Rahmen der Reservierungssysteme erwähnt (AGCM, Beschluss vom 6. November 1996, Boll. 45/1996, Tz. 101, 102 – *Associazione Consumatori Utenti/Alitalia*). Es liegt jedoch auf der Hand, dass auch die Sanktionierung des Missbrauchs der *Clearance* anlässlich der diskriminierenden Zuweisung der *Slots* die Anwendung der "essential facilities"-Doktrin impliziert.

Im Mittelpunkt der Flugverkehrsfälle standen die Bodenabfertigungsdienste. Unter Bodenabfertigungsdiensten sind die einem Nutzer auf einem Flughafen erbrachten Dienstleistungen zu verstehen (z.B. Fracht- und Postabfertigung, die Unterstützung beim Parken des Flugzeuges, Bodenverpflegungsdienste usw.). Noch vor der Öffnung des Marktes für die Erbringung von Bodenabfertigungsdiensten durch die Richtlinie 96/67 EG sprach sich die AGCM in drei Fällen für einen diskriminierungsfreien Zugang zu Bodenabfertigungsdiensten aus – und zwar auf der Grundlage der “essential-facilities”-Doktrin. Erstmals berief sich die *Autorità* anlässlich der sogenannten Selbstabfertigung auf die “essential-facilities”-Doktrin[978]. Der *Società Aeroporti Roma*[979] (Gesellschaft Flughäfen Rom) stand aufgrund eines gesetzlichen Monopols die Verwaltung der römischen Flughäfen zu. Dieses Monopol erstreckte sich auf den Betrieb der Infrastrukturen des Flughafens und auf das Erbringen von bestimmten Dienstleistungen, die erforderlich für den Betrieb der Flughäfen waren. Die Zugangsverweigerung zu den Infrastrukturen des Flughafens *Fiumicino* durch die *Società Aeroporti Roma* brachte für viele Luftfahrtgesellschaften Marktzutrittbehinderungen mit sich. Ganz erschwerend für diese Gesellschaften war die Zugangsverweigerung bezüglich der Informationssysteme, insbesondere der computergesteuerten Buchungssysteme, die wesentlich für die Annahme von Reisenden waren. Es handelte sich um die Inkompatibilität[980] der am Flughafen bereits bestehenden Terminals mit denen der konkurrierenden Fluggesellschaften[981]. Dieses Verhalten verstieß nach Ansicht der AGCM gegen Art. 3 l. 287/90, indem es die technologische Entwicklung behinderte[982].

---

[978] Unter Selbstabfertigung ist gemäß der Richtlinie 96/67/EG des Rates vom 15. Oktober 1996 über den Zugang zum Markt der Bodenabfertigungsdienste auf den Flughäfen der Gemeinschaft, ABl. 1996 L 272/36, Art. 2 f) der Umstand zu verstehen, „dass sich ein Nutzer unmittelbar selbst einen oder mehrere Abfertigungsdienste erbringt, ohne hierfür mit einem Dritten einen wie auch immer gearteten Vertrag über die Erbringung solcher Dienste zu schließen.“

[979] AGCM, Beschluss vom 17. März 1993, Boll. 6/93, Tz. 4 ff. – *IBAR/Aeroporti di Roma*. Der Antragssteller *IBAR* (*Italian Board Airlines Representatives*) ist ein Verein von ausländischen Luftfahrtgesellschaften, die eine Vertretung in Italien haben.

[980] Zur Thematik der technologischen Inkompatibilität im Lichte der “essential facilities”-Doktrin vgl. Kap. 2 § 3 II 6.

[981] Sog. *Cute* (*common use terminal equipment*), ein System, das auf vielen europäischen Flughäfen angewandt wird: AGCM, Beschluss vom 17. März 1993, Boll. 6/93, Tz. 21 – *IBAR/Aeroporti di Roma*.

[982] Zur Anwendbarkeit der “essential facilities”-Doktrin s. AGCM, Beschluss vom 17. März 1993, Boll. 6/93, Tz. 35 ff. – *IBAR/Aeroporti di Roma*.

Auch in *IBAR/SEA*[983] belegte die *Autorità* die Gesellschaft *SEA*, die eine marktbeherrschende Stellung bezüglich der Mailänder Flughäfen besaß, mit einem Bußgeld. Durch die Verweigerung des Zugangs zu wesentlichen Einrichtungen[984] behinderte der Flughafenverwalter *SEA* die Öffnung des Wettbewerbs bei den Bodenabfertigungsdiensten[985].

Die "essential-facilities"-Doktrin kommt auch in *De Montis Catering/Aeroporti*[986] di Roma in Betracht. Der marktbeherrschende Flughafenbetreiber hatte, ohne hierfür in kartellrechtlicher Hinsicht relevante Rechtfertigungsgründe vorweisen zu können, seine marktbeherrschende Stellung unter anderem auf den Markt der Bodenverpflegungsdienste (sog. *Catering*) ausgedehnt. Der Betrieb von Flughafeninfrastrukturen in Monopolstellung schloss auch den Betrieb der Start- und Landeflächen sowie des Flugabfertigungsvorfelds ein, welcher notwendigerweise mit dem Erbringen von Bodenverpflegungsdiensten zusammenhängt. Berücksichtigt man, dass diese Infrastrukturen weder duplizierbar noch substituierbar (z.B. durch die Erbringung von Verpflegungsdiensten in anderen Flughäfen) waren, wird ihre Natur als „*essential facilities* offensichtlich. Die Monopolausdehnung durch den Flughafenbetreiber auf den Markt des *catering* stellte für die *Autorità* einen Missbrauch einer Monopolstellung dar. In ihrer Entscheidung stellte die *Autorità* fest, dass der Inhaber von wesentlichen Einrichtungen Newcomern gerechte und nichtdiskriminierende Zugangsbedingungen gewähren muss. Bemerkenswert an dieser Entscheidung ist, dass der Mangel an Raum bei den Start- und Landeflächen keinen Rechtfertigungsgrund für die Zugangsver-

---

983 AGCM, Beschluss vom 16. März 1994, Boll. 11/1994, Tz. 45 ff. – *Società per azioni esercizi aeroportuali (IBAR/SEA)*.

984 AGCM, Beschluss vom 16. März 1994, Boll. 11/1994, Tz. 39 – *Società per azioni esercizi aeroportuali (IBAR/SEA)*. Auch in diesem Fall stellten die Terminals einen wesentlichen Punkt dar (a.a.O. Tz. 25 ff.). Schon im Verlauf des Prozesses einigten sich die Parteien darauf, eine Schnittstelle einzuführen, die die Kompatibilität ermöglichte. Vgl. auch das Verfahren wegen einer vermutlichen Verletzung der in Beschluss vom 16. März festgestellten Punkte, AGCM, Beschluss vom 5. September 1995, Boll. 35-36/1995 – *Società per azioni esercizi aeroportuali (IBAR/SEA)*.

985 Nach Ansicht der *Autorità* soll die Öffnung dieses Marktes zur Senkung der Betriebskosten der Luftfahrtgesellschaften und zur Qualitätshebung der den Nutzern gebotenen Dienstleistungen führen. Im vorliegenden Fall betonte die *Autorità* u.a. dass in „offenen Flughäfen" die Parkkosten eines Flugzeugs ca. ein Drittel der Parkplatzkosten auf einem Flughafen betragen, auf dem kein Wettbewerb herrscht (a.a.O Tz. 13).

986 AGCM, Beschluss vom 2. März 1995, Boll. 9/1995 – *De Montis Catering Roma/Aeroporti di Roma*.

weigerung bildet[987] und dass der Betreiber die Interessen der verschiedenen Wettbewerber im Verhandlungswege miteinander in Einklang bringen muss[988].

IV. Zugang zu Seehäfen

Während auf EG-Ebene schon viele Entscheidungen im Zusammenhang mit Hafenanlagen ergangen sind, hat sich die *Autorità* selten mit „Hafenfällen" auseinandergesetzt. In der Entscheidung *Nuova Italiana Coke/Provveditorato Porto di Venezia*[989] musste sich die AGCM mit Verboten und Beschränkungen auseinandersetzen, die die marktbeherrschende *Provveditorato Porto di Venezia* (die Hafenbehörde von Venedig) Reedereien auferlegte, die Zugang zum Hafen begehrten. Obwohl es um einen typischen "essential-facilities"-Doktrin-Tatbestand ging, bezog sich die AGCM schlicht auf den Diskriminierungstatbestand[990].

Die *Compagnia Italpetroli*[991] verfügte aufgrund einer verwaltungsrechtlichen Konzession der Hafenbehörde von Civitavecchia über ein Erdöllager und eine Erdölleitung. Infolgedessen besaß die *Compagnia Italpetroli* auf dem Markt der Versorgung von Schiffen mit Erdöl[992] im Hafen von Civitavecchia eine beherrschende Stellung. Nach Auffassung der Hafenbehörde handelte es sich um eine Infrastruktur, zu der sich in zumutbarer Weise keine Parallelstruktur errichten ließ. Da das marktbeherrschende Unternehmen der Erdölgesellschaft *Fina Italia-*

---

987 AGCM, Beschluss vom 2. März 1995, Boll. 9/1995, Tz. 37 – *De Montis Catering Roma/Aeroporti di Roma.* Wie in ähnlichen Fällen sah die AGCM in sogenannten "Sicherheitsgründen" bei der Belieferung des Flugzeugs über die Flugzeugrampe keine Rechtfertigungsgründe für Wettbewerbsbeschränkungen (a.a.O. Tz. 36).

988 Schließlich sei auch AGCM, Beschluss vom 4. November 1999, Boll. 44/99, Tz. 12 – *Aeroporti di Roma Tariffe del Groundhandling* erwähnt, in dem die *Autorità* sich auf kartellrechtliche und auf sektorspezifische Regeln stützte. Während die *Autorità* im *Avvio istruttoria* (Einleitung der Untersuchung) eine Tarifdiskriminierung vor dem Hintergrund der "essential facilities"-Doktrin untersuchte (a.a.O. Tz. 36), vermied sie es, sich in der *Chiusura Istruttoria* (Schluss der Untersuchung) auf die "essential facilities"-Doktrin zu berufen und qualifizierte die diskriminierende Preispolitik des römischen Flughafens als Diskriminierung i.S.v. Art. 82 EG (AGCM, Beschluss vom 20. September 2000, Boll. 38/2000, Tz. 207 – *Aeroporti di Roma Tariffe del Groundhandling*).

989 AGCM, Beschluss vom 4. August 1995, Boll. 31-32/1995 – *Nuova Italiana Coke/Provveditorato Porto di Venezia.*

990 Die *Autorità* berief sich auf EuGH, Urteil vom 10. Dezember 1991, C 179/90, Slg. 1991 I, 5889 – *Merci convenzionali Porto di Genova SPA/Siderurgica Gabrielli SPA.*

991 AGCM, Beschluss vom 6. Juni 1996, Boll. 23/1996 – *Fina Italiana - Compagnia Italpetroli.*

992 Sog. *bunkeraggio.* Hinzu s. die Beratungstätigkeit der *Autorità* vom 2. März 1995, Boll. 14/95 – *Tariffe Servizio Bunkeraggio Porti.*

na nur unter erschwerten Bedingungen[993] Zugang zu seinem Einrichtung gewährte, befand die AGCM, dass darin ein Missbrauch im Sinne von Art. 3 *legge antitrust* liege. Es ist von besonderem Interesse, dass die *Autorità* bei der Beurteilung der diskriminierenden Zugangsgewährung eine Abschlusspflicht i.S.v. Art. 2597 *c.c.* in Erwägung zog[994]. Die AGCM bestätigte damit, dass Art. 2597 *c.c.* und Art. 3 l. 287/90 keine einander ausschließenden Prinzipien bilden und dass diese Bestimmungen unter bestimmten Voraussetzungen nebeneinander anwendbar seien[995].

V. Zugang zu Energieversorgungsnetzen

In der Entscheidung *Consorzio di Industrializzazione Campobasso Boiano/Società Gasdotti del Mezzogiorno* stellte das Fernleitungsnetz der *Società Gasdotti del Mezzogiorno* für das Konsortium zur Industrialisierung von *Campobasso* (Hauptstadt der Region *Molise*) eine wesentliche Einrichtung dar. Dieses Konsortium hatte im gleichen Gebiet ein Verteilungsnetz aufgebaut. Die marktbeherrschende Stellung und das missbräuchliche Verhalten der *Società Gasdotti del Mezzogiorno* veranlassten die *Autorità* in diesem Fall, auf die "essential-facilities"-Doktrin zurückzugreifen. Da das *Consorzio di Industrializzazione* sein Verteilungsnetz sehr nah am Fernleitungsnetz der *Società Gasdotti del Mezzogiorno* errichten wollte, erwies sich dieses Fernleitungsnetz als wesentlich für den Betrieb des Verteilungsnetzes. *Guglielmetti* betonte, dass die "Wesentlichkeit" der Einrichtung fehlerhaft bestimmt worden sei und auf einer zu engen Definition des relevanten Marktes beruhe. Die Anwendbarkeit der "essential-facilities"-Doktrin sei nicht gegeben und käme ihrer Entstellung gleich. Mit dieser Entscheidung habe die AGCM ein ineffizientes Unternehmen geschützt, das wegen kurzsichtiger Investitionen in eine Abhängigkeitslage geraten sei[996].

---

993 Anhand eines Vergleichs mit den Zugangsbedingungen für andere Erdölgesellschaften, konnte die *Autorità* die diskriminierende Wirkung des Verhaltens der *Compagnia Italpetroli* feststellen (AGCM, Beschluss vom 6. Juni 1996, Boll. 23/1996, Tz. 131 – *Fina Italiana -Compagnia Italpetroli*).

994 A.a.O. Tz. 152.

995 Zum Verhältnis zwischen Art. 3 l. 287/90 und Art. 2597 c.c. s. oben Kap. 4 § 1 II.

996 *Guglielmetti* CEM 1998, 392-395. Obwohl der Autor die Anwendung der "essential facilities"-Doktrin kritisiert, darf nicht übersehen werden, dass die *Autorità* die "essential facilities"-Doktrin im vorliegenden Fall nicht erwähnt hat. Es handelt sich also um eine implizite Anwendung der "essential facilities"-Doktrin. Hierzu s. Kap. 6 § 2 III.

In der Entscheidung *SNAM – Tariffe di Vettoriamento*[997] versuchte die *Autorità*, die Tatbestandsmerkmale der "essential-facilities"-Doktrin systematisch zu bestimmen[998]. Der italienische Erdgasmarkt stellt ein „natürliches Monopol"[999] dar, dessen Hauptmerkmal die starke vertikale Integration ist. Aufgrund dieser vertikalen Integration und aufgrund der anschließenden Verfügungsgewalt über das einzige italienische Fernleitungsnetz konnte *SNAM*[1000] seine Macht auch auf den nachgelagerten Märkten ausüben (Verteilungs- und Versorgungsmärkte)[1001]. Trotz des Bestehens eines natürlichen Monopols war die *Autorità* der Auffassung, dass die Präsenz von mehreren, miteinander konkurrierenden Unternehmen auf dem Erdgasmarkt zu fördern sei, um der rasant steigenden Gasnachfrage nachkommen zu können. Da die Versorgung von Kunden mit dem Bau neuer Leitungen aus betriebswirtschaftlichen und zeitlichen[1002] Gründen nicht sinnvoll sein konnte und keine Alternativen zu den *SNAM*-Infrastrukturen[1003] bestanden[1004], erwies sich der Zugang zu diesen Infrastrukturen als wesentlich für den Wettbewerb auf den nachgelagerten Märkten.

---

[997] AGCM, Beschluss vom 25. Februar 1999, Boll. 8/1999 – *SNAM - Tariffe di Vettoriamento*. Der Fall *SNAM* hat viel Aufsehen in der Literatur erregt. Eine umfassende Darstellung geben *De Capite* Rivista di diritto dell'Impresa 1999, 579 ff.; *Moglia/Durante* CEM 1999, 308 ff..

[998] Auf die dogmatischen Bemühungen der *Autorità* wird unten in Kap. 4 § 4 näher eingegangen. Im vorliegenden Abschnitt wird nur ein Überblick über den sehr komplizierten Tatbestand vermittelt.

[999] Benötigen Unternehmen einen Zugang zum Gasnetz, um ihre Dienstleistungen auf den liberalisierten Märkten erbringen zu können (z.B. Verkauf von Gas), müssen diese Unternehmen sich an *SNAM* wenden. *SNAM* bleibt der einzige Netzinhaber, da auf dem Netzmarkt das natürliche Monopol fortbesteht. (S. AGCM, *Audizione nell'ambito dell'indagine conoscitiva sul riassetto del mercato del gas*, Anhörung im Zusammenhang mit dem Untersuchungsverfahren bezüglich der Liberalisierung des Gasversorgungsmarktes, vom 16. März 2000, in Boll. nicht veröffentlicht, http://www.agcm.It/AGCM_ITA/DSAP/SEGNALA.NSF/fbd37caf950c2cf6c12564b3005194de/2d2ce44901260258c12568a5002b4080?OpenDocument&ExpandSection= -5.

[1000] *Società Nazionale Metanodotti*, Italienische Gesellschaft der Metanleitungen.

[1001] Zur Erläuterung der vertikalen Struktur des Erdgasmarkts s. Richtlinie 98/30/EG des europäischen Parlaments und des Rates vom 22. Juni 1998 betreffend gemeinsame Vorschriften für den Erdgasbinnenmarkt, 1998 ABl. 27/20, Art. 2. und AGCM, Beschluss vom 25. Februar 1999, Boll. 8/1999, Tz. 124 – *SNAM - Tariffe di Vettoriamento*.

[1002] Als zeitliche Gründe sind Verzögerungen zu verstehen, die mit der Genehmigungsbedürftigkeit der Anlage einhergehen (Ministerien, Kommunen, Regionen, Feuerwehr, usw.).

[1003] Zum Begriff „Infrastruktur" betrachtet die *Autorità* das Netz als Ganzes (Leitungen, Speicheranlagen, Immobilien, Telekommunikationssysteme, usw....) AGCM, Beschluss vom 25. Februar 1999, Boll. 8/1999, Tz. 133, 1 – *SNAM - Tariffe di Vettoriamento*.

[1004] AGCM, Beschluss vom 25. Februar 1999, Boll. 8/1999, Tz. 133, 2 – *SNAM - Tariffe di Vettoriamento*.

Bei der Beurteilung[1005] der Wesentlichkeit der Einrichtungen sowie der Zulässigkeit der Zugangsverweigerung[1006] durch *SNAM* berief sich die AGCM unmittelbar auf die "essential-facilities"-Doktrin[1007] und qualifizierte das Verhalten von *SNAM* als missbräuchlich i.S.v. Art. 3 l. 287/90. In diesem Rahmen untersagte die AGCM *SNAM* dieses missbräuchliche Verhalten und verfügte im Hinblick auf die Tragweite des Verhaltens für die angestrebte Liberalisierung der Erdgasbranche gegen *SNAM* eine Geldbusse in Höhe von 3,584 Milliarden Lire[1008].

Die *SNAM*-Entscheidung erweist als sich besonders wichtig, weil die *Autorità* interessierten Gesellschaften den Zugang zur Einrichtung als „bedingungsloses Durchleitungsrecht“ zuerkannt hat[1009]. Damit ist klar geworden, dass der Schutz der Freiheit des Wettbewerbs sich auch durch den Schutz der einzelnen Wettbewerber konkretisieren kann[1010].

VI. Zugang zu Zustellungssystemen

Schon 1995 hatte die AGCM in der Entscheidung *Class Editori/Sole 24 Ore* die Frage verneint[1011], dass ein Zeitungszustellungssystem eine wesentliche Einrichtung sei. Die Tatbestandsmerkmale und die *ratio decidendi* scheinen eine Vorwegnahme der EuGH-Entscheidung *Bronner* zu sein.

Neben der Zugangsverweigerung zum Vertriebsnetz beklagte sich der Antragsteller, der Verleger *Class*, auch über die Weigerung des Marktbeherrschers, in dessen Zeitung Raum für Inserate zur Verfügung zu stellen, sowie über eine Absprache zwischen *Il Sole 24 Ore* mit dem Unternehmen *Radiocor*, durch die

---

1005 Wettbewerbswidrig waren für die *Autorità* die Zugangsverweigerung und die Kontrolle durch *SNAM* bezüglich des Endziels (*destinazione finale*) des von Konkurrenten gelieferten Gases und die ungerechtfertigte Weigerung, die Gasübertragungskosten neu zu verhandeln.

1006 Die *Autorità* stellte die diskriminierenden und ungerechtfertigt erschwerenden Bedingungen der Zugangsverweigerung gleich.

1007 Die *Autorità* verwies nicht nur auf die EU-Rechtsprechung betreffend die "essential facilities"-Doktrin, sondern auch auf die einschlägige amerikanische Lehre (a.a.O. § Tz., 2 Fußnote 38) und Rechtsprechung (a.a.O. 135).

1008 Dies entspricht ca. 1,850 Millionen Euro. Schließlich ist zu erwähnen, dass die *Autorità* einen wesentlichen Teil der Entscheidung (a.a.O. Tz. 202 - 235) der Bestimmung des Preises für den Zugang gewidmet hat.

1009 A.a.O. Tz. 155: "un diritto incondizionato al vettoriamento di gas naturale di terzi".

1010 S. Kap. 6 § 3 IV 2.

1011 *Garante per la Radiodiffusione e l'Editoria* (Aufsichtsbehörde für Rundfunk und Verlagswesen, jetzt AGCM), Beschluss vom 7. Dezember 1995, Boll. 48/95 – *Class Editori/Sole 24 Ore*. S. auch *Guglielmetti* CEM 1998, 417.

der marktbeherrschende Verleger *Il Sole 24 Ore* eine ausschließliche Kontrolle über wichtige Börseinformationen erwerben konnte. Damit war der Zugang zu dem benachbarten Markt der on-line-Zeitschriften gesperrt.

Die *Autorità* wies die Argumente des Antragsstellers zurück, ohne sich auf die "essential-facilities"-Doktrin zu berufen. Da im vorliegenden Fall die Informationsdaten eine wesentliche Infrastruktur darstellten, hätte sich die *Autorità* jedoch auf die "essential-facilities"-Doktrin berufen sollen. Der Antrag hätte dann aufgrund des Bestehens von alternativen Datenquellen zurückgewiesen werden können.

VII. Die Rezeption der "essential-facilities"-Doktrin in der gerichtlichen Praxis: Verfahrensrechtliche Anmerkungen

Aus der im vorigen Kapitel dargestellten Rechtsprechung der italienischen Kartellbehörden ergibt sich, dass die "essential-facilities"-Doktrin ein wesentliches Instrumentarium zur Sanktionierung von ungerechtfertigten Zugangsverweigerungen durch marktbeherrschende Unternehmen darstellt.

Parallel zum verwaltungsrechtlichen Verfahren[1012] kann ein zivilrechtliches Verfahren eingeleitet werden. Nach Art. 33 II l. 287/89 sind Appellationsgerichte für Nichtigkeits- und Schadenersatzklagen sowie für Beschwerden zuständig, die darauf gerichtet sind, eine Maßnahme des einstweiligen Rechtsschutzes[1013] zu erwirken[1014]. Daraus folgt, dass Zugangsinteressenten ein zivilrechtlicher Zu-

---

[1012] Art. 33 I l. 287/90 sieht vor, dass Beschwerden gegen die Entscheidungen der Kartellbehörde beim Verwaltungsgericht der Region Latium eingelegt werden können. Gegen die Entscheidungen des Verwaltungsgerichts der Region Latium kann Rechtsmittel zum *Consiglio di Stato* (letztinstanzliches Verwaltungsgericht) eingelegt werden.

[1013] Zum Verhältnis zwischen Appellationsgerichten und der *Autorità* vgl. *Tesauro* 2001, 6 ff.; *Bruti Liberati* CEM 1998, 459, Fußnote 25. Zum einstweiligen Rechtsschutz gemäß Art. 33 II, *legge antitrust*, vgl. *Sordelli* 1998, 554 ff.; *Tavassi* 2001, 2 ff.. Allgemein zu den verfahrensrechtlichen Aspekten des Kartellrechts *Tavassi/Scuffi* 1998.

[1014] Zum Telekommunikationsbereich s. *App. Milano* vom 8. Oktober 1994 sowie *App. Milano* vom 11. November 1994, *Foro it.* 1995, I, 1325 = Dir. Inf. 1995, 103, 113 mit Anmerkung von *Caldarelli*; s. diesbezüglich auch *App. Milano* vom 18. Juli 1995, Giur. It. 1996, I, II, 95 mit Anmerkung von *Ricolfi*. Das Mailänder Berufungsgericht hat in diesen Fällen die Zugangsverweigerung kartellrechtlich sanktioniert, ohne sich jedoch auf die "essential facilities"-Doktrin zu berufen. Im Telekommunikationsbereich s. auch *App. Roma* vom 30. März 1995, Foro it. 1995, I, 2245 = Giur. Comm. 1995, II, 652 mit einer Anmerkung von *Valdinao*. In diesem Zusammenschaltungsfall hat das Gericht die Anwendbarkeit der "essential facilities"-Doktrin ausgeschlossen.

gangsanspruch zusteht[1015]. Eine einstweilige Verfügung hat z.B. das Mailänder Berufungsgericht gegen das marktbeherrschende Unternehmen *Novamont*, Inhaber eines Gebrauchmusterrechts, erlassen, indem es ihm die Pflicht auferlegte, dem Antragssteller das streitgegenständliche Produkt zu üblichen Marktpreisen zu liefern[1016]. In der Rechtsmittelinstanz hat das Berufungsgericht die einstweilige Verfügung mit der Begründung aufgehoben, dass die Lizenzverweigerung eine bloße Ausübung eines Immaterialgüterrechts darstelle. Schließlich hat das Mailänder Berufungsgericht im Hauptssacheverfahren darauf hingewiesen, dass die Substituierbarkeit der begehrten Ressource jegliche Lieferungspflicht ausschließe.

Trotz dieser skeptischen Einstellung der Berufungsgerichte[1017] und des *Consiglio di Stato*[1018] sowie des Schweigens der *Cassazione* , ist nicht zu bestreiten, dass die "essential-facilities"-Doktrin ein wesentlicher Bestandteil des italienischen Kartellrechts ist[1019]. Dies belegt eindeutig die häufige Anwendung der "essential-facilities"-Doktrin durch die AGCM, um die Liberalisierung von verschiedenen Märkten zu verwirklichen. Erinnert sei in diesem Zusammenhang daran, dass weder der *US Supreme Court* noch der EuGH die "essential-facilities"-Doktrin direkt angewendet haben. Trotzdem stellt die "essential-facilities"-Doktrin einen wesentlichen Bestandteil dieser Rechtssysteme dar.

§ 3. Sektorspezifische Zugangsvorschriften

I. "Essential-facilities"-Doktrin und Liberalisierung

Aus der in den vorigen Abschnitten dargelegten Praxis ergibt sich, dass die "essential-facilities"-Doktrin im Zuge des „epochalen Liberalisierungs-, Privatisierungs- und Re-Regulierungprozesses"[1020] von bestimmten Wirtschaftsbranchen herangezogen worden ist. Im Vordergrund steht bei diesen Fällen ein *jus excludendi* seitens des Inhabers der wesentlichen Einrichtung. Diese Ausschließungsbefugnisse beruhten in den meisten Fällen auf einem staatlichen Monopol (so z.B.

1015 *Tavassi* 2001, 5 ff..

1016 *App. Milano*, Beschluss Nr. 12 vom 29. April 1995 und vom 3. Juni 1995 – *CEIT/Novamont-Ciuffo Gatto* in *Tavassi* in *Siragusa* 1998, 307 und *Tavassi* 2001, 5. A.a.O. s. auch *App. Milano*, Beschluss Nr. 10 vom 16. Januar 96 – *SCAMM/FAI Komatsu*.

1017 Vgl. *Tavassi* 2001, 5 ff., mit weiteren Verweisen auf die Spruchpraxis; *Tesauro* 2001, 6 ff..

1018 Vgl. den Fall *Panini* in Kap. 4 § 5 I.

1019 Überdies verfügt die AGCM über besondere Mittel und Kenntnisse (Wettbewerbsexperten, besondere Befugnisse,....), die den Gerichten fehlen. Hierzu *Tesauro* 2001, 12.

1020 *Moglia/Durante* CEM 1999, 300.

in der Telekommunikationsbranche), das den Schutz eines natürlichen Monopols zum Zweck hatte. Die Entwicklung von neuen Technologien und der Wandel zu wettbewerbsliberalen Auffassungen in der Wirtschaft in den letzen zwei Jahrzehnten des XX. Jahrhunderts hatte auch in der italienischen Rechtsordnung einen Schrumpfungsprozess der monopolgeschützten Wirtschaftsbranchen[1021] zur Folge.

Dass die Eingriffe der *Autorità* im Lichte dieses „Schrumpfungsprozesses" der Staatsmacht zu sehen sind, wurde mehrmals in der Lehre betont[1022]. In diesem Zusammenhang wird auch auf Art. 2 XXXIII des Gesetzes 481/95[1023] hingewiesen, wonach die sektorspezifischen Regulierungsbehörden die AGCM über wettbewerbswidrige Verhaltensweisen informieren müssen. Daraus ergibt sich, dass Antitrust- und sektorspezifische Vorschriften sich untereinander ergänzen[1024].

Kennzeichnend für die "essential-facilities"-Doktrin-Fälle der *Autorità* ist es, dass marktbeherrschende Unternehmen, die über eine wesentliche Einrichtung verfügen, ehemalige Staatsmonopolisten sind, deren gesetzliches Monopol einem „natürlichen Monopol" gleichkamen. Seit die gesetzlichen Monopole abgebaut bzw. beschränkt worden sind, versuchen die Incumbent-Unternehmen über die Verweigerung des Zugangs zu bestimmten Ressourcen den Zugang zu den benachbarten liberalisierten Märkten zu verhindern und damit ihre Macht auf diese Märkte auszudehnen[1025]. Da auf diesen benachbarten Märkten als Ergebnis des

---

1021 *Ricolfi* Giur. It. 1996, I, 2, 97.

1022 *Ricolfi* Giur. It. 1996, I, 2, 98; *Guglielmetti* CEM 1998, 400; *Cazzola* in *Bonelli/Cassese* 1999, 219 ff; *Cervigni* CEM 1998, 317 ff..

1023 Legge 481/95, *Norme per la concorrenza e la regolazione dei servizi di pubblica utilità. Istituzione delle autorità di regolamentazione dei servizi di pubblica utilità* (Bestimmungen über Wettbewerb und Regulierung der Dienste im Allgemeininteresse. Die Errichtung von Behörden zur Regulierung der Dienste im Allgemeininteresse).

1024 *Niro* Le nuove Leggi Civili Commentate 1998, 443 ff.; *Guglielmetti* CEM 1998, 418, 419; *Valdinao* Giur. Comm. 1995, II, 662.

1025 Die übliche Argumentation für die Zugangsverweigerung seitens des Ex-Monopolunternehmens beruht auf Art. 8 *legge antitrust*. Nach dieser Vorschrift - die die Umsetzung von Art. 86 EG bildet – sind die kartellrechtlichen Bestimmungen „nicht auf diejenigen Unternehmen anzuwenden, die aufgrund gesetzlicher Bestimmungen Dienste von allgemeinem wirtschaftlichen Interesse leisten oder die sich aufgrund eines Monopols in den Markt einschalten, wobei sie in ihrer Tätigkeit jedoch streng an die Erfüllung der ihnen übertragenen Aufgaben gebunden sind." In diesem Rahmen hat sich in der Literatur die Frage gestellt, ob die *Autorità* befugt ist, selbst einen wettbewerbswidrigen Verwaltungsakt aufzuheben, oder ob sie diesen Akt der Regierung melden soll (*Bruti Liberati* CEM 1998, 451). Die Antwort auf diese Frage ist eng mit der Diskussion darüber verbunden, ob der *Autorità* auch eine rechtsprechende Funktion zukommt . Hierzu s. u.a. *Bruti Liberati* CEM 1998, 452 ff.; *Antonioli* Dir. dell' Economia. 2000, 342 ff.. Abgesehen von dieser

gesetzlichen Liberalisierungsprozesses kein staatliches Monopol mehr besteht, ist dementsprechend auch eine Ausschließungsbefugnis (mittels einer Zugangsverweigerung seitens des Ex-Monopolisten) entfallen. Um einen Missbrauch von faktischer Marktmacht abzustellen, hat die AGCM zur "essential-facilities"-Doktrin gegriffen.

Es gibt aber auch Fälle, in denen kein Liberalisierungsprozess stattgefunden hat. Bei solchen Fallkonstellationen kommt es häufig zu einem Missbrauch der Marktmacht durch ein marktbeherrschendes Unternehmen, das sein *jus excludendi* nutzt, welches dem Unternehmen praktisch ein natürliches Monopol verleiht, um einen benachbarten Markt zu erobern. In *Denunce Infocamere – Cerved*[1026] hatte z.B. ein Unternehmen sein ausschließliches Recht, Daten zu sammeln bzw. zu verkaufen, auf einen anderen Markt ausgedehnt, indem es anderen Unternehmen das Weiterverkaufen von den Daten auf neuen Märkten verbot.

Exkurs: Der Ursprung des italienischen Telekommunikationswesens zwischen staatlichem Monopol und freiem Wettbewerb

Die Frage, ob das Telekommunikationswesen eine staatliche oder private Angelegenheit sein sollte, befasste die italienische Lehre und den Gesetzgeber schon bei der Einführung des Fernsprechwesens. Die Telefongesetze vom 1892 und 1903 führten ein „gemischtes System" ein[1027]. Da das Fernsprechwesen als Gegenstand sowohl einer privatwirtschaftlichen Tätigkeit als auch einer öffentlichen Versorgungseinrichtung in Betracht kam, konnte es nach Ansicht des Gesetzgebers von Privat- und Staatsunternehmen gleichermaßen betrieben werden. Dies lässt sich damit erklären, dass die spätere kapitalistische Entwicklung Italiens und dessen finanziellen Schwierigkeiten am Ende des XIX. Jahrhunderts die skeptische Einstellung des Gesetzgebers gegenüber dem ausschließlich staatlichen Betreiben eines an sich privatwirtschaftlichen Unternehmens begründeten.

Das gemischte System wurde in der verwaltungsrechtlichen Lehre kritisiert. Dieser zufolge war auch in Italien, genauso wie in allen anderen europäischen Staaten ein staatliches Monopol des Telekommunikationswesens wünschenswert.

Problematik herrscht in der Literatur jedoch Übereinstimmung darüber, dass die AGCM den nationalen Verwaltungsakt kraft eigener Befugnis aufheben kann (*Cassese/Franchini* 1996, 193 ff.), wenn dieser einer EU- sektorspezifischen Vorschrift widerspricht.

1026 Vgl. Kap. 4 § 2 II.

1027 Eine umfassende Darstellung dieser Problematik bietet *Mazziotti* in *Orlando* 1914, VII, 2, 289 ff..

Erwähnenswert ist, dass schon damals die kartellrechtlichen Probleme erkannt wurden. Der italienische Gesetzgeber war sich schon Ende des XIX. Jahrhunderts bewusst, dass die Vorteile des Wettbewerbs kurz währen würden, weil eine Fusion der Telekommunikationsunternehmen ebenso vorherzusehen war wie die Tatsache, dass ein Nebeneinander von mehreren Telefonnetzen zu Kompatibilitätsproblemen führen würden. Da dem Gesetzgeber kein kartellrechtliches Instrumentarium zur Verfügung stand (Fusionskontrolle, usw.) zog er sich auf den Begriff des staatlichen Monopols zurück[1028].

II. Zugang zu Telekommunikationsnetzen

Mit der Zugangsproblematik bei Telekommunikationsinfrastrukturen sah sich nicht nur die *Autorità* mit ihren "essential-facilities"-Doktrin-Entscheidungen, sondern auch die Legislative im Rahmen der Umsetzung der liberalisierenden EG-Vorschriften konfrontiert. Genauso wie in allen anderen europäischen Staaten unterlag der Telekommunikationssektor in Italien einem staatlichen Monopol[1029]. Was die Netzöffnungs- und Zusammenschaltungsproblematik betrifft, sind insbesondere[1030] folgende Vorschriften zu beachten:

- *D. lgs.* (gesetzliche Verordnung) Nr. 103 vom 17. März 1995, die die Richtlinie 90/388 EG umgesetzt hat[1031];
- *D.p.r.* (Verordnung des Präsidenten) Nr. 318 vom 19. September 1997[1032]; dadurch sind drei "Harmonisierungsrichtlinien" (Richtlinie 95/62 EG,

---

[1028] A.a.O..

[1029] Der Übergang vom staatlichen Monopol zur freien Marktwirtschaft und die daraus entstehenden Probleme wurden in dem Gutachten der AGCM, *Riforma del settore delle Telecomunicazioni* (Reform des Telekommunikationensektor) in Boll. 34 - 35/1996 ausführlich erörtert. Zum Telekommunikationsmarkt in Italien s. *Zaccaria* 1999 und *Bonelli/Cassese* 1999.

[1030] Zu einer synoptischen Darstellung des Marktöffnungsprozesses vgl. *Macaluso/Bertoni* in *Bonelli/Cassese* 1999, 63 ff..

[1031] *D. lgs.* Nr. 103 vom 17. März 1995, *Recepimento della direttiva 90/388/CEE* (Umsetzung der Richtlinie 90/388/EWG), *Gazz. Uff.* Nr. 240 vom 13. Oktober 1995, Art. 2 *Accesso alla rete pubblica di telecomunicazioni* (Zugang zum öffentlichen Telekommunikationsnetz) und Art. 5 *Interconnessione con la rete pubblica* (Zusammenschaltung mit dem öffentlichen Netz). In diesem Rahmen s. auch das *d.p.r.* Nr. 420 vom 4. September 1995, *Regolamento recante determinazione delle caratteristiche dei servizi di telecomunicazioni di cui all'Art 2, comma 1 del decreto legislativo 17 marzo 1995, n.103*, *Gazz. Uff.* Nr. 240 vom 13. Oktober 1995, das den Inhalt vom *D. lgs.* 103/1995 bestimmt.

[1032] *D.p.r.* Nr. 318 vom 19. September 1997, *Regolamento per l'attuazione di direttive comunitarie nel settore delle telecomunicazioni* (Regelung zur Ausführung der EG-Richtlinien im Telekommunikationssektor), www.agcom.it, Art. 4 *Interconnessione* (Zusammenschaltung) und Art. 5

97/13 EG, 97/33 EG) und drei „Liberalisierungsrichtlinien" (95/51, 96/2 EG, 96/19 EG) umgesetzt worden[1033];

- Gesetz[1034] Nr. 249 vom 31. Juli 1997, aufgrund dessen die Telekommunikationsbehörde geschaffen wurde[1035];
- *Decreto ministeriale* (Ministerialdekret) vom 23. April 1998[1036], das die Zusammenschaltungsbedingungen näher bestimmt[1037].

Nach diesen sektorspezifischen Vorschriften ist die Zugangsgewährung privatrechtlich[1038] ausgestaltet. Im Falle eines Streits um den Zugang zum Netz wird die Telekommunikationsbehörde eingeschaltet. Dadurch wird die Zuständigkeit der Kartellbehörde jedoch nicht ausgeschlossen. Liegen Wettbewerbsbeschränkungen vor, kann die AGCM jederzeit eingreifen[1039] und das wettbewerbswidrige Verhalten sanktionieren.

Condizioni di accesso alla rete (Netzzugangsbedingungen). S. insbesondere Art. 4, VII, a, der Unternehmen mit beträchtlicher Marktmacht eine Nichtdiskriminierungspflicht auferlegt.

1033 Erwähnenswert erscheint, dass die Kartellbehörde zur Entstehung des *Regolamento* beigetragen hat. S. *Relazione annuale* (Jahresbericht) vom 30. April 1998, unter *L'evoluzione della normativa nel settore delle telecomunicazioni e le segnalazioni dell'autorità* (Die Entwicklung der Normen im Telekommunikationssektor und die Meldungsbefugnisse der *Autorità*).

1034 *Legge* Nr. 249 vom 31. Juli 1997, *relativa all'istituzione dell'Autorità per le garanzie nelle telecomunicazioni e norme sui sistemi delle telecomunicazioni e radiotelevisivo* (Gesetz zur Errichtung der Garantiebehörde für die Telekommunikationen und die Normen über Fernsehen- und Telekommunikationssyteme), *Gazz. Uff.* Nr. 177 vom 31. Juli 1997.

1035 Die Telekommunikationsbehörde spielt eine große Rolle nicht nur für die Überwachung des Telekommunikationsmarktes (Universaldienst, Vergabe von Lizenzen, Zusammenschaltung von Netzen), sondern auch für Wettbewerbsfragen (art. 22 I a) – d) des Dekrets 318/97). Vgl. *Deliberazione dell'Autorità per le garanzie nelle telecomunicazioni* (Beschluss der Behörde für die Telekommunikationengarantie) vom 28. Oktober 1998, *Gazz. Uff.* vom 10. November 1998 Nr. 263; *Deliberazione dell'Autorità per le garanzie nelle comunicazioni* (Beschluss der Behörde für die Telekommunikationengarantie) vom 25. Oktober 1998, *Gazz. Uff.* Nr. 289 vom 11. Dezember 1998.

1036 Decreto ministeriale vom 23. April 1998, *Disposizioni in materia di interconnessione nel settore delle telecomunicazioni* (Massnahmen über die Zusammenschaltung im Telekommunikationenbereich), *Gazz. Uff.* Nr. 133 vom 10. Juni 1998.

1037 Die privatrechtliche Zusammenschaltungsvereinbarung soll gemäß dem Dekret auch Immaterialgüterrechte bzgl. Schnittstellen betreffen.

1038 AGCM, Beschluss vom 13. Juli 2000, Boll. 28/2000, Tz. 150 – *Tiscali-Albacom/Telecom Italia.*

1039 S. *Guglielmetti* CEM 1998, 418. Der Autor unterstreicht die zeitlich befristete Natur der sektorspezifischen Regulierung, die den Liberalisierungsprozess begleitet. Dagegen sei der Schutz des Wettbewerbs eine beständige Aufgabe. Zur Zugangsverweigerungsproblematik im Telekommunikationsbereich vgl. *Guglielmetti* CEM 1998, 418 401, Fußnote 18.

Schließlich sollte nicht übersehen werden, dass die *Autorità* durch Anregungen an die Legislative und an die Exekutive die Wettbewerbspolitik im Telekommunikationsbereich mitgestaltet hat[1040]. In diesem Zusammenhang hat *Gambino* betont, dass eine liberalisierende Wettbewerbspolitik eine asymmetrische Regulierung voraussetze. Die asymmetrische Regulierung verlange einen Einklang zwischen dem gesetzgebenden Organ und den Verwaltungsbehörden (Regierung, Wettbewerbs- und Telekommunikationsbehörde)[1041].

III. Zugang zu Flug- und Hafenverkehrseinrichtungen

Durch das *D. lgs.* Nr. 18 vom 13. Januar 1999 wurde die Richtlinie 96/67[1042] EG umgesetzt und damit der freie[1043] Zugang[1044] zum Markt für die Erbringung von Bodenabfertigungsdiensten in Flughäfen anerkannt. Die zahlreichen vorangegangenen "essential-facilities"-Doktrin-Entscheidungen zielten darauf ab, den Liberalisierungsprozess[1045] des Flugverkehrsmarktes zu beschleunigen[1046].

Trotz der Bemühungen der AGCM des italienischen Gesetzgebers hat bis jetzt keine effektive Liberalisierung stattgefunden. Folglich behaupten *Carbone* und

---

1040 Vgl. AGCM, *Organismi con notevole forza di mercato nel settore delle telecomunicazioni* (Organismen mit beträchtlicher Marktmacht im Telekommunikationssektor), vom 10. August 1999, Boll. 49/99, Tz. 18. AGCM, *Offerta di interconnessione di riferimento di Telecom Italia* (Zusammenschlußangebot von Telecom Italia) vom 3. März 2000, Boll. 7/2000; AGCM, *Linee guida per l'implementazione dei sevizi di accesso* (Richtlinien für die Implementierung von Zugangsdienstleistungen) vom 2. Februar 2000, Boll. 13 –14 2000.

1041 *Gambino* Giur. Comm. 1996, I, 5 ff..

1042 In *Supplemento Ordinario alla Gazz. Uff.* Nr. 28 vom 4. Februar 1999.

1043 Es handelt sich mit anderen Worten um einen Zugang, der an sachgerechte, transparente und nichtdiskriminierende Bedingungen geknüpft ist. Vgl. Erw. 14, Richtlinie 96/67/EG des Rates vom 15. Oktober 1996 über den Zugang zum Markt der Bodenabfertigungsdienste auf den Flughäfen der Gemeinschaft, ABl. 1996 L 272/36.

1044 Wie in anderen Wirtschaftsbranchen ist auch hier die Trennung der Tätigkeitsbereiche der Incumbent-Unternehmen eine wesentliche Voraussetzung für eine effektive Liberalisierung. S. hierzu *Carbone/Munari* Dir. Comm. Int. 1999, 98 ff..

1045 Die Anwendung der "essential facilities"-Doktrin auf Flughafeneinrichtungen hat sich in der Praxis der *Autorità* nicht nur im Rahmen der Erbringung von Bodenabfertigungsdiensten, sondern auch im Zusammenhang mit dem Zugang zu innergemeinschaftlichen Strecken des Flugverkehrs als grundlegend erwiesen. S. oben in Kap. 4 § 2 III den Fall *Associazione consumatori utenti – Alitalia*. Eine vergleichende Darstellung des Liberalisierungsprozesses mit kritischen Anmerkungen zu dessen Ausführung in Italien liefert *Ponti* Il Mulino 2000, 1067 ff..

1046 Vgl. die umfassende Darstellung des Flugverkehrsmarktes in Italien und die Rolle der Liberalisierung des Marktes für die Erbringung von Bodenabfertigungsdiensten bei *Carbone/Munari* Riv. Comm. Int. 1999, 95 ff. und *Braghini* ECLR 1995, 57 ff..

Munari , dass die Erbringung der Bodenabfertigungsdienste ein natürliches Monopol darstellen und nicht zu liberalisieren seien[1047].

Im Gegensatz zum Flughafenwesen ist eine vollständige Liberalisierung der Erbringung von Dienstleistungen bei Seehäfen gelungen[1048]. Die *legge* 84/94 hat das Prinzip des freien Zugangs zu Hafenanlagen wesentlich erleichtert, indem den Leitungsorganen (*autorità portuali*) die Möglichkeit genommen wurde, dort unternehmerische Tätigkeiten auszuüben. Dadurch sollen diskriminierende Zugangsverweigerungen vermieden werden. Darüber hinaus setzt das Gesetz eine einfache *autorizzazione* (Genehmigung) für Unternehmen voraus, die in einem Hafen Dienstleistungen erbringen wollen. Will aber ein Unternehmen über Hafeninfrastrukturen -insbesondere Landungsplätze *(terminals)* - verfügen, braucht es eine Lizenz (*concessione*) hierfür: auf diese Wiese wird das Unternehmen zur *terminal operator* (*impresa terminalista*). Es liegt auf der Hand, dass die Zugangsverweigerungsproblematik das Verhältnis zwischen *Terminal Operators* (als Infrastrukturinhaber) und zugelassenen Unternehmen (als Zugangsinteressenten) betrifft. In der Literatur hat *Munari* die Auffassung vertreten, dass die "essential-facilities"-Doktrin im Falle einer Zugangsverweigerung seitens des *Terminal Operator* nicht anwendbar sei. Diese Position verkennt jedoch, dass die AGCM[1049] die "essential-facilities"-Doktrin mehrmals angewendet hat und dass die restriktive Interpretation der "essential-facilities"-Doktrin im Fall *Bronner* nicht ohne weiteres auf die Hafenfälle übertragbar ist[1050]. Darüber hinaus führt *Munari* aus, dass die Hafenentscheidungen der Kommission in Italien undenkbar wären, da die Leitungsorgane der Häfen keine Dienstleistungen erbringen dürften. Die *Autorità* ist jedoch zu einem anderen Ergebnis gekommen: Hafenbehörden sind oft an Unternehmen beteiligt, die sogenannte Dienstleistungen im „Allgemeininteresse" erbringen. Aufgrund ihrer beherrschenden Stellung würde eine Zugangsverweigerung gegen Art. 3 l. 287/90 verstoßen[1051].

1047 *Carbone/Munari* Dir. Comm. Int. 1999, 117.

1048 *Munari* Dir. Comm. Int. 1999, 326.

1049 S. den Fall *Fina Italiana -Compagnia Italpetroli* in Kap. 4 § 2 III.

1050 S. Kap. 2 § 2 II 4.

1051 S. AGCM, *Indagine conoscitiva nel settore dei servizi portuali* (Ermittlung im Sektor der Hafendienstleistungen) vom 16. Oktober 1997, Boll. 43/1997. Die *Autorità* hielt einen Missbrauch der Hafenbetreiber für sehr wahrscheinlich.

IV. Zugang zu Energieversorgungsnetzen

Bis zur Verabschiedung des *D. lgs.* Nr. 164 vom 20. Juni 2000[1052] war die Re-Regulierung der italienischen Gas- und Elektrizitätsmärkte äußerst lückenhaft[1053]. Durch den *D. lgs.* Nr. 164 hat der italienische Gesetzgeber die EU-Richtlinie 30/98 umgesetzt und damit den freien Zugang zu Speicherungs- und Übertragungsinfrastrukturen anerkannt[1054]. Von entscheidender Bedeutung ist dabei die Auslegung dieser Vorschriften durch die AGCM[1055]: Nach Auffassung der *Autorità* setzt eine effektive Marktöffnung nicht nur diskriminierungsfreie Zugangsbedingungen, sondern auch eine Entflechtung (*separazione proprietaria*) der verschiedenen vertikal integrierten Tätigkeiten des Monopolisten (*SNAM*) voraus. Dies lässt sich damit erklären, dass das vertikal integrierte Unternehmen über eine wesentliche Einrichtung – anders formuliert: über ein natürliches Monopol – verfügt und gleichzeitig auf liberalisierten Märkten tätig ist; daher neigt ein solches Unternehmen dazu, die Kapazitäten der Infrastrukturen zu beschränken[1056] und den Markteintritt von anderen Unternehmen zu behindern.

1052 *D. lgs.* Nr. 164 vom 23. Mai 2000, *attuazione della direttiva 98/30 recante norme comuni per il mercato interno del gas naturale, a norma dell'art. 41 della legge 17 maggio 1999* (Umsetzung der Richtlinie 98/39), *Gazz. Uff.* Nr. 142 vom 20. Juni 2000 (*Decreto Letta*). Hierzu s. *Zavattoni* R. Giur. En. El. 2000, 377 ff..

1053 *Moglia/Durante* Dir. Comm. Int. 1999, 309. Die *Autorità* verwies in dem Beschluss vom 25. Februar 1999, Boll. 8/1999, Tz. 180 – *SNAM - Tariffe di Vettoriamento.* z.B. auf Art.12 des Gesetzes vom 9. Januar 1991, Nr. 9, wonach die Zugangsgewährung zu Gasnetzen auf nationale Gaskontingente und ausschließlich auf eigenen bzw. thermoelektrischen Verbrauch beschränkt war.

1054 S. insbesondere Art. 27 des D. lgs Nr. 164. Zur Gesetzesentstehung vgl. die von der AGCM gemäß Art. 22 l. 287/90 abgegebenen Gutachten: *Norme comuni per il mercato interno del gas* (gemeinsame Vorschriften für den Gasbinnenmarkt) vom 23. März 2000, Boll. 11/2000 und *Liberalizzazione del mercato interno del gas naturale* (Liberalisierung des Naturgas-Binnenmarkts) vom 4. November 1999, Boll. 43/1999.

1055 AGCM, *Audizione nell'ambito dell'indagine conoscitiva sul riassetto del mercato del gas* (Anhörung anlässlich der Umgestaltung des Gasmarkts) vom 16. März 2000, in Boll. nicht veröffentlicht, abrufbar unter http://www.agcm.it/AGCM_ITA/DSAP/SEGNALA.NSF/fbd37caf 950c2cf6c12564b300519 4de/2d2ce44901260258c12568a5002b4080?OpenDocument&Expand Section=-5.

1056 A.a.O. S. 3. Die *Autorità* berief sich auf Studien der *OECD* (*Organisation for Economic Co-operation and Development, Promoting competition in the natural gas industry,* DAFE/CLP/WP/2(2000)1, Paris, 27. Januar 2000: "Experience from other industries shows that achieving the full benefits of competition in the competitive segment requires ownership separation of the competitive component form the non-competitive component", S. 18).

Die Marktöffnung findet auch im Elektrizitätsmarkt statt[1057]. Anders als im Gasmarkt – der keinem staatlichen Monopol unterlag – findet im Elektrizitätsmarkt ebenfalls ein Liberalisierungsprozess statt[1058]. Die ähnliche Struktur des Gas- und des Elektrizitätsmarktes bedingen ein ähnliches Procedere bei der Markteröffnung. Obwohl sich die Wettbewerbshüter bis jetzt mit keinem Zugangsverweigerungsfall des Elektrizitätsnetzes beschäftigt haben, handelt es sich um eine Branche, in der die "essential-facilities"-Doktrin angewendet werden könnte[1059].

V. Zugang zu immateriellen Netzen: Zustellungsnetzen

Sogenannte immaterielle Netze[1060] wurden von der *Autorità* noch nicht als „wesentliche Einrichtungen" qualifiziert. Obwohl im Fall *Class Editori/Sole 24 Ore* die Anwendbarkeit der "essential-facilities"-Doktrin verneint worden ist[1061], hat die AGCM kürzlich behauptet, dass die Geschäfts- und Lieferverweigerung bei Pressevertriebssystemen kartellrechtliche Folgen haben könnte[1062]. Solange dem Zugangsinteressenten alternative Vertriebssysteme zur Verfügung stehen – wie z.B. in den Fällen *Class Editori/Sole 24 Ore* oder *Bronner* -, ist allerdings nicht von der Hand zu weisen, dass die "essential-facilities"-Doktrin nicht herangezogen werden darf.

§ 4. Die Tatbestandsmerkmale der "essential-facilities"-Doktrin

Die Tatbestandsmerkmale der italienischen "essential-facilities"-Doktrin zeugen von der starken Bezugnahme des italienischen Kartellrechts auf die kartellrechtliche Erfahrung in der EU und in den USA. Die AGCM und die Literatur übernehmen im Grunde genommen die im Urteil *MCI*[1063] verwendete Argumentation:

[1057] *D. lgs.* Nr. 79 vom 16. März 1999, *Attuazione della direttiva 96/92/CE recante norme comuni per il mercato interno dell'energia elettrica* (Umsetzung der Richtlinie 96/92/EG), *Gazz. Uff.* Nr. 75 vom 31. März 1999 (*Decreto Bersani*). *Salerno* Dir. Comm. Int. 2001, 485 ff.. Für die politischen Hintergründe und öffentlichrechtlichen Betrachtungen s. *Gentile* R. Giur. En. El. 1999, 3 ff.. Rechtsvergleichend *Grillo/Scorciarini/Scoppola* Il Mulino 1999, 343 ff..

[1058] 1962 entstand *ENEL* (*Ente Nazionale Energia Elettrica*). Durch dieses vertikal integrierte Unternehmen hat der Gesetzgeber ein staatliches Monopol für den Elektrizitätsmarkt geschaffen.

[1059] S. *Grillo/Scorciarini Coppola* Il Mulino 1999, 354.

[1060] S. hierzu Kap. 1 § 4 I.

[1061] S. Kap. 4 § 2 VI.

[1062] S. AGCM, *Apertura indagine conoscitiva distribuzione della stampa quotidiana e periodica* (Ermittlung über den Vertrieb in der Presse) vom. 09. April 1999, Boll. 13-14/1999, S. 3.

[1063] S. AGCM, Beschluss vom 25. Februar 1999, Boll. 8/1999, Tz. 136 – *SNAM - Tariffe di Vettoriamento.*

I. Kontrolle einer wesentlichen Einrichtung durch ein marktbeherrschendes Unternehmen

Die Marktbeherrschung ergibt sich in diesen Fällen daraus, dass ein Unternehmen über eine wesentliche Einrichtung verfügt. In den sogenannten „Liberalisierungsfällen" betreibt ein Unternehmen - üblicherweise ein kurz zuvor privatisiertes Unternehmen - die Einrichtung und ist gleichzeitig Inhaber von Ausschließlichkeitsrechten, die sich aus seiner ehemaligen Monopolposition ergeben[1064]. Es liegt auf der Hand, dass das Monopol trotz der Privatisierung/Liberalisierung sich nicht von selbst auflöst und dass das Incumbent-Unternehmen regelmäßig eine beherrschende Stellung innehat. Um seine Macht auf den nachgelagerten Märkten weiter zu bewahren, wird der ehemalige Staatsmonopolist die wesentliche Einrichtung dergestalt betreiben, dass sie diese Märkte vom Wettbewerb abschottet. Bis jetzt hat sich die AGCM noch nicht mit dem Zusammenhang von „marktbeherrschender Stellung" und „Verfügen über eine Einrichtung" befasst.[1065].

Was das Konzept „wesentliche Infrastruktur" (*infrastruttura essenziale*) anbelangt, hat die *Autorità*[1066] die Definition aus der *Mitteilung über Zugangsvereinbarungen*[1067] unmittelbar angewendet und damit eine sehr weite Definition vorgenommen. Außerdem hat die *Autorità* noch hinzugefügt, dass die Prinzipien der Mitteilung verallgemeinerungsfähig sind und auch in anderen Bereichen verwendet werden können[1068].

II. Die Unduplizierbarkeit und das Fehlen von Alternativen

Die Unfähigkeit des Wettbewerbers, die Einrichtung unter angemessenem Aufwand zu duplizieren[1069], ist zugleich der Beleg dafür, dass es sich um eine we-

---

1064 *Bruti Liberati* CEM 1998, 449 ff..

1065 Die *Autorità* hätte diesen wichtigen Punkt in der *SNAM*- Entscheidung, in der die einzelnen Aspekte der "essential facilities"-Doktrin erörtert worden sind, besser ausführen müssen (vgl. die knappe Argumentation in AGCM, Beschluss vom 25. Februar 1999, Boll. 8/1999, Tz. 116, 137 und 148 – *SNAM - Tariffe di Vettoriamento*).

1066 A.a.O. Tz. 129, in dem die AGCM auf Tz. 59 der Mitteilung über die Anwendung der Wettbewerbsregeln auf die Zugangsvereinbarungen im Telekommunikationsbereich Bezug nimmt. Hierzu s. Kap. 2 § 4. Parallel dazu hat die AGCM in Tz. 25 des Beschlusses auf die WTO Kriterien (s. Kap. 5 § 4) verwiesen.

1067 S. Kap. 2 § 3 II 1.

1068 AGCM, Beschluss vom 25. Februar 1999, Boll. 8/1999, Tz. 129 – *SNAM - Tariffe di Vettoriamento*.

1069 Hinsichtlich der „Unduplizierbarkeit" hat *Guglielmetti* CEM 1998, 393 drei Konstellationen unterschieden: 1) Gesetzliche Monopole (z.B. die Fälle *Italpetroli* oben in Kap. 4 § 2 IV , *Tel-*

sentliche Einrichtung handelt. Dies bedeutet, dass dem Zugangsinteressenten keine Alternativen zur Verfügung stehen und die Schaffung einer parallelen Einrichtung unmöglich ist[1070]. In der Entscheidung *SNAM* haben die italienischen Wettbewerbshüter betont, dass die Verfügbarkeit von alternativen Einrichtungen (wie z.B. von Zustellungssystemen im Fall *Bronner*) die Anwendbarkeit der "essential-facilities"-Doktrin ausschließt. Die *Autorità* hat jedoch betont, dass - anders als auf dem Markt der Zustellungssysteme - dem Zugangsinteressenten auf dem Gasmarkt keine Alternativen zur Verfügung standen[1071]. Allein die Tatsache, dass die Schaffung eines Gasnetzes schon wegen der dafür erforderlichen Zeitdauer unzumutbar wäre, belegt praktisch die Unmöglichkeit der Errichtung einer solchen Einrichtung. Als Indiz für die fehlende Möglichkeit der Schaffung einer konkurrierenden Einrichtung kommen sowohl die Notwendigkeit der Beachtung von verwaltungsrechtlichen Bestimmungen (städtebauliche-, archäologische-, Umwelt- und Sicherheitsaspekte)[1072] als auch komplizierte Verhandlungen mit Dritten wegen der erforderlichen Durchleitungsrechte, sowie hohe *sunk costs*[1073], in Betracht. Daraus folgt, dass die „Duplizierbarkeit" nur im Einzelfall bestimmt werden und keiner allgemeinen Definition unterliegen kann.

III. Die Zugangsverweigerung

Auch diese Voraussetzung muss extensiv ausgelegt werden, da die Zugangsverweigerung sich in verschiedenen Erscheinungsformen manifestieren kann. Schon eine zögernde Einstellung bei der Zugangsgewährung, das Auferlegen von diskriminierenden bzw. belastenden Bedingungen können eine wettbewerbswidrige Zugangsverweigerung bilden[1074].

---

system oben in Kap. 4 § 2 I); 2) Positionen, die mit den gesetzlichen Monopolen eng verbunden sind (Märkte für sogenannte *value added services*, z.B. der Fall *SIGN* oben in Kap. 4 § 2 II) und 3) natürliche Monopole (z.B. der Fall *SNAM* oben in Kap. 4 § 2 V).

1070 Das Vorliegen dieser Voraussetzung ermöglicht es, die "essential facilities"-Doktrin von ähnlichen Tatbeständen wie z.B. dem Kontrahierungs– bzw. Lieferzwang einerseits und der bloßen Diskriminierung andererseits zu unterscheiden (*Moglia/Durante* CEM 1999, 300).

1071 AGCM, Beschluss vom 25. Februar 1999, Boll. 8/1999, Tz. 131, 132, 133 – *SNAM - Tariffe di Vettoriamento*.

1072 Anders als *SNAM*, das verwaltungsrechtliche Erleichterungen genießt, um Netze zu bauen, hätten *New Comer* Schwierigkeiten, die Enteignung von Grundstücken durchzuführen.

1073 S. hierzu Kap. 1 § 3 I.

1074 AGCM, Beschluss vom 25. Februar 1999, Boll. 8/1999, Tz. 139 – *SNAM- Tariffe di Vettoriamento*.

Anlässlich der SNAM-Entscheidung hat die *Autorità* festgelegt, dass die Zugangsgewährungspflicht des Infrastrukturinhabers die Kehrseite des uneingeschränkten Anspruches des gegenwärtigen bzw. potentiellen Zugangsinteressenten auf Zugangsgewährung ist (*Diritto incondizionato al vettoriamento di gas naturale di terzi*)[1075] . Dies soll die Entstehung von Wettbewerb zum Wohle der Gas-Endverbraucher ermöglichen, unabhängig davon, ob die Zugangsinteressenten „zugelassene Kunden“[1076] sind. Daraus ergeben sich zwei wichtige Folgen:

1. Ein Zugangsrecht für gegenwärtige und potentielle Wettbewerber. Hauptzweck von Art. 3 l. 287/90 und von Art. 82 EG ist es, Wettbewerbverzerrungen zu verhindern und insbesondere die Interessen der Konsumenten zu schützen, nicht aber die Gewinnerwartungen einzelner Wettbewerber zu befriedigen[1077]. Die AGCM hat jedoch klar gemacht, dass der Schutz des Wettbewerbs und der Konsumenten keine abstrakten Konzepte sind, sondern dass er mit dem Anspruch auf Zugang der einzelnen Wettberber zu wesentlichen Einrichtungen in Korrelation steht.
2. Die *Autorità* kann sich auf die “essential-facilities”-Doktrin berufen, um den EU-Liberalisierungsprozess zu beschleunigen. Die Netzzugangsgewährung auch zugunsten nicht zugelassener Kunden würde darüber hinaus den Wirkungsbereich der EU-sektorspezifischen Vorschriften erweitern. Eine solche Entscheidung, die auch in anderen Bereichen getroffen werden könnte, erweist sich jedoch als problematisch, da sie zu Konflikten zwischen der Regulierung und dem Antitrustbereich führen könnte.

IV. Das Fehlen von Rechtfertigungsgründen

Die genaue Bewertung möglicher Rechtfertigungsgründe für eine Zugangsverweigerung ist bezeichnend für die “essential-facilities”-Doktrin und unterscheidet die “essential-facilities”-Doktrin von allgemeinen Kontrahierungsverweigerungen[1078].

Die Infrastrukturinhaber haben sich in den von der AGCM entschiedenen Fällen insbesondere auf folgende Rechtfertigungsgründe berufen:

1075 AGCM, Beschluss vom 25. Februar 1999, Boll. 8/1999, Tz. 155, 263 – *SNAM - Tariffe di Vettoriamento*.

1076 A.a.O. Zum Begriff “zugelassene Kunden” s. Kap. 2 § 3 II 4.

1077 EuGH, Urteil vom 26. November 1998, Rs. C-7/97, Slg. 1998 I, 7791, Schlussanträge des GA *Jacobs*, Tz. 58 – *Bronner/Mediaprint*.

1078 *Guglielmetti* CEM 1998, 415.

- Das Vorliegen einer ausschließlichen Befugnis (z.B. *Sign/Stet-SIP; SNAM*);
- Der Schutz der Konsumenten (z.B. *Sign/Stet-SIP*);
- Die Unfähigkeit des Dritten, technische bzw. Sicherheitsstandards zu erfüllen (z.B. *3 C Communications*);
- Die Auslastung der Einrichtung (z.B. *De Montis*);
- Die rationale Benutzung der Einrichtung (*Sign/Stet-SIP; Denunce Infocamere/Cerved*).
- Keine Nachfrage auf dem nachgelagerten Markt. Diese Argumentation hat sich jedoch als erfolglos erwiesen, da Hauptzweck der Liberalisierung der ehemaligen Staatsmonopole gerade die Einführung des Wettbewerbs in den nachgelagerten Märkten ist (z.B. *Telsystem/SIP*).
- Die Abwesenheit des Infrastrukturinhabers auf dem nachgelagerten Markt. Ebenso wenig erfolgreich hat sich dieser Einwand vor der *Autorità* erwiesen (z.B. *Fina/Italpetroli*)[1079].

Da sich die betroffenen Unternehmen in allen analysierten Entscheidungen zu Recht auf die “essential-facilities”-Doktrin bzw. auf das Verbot einer diskriminierenden Zugangsverweigerung beriefen, hat die AGCM bis jetzt keine relevanten Beispiele für mögliche anzuerkennende Rechtfertigungsgründe benennen können[1080]. Sollte sich aber eine restriktive Auslegung der “essential-facilities”-Doktrin im Zuge des Falls *Bronner* durchsetzen, wird die *Autorità* Kategorien von Rechtfertigungsgründen für die Zugangsverweigerung entwickeln müssen[1081].

1079 Weitere mögliche Rechtfertigungsgründe sind:
- die Einrede des nicht erfüllten Vertrages (Art. 1460, 1461 c.c.) Da dem Infrastrukturinhaber ein Entgelt zusteht, kann das Risiko, dieses Entgelt nicht zu bekommen, eine Zugangsverweigerung rechtfertigen.
- das Bestehen eines ausreichenden Wettbewerbs auf dem nachgelagerten Markt.

Vgl. die analytische Darstellung der Rechtfertigungsgründe bei *Siragusa* 1998, 184 ff..

1080 Lediglich in AGCM, Beschluss vom 3. Juli 1997, Boll. 27/1997, Tz. 88 ff. – *Consorzio Nucleo Industrializzazione Campobasso-Boiano/Società Gasdotti del Mezzogiorno* hat die AGCM diesen Punkt vertieft. Für die AGCM waren die Rechtfertigungsgründe für die Zugangsverweigerung vor dem Hintergrund der zwischen den Parteien getroffenen Vereinbarungen zu beurteilen.

1081 Dies zeigt, dass es sich hier um eine Frage der Beweislastverteilung handelt. Auszugehen ist von einer Vermutung der Unbilligkeit der Zugangsverweigerung: Beweist der Zugangsinteressent, dass das marktbeherrschende Unternehmen den Zugang verweigert, obliegt es dem marktbeherrschenden Unternehmen seinerseits zu beweisen, dass es seine Marktbeherrschung auf den nachgelagerten Markt nicht missbräuchlich ausdehnen bzw. verstärken will (hierzu s. *Siragusa* 1998, 185).

V. Die "essential-facilities"-Doktrin als selbstständige Rechtsfigur?

Aus der Analyse der Tatbestandsmerkmale der "essential-facilities"-Doktrin folgt, dass diese in der Rechtsprechung der AGCM sehr extensiv ausgelegt worden sind. Obwohl diese Entscheidungen nicht immer in den höheren Instanzen bestätigt wurden, ist es unbestreitbar, dass die "essential-facilities"-Doktrin ein grundlegendes Element des Instrumentariums der *Autorità* ist. Die fehlende klare Abgrenzbarkeit und die daraus folgende „Flexibilität" der "essential-facilities"-Doktrin stießen im italienischen Schrifttum auf Kritik[1082]. Die "essential-facilities"-Doktrin galt als widersprüchlich und mangelhaft. Die Suche nach einer dogmatisch fundierten und verbindlichen Definition der "essential-facilities"-Doktrin dürfte erfolglos bleiben, weil sie nutzlos ist[1083]. Die "essential-facilities"-Doktrin ist ihrer Natur nach ein Auffangtatbestand, der deshalb offen und flexibel bleiben muss.

§ 5. Die Immaterialgüterrechte als *essential facilities*

Der folgende Abschnitt befasst sich mit der Frage, ob und inwieweit immaterialgüterrechtlich geschützte Positionen[1084] unter die "essential-facilities"-Doktrin fallen können.

Vorab muss jedoch die Frage geklärt werden, inwieweit das Kartellrecht auf die Immaterialgüterrechte anwendbar ist. Diese Problematik wurde bisher ausführlich und systematisch im Zusammenhang mit der Zulässigkeit von wettbewerbsbeschränkenden Vereinbarungen in Lizenzverträgen, insbesondere in Bezug auf Gebietsaufteilungen erörtert. In diesem Kontext hat *Sarti* die von *Bowman* ver-

---

1082 *Guglielmetti* CEM 1998, 390. Obwohl *Guglielmetti* sich für eine restriktive Auslegung ausspricht, führt er in seinem Verzeichnis (*Guglielmetti* CEM 1998, 405) von "essential facilities"-Doktrin- Fällen auch Entscheidungen auf, in denen die "essential facilities"-Doktrin nicht erwähnt worden ist (AGCM, Beschluss vom 4. Juli 1996, Boll. 27/1996 – *Adusbef/Autostrade*; AGCM, Beschluss vom 28. November 1996, Boll. 48/1996 – *Gestori Impianti di Distribuzione Autostradale/Autogrill*; AGCM, Beschluss vom 19. Juni 1996, Boll. 25/1996 – *Associazione Nazionale Impiantisti Manutentori/Italgas*. In den ersten zwei Fällen ging es um den Zugang zu Autobahnen, um Pannenhilfsdienste bzw. Dienstleistungen auf dem Gebiet des Gaststättengewerbes zu erbringen. Während die *Autorità* in dem Fall *Adusbef/Autostrade* die Geschäftsverweigerung für missbräuchlich hielt, rechtfertigten technische Gründen ihrer Ansicht nach die Zugangsverweigerung zu Gaststätteninfrastrukturen in dem Beschluss *Gestori Impianti di Distribuzione Autostradale/Autogrill*).

1083 AGCM, Beschluss vom 25. Februar 1999, Boll. 8/1999, Tz. 146 – *SNAM - Tariffe di Vettoriamento*.

1084 Zur Definition von Immaterialgüterrechten s. Kap. 1 II und Kap. 5 § 3 II 4.

tretene These zurückgewiesen, wonach Immaterialgüterrechte vom Kartellrecht unberührt bleiben[1085]. Entscheidend für die Anwendbarkeit des Kartellrechts auf Immaterialgüterrechte ist nach *Sarti* eine Beurteilung des fraglichen Immaterialgüterrechts im Einzelfall. Immaterialgüterrechte und Kartellrecht sind grundsätzlich keine kollidierenden Rechtsgebiete und mögliche Friktionen sollten unter Anwendung der *rule of reason*-Doktrin aufgelöst werden[1086].

Die erwähnte Doktrin hat sich jedoch nicht mit der Anwendbarkeit der kartellrechtlichen Vorschriften auf ungerechtfertigte Lizenzverweigerungen auseinandergesetzt. Bei der Beurteilung dieser Problematik muss man also von der Entscheidungspraxis der *Autorità* ausgehen, die erstmals 1996 eine ungerechtfertigte Lizenzverweigerung gemäß Art. 3 l. 287/90 untersucht hat.

I. Der Fall *Panini*

Die Frage, ob Immaterialgüterrechte eine wesentliche Einrichtung darstellen können, hat die *Autorità* im Fall *Associazione Italiana Calciatori - Panini* (im Folgenden *Panini*)[1087] positiv beantwortet. Da die begehrte Ressource - die Abbildungen der Fußballspieler im Vereinstrikot - weder eine besondere schöpferische Tätigkeit noch eine besondere Investition voraussetze, hielt die *Autorità* die Vereinbarungen zwischen *AIC*[1088] und *Panini*[1089] über die Einräumung von ausschließlichen Lizenzen für wettbewerbswidrig gemäß Art. 2 l. 287/90 (wettbewerbsbeschränkende Kartelle[1090]). Diese Vereinbarung behinderte den Wettbewerb auf dem Markt der Fußballsammelbilder. Für die Anwendbarkeit der kartellrechtlichen Vorschriften auf die Immaterialgüterrechte berief sich die *Autorità* nicht nur auf die EG-Rechtsprechung (Fall *Magill*[1091]), sondern auch auf ameri-

---

1085 *Sarti* 1996, 237; *Sarti* in *Frignani/Pardolesi/Patroni Griffi/Ubertazzi* 1993, I, 428.

1086 *Sarti* 1996, 239. Vgl. auch *Floridia* in *Galgano* 1982, V, 480 ff.; *Frignani/Waelbroeck* 1996 337 ff.; *Denozza* 1979, 129 ff.. Vgl. *Pilla* 200, 282 ff., m.w.N. zum italienischen Schrifttum.

1087 AGCM, Beschluss vom 31. Oktober, Boll. 44/96 – *Associazione Italiana Calciatori - Panini*. Dieser Fall erregte viel Interesse in der Literatur. Dazu s. *Resta* N. Giur. Civ. Comm. 1997, 713 ff.; *Pardolesi/Resta* Foro it. 1998, II, 74 ff.; *Cipressa/Casacci* Dir. Ind. 1997, 241 ff.. Deutliche Kritik an der Entscheidung der Autorità übt *Pilla* 2000, 279 ff..

1088 *Associazione italiana calciatori*, italienische Vereinigung der Fußballspieler.

1089 Das Unternehmen *Panini S.p.A.* verlegt Sammelhefte und -bilder.

1090 Diese Bestimmung stellt die Umsetzung von Art. 81 EG dar.

1091 Trotz des Verweises auf den Fall *Magill* vermied es die AGCM, die komplexe teleologische Denkweise des EuGH anzuwenden. Die AGCM beschränkte sich darauf, ein Immaterialgüterrecht anzunehmen.

kanische Gerichtsentscheidungen[1092]. Die *Autorità* betonte, dass das Verfügen über eine wesentliche Ressource aufgrund einer ausschließlichen Lizenz dem Inhaber der Ressource eine marktbeherrschende Marktmacht verleiht.

Die Maßnahme der *Autorità* wurde vom *Tribunale Amministrativo del Lazio* aufgehoben[1093]. Nach Auffassung des Berufungsgerichts *Tribunale Amministrativo del Lazio*, ist das Recht, die Abbildungen im Vereinstrikot zu verwerten, weder ein Schutzrecht an Photographien gemäß Art. 87 l. aut. (italienisches Urheberrechtsgesetz) noch ein Recht am eigenen Bild gemäß Art. 96 ff. *l. aut.* Es handele sich um ein Ausschließlichkeitsrecht eigener Art, dessen Ausübung keinen Missbrauch darstelle. Des weiteren hätte die AGCM von Art. 3 l. 287/90, und nicht von Art.2 l. 287/90 ausgehen müssen. Diese Argumentation des *Tribunale Amministrativo del Lazio* erweist sich jedoch als widersprüchlich. Wenn eine missbräuchliche Lizenzverweigerung durch ein einseitiges Verhalten erfolgt, kann *a fortiori* die Lizenzverweigerung auch Folge einer Absprache sein.

Als schwach erweist sich auch die Argumentation des *Consiglio di Stato*[1094], der die Entscheidung des Berufungsgerichts bestätigt hat. Der *Consiglio di Stato* warf die Frage auf, ob ein Kontrahierungszwang auch in Bereichen außerhalb der Daseinsvorsorge oder der Versorgung mit lebenswichtigen Gütern möglich sei. Daraus ergibt sich, dass der *Consiglio di Stato* keinen Unterschied zwischen dem zivilrechtlichen Kontrahierungszwang gemäß Art. 2597 c.c. und dem kartellrechtlichen Kontrahierungszwang infolge einer ungerechtfertigen Kontrahierungsverweigerung macht.

Ungeachtet der negativen Einstellung des *Tribunale Amministrativo del Lazio* und des *Consiglio di Stato*[1095] gibt die *Panini*-Entscheidung der AGCM Anhaltspunkte für die Anwendbarkeit der "essential-facilities"-Doktrin auf Immaterialgüterrechte. Abschließend sei noch erwähnt, dass dem Verweis des *Tribunale Amministrativo del Lazio* auf Art. 3 l. 287/90 bezüglich einer missbräuchlichen Lizenzverweigerung zu entnehmen ist, dass er die Ausübung von Immaterialgüterrechten als vom Kartellrecht abgrenzbar angesehen hat .

1092 AGCM, Beschluss vom 31. Oktober, Boll. 44/96, Tz. 120, 121 – *Associazione Italiana Calciatori - Panini.*

1093 *TAR Lazio*, Urteil Nr. 96 vom 8. Januar 1998, Foro it. 1998 II, 74 ff..

1094 *Consiglio di Stato*, Sez. VI, Urteil Nr. 172 vom 17. Februar 1999, über das Verfahren I/195 – *Associazione Italiana Calciatori/Panini*

1095 Dagegen leitete später AGCM, Beschluss vom 26. März 1999, Boll. 12/1999, Tz. 26 – *Stream/Telepiù* aus dem Urteil des *Consiglio di Stato* ab, dass die ausschliesslichen Rechte zu einem Missbrauch führen können.

II. Funktionelle und nutzbringende Werke

Die Erwägungen der AGCM im Fall *Panini* über die Anwendbarkeit des Kartellrechts auf Immaterialgüterrechte erlangen eine besondere Bedeutung im Hinblick auf die neuen Entwicklungen im Immaterialgüterrecht. Als besonders hilfreich erweist sich die Unterscheidung zwischen literarischen und künstlerischen Werken im engeren Sinne einerseits und andererseits funktionellen und nutzbringenden Werken, die sich z.B. auf Telekommunikation, Datenverarbeitung, Informationstechnologie und Datenbanken beziehen. Der Generalanwalt hat im Fall *Magill* betont, dass das Urheberrecht an den funktionellen und nutzbringenden Werken in höherem Maße zu wirtschaftlicher Abhängigkeit und damit zu beherrschenden Stellungen führen kann. Dies könnte Inhaber solcher Urheberrechte zu wettbewerbsbeschränkenden Verhaltensweisen veranlassen[1096].

Eine solche Konstellation ist beispielweise im Fall SIGN in Bezug auf Datensammlungen aufgetreten. In diesem Fall führte das marktbeherrschende Unternehmens als Rechtfertigung u.a. an, dass die Datenbank urheberrechtlich geschützt sei. Die *Autorità* folgte diese Begründung des marktbeherrschenden Unternehmens nicht und konnte daher davon absehen, die Problematik anzugehen[1097], ob die "essential-facilities"-Doktrin auf Immaterialgüterrechte anwendbar ist. Es darf jedoch nicht übersehen werden, dass Datenbanken unter bestimmten Voraussetzungen ein Urheberrecht bzw. ein *jus sui generis*[1098] darstellen, deren Missbrauch einen Widerstreit zwischen geistigem Eigentum und Wettbewerbsfreiheit auslösen würde. Dass die Anwendung der "essential-facilities"-Doktrin auf Zugangsverweigerungen zu Datenbanken die Lösung des gerade erwähnten Konflikts mit sich bringen könnte, hat *Guglielmetti* unterstrichen[1099]. Bei einer

---

[1096] EuGH, Urteil vom 6. April 1995, Verb. Rs. C-241 u. C-242/91 P, Slg. 1995 I, 743 ff., Schlussanträge des GA *Gulmann*, Tz. 134 – *Magill.*

[1097] Art. 102 bis, *Legge* Nr. 633 vom 22. April 1941, *Gazz. Uff.* Nr. 166 vom 16. Juli 1941, *Protezione del diritto d'autore e di altri diritti connessi al suo esercizio* (Schutz des Urheberrechts und anderer Rechte, die mit seiner Ausübung verbunden sind) i.d.V. vom *Legge* Nr. 248 vom 18. August 2000, *Gazz. Uff.* Nr. 206 vom 4. September 2000.

[1098] S. Kap. 4 § 2 II.

[1099] *Guglielmetti* CEM 1998, 409, 410 Fußnote 39. In diesem Rahmen kommt *D. lgs.* Nr. 169 vom 6. Mai 1999, *Gazz. Uff.* Nr. 138 vom 15. Juni 1999 in Betracht, wodurch die Datenbankrichtlinie 96/9 in Italien umgesetzt worden ist. Der italienische Gesetzgeber hat dem Datenbankinhaber ein Schutzrecht eingeräumt, das zu Monopolsituationen führen könnte (*Chimenti* 1999, 66). Hierzu s. auch *Rossetti* Dir. Ind. 1999, 295. Dass diese marktbeherrschenden Stellungen missbraucht werden können, ist anhand der Fälle *Cerved* und *Stet* (s. Kap. 4 § 2 II) schon gezeigt worden. Diese Fälle lagen vor der Einführung eines urheberrechtlichen Datenbankschutzes. Da aufgrund des *D.lgs.* 169/99 und der Richtlinie 96/9 EG Datenbanken den Schutz des Urheberrechts

solchen Konstellation könnte also die AGCM auf die *Magill*-Argumentation zurückgreifen und durch die "essential-facilities"-Doktrin das wettbewerbsbeschränkende Verhalten der Dateninhaber sanktionieren.

III. Immaterialgüterrechte und Zwangslizenzen

Die Zugangsverweigerung zu Immaterialgüterrechten realisiert sich durch eine Lizenzverweigerung. Ein Gericht bzw. eine Behörde kann dem an einer Lizenz interessierten Wettbewerber folglich nur durch Anwendung einer Zwangslizenz zum „Zugang" verhelfen. Vor der Erörterung, ob die kartellrechtlich begründete Anordnung von Zwangslizenzen nach art. 3 l. 287/90 zulässig ist, muss zunächst die Rolle der Zwangslizenz in der italienischen Rechtsordnung untersucht werden.

1. Der Zugang zum Quellcode eines Computerprogramms: Die Dekompilierung

Wie bereits in Kap. 2 § 3 II 6 b erläutert, ermöglicht die Dekompilierung (Rückübersetzung) den Zugang zum sogenannten Quellcode eines Computerprogramms. Der italienische Gesetzgeber hat die Dekompilierung durch Art. 64 *quater l. aut.* geregelt. Das Gesetz gestattet die Vervielfältigung und Übersetzung der Codeform eines Computerprogramms nur unter engen Voraussetzungen[1100],

---

und/oder eines *jus sui generis* genießen können, wird sich die *Autorità* mit dem Konflikt zwischen Urheberecht bzw. *jus sui generis* einerseits und Kartellrecht andererseits auseinandersetzen müssen. Zwangslizenzen wegen des Missbrauchs der Monopolstellung eines Datenbankinhabers könnten also einen italienischen *Magill*-Fall darstellen. Hierzu s. auch *Guglielmetti* CEM 1998, 410 Fußnote 39.

1100 Nach Art. 64 *quater l.aut.* müssen die Vervielfältigung und die Übersetzung der Codeform eines Computerprogramms unerlässlich sein, um „ (...) die erforderlichen Informationen zur Herstellung der Interoperabilität eines unabhängig geschaffenen Computerprogramms mit anderen Programmen zu erhalten, sofern folgende Bedingungen erfüllt sind:

- die diesbezüglichen Handlungen werden von dem Lizenznehmer oder von einer anderen zur Verwendung einer Programmkopie berechtigten Person oder in deren Namen von einer hierzu ermächtigten Person vorgenommen;
- die für die Herstellung der Interoperabilität notwendigen Informationen sind für die unter Buchstabe a) genannten Personen nicht schon leicht und schnell zugänglich;
- die diesbezüglichen Handlungen beschränken sich auf die Teile des ursprünglichen Programms, die die Schaffung von Interoperabilität bezwecken.

Die Bestimmungen des Absatzes 1 erlauben nicht, dass die im Rahmen ihrer Anwendung erhaltenen Informationen;

a) zu anderen Zwecken als zur Schaffung der Interoperabilität des unabhängig geschaffenen Programms verwendet werden;

nämlich um ein unabhängig entwickeltes Computerprogramm interoperabel zu machen und so eine Verbindung und Interaktion zwischen verschiedenen Programmen zu gewährleisten[1101]. Dieser Tatbestand ist sehr ähnlich der Zugangsproblematik der “essential-facilities”-Doktrin. Hier wie dort handelt es sich um eine nicht duplizierbare Infrastruktur. Aus den Netzwerkexternalitäten der Infrastruktur folgen die Wesentlichkeit des Zugangs für die potentiellen Konkurrenten und die mögliche Monopolausdehnung seitens des Infrastrukturinhabers auf den abgeleiteten Märkten. Die Voraussetzungen für die Anwendung von Art. 64 *quater l. aut.* sind jedoch sehr eng gefasst[1102], was auf heftige Kritik in der Literatur gestoßen ist[1103]. Überdies sei noch darauf hingewiesen, dass Art. 64 *quater l. aut.* lediglich die reine Interoperabilität von Programmen bezweckt. Sollte ein Software-Entwickler auf einem benachbarten Markt zusätzliche Daten von einem marktbeherrschenden Unternehmen für die Entwicklung eines neuen Softwareprodukts benötigen - die aus ökonomischen oder objektiven Gründen nicht duplizierbar sind und für die keine alternative Beschaffungsmöglichkeit besteht - käme die “essential-facil-ities”-Doktrin in Betracht[1104].

Die Kompatibilitätsproblematik betrifft nicht nur die Dekompilierung und die Entwicklung von neuen Programmen. Aus der Praxis der AGCM geht hervor, dass die Interoperabilität von Computerprogrammen eine besondere Bedeutung bei den computergesteuerten Reservierungssystemen erlangt hat. Da Infrastrukturen oft computergesteuert sind, ist zu erwarten, dass die Zugangsverweigerungsproblematik sich mit der Kompatibilitätsproblematik überschneiden wird.

2. Zwangslizenzen nach Art. 2597 c.c. ?

Im Folgenden soll erörtert werden, ob Zwangslizenzen anhand des in Kap. 4 § 1 II dargestellten Kontrahierungszwangs gemäß Art. 2597 c.c. erteilt werden kön

---

b) an Dritte weitergegeben werden, es sei denn, dass dies für die Interoperabilität des unabhängig geschaffenen Programms notwendig ist;

c) für die Entwicklung, Herstellung oder Vermarktung eines Programms mit im wesentlichen ähnlicher Ausdrucksform oder für irgendeine andere, das Urheberrecht verletzende Handlung verwendet werden (...).“Zur Erläuterung des Art. 64 *quater l.aut.* in der deutschen Literatur s. *Ringel* 1999, 192 ff.. Systematisch hierzu *Guglielmetti* in *Ubertazzi* 1994, 152 ff..

1101 Erwägungsgrund 11 Richtlinie 91/250/EWG des Rates vom 14. Mai 1991, Computerprogrammrichtlinie, ABl. 1991 L 122/42.

1102 *Ringel* 1999, 195.

1103 *Guglielmetti* in *Ubertazzi* 1994, 167 ff.; *Borruso* 1999, 82 ff..

1104 S. *Guglielmetti* 1998, 421 Fußnote 67.

nen. Dass Immaterialgüterrechte Monopolstellungen zur Folge haben können, wurde im Schrifttum wiederholt behauptet[1105]. Nach dieser Auffassung können Zwangslizenzen mittels Art. 2597 c.c. erteilt werden[1106]. Die Anwendbarkeit von Art. 2597 c.c. zugunsten diskriminierter Unternehmen sollte die Lücke einer fehlenden umfassenden kartellrechtlichen Regelung ausfüllen und eine *rational allocation of economic resources* fördern[1107]. Infolge dieser Lücke sprach sich die herrschende Lehre für eine extensive Auslegung des Geltungsbereichs von Art. 2597 c.c. und forderte den Gesetzgeber auf[1108], ein Diskriminierungsverbot einzuführen. Nach der Einführung der *legge antitrust* ist diese extensive Auslegung von Art. 2597 c.c. nicht mehr gerechtfertigt. Auf wettbewerbswidrige Lizenzverweigerungen gegenüber Konkurrenten findet jetzt die *legge antitrust* Anwendung. Einem Monopolisten könnte also eine Zwangslizenz nur dann gemäß Art. 2597 c.c. auferlegt werden, wenn das diskriminierte Subjekt ein Verbraucher ist. Eine solche Konstellation ist aber kaum vorstellbar. Jedenfalls im Hinblick auf diskriminierte Unternehmen können Zwangslizenzen nunmehr ausschließlich auf Art. 3 l. 287/90 gestützt werden[1109].

3. Zwangslizenzen im Patentgesetz

Das italienische Patentgesetz (*legge sulle invenzioni*[1110]) sieht die Möglichkeit vor, die Ausschließungsbefugnisse aufgrund von Patenten durch Zwangslizenzen zu beschränken. Zwangslizenzen sind in Art. 54, 54 *bis*, *ter*, *quater*, *quinquies* und *sexies* des italienischen Patentgesetzes geregelt[1111]. Gemäß Art. 54 *l. inv.* kann jeder Interessent eine nicht ausschließliche Zwangslizenz beantragen, wenn nicht innerhalb von 3 Jahren nach der Patenterteilung, bzw. 4 Jahren nach dem Patenterteilungsantrag entweder der Patentinhaber oder ein Lizenznehmer die Erfindung innerhalb eines Mitgliedstaats der EU bzw. der WTO ausgeführt hat

---

1105 *Marchetti* 1969, 355; *Libertini* 1981, 293.

1106 Dagegen *Sena* 1987, 354.

1107 S. *Marchetti* 1969, 360, mit Verweisen auf die amerikanische Literatur. S. hierzu auch *Fabiani* Riv. Dir. Ind. 1964, 19 ff..

1108 S. *Ascarelli* 1960, 57 und *Marchetti* 1969, 320, die für eine Lösung *de jure condendo* plädierten.

1109 Der Kontrahierungszwang gemäss Art. 3 *Legge antitrust* kann sich mit dem Kontrahierungszwang Art. 2597 c.c. überschneiden. Vgl. AGCM, Beschluss vom 6. Juni 1996, Boll. 23/1996, Tz. 15, *Fina Italiana – Compagnia Italpetroli*.

1110 *Regio Decreto* (königliche Verordnung) Nr. 1127 vom 29. Juni 1939, *Testo delle disposizioni legislative in materia di brevetti per invenzioni industriali* (Patentgesetz), *Gazz. Uff.* Nr. 139 vom 14. August 1939.

1111 Mit dem *d.p.r.* vom 26. Februar 1968, Nr. 849, in *Gazz. Uff.* vom 3. Juli 1968, Nr. 163 ist die Zwangslizenz eingeführt worden, um die italienische Rechtsordnung dem Pariser Übereinkommen (Lissabon-Fassung) anzupassen.

bzw. die Ausführung angesichts der nationalen Bedürfnisse mangelhaft ist[1112]. In diesem Rahmen kommen auch Zwangslizenzen zugunsten des Inhabers (oder Anmelders) einer von dem Streitpatent abhängigen jüngeren Erfindung in Betracht. Art. 54 II, 2) räumt die Möglichkeit ein, eine Zwangslizenz zu erteilen, wenn die jüngere Erfindung für die Belange der Allgemeinheit einen Fortschritt darstellt.

Die erste Kategorie von Zwanglizenzen lässt sich historisch mit wirtschaftsprotektionistischen Gründen[1113] klären. Diese Zwangslizenzen sollten das private Interesse des Patentinhabers mit dem nationalen Gemeinwohl in Einklang bringen. Die italienische Lehre scheint jedoch diese Gründe übersehen zu haben. Die Einführung von Zwangslizenzen in das Patentgesetz wurde sogar von *Franceschelli* als Instrument gegen den Missbrauch der monopolistischen Macht seitens eines Patentinhabers begrüßt[1114]. Der „Schutz des nationalen Gemeinwohls“ verstieß jedoch gegen die „Freiheit des Wettbewerbs“ zwischen den WTO Staaten. Daher hat der italienische Gesetzgeber 1996 aufgrund des TRIPS-Übereinkommens von 1994 (Art. 31)[1115] Art. 54 und 54 bis des italienischen Patentgesetzes geändert[1116] und die wirtschaftsprotektionistische[1117] Zielsetzung aufgegeben[1118]. Trotz der Novellierung dürfen diese Zwangslizenzen jedoch nicht mit kartellrechtlichen Zwangslizenzen verwechselt werden. Auch Zwangslizenzen für abhängige Erfindungen müssen von kartellrechtlichen Lizenzen unterschieden werden. Es ist unbestreitbar, dass diese Konstellation der Monopolausdehnung sehr ähnlich ist. Der Inhaber eines bereits angemeldeten Patents (Hauptmarkt) dehnt sein Monopol auf den Markt der abhängigen Erfindung (benachbarter

1112 Weder das deutsche noch das amerikanische Recht sehen solche Lizenzen vor. Vgl. *Beier*, IIC 1999 262 ff..

1113 Obwohl die Möglichkeit der Einräumung von Zwangslizenzen erst 1968 eingeführt wurde, reichen die Wurzeln dieses Gedankens bis in die wirtschaftsprotektionistische Politik des XIX. Jahrhunderts zurück. S. *Beier* 1999 IIC, 262 ff..

1114 *Franceschelli* 1972, 984, 985.

1115 Zu Zwangslizenzen gemäß TRIPS s. *Straus* in *Beier/Schricker* 1996, 202 ff.. Vgl. auch Kap. 5 § 4.

1116 *D. lgs.* Nr. 198 vom 19. März 1996, *Adeguamento della legislazione interna in materia di proprietà industriale alle prescrizioni obbligatorie dell'accordo relativo agli aspetti dei diritti di proprietà intellettuali concernenti il commercio – Uruguay Round* (Anpassung der italienischen Gesetzgebung zum gewerblichen Rechtsschutz an das TRIPS-Übereinkommen), *Gazz. Uff.* Nr. 88 vom 15. April 1996.

1117 Die wirtschaftsprotektionistische Natur konkretisierte sich in der Notwendigkeit der Ausführung der Erfindung innerhalb Italiens. Zu dieser Reform s. *Tavassi* 1998 133, 134.

1118 Nach herrschender Lehre stellen diese Zwangslizenzen einen Anachronismus in der EU-Wettbewerbsordnung dar und sollten aufgehoben werden (*Sena* 1987, 359).

Markt) durch eine Lizenzverweigerung aus. Vor der TRIPS-Reform unterstrich die herrschende Lehre, dass allein die Abhängigkeit der jüngeren Erfindung von der schon patentierten Erfindung eine Zwangslizenz rechtfertigen könne, auch wenn die neue Erfindung keinen Forschritt mit sich brächte[1119]. Nach dem Inkrafttreten des TRIPS-Übereinkommens ist diese Möglichkeit jedoch sehr eingeschränkt worden: Patente für abhängige Erfindungen können nur beim Vorliegen eines „important technical advance" und „considerable economic significance" erteilt werden (Art. 31 l)[1120]. Da die gesetzlichen Voraussetzungen zu streng sind, hat Guglielmetti zu Recht vorgeschlagen, diese Ausdrucke „elastisch" auszulegen[1121]. Eine solche Auslegung reicht jedoch nicht aus, um wettbewerbswidrige Lizenzverweigerungen sanktionieren zu können.

4. Wettbewerbswidrigkeit von Immaterialgüterrechten? Insbesondere: Der Geschmacksmusterschutz

In diesem Zusammenhang ist das Gutachten der *Autorità* über Geschmackmusterrechte auf dem Markt der Kraftfahrzeugersatzteile zu erwähnen. In dem Gutachten[1122] wies die *Autorità* darauf hin[1123], dass Geschmacksmusterrechte an Karosserieteilen schwerwiegende Wettbewerbsbehinderungen auslösen können. Nach Auffassung der *Autorità* ist der Geschmacksmusterschutz ungerechtfertigt, wenn die umstrittene Neuerung auch ohne die Gewährung eines Geschmackmusterschutzes vorgenommen würde. Unter Berufung auf die zivilrechtliche Rechtsprechung[1124] stellte die *Autorità* fest, dass die fünfzehnjährige Dauer des Geschmacksmuterschutzes zur Kompensation von Investitionen für „Forschung und Entwicklung" zu lang sei. Darüber hinaus verwies die AGCM auf das Grünbuch der Kommission zum Geschmacksmusterrecht[1125], wonach der Geschmacksmusterschutz die Kompatibilität von und den Wettbewerb zwischen Erzeugnissen, die

[1119] *Sena* in *Marchetti/Ubertazzi* l. aut. Art. 54, VII. Zur neuen Fassung der Art. 54 ff. des italienischen Patentgesetzes s. *Guglielmetti* Le nuove Leggi Civili commentate 1998, 136 ff..

[1120] *Straus* in *Beier/Schricker* 1996, 207, 208. Der Autor betont, dass viele der TRIPS-Mitgliedstaaten (Niederlande, Großbritannien, Schweden, usw.) ihre Patentgesetze aufgrund dieser Beschränkung novellieren müssen.

[1121] *Guglielmetti* Le Nuove Leggi Civili Commentate 1998, 140.

[1122] Gemäß Art. 22 l. 287/90 kann die *Autorità* eine Beratungstätigkeit ausüben.

[1123] AGCM, *Normativa Brevetti per Modelli e Disegni Ornamentali per le Parti Staccate della Carrozzeria delle Automobili* (Gutachten über Kraftfahrzeugersatzteile) vom 23. August, Boll. 32-33/94.

[1124] *App. Torino*, Urteil vom 23. Oktober 1992, Riv. Dir. Ind. 1993, II, 141 – *HELLA KG- ARIC.*

[1125] Grünbuch über den rechtlichen Schutz gewerblicher Muster und Modelle, KOM (1991), Arbeitsdokument der Dienststellen, III/F/5131/91-DE (Grünbuch zum Geschmacksmusterrecht).

ein Bauelement eines komplexen Erzeugnisses darstellen, nicht behindern darf. Aufgrund dieser kritischen Anmerkungen forderte die AGCM den italienischen Gesetzgeber auf, den Geschmackmusterschutz für Ersatzteile abzuschaffen oder in seiner Schutzdauer zu beschränken. Unabhängig von dieser Frage[1126], steht es jedoch fest, dass der Geschmackmusterschutz gesetzlich anerkannt[1127] ist, und dass nur sein Missbrauch kartellrechtlich bedenklich ist. Solange eine gesetzliche Anerkennung des Geschmackmusterrechts besteht, darf die Ausübung eines Geschmacksmusterrechts aufgrund des Legalitätsprinzips nicht verboten werden. Daraus ergibt sich, dass die *Autorità* fallbezogen vorgehen sollte.

Die gesetzliche Anerkennung des Geschmacksmusterrechts impliziert die Belohnung der erfinderischen Tätigkeit, die sich in Ausschließungsbefugnissen konkretisiert. Durch seine Ausschließungsbefugnisse darf jedoch der Inhaber des Geschmacksmusterrechts die Kompatibilitätsinteressen von Dritten nicht verletzen. Der Missbrauch von Ausschließungsbefugnissen kann sich etwa in Form einer missbräuchlichen Ausnutzung einer marktbeherrschenden Stellung äußern. Eine Interessenabwägung zwischen Kompatibilitätsinteressen und den Ausschließungsbefugnissen könnte folglich zur Auferlegung einer Zwangslizenz führen. Solche Betrachtungen gelten insbesondere jetzt, seitdem das vor kurzem in Kraft getretene Geschmackmustergesetz einen starken immaterialgüterrechtlichen Schutz geschaffen hat und keine Zwangslizenz vorgesehen hat[1128].

IV. Schlussfolgerungen

Da in den gerade erwähnten Gesetzen (Zivilgesetzbuch, Urheberrechtgesetz, Patentgesetz) die Zwangslizenzen keine kartellrechtliche Aufgabe erfüllen und die italienischen Gesetze keine andere Form von Zwangslizenz im immaterialgüterrechtlichen Bereich vorsehen, bildet die Vergabe einer Zwangslizenz mittels der "essential-facilities"-Doktrin das einzige Mittel, um einen Monopolmissbrauch durch ein Immaterialgüterrecht zu sanktionieren. Damit könnte im Hinblick auf das Fehlen eines Instrumentariums wie das *copyright* und das *patent*

[1126] Das Gutachten stieß auf heftige Kritik in der Literatur. Zur Diskussion im Schrifttum vgl. s. die umfassende Darstellung bei *Pilla* 2000, 291 ff., der das Gutachten der AGCM einer deutlichen Kritik unterzieht. Vgl. *Frassi* Riv. Dir. Ind. 1995, 65 ff.; *Frassi* GRUR Int. 1999, 698; *Lamandini* in Riv. Dir. Ind. 1995, II, 86 ff.; *Rusconi* Dir. Ind. 1995, I, 747 ff..

[1127] Es handelt sich um Art. 2593 c.c. und um Art. 5 des italienischen Patentgesetzes.

[1128] *D. lgs.* Nr. 95 vom 2. Februar 2001, *Attuazione della direttiva 98/71/CE relativa alla protezione giuridica dei disegni e dei modelli* (Umsetzung der Richtlinie 98/71/EG über den rechtlichen Schutz von Mustern und Modellen), *Gazz. Uff.* Nr. 79 vom 4. April 2001.

misuse[1129] Abhilfe geschaffen werden. In Anbetracht der Tatsache, dass die Vermehrung der Zahl von Immaterialgüterrechten negative Konsequenzen für den Wettbewerb haben könnte,[1130] steht die italienische Doktrin der Möglichkeit eines Kontrahierungszwangs zwecks einer Zwangslizenz gemäß Art. 3 l. 287/90 positiv gegenüber. Der Zweck von Immaterialgüterrechten besteht nicht darin, ihre Nutzung bzw. Verwertung durch Dritte zu behindern, sondern die intellektuelle Arbeit des Schöpfers zu belohnen. Die Belohnung der intellektuellen Arbeit erfordert aber keine Monopolausdehnung in Form ungerechtfertigter Lizenzverweigerungen. Die Anwendung der "essential-facilities"-Doktrin auf Immaterialgüterrechte dient letztlich dazu, die Ausschließungsbefugnisse des geistigen Eigentums mit der Freiheit des Wettbewerbs zu versöhnen.

1129 *Levi* Riv. Dir. Ind. 1996, II, 208.

1130 Die protektionistische Tendenz im gewerblichen Rechtsschutz, die aus der Ausdehnung der Immaterialgüterrechte folgt, wird von *Ghidini* Riv. Dir. Ind. 1995, I, 72 ff. ausführlich untersucht. Der Autor begrüßt die Erteilung von Zwangslizenzen (als Beispiel werden die ETSI-Zwangslizenzen erwähnt), als Ergebnis einer angemessenen Interessenabwägung zwischen der Ausschließlichkeit der Immaterialgüterrechte und ihre Zugänglichkeit für Dritte. Obwohl *Ghidini* nur die ETSI-Zwangslizenzen erwähnt (s. Kap. § 3 I 3), könnte eine ähnliche Argumentation auch für kartellrechtliche Zwangslizenzen im Sinne von Art. 3 l. 287/90 gelten.

KAPITEL 5: RECHTSVERGLEICHUNG

§ 1. Die "essential-facilities"-Doktrin im Lichte der Rechtsvergleichung und der Rechtsvereinheitlichung

In diesem Kapitel sollen die Erscheinungsformen der "essential-facilities"-Doktrin in den verschiedenen Rechtsordnungen unter besonderer Berücksichtigung der Immaterialgüterrechte als wesentliche Einrichtungen verglichen werden. Dies wird es ermöglichen, die gemeinsamen Basiselemente der "essential-facilities"-Doktrin darzustellen und schließlich auf die grundlegende Funktion der "essential-facilities"-Doktrin für die neuen Herausforderungen des Kartellrechts im Hinblick auf die High-Tech-Märkte einzugehen.

Zweigert und *Kötz* haben hervorgehoben, dass eine bedeutsame Funktion der Rechtsvergleichung nicht zuletzt die Vorbereitung von Projekten einer „übernationalen Rechtsvereinheitlichung" ist[1131]. Die Rechtsvereinheitlichung des Kartellrechts gewinnt einerseits im Lichte des EU-Integrationsprozesses[1132] und andererseits durch die Herausbildung eines Weltkartellrechts besondere Bedeutung[1133]. Die vereinheitlichende Rolle der Rechtsvergleichung für ein künftiges Weltkartellrecht wurde vor kurzem von *Meessen* befürwortet[1134]. Schließlich spielt die Rechtsvergleichung des Kartellrechts eine wichtige Rolle bei der Internationalisierung des Kartellrechts[1135], wo sie zu Kooperationsbestrebungen zwischen der EU und den Vereinigten Staaten führt[1136].

Vor dem Hintergrund dieser Entwicklungen soll das folgende Kapitel die Gemeinsamkeiten der "essential-facilities"-Doktrin in den verschiedenen Rechtsordnungen darstellen und den Kern dieses Rechtsinstituts[1137] bestimmen.

1131 Vgl. *Zweigert/Kötz* 1996, 23.

1132 Vgl. *Zweigert/Kötz* 1996, 23.

1133 Umfassend hierzu *Basedow* 1998. Vgl. auch *Fikentscher/Immenga* 1995; *Drexl* RIW 1994, 93 ff.; *Meessen* WuW 2000, 5 ff.; *Fikentscher* 1997, 132 ff.; *Fikentscher* WuW 2001, 455 ff..

1134 Vgl. *Meessen* WuW 2000, 6.

1135 Vgl. *Fleischer/Körber* WuW 2001, 12.

1136 Näher zur Kooperation in der Anwendung der Wettbewerbsregeln zwischen der EU und den Vereinigten Staaten *Biggers/Mann/Robertson* Hastings Int'l & Comp. L. Rev. 1999, 215 ff..

1137 Vgl. *Zweigert/Kötz* 1996, 14.

§ 2. Die Anwendbarkeit der "essential-facilities"-Doktrin in den untersuchten Rechtsordnungen

Die folgende Darstellung geht von der Rezeption der US-amerikanischen "essential-facilities"-Doktrin in der EU aus. Die Rechtsvergleichung zwischen einer nationalen (der US-amerikanischen) und einer supranationalen Rechtsordnung (der gemeinschaftsrechtlichen) wird mit einer weiteren Untersuchung der Rezeption der "essential-facilities"-Doktrin in zwei nationalen Rechtsordnungen (Deutschland und Italien) ergänzt. Die ausgewählten Rechtsordnungen sind sehr unterschiedlich: Die US-amerikanische Rechtsordnung gehört zum *Common Law* System, die EU-Rechtsordnung ist eine supranationale Rechtsordnung und sowohl die deutsche als auch die italienische Rechtsordnung gehören zur „römisch-germanischen Rechtsfamilie“[1138]. Wie sich diese Unterschiede auf die "essential-facilities"-Doktrin und derer Rezeption auswirken, wird im Laufe der Abhandlung erörtert.

Der Schwerpunkt der Rechtsvergleichung liegt nach allgemeiner Auffassung im Vergleich der Rechtsregeln in verschiedenen Rechtsordnungen. Um die Rechtsvergleichung durchzuführen, werden die Rechtsordnungen in ihre Bestandteile untergliedert. Einer Begriffsschöpfung *Saccos* zufolge werden sie „Formanten“ genannt. Hauptsächlich handelt es sich dabei um Gesetzesregeln, Ansätze der Lehre und richterliche Regeln[1139]. Die Untersuchung der Anwendung der "essential-facilities"-Doktrin in den verschiedenen Rechtsordnungen orientiert sich an diesem Wissenschaftsprogramm und setzt ich mit den drei Formanten auseinander[1140]: mit Gesetzen, Anwendungspraxis und Schrifttum. Damit sollen die Modalitäten der Rezeption der "essential-facilities"-Doktrin in den einzelnen Rechtsordnungen analysiert werden.

I. Gesetze

In der US-amerikanischen Rechtsordnung ist die "essential-facilities"-Doktrin im Gesetz nicht ausdrücklich erwähnt. Sie ist ein Ausfluss des Monopolisierungsverbots gemäss *Sec. 2 Sherman Act*. Mit der "essential-facilities"-Doktrin haben Entscheidungspraxis und Lehre also den Inhalt einer gesetzlichen Bestimmung spezifiziert. Obwohl die Zugangsverweigerungsproblematik der sogenannten

---

1138 *David* 1988, 81 ff..

1139 Näher *Sacco* 2001, 61 ff.. und *Sacco* 1992, VIII, 438 ff..

1140 Vgl. *Sacco* 2001, 66 ff.; zusammenfassend *Bussani/Mattei* http://www.jus.unitn.it/dsg/common-core/approach.html, S. 3.

public utilities (z.B. Versorgungs- und Telekommunikationsnetze) in vielen Fällen mit der "essential-facilities"-Doktrin eng verbunden ist, wird auf die spezialgesetzlichen Zugangsvorschriften der US-amerikanischen Rechtsordnung in dieser Arbeit nicht eingegangen, da die hier interessierenden Voraussetzungen für die Anwendung der "essential-facilities"-Doktrin unabhängig von diesen Vorschriften untersucht werden können. Außerdem unterliegen die *public utilities* in den Vereinigten Staaten einer strengen Aufsicht der Regulierungsbehörden[1141], die es in dieser Form in der EU nicht gibt[1142]. Überdies gelten für sie teilweise Bereichsausnahmen[1143]. Die Zwangslizenzierung für Immaterialgüterrechte ist den US-amerikanischen Gesetzen unbekannt[1144]. Nur kraft der *fair use doctrine* kann der Immaterialgüterrechtsinhaber verpflichtet werden, Zugang zu *intellectual property* zu gewähren[1145]. Aufgrund der *fair use doctrine* kann z.B. die Dekompilierung von Computerprogrammen ausgeführt werden[1146]. Der US-amerikanische Gesetzgeber hat in den Gesetzen über Datenbaken jeglichen Verweis auf die Zwangslizenzierung vermieden[1147]. Mögliche Widersprüche zwischen der Zielsetzung des Kartellrechts und des geistigen Eigentums können in der US-amerikanischen Rechtsordnung durch die in den *IP-Guidelines* niedergelegten Prinzipien[1148] beseitigt werden.

Auch die gemeinschaftsrechtlichen Wettbewerbsvorschriften des EG erwähnen die "essential-facilities"-Doktrin nicht. Dies verwundert deshalb nicht, weil Art. 81, 82 EG bewusst in Anlehnung an Sec. 1 und Sec. 2 *Sherman Act* geschaffen wurden[1149]. Die sektorspezifischen Zugangstatbestände der EU Re-Regulie-

---

1141 Vgl. *Stollhoff* 2000, 38 ff.. Umfassend zu Regulierung und Deregulierung der *Public Utilities* in den Vereinigten Staaten *Horn/Knieps/Müller* 1988; zu den Unterschieden zwischen der Regulierung der Telekommunikationsbranche in den Vereinigten Staaten und in Deutschland *Moritz/Neus* CR 1997, 239 ff.; *Blankart/Knieps* 1989; Umfassend zum US-amerikanischen Telekommunikationsrecht *Kang* 2001; Rechtsvergleichend zur Elektrizitätswirtschaft *Wilmowsky* 1998; zum Flugverkehrsmarkt *Ponti* Il Mulino 2000, 1073.

1142 Dem US-amerikanischen Vorbild folgend, plädiert der Generaldirektor für Energie und Transport der EU Kommission *Fracois Lamourex* für die Einführung einer Regulierungsbehörde für den Strom und Gasmarkt (Handelsblatt vom 12. März 2001, 12). Vgl. *Piltz* WuW 2001, 552 ff..

1143 Vgl. *Stollhoff* 2000, 44.

1144 Zur Einführung der Zwangslizenz in die US-amerikanische Rechtsordnung vgl. die Erörterung bei der FTC in De Santi 1996,http://www.ftc.gov/speeches/other/desanti1.htm.

1145 Vgl. § 107 des *Copyright Act*, 17 USCA.

1146 Näher dazu *Menell* Antit. Bull. 1998, 708; *Barton* ECLR 1997, 442; *Derclaye* EIPR 2000, 9.

1147 Vgl. *Davidson* EIPR 1999, 283.

1148 Vgl. Kap. 1 § 4 V.

1149 S. *Frignani/Pardolesi* u.a. 1993, I, 312.

rungsmaßnahmen sind von den kartellrechtlichen Grundgedanken stark beeinflusst[1150]. Grundsätzlich handelt es sich um drei Ansätze[1151]:

- allgemeine Anwendbarkeit der Wettbewerbsregeln;
- besondere Zugangsvorschriften, die den Inhalt der "essential-facilities"-Doktrin wiedergeben;
- unmittelbare Umsetzung der "essential-facilities"-Doktrin.

Bei Immaterialgüterrechten (z.B. Datenbankrichtlinie, Computerprogrammrichtlinie) [1152] hat der EU-Gesetzgeber die Anwendung der Zwangslizenzierung vermieden und auf die allgemeinen Wettbewerbsvorschriften verwiesen. Die Einführung der Dekompilierung soll den Mangel einer „misuse doctrine" beseitigen[1153].

Im Gegensatz zu den gerade dargestellten Rechtsordnungen sieht das deutsche Kartellrecht seit der 6. GWB-Novelle einen detaillierten Tatbestand der kartellrechtlichen Zugangsverweigerung vor (§ 19 IV Nr. 4 GWB). Der Zugangstatbestand nach § 19 IV Nr. 4 GWB stellt eine offensichtliche Rezeption der "essential-facilities"-Doktrin dar. Parallel dazu hat der deutsche Gesetzgeber die gemeinschaftsrechtlichen Zugangsvorschriften im nationalen Recht umgesetzt. Wie schon ausführlich erörtert[1154], hat der deutsche Gesetzgeber die Anwendbarkeit von § 19 IV Nr. 4 GWB auf die Immaterialgüterrechte ausgeschlossen. Für Immaterialgüterrechte sieht die deutsche Rechtsordnung besondere Zugangstatbestände vor. Diese Tatbestände reichen jedoch nicht aus[1155], um eine kartellrechtlich missbräuchliche Zugangsverweigerung zu sanktionieren.

In Italien wird die "essential-facilities"-Doktrin im Rahmen des Art. 3 des italienischen Kartellgesetzes angewendet. Da Art. 3 *legge antitrust* im wesentlichen nur Art. 82 EG übersetzt, erwähnt das italienische Kartellgesetz die "essential-facilities"-Doktrin nicht. Auch der italienische Gesetzgeber hat die gemein-

---

1150 Die Überschneidung zwischen Kartellrecht und Regulierung wird von *Temple Lang* Fordham 1996, 598 begrüßt: "Some antitrust issues for example, determining a reasonable price for access to an essential facility, are close to being regulatory in nature. In general, Community antitrust law seems better prepared to deal with high-tech industries than is national regulation in Europe, and there will be demands to use antitrust law for essentially regulatory objectives. The Commission will probably leave borderline issues to national regulators whenever possible."

1151 Vgl. oben Kap. 2. § 2 zu den unterschiedlichen sektorspezifischen Zugangstatbeständen.

1152 Vgl. oben Kap. 2 § 3 II 6 a und b.

1153 Vgl. hierzu *Derclaye* EIPR 2000, 9; *Mangini* Riv. Dir. Ind. 1984, I, 255 ff..

1154 Vgl. oben Kap. 3 § 1.

1155 Vgl. oben Kap. 3 § 4 II.

schaftsrechtlichen Zugangsvorschriften im nationalen Recht umgesetzt. Allerdings spielen die sektorspezifischen Aufsichtsbehörden, anders als in der US-amerikanischen Rechtsordnung, keine bedeutende Rolle. Was den Zugang zu Immaterialgüterrechten anbelangt, kennt die italienische Rechtsordnung spezialgesetzliche Zugangstatbestände (z.B. Dekompilierung und die Zwangslizenzierung im Patentgesetz). Wie bereits erörtert[1156], kann die "essential-facilities"-Doktrin jedoch nicht nach diesen Vorschriften angewandt werden.

II. Entscheidungspraxis der Kartellbehörden

Die in den vorigen Kapiteln ausgewählten Entscheidungen beziehen sich auf die Entscheidungspraxis sowohl der erstinstanzlichen- und Berufungsgerichte als auch des *Supreme Court* für die US-amerikanische Rechtsordnung, auf die Entscheidungspraxis der Kommission und des EuGH für die EU und auf die Spruchspraxis des Bundeskartellamts und der *Autorità Garante della Concorrenza e del Mercato* für die deutsche bzw. die italienische Rechtsordnung. Die US-amerikanischen Entscheidungen sind im Vergleich mit den anderen nationalen Rechtsordnungen ausführlicher dargestellt worden. Dies beruht auf der herausragenden Rolle der Gerichte bei der Rechtskonkretisierung im *Common Law*.

In der Spruchspraxis dieser Rechtsordnungen zeichnen sich zwei Linien ab[1157]. Einerseits eine sogenannte implizite Anwendungspraxis der "essential-facilities"-Doktrin, nach der die Kartellbehörden bei der Beurteilung der Zugangsverweigerung die "essential-facilities"-Doktrin nicht erwähnen[1158]. Andererseits eine explizite Anwendungspraxis, nach der die Kartellbehörden bei der Beurteilung der Zugangsverweigerung unmittelbar die "essential-facilities"-Doktrin erwähnen.

In der US-amerikanischen Entscheidungspraxis haben die erstinstanzlichen- und die Berufungsgerichte mehrmals die "essential-facilities"-Doktrin angewendet. Demgegenüber hat der *Supreme Court* bis jetzt noch nie die "essential-facilities"-Doktrin unmittelbar herangezogen. Die Vereinbarkeit der "essential-facilities"-Doktrin mit dem geistigen Eigentum wurde mehrmals in der Entscheidungspraxis bestätigt.

1156 Vgl. oben Kap. 4 § 5 IV.

1157 Die den unterschiedlichen Rechtsordnungen zugrundeliegenden Gemeinsamkeiten werden von *Sacco* als „Kryptotypen" bezeichnet. Hierzu s. *Sacco* 2001, 133 ff..

1158 *Tavassi* 1998, 130 hat diese Praxis als „unbewusste Anwendung" der "essential facilities"-Doktrin qualifiziert.

Im europäischen Kartellrecht hat die Kommission die "essential-facilities"-Doktrin bis jetzt in mehreren Fällen einbezogen. Dagegen hat sich der EuGH nur im Fall *Bronner* dazu geäußert. In diesem Fall hat GA *Jacobs* eine rechtsvergleichende Darstellung des US-amerikanischen Kartellrechts geliefert und damit maßgeblich zu einer expliziten Rezeption der "essential-facilities"-Doktrin in der europäischen Rechtsordnung beigetragen[1159]. Andere Urteile des EuGH wie *Commercial Solvents* und *Magill* können dagegen als eine implizite Anwendung der "essential-facilities"-Doktrin angesehen werden. Eine klare Trennungslinie mit den expliziten Anwendungsfällen kann nicht immer gezogen werden[1160]. Um das Missbrauchsverbot auf die Immaterialgüterrechte anwenden zu können, hat der EuGH auf die Dichotomie „Bestand-Ausübung" zurückgegriffen. Davon ausgehend hat der EuGH im Fall *Magill* hervorgehoben, dass die Befugnisse des Immaterialgüterrechtsinhabers innerhalb des spezifischen Gegenstandes, unter außergewöhnlichen Umständen nicht mehr der Erfüllung der wesentlichen Funktion dienen. Liegen diese „außergewöhnlichen Bedingungen" vor, kann Art. 82 EG und die daran angeschlossene "essential-facilities"-Doktrin angewendet werden.

Das Bundeskartellamt hat sich bis jetzt nur selten mit dem Zugang zu wesentlichen Einrichtungen gemäss § 19 IV Nr. 4 GWB auseinandergesetzt. *Rittner* hat in diesem Zusammenhang lapidar hervorgehoben, die Existenz von sektorspezifischen Zugangsreglungen im deutschen Recht führe dazu, dass die recht kompliziert formulierte Vorschrift des § 19 IV Nr. 4 GWB wohl nicht häufig zum Zug kommen wird[1161]. Des öfteren ist § 19 IV Nr. 4 GWB in der Spruchpraxis der Oberlandesgerichte aufgetaucht[1162]. Im Gegensatz zu den anderen letztinstanzlichen Gerichten hat der BGH in einem Beschluss die Anwendbarkeit der "essential-facilities"-Doktrin bestätigt[1163]. Das Landgericht *Frankfurt* hat die Nicht-Anwendbarkeit des kartellrechtlichen Zugangstatbestands auf urheberrechtlich geschützte Positionen hervorgehoben[1164]. Die Auffassung des Landgerichts *Frankfurt* wurde jedoch von der Kommission zurückgewiesen und ist nach wie vor umstritten.

1159 EuGH, Urteil vom 26. November 1998, Rs. C-7/97, Slg. 1998 I, 7791 ff., Schlussanträge des GA *Jacobs*, Tz. 35-53 – *Bronner/Mediaprint*.

1160 Vgl. Kap. 2 § 2.

1161 *Rittner* 1999, 301.

1162 S. oben Kap. 3 § 1 IV.

1163 BGH, http://rws-verlag.de/bgh-free/volltext3/vo77600.htm – *Vogelfluglinie*.

1164 Das Urteil ist noch nicht veröffentlicht worden. Vgl. Kap. 2 § 2 I 2.

Im Gegenteil zum deutschen Bundeskartellamt hat sich die italienische Kartellbehörde in zahlreichen Entscheidungen auf die "essential-facilities"-Doktrin berufen, um die vage Formulierung von Art. 3 l. 287/90 zu konkretisieren[1165]. Genauso wie in der EU-Entscheidungspraxis ist die Abgrenzungslinie zwischen der expliziten und der impliziten Anwendungspraxis nicht immer klar. Besonders erwähnenswert ist die SNAM-Entscheidung, in der die *Autorità* die Voraussetzungen der "essential-facilities"-Doktrin, auch im Lichte der Erfahrung in anderen Rechtsordnungen, ausführlich abgehandelt hat.

III. Lehre

Die Entscheidungen über die "essential-facilities"-Doktrin haben sowohl Zustimmung als auch Ablehnung erfahren. Eine Unterscheidung der Lehre nach Rechtsordnungen erweist sich als wenig nützlich, da sich alle Beiträge mit den Grundelementen der "essential-facilities"-Doktrin befasst haben. Da diese Elemente in allen Rechtsordnungen ähnlich sind, ist es für Zwecke der Rechtsvergleichung nützlicher, die Gründe der Kritik bzw. der Zustimmung in Gruppen einzuteilen. Überdies haben alle Artikel über die "essential-facilities"-Doktrin in der gemeinschaftsrechtlichen bzw. in einer mitgliedstaatlichen Rechtsordnung auch die "essential-facilities"-Doktrin in den Vereinigten Staaten dargestellt. Selten haben sich die Beiträge des Schrifttums mit einer rechtsvergleichenden Analyse befasst[1166].

Die für die Anwendung der "essential-facilities"-Doktrin plädierenden Stimmen betonten folgende Punkte:

- die positiven Einwirkungen auf die Öffnung der Märkte in der EU[1167];
- die Unterbindung einer missbräuchlichen Ausnutzung durch ein marktbeherrschendes Unternehmen mittels der Immaterialgüterrechte[1168];
- die Möglichkeit, die "essential-facilities"-Doktrin mit anderen Rechtsfiguren (z.B. Monopolausdehnung) kombiniert anzuwenden[1169];
- die wettbewerbsfördernde Aufgabe auf den High-Tech-Märkten[1170].

1165 *Guglielmetti* CEM 1998, 398.
1166 S. z.B. *Venit/Kallaugher* Fordham 1994, 315 ff..
1167 *Berti/Biancardi* CEM 1998, 357 ff..
1168 *Mennicke* ZHR 1998, 658 ff..
1169 *Temple Lang* Fordham 1996, 274 ff..
1170 *Temple Lang* Fordham 1996, 529 ff..

Dagegen hat eine andere Richtung des Schrifttums die Anwendung der "essential-facilities"-Doktrin heftig kritisiert[1171]. Unterstrichen wurde insbesondere, dass:

- die Zugangsproblematik Gegenstand der sektorspezifischen Regulierung und nicht des Kartellrechts sein sollte[1172];
- die enge Marktbestimmung[1173] notwendig zu einer Anwendung der "essential-facilities"-Doktrin führe;
- die "essential-facilities"-Doktrin negative Auswirkungen auf die Investitionen[1174], insbesondere auf die sogenannte R&D habe;
- die "essential-facilities"-Doktrin redundant sei, da die Zugangsproblematik mit anderen Rechtsinstituten (z.B. *monopoly leveraging*) zu lösen sei[1175];
- die "essential-facilities"-Doktrin Rechtsunsicherheit hervorrufe[1176].

Zielscheibe des kritischen Schrifttums zur "essential-facilities"-Doktrin war insbesondere das Urteil *Magill*. Man hat dem EuGH vorgeworfen, er habe die äußerste Grenze zur Anwendbarkeit der "essential-facilities"-Doktrin überschritten. Diese Stimmen haben sich auf die von *Areeda*[1177] dargestellte Entwicklung der "essential-facilities"-Doktrin im US-amerikanischen Recht berufen:

1171 *Hancher* CMLR 1999, 1299 ff.; *Treacy* ECLR 1999, 501 ff.; *Overd/Bishop* ECLR 1998, 183 ff.; *Subiotto* ECLR 1992, 234 ff..

1172 *Hancher* CMLR 1999, 1303; *Subiotto* ECLR 1992, 243: " the cases usually cited in the United States in connection with the so-called "essential facilities" doctrine were based either on circumstances similar to those in *Commercial Solvents* and *Telemarketing* or involved "natural monopolies" operating within specific regulatory frameworks"; *Bergman* ECLR 2000, 62.

1173 *Pilla* 2000, 267.

1174 *Hancher* CMLR 1999, 1303; *Overd/Bishop* ECLR 1998, 185: "The risk is that innovations (a) will not occur at all, (b) will be delayed, (c) will occur on a lesser scale than otherwise." *Bergman* ECLR 2000, 63; *Turnbull* ECLR 1996, 101; *Möschel* in *Immenga/Mestmäcker* GWB 3. Aufl., § 19, Tz. 185.

1175 „Is there scope for an "essential facilities type" approach if there is no monopoly leveraging?" *Hancher* CMLR 1999, 1305. Vgl. *Crowther* ELR 1995, 528. "The upshot of Magill is that owners of intellectual property rights, controlling "indispensable raw materials", might think twice about launching expensive R&D programmes." S. auch *Ridyard* ECLR 1996, 446.

1176 Vgl. *Klaue* RdE 1996, 57; *Subiotto* ECLR 1992, 239: „(..) the Commission's approach would introduce legal uncertainty since the Commission would then arrogate unto itself the role of determining the cases in which intellectual property right protection is or is not justified and, consequently, the cases in which the owner of intellectual property rights would be under an obligation to share its assets with third parties in order to enable them to compete with it".

1177 *Areeda* Antit. Law Jour. 1990, 841.

"As most instances of judging by catch-phrase, the law evolves in three stages: (1) an extreme case arises to which a court responds. (2) The language of that response is then applied -often mechanically, sometimes cleverly- to expand the application. With too few judges experienced enough with the subject to resist, the doctrine expands the limits of its language, with little regard to policy. (3) Such expansions ultimately becomes ridiculous, and the process of cutting back begins."

Areedas Sicht kann man jedoch mit *Cardozo*[1178] die folgende Argumentation entgegensetzen: „[...] the historical method, or method of evolution. The tendency of a principle to expand itself to the limit of its logic may be counteracted by the tendency to confine itself within the limits of its history." Diese Ausführungen deuten darauf hin, dass die Beobachtung der Entwicklung eines Prinzips (in diesem Fall der "essential-facilities"-Doktrin) nicht von dem konkreten historischen Hintergrund absehen kann. Im vorliegenden Fall stellen die Marktöffnung der ehemaligen Staatsmonopole in der EU und die Wettbewerbsförderung auf den High-Tech-Märkten in den Vereinigten Staaten genauso wie in der EU die historischen Gründe dar, die die Ausdehnung der Anwendung der "essential-facilities"-Doktrin rechtfertigen. Das Urteil *Magill* stellt den „*extreme case to which a court responds*" dar. Jedoch zeigte die spätere Anwendungspraxis der EU und der mitgliedstaatlichen Wettbewerbsbehörden, dass die "essential-facilities"-Doktrin nur unter außergewöhnlichen Umständen auf Immaterialgüterrechte Anwendung findet[1179].

§ 3. Voraussetzungen für die Anwendbarkeit der "essential-facilities"-Doktrin

Nach der Darstellung der Anwendung der "essential-facilities"-Doktrin in den verschiedenen Formanten der untersuchten Rechtsordnungen, muss auf die Frage nach den kennzeichnenden Wesenszügen der "essential-facilities"-Doktrin eingegangen werden. Es handelt sich dabei um die Feststellung, welche Bausteine der "essential-facilities"-Doktrin in allen Rechtsordnungen unverändert bleiben.

I. Die marktbeherrschende Stellung und die Monopolstellung

In allen untersuchten Rechtsordnungen setzt die Anwendbarkeit der "essential-facilities"-Doktrin das Vorligen einer marktbeherrschenden Stellung (Art. 82 EG,

---

1178 *Cardozo* 1921 (1968), 51.

1179 S. den Fall *Renault II* in Kap. 2 § 5 IV.

§ 19 GWB, Art. 3 *legge antitrust*). bzw. einer Monopolstellung (*Sec. 2 Sherman Act*) voraus. Während in der US-amerikanischen Rechtsordnung die Monopolisierung bzw. die versuchte Monopolisierung wettbewerbswidrig ist, setzten die europäischen Wettbewerbsordnungen nicht nur das Vorliegen, sondern auch den Missbrauch einer marktbeherrschenden Stellung voraus. Trotz der wettbewerbspolitischen Unterschiede zwischen dem Missbrauchverbot einer marktbeherrschenden Stellung und dem US-amerikanischen Monopolisierungsverbot[1180] darf nicht übersehen werden, dass sich die Monopolisierung bzw. die versuchte Monopolisierung in bestimmten Verhaltensweisen konkretisieren (z.B. *exclusionary conduct*)[1181] muss. Die schlichte Monopolstellung über eine wesentliche Einrichtung ist genauso wie im europäischen Recht kartellrechtlich unbedenklich[1182].

Nach einer restriktiven Auslegung setzt die Anwendung der "essential-facilities"-Doktrin voraus, dass das beherrschende Unternehmen auch auf dem nachgelagerten Markt seine Dominanz ausübt[1183]. Auch wenn die Zugangsverweigerung einen monopolausdehnenden Zweck haben kann, ist die Marktbeherrschung auf dem nachgelagerten Markt keine notwendige Bedingung für die Anwendbarkeit der "essential-facilities"-Doktrin[1184].

Es ist umstritten, ob das Bestehen eines gegenwärtigen Wettbewerbsverhältnisses zwischen dem Infrastrukturinhaber und dem Zugangsinteressenten Voraussetzung für die Anwendung der "essential-facilities"-Doktrin ist. Während *Ratner*[1185] und *Werden*[1186] das Bestehen eines Wettbewerbsverhältnisses als Voraussetzung annehmen, äußerten *Kezsbom* und *Goldman*[1187] eine gegenteilige Meinung. Im deutschen Schrifttum haben *Immenga/Mestmäcker* die zuerst genannte Meinung vertreten[1188]. Wie bereits erörtert[1189], ist das Bestehen eines Wettbewerbsver-hältnisses eine formalistische Voraussetzung, da auch Nicht-Konkurrenten von missbräuchlichen Verhaltensweisen behindert werden können.

1180 *Singleton* 1999, 484.
1181 Vgl. Kap. 1 § 1 II.
1182 Vgl. *Werden* Saint Louis University Law Journal 1987, 458.
1183 Vgl. *Blair/Esquibel* Antit. Bull. 1995, 380; *Venit/Kallaugher* Fordham 1994, 319.
1184 Vgl. *Temple Lang* Fordham 1995, 276.
1185 Vgl. *Ratner* University of California Davis Law Review 1988, 333; *Schindler* 1998, 105, 109.
1186 Vgl. *Werden* Saint Louis University Law Journal 1987, 477.
1187 Vgl. *Kezsbom/Goldman* Columbia Business Law Review 1996, 14.
1188 *Möschel* in *Immenga/Mestmäcker* GWB 3. Aufl., § 19, Tz. 193.
1189 Vgl. Kap. 2 § 4 II und IV; Kap. 3 § 1 II.

II. Das Bestehen einer wesentlichen Einrichtung

Unter „wesentlicher Einrichtung" versteht man eine weder duplizierbare noch substituierbare Infrastruktur oder unternehmerische Ressource, die zwei Märkte verkoppelt[1190]. Die wesentliche Einrichtung[1191] dient also als Schnittstelle zwischen zwei getrennten, aber in Beziehung zueinander stehenden Märkten. Mit einem bildhaften Vergleich wurde die wesentliche Einrichtung in dem Urteil *Terminal Railroad Association* als Flaschenhals (*bottleneck*) definiert. Aus den vorstehenden Kapiteln ergibt sich, dass der Begriff „wesentliche Einrichtung" offen ist und dass darunter die unterschiedlichsten Einrichtungen fallen können[1192].

1. Natürliche Monopole, Marktöffnung und vertikale Integration

Im europäischen Liberalisierungsprozess erlangen die Einrichtungen mit dem Charakter eines natürlichen Monopols eine besondere Bedeutung. Nach der Definition von *Knieps*[1193] ist ein natürliches Monopol dadurch gekennzeichnet, dass ein großes Unternehmen den Markt kostengünstiger bedienen kann als mehrere kleine[1194]. Solche Einrichtungen unterlagen bis zum Anfang der neunziger Jahre einem staatlichen Monopol. Dieser Ansatz ist inzwischen der Erkenntnis gewichen, dass jedenfalls die Einführung des Wettbewerbs für den Wohlstand vorteilhaft ist. Der neue Ansatz[1195] ist zum Teil Folge der technologischen Entwicklung, aufgrund derer die Kapazität von bestimmten Einrichtungen sich erweitert hat. Dies hat die Präsenz von mehreren Unternehmen auf einem Markt ermöglicht[1196]. Zum Teil ist der neue Ansatz Folge der Durchsetzung konsequent marktwirtschaftlicher Theorien.

1190 S. *Stollhoff* 2000, 195. Vgl. OECD-Bericht 1996, Tz. 2: "The concept of „essential facilities" requires there to be two markets, often expressed as an upstream and a downstream market. (...) Typically, one firm is active in both markets and other firms are active or whish to become active in the downstream market."

1191 Ausführlich zur Definition des Rechtsbegriffs „Infrastruktur" *Hermes* 1998, 170 ff..

1192 *Bellsouth Advertising & Publishing Corp. v. Donneley Information Publishing,* 719 F. Supp. 1551 (S.D. Fla. 1988), aff'd, 933 F.2d 952 (11th Cir. 1991), 1566: "Although the doctrine of essential facilities has been applied predominantly to tangible assets, there is no reason why it could not apply, as in this case, to information wrongfully withheld. The effect in both situations is the same: a party is prevented from sharing in something essential to compete". Vgl. *Rural Telephone service Co. v. Feist Publications, 499 U.S. 340 (1991).*

1193 *Horn/Knieps/Müller* 1988, 39.

1194 Vgl. *Donahey* AIPLA 1997, 284: „A monopoly which is inevitable and or socially desirable" zu verstehen.

1195 *Klimisch/Lange* WuW 1998, 17 ff.; *Weizsäcker* WuW 1997, 576.

1196 Illustrativ hierzu BT. Drucks. 13/3609, 33.

Die Privatisierung öffentlichrechtlicher Monopole und die Öffnung der Märkte zum Wettbewerb brachte eine Änderung der Marktstrukturen mit sich. In diesem Zusammenhang schuf die EG einerseits sektorspezifische Vorschriften, andererseits griff sie auf das kartellrechtliche Instrumentarium zurück[1197]. Somit bezweckte die EU u.a. die Integration der Märkte[1198] und die Schaffung von transeuropäischen Netzen gemäß Art 129 b EG[1199]. Für die Initiierung und Förderung der besonders wichtigen Wettbewerbsprozesse erwiesen sich die Zugangsregelungen als brauchbar. Während bei den sektorspezifischen Vorschriften die EU und die mitgliedstaatlichen Gesetzgeber Zugangstatbestände geschaffen haben, griffen die EU und die Mitgliedstaaten im kartellrechtlichen Bereich durch das Missbrauchsverbot auf die "essential-facilities"-Doktrin zurück. Spezialgesetzliche Zugangstatbestände und "essential-facilities"-Doktrin sind allerdings keine abgeschotteten Bereiche. Bei der Schaffung der sektorspezifischen Zugangsregelungen ist der Einfluss der "essential-facilities"-Doktrin entscheidend[1200].

Dagegen spielt die "essential-facilities"-Doktrin in den Vereinigten Staaten beim Marktzugang der sogenannten *public utilities* keine besondere Rolle. Parallel zu der strengen sektorspezifischen Regulierung sieht die US-amerikanische Wettbewerbsordnung die Anwendbarkeit der drastischen *Bell Doctrine* vor, wonach ein vertikal integriertes Unternehmen ausgegliedert werden kann[1201]. Die vertikale Integration ist auch für die ehemaligen europäischen Staatsmonopole kennzeichnend. Vertikale Integration liegt vor, wenn zwei oder mehrere trennbare Produktionsstufen zur gleichen wirtschaftlichen Einheit gehören[1202]. Da das ehemalige

---

1197 S. *Temple Lang* Fordham 1994, 281 und *Siragusa* 1998, 168, die die "essential facilities"-Doktrin auf Art. 82 und 86 EG zurückführen.

1198 Vgl. *Mangini* Riv. Dir. Ind. 1995, I, 212.

1199 Um u.a. einen Beitrag zur Verwirklichung der Ziele der Art. 14 (Binnenmarkt) und 158 (wirtschaftlicher und sozialer Zusammenhalt der Gemeinschaft) EG zu leisten, sieht Art. 154 I EG vor, dass die Gemeinschaft zum Auf- und Ausbau transeuropäischer Netze in den Bereichen der Verkehrs-, Telekommunikations- und Energieinfrastruktur beiträgt. Gemäß Art. 154 II zielt die Tätigkeit der Gemeinschaft im Rahmen eines Systems offener und wettbewerbsorientierter Märkte auf die Förderung des Verbunds und der Interoperabilität der einzelstaatlichen Netze sowie des Zugangs zu diesen Netzen ab. Um diese Ziele zu erreichen, verfügt die die Gemeinschaft gemäß Artikel 155 EG über eine Reihe von Leitlinien und Aktionen zur Herstellung der Interoperabilität (insbesondere im Bereich der Harmonisierung der technischen Normen). Obwohl Art. 129c EG keine Ermächtigung zu Interventionen in Wettbewerb darstellt (*Schubert* 1999, 326), liegt es jedoch auf der Hand, dass die Marktöffnungspolitik und die Einführung der "essential-facilities"-Doktrin im Einklang mit Art. 154 und 155 EG sind.

1200 *Möschel* in *Immenga/Mestmäcker* GWB 3. Aufl., § 19, Tz. 182.

1201 *Joskow/Noll* Stanford Law Review 1999, 1296. Vgl. *Krouse* u.a. J.L.& Econ. 1999, 61 ff..

1202 *Möschel* in *Immenga/Mestmäcker* GWB 3. Aufl., § 19, Tz. 184. OCDE/GD (96) 113, Tz. 3, http://www1.oecd.org/daf/clp/roundtables/ess02.htm.

Staatsunternehmen weiterhin eine verfestigte marktbeherrschende Stellung auf dem vorgelagerten Markt besitzt, versucht es, den Wettbewerb auf den nachgelagerten Märkten durch eine Zugangsverweigerung zur wesentlichen Einrichtung auszuschließen. Im Hinblick auf die verfestigte Monopolstellung des *Incumbent* hat die Kommission in der Entscheidung *FAG* den Ausdruck „historische Rechte" geprägt[1203]. Der Missbrauch dieser historischen Rechte durch den Marktbeherrscher wird zu einer Monopolausdehnung führen. Obwohl die meisten Anwendungsfälle zur "essential-facilities"-Doktrin eine vertikale Integration voraussetzen, kann es Fälle geben, in denen keine vertikale Integration vorliegt[1204].

2. Netze als Inbegriff der wesentlichen Einrichtungen

Sowohl die in den vorigen Kapiteln dargestellten Entscheidungen, als auch viele gesetzliche Zugangstatbestände (z.B. § 19 IV Nr. 4 GWB, sektorspezifische Vorschriften für den Zugang zur Telekommunikations- und Energiewirtschaft) betreffen Netze. Nach der Definition von *Weizsäcker* sind Netze „raumübergreifende, komplex verzweigte Transport- und Logistiksysteme"[1205]. Netze können in drei Arten eingeteilt werden: materielle Netze, Dienstleistungsnetze und virtuelle Netze[1206]. Die klassischen Anwendungsfälle der "essential-facilities"-Doktrin betreffen körperliche Netze (z.B. Schienennetze). Immer öfter wird die "essential-facilities"-Doktrin auch auf virtuelle Netze (z.B. eine urheberrechtlich geschützte Software) angewendet. Wie schon ausgeführt[1207], können Monopole und folglich wettbewerbshindernde Situationen aus virtuellen Netzen hervorgehen. Dies kann zur Dominanz einer unterlegenen Technologie führen[1208]. Sowohl die Zugangsverweigerung zu einem Schienennetz als auch die Zugangsverweigerung zu einer urheberrechtlich geschützten Software sind Erscheinungsformen der gleichen Problematik[1209]. Schließlich ist die Zugangsfrage keine Besonderheit eines sogenannten „postmodernen Kapitalismus"[1210].

1203 Kommission, Entscheidung vom 14. Januar 1998, ABl. 1998 L 72/30, 50 B.2.4. – *FAG - Flughafen Frankfurt/Main.*

1204 S. *Stollhoff* 2000, 218 ff.. Vgl. *Aspen Highlands Skiing Corp. v. Aspen Skiing Co.*, 738 F 2d 1509, 1518, Nr. 11 (10 Cir. 1984).

1205 *Von Weizsäcker* WuW 1997, 572.

1206 *Möschel* in *Immenga/Mestmäcker* GWB 3. Aufl., § 19, Tz. 197. Hierzu s. Kap. 1 § 4 I.

1207 Vgl. Kap. 1 § 4.

1208 *Gröhn* 1999, 141.

1209 *Donahey* AIPLA 1997, 288. Eingehend *D'Eramo* 1998, 16 ff..

1210 Dagegen *Rifkin* 2000, 154 ff..

3. Standards

Wie schon erörtert[1211], stellt die Standardisierung einen zentralen Problempunkt der High-Tech-Märkte dar. In diesem Zusammenhang hat *Rubinfeld* hervorgehoben[1212], dass Standards für wettbewerbshindernde Zwecke in den High-Tech Märkten angewendet werden können. Bei solchen wettbewerbshindernden Verhaltensweisen ist eine „chirurgische Anwendung des Kartellrechts" wünschenswert[1213]. Die Problematik des Zugangs zu Standards verschärft sich, wenn sie immaterialgüterrechtlich geschützt sind[1214].

4. Immaterialgüterrechte als wesentliche Einrichtungen

Immaterialgüterrechte sind die „Objekte des gewerblichen Rechtsschutzes und des Urheberrechts"[1215], also das Analogon zum sogenannten *Intellectual Property* in dem *Common Law*-Rechtssystem. Immaterialgüterrechte verleihen ihrem Inhaber Ausschließlichkeitsrechte, aber keine marktbeherrschende Stellung. Es ist dennoch unbestreitbar, dass Ausschließlichkeitsrechte in verschiedener Weise wenigstens zur Wahrung einer marktbeherrschende Stellung führen können[1216]. Aus Immaterialgüterrechten können Netzwerkexternalitäten[1217] hervorgehen und folglich eine marktbeherrschende Stellung. Das Vorliegen einer monopolartigen Stellung ist jedoch in allen untersuchten Rechtsordnungen im Einzelfall zu überprüfen[1218].

Liegt eine marktbeherrschende Stellung vor, soll ihr Missbrauch geprüft werden. Im Hinblick auf die "essential-facilities"-Doktrin ist schon erörtert worden, dass der Inhaber des Immaterialgüterrechts versucht sein kann, seine dominierende Stellung durch eine Lizenzverweigerung auf einen benachbarten Markt auszu-

---

1211 Vgl. Kap. 1 § 4 und Kap. 2 § 3 II 3.

1212 *Rubinfeld* Antit. Bull. 1998, 874.

1213 *Rubinfeld* Antit. Bull. 1998, 882. *Stern* EIPR 1998, 390, 392 hat die Zugangsproblematik bei Standards mit den folgenden Worten bildhaft zusammengefasst: "Like Henry Ford who told customers they could have their cars any colour they wanted as long it was black, Microsoft tell computer OEMs to give customers any front door they like as long it is Microsoft Standard Format. (...) These microprocessor chips and technical about them, the judge indicated, are essential facilities. That is, they are comparable to the only bridge across the Thames at London"

1214 *Temple Lang* Fordham 1996, 569.

1215 *Troller* 1983, I, 63.

1216 *Ullrich* in *Immenga/Mestmäcker* EG-Wettbewerbsrecht I 1997, GRUR, Tz. 40.

1217 Vgl. Kap. 1 § 4 I ff..

1218 S. *Valentine* CRi 2001, 76 Fussnote 26, 79.

dehnen. Die sogenannten *Schumpeterian Rents*[1219], mit denen die Innovation gefördert werden soll, werden zur Entstehung von Monopolstellungen führen, die wettbewerbswidrig zum Aufbau von Wettbewerbsschranken ausgenützt werden können.

Dass das Eigentum der Wettbewerbsordnung unterliegen soll, geht in der deutschen Rechtsordnung auf die Weimarer Zeit zurück. Der Begriff „Eigentum" bezieht sich nicht nur auf körperliche Gegenstände, sondern auch auf Immaterialgüterechte[1220]. Diese Anschauung hat sich auch in den Vereinigten Staaten durchgesetzt und in den sogenannten *IP-Guidelines* etabliert. Die Einschränkung der Immaterialgüterrechte durch das Kartellrecht ist auch in der EU und in Italien ein anerkanntes Prinzip.

Das Verhältnis eines Immaterialgüterrechts zum Kartellrecht kann für alle untersuchten Rechtsordnungen wie folgt zusammengefasst werden: Die Ausübung eines ausschließlichen Rechts darf selbst nicht den Zweck überschreiten, aufgrund dessen das Recht gewährt worden ist[1221]. Daraus folgt, dass die Beurteilung hinsichtlich des Missbrauchs eines Immaterialgüterrechts eine teleologische Untersuchung des Immaterialgüterrechts mit sich bringt. Mit dieser teleologischen Denkweise hat sich insbesondere der EuGH im Fall *Magill* auseinandergesetzt[1222].

Der Zweck, zu dessen Erfüllung das Immaterialgüterrecht gewährt worden ist, besteht in der Belohnung, die dem Inhaber des Immaterialgüterrechts zusteht. Wie schon erörtert[1223], geht die Rechtfertigungstheorie des geistigen Eigentums auf die Eigentumstheorie von *Locke* zurück, wonach das Eigentum an Gegenständen der Natur seine Rechtfertigung in der auf sie verwendeten Arbeit findet[1224]. Die Belohnungstheorie kann am besten die letzten Entwicklungen der Immaterialgüterrechte in Bezug auf die High-Tech Märkte klären. Wie die Einführung des sogenannten *jus sui generis* für Datenbanken zeigt, soll das Immaterialgüterrecht die Mühen seines Urhebers belohnen, während die schöpferische Tätigkeit und die Persönlichkeitsrechte kaum eine Rolle spielen. Versucht der

---

1219 Vgl. Kap. 1 § 4 II.

1220 *Fikentscher* 1997, 113.

1221 Vgl. CONTU Bericht, zitiert in *Menell* Antit. Bull. 199 709: "[c]opyright should not grant more economic power than it is necessary to achieve the incentive to create".

1222 S. oben Kap. 2 § 2 II 2.

1223 S. oben Einf. II.

1224 *Lehmann* GRUR Int. 1983, 359.

Inhaber des Immaterialgüterrechts durch Lizenzverweigerung z.B. seine Monopolstellung auf einen benachbarten Markt auszudehnen oder die Entstehung eines neuen Produktes zu verhindern, wird offensichtlich, dass die Verhaltensweise des Marktbeherrschers außerhalb der vom Immaterialgüterecht verliehenen Befugnis liegt. In diesem Fall werden die Wettbewerbshüter die "essential-facilities"-Doktrin heranziehen können, um eine Zwangslizenz aufzuerlegen.

III. Wesentlichkeit und Marktbestimmung

Die Wesentlichkeit der Einrichtung muss im Einzelfall bestimmt werden und unterliegt keiner allgemeinen Definition[1225]. Aus ökonomischer Perspektive stimmt die Definition der „wesentlichen Einrichtung" mit den sogenannten „nicht-angreifbaren" Einrichtungen und Netzstrukturen überein. Dabei handelt es sich um stabile, dauerhafte Marktpotentiale, die als wesentlich für die Aufnahme von Wettbewerb zu qualifizieren sind[1226].

Die Prüfung des Vorliegens der Wesentlichkeit soll auf objektiven Maßstäben beruhen. Als erhellend erweisen sich die Ausführungen von GA *Jacobs* im Fall *Bronner*: „Die Zugangsverweigerung stellt nur dann einen Missbrauch dar, wenn es nicht nur für das den Zugang verlangende Unternehmen, sondern auch für *jedes andere Unternehmen* äußerst schwierig ist, den Wettbewerb aufzunehmen[1227]." Nach Auffassung des GA liegt eine Ausnahme dann vor, wenn die Schaffung einer anderen Einrichtung „auf Grund physikalischer, geographischer oder rechtlicher Zwänge [z.B. staatliche Monopole, Anmerkung des Verfassers] unmöglich, äußerst schwierig oder aus Gründen des Gemeinwohls [z.B. Umweltschutz, Anmerkung des Verfassers] höchst unerwünscht ist[1228]." In den untersuchten Rechtsordnungen wird die Unentbehrlichkeit der Einrichtung über eine zweistufige Prüfung bestimmt. Zuerst muss der Zugangsinteressent nachweisen,

---

1225 *Temple Lang* Fordham 1994, 286: " The reason why access to a facility is essential and why competitors cannot provide their own facility is not important, provided that is so. The reasons can be physical (there is no other harbor in the area), political (environmental objections make it impossible to build another airport) or economic (it might be totally uneconomic to build a new harbor with access roads, or no achievable group of musicians could set up a second performing rights society that would have the necessary economies of scale)."

1226 *Klimisch/Lange* WuW 1998, 17 ff.; *Stollhoff* 2000, 211.

1227 EuGH, Urteil vom 26. November 1998, Rs. C-7/97, Slg. 1998 I, 7791, Schlussanträge des GA *Jacobs*, Tz. 66 – *Bronner/Mediaprint.*

1228 EuGH, Urteil vom 26. November 1998, Rs. C-7/97, Slg. 1998 I, 7791, Schlussanträge des GA *Jacobs*, Tz. 65 – *Bronner/Mediaprint.*

dass die Einrichtung nicht substituierbar ist. Ferner muss er nachweisen, dass die Einrichtung nicht duplizierbar ist.

Von Bedeutung ist auch die zeitliche[1229] Dimension der Wesentlichkeit. Im Fall *Intel*[1230] hat der Richter unter Berücksichtigung eines *reasonably and timely access* eine einstweilige Maßnahme erlassen. Einstweiligen Rechtsschutz haben auch die EG-Wettbewerbshüter in den Fällen *B&I/Sealink Holyhead* und *IMS Health* gewährt. Erwähnenswert ist, dass die Berufungsgerichte in der italienischen Rechtsordnung für die einstweiligen Maßnahmen zuständig sind. Dies führt zu einer Zuständigkeitsspaltung zwischen der Kartellbehörde und den Zivilgerichten.

Da die Definition der Wesentlichkeit als tautologisch erscheint (die Einrichtung ist wesentlich, wenn sie wesentlich ist)[1231], erhält die Marktabgrenzung in allen untersuchten Rechtsordnungen grundlegende Bedeutung. Je enger die Marktdefinition, desto wahrscheinlicher, dass die Einrichtung wesentlich ist, um den Zugang auf einem benachbarten Markt zu gewähren. Die Bestimmung des sachlich relevanten Marktes ist in allen untersuchten Rechtsordnungen ähnlich, da die Marktabgrenzungskriterien ähnlich sind (SSNIP, Kreuzpreiselastizität usw.)[1232]. Auch die Bestimmung des zeitlich relevanten Markts erweist sich unter besonderer Berücksichtigung der High-Tech-Märkte von Bedeutung.

IV. Die Zugangsverweigerung: Geschäftsverweigerung und "essential facilities"-Doktrin

Die "essential-facilities"-Doktrin stellt eine Konkretisierung des Missbrauchstatbestandes in den europäischen Rechtsordnungen bzw. eine Konkretisierung des Monopolisierungsverbots in den Vereinigten Staaten dar. In allen untersuchten Ländern reichen die Wurzeln der "essential-facilities"-Doktrin in die Rechtsfigur der „Geschäftsverweigerung"[1233] hinein. Die "essential-facilities"-Doktrin besteht aus einer Zugangsverweigerung durch eine Geschäftsverweigerung. Die sogenannten Fälle einer impliziten Anwendung der "essential-facilities"-Doktrin zei-

---

1229 Vgl. *Schindler* 1998, 99; *Desealers* EuZW 1995, 568; *Montag* EuZW 1997, 76.

1230 *Intergraph Corp. v. Intel Corp.*, 3 F. Supp.2d 1278 (N.D. Ala. 1998).

1231 *Kezsbom/Goldman* Columbia Business Law Review 1996, 25.

1232 *Fikentscher* 1997 127, 128 hat hervorgehoben, dass das „Bedarfsmarktkonzept" kennzeichnend für die europäische Wettbewerbsordnungen ist, während die US-amerikanische Wettbewerbsordnung auf einem *„objective market concept"* beruht.

1233 Die Geschäftsverweigerung kann in der Form einer reinen Geschäftsverweigerung bzw. einer Lieferverweigerung auftreten.

gen Überschneidungen mit dem Tatbestand der Geschäftsverweigerung. Trotz dieser Überschneidungen müssen die Rechtsinstitute der "essential-facilities"-Doktrin und der Geschäftsverweigerung unterschieden werden. Anwendungspraxis, Lehre und § 19 IV Nr. 4 GWB haben eine Reihe von Voraussetzungen für die Anwendbarkeit der "essential-facilities"-Doktrin geschaffen, die besonders geeignet sind, um auf eine missbräuchliche Zugangsverweigerung schnell zu reagieren. Schließlich werden die sogenannten objektiven Rechtfertigungsgründe bei Anwendung der "essential-facilities"-Doktrin mit besonderer Strenge überprüft [1234].

1. Überschneidungen mit anderen Missbrauchstatbeständen: Monopoly leveraging, tying-in, intent test und Diskriminierung

Sowohl in Europa als auch in den Vereinigten Staaten kann die missbräuchliche Zugangsverweigerung mit anderen Missbrauchstatbeständen eng verflochten sein[1235]. In der US-amerikanischen Rechtsordnung überschneidet sich die "essential-facilities"-Doktrin auch mit dem sogenannten *intent test*. Dagegen sehen die europäischen Rechtsordnungen keinen *intent test* vor[1236]. Allerdings ergibt sich aus einer ausführlichen Betrachtung des Formanten „Anwendungspraxis", dass der *intent test* in der US-amerikanischen Rechtsordnung an Bedeutung verliert[1237].

In allen Rechtsordnungen können "essential-facilities"-Doktrin und Monopolausdehnung als ein Hendiadyoin betrachtet werden[1238]. Dies erklärt sich daraus, dass die missbräuchliche Zugangsverweigerung, die zur Anwendung der "essential-facilities"-Doktrin führt, in den meisten Fällen zwei vertikal integrierte Märkte betrifft. Durch die Zugangsverweigerung wird der Infrastrukturinhaber versuchen, seine Monopolmacht auszudehnen. Da sich die Monopolausdehnung auch in Form eines *tying-in* konkretisieren kann, können die Grenzen der "essential-facilities"-Doktrin auch mit dem *tying-in*-Tatbestand in Berührung kommen.

Schließlich ist noch hervorzuheben, dass der Infrastrukturinhaber einen diskriminierungsfreien Zugang zur wesentlichen Einrichtung gewähren muss. In diesem

---

1234 *Guglielmetti* CEM 1998, 415. Vgl. Kap. 1 § 3 II 6.

1235 S. *Haar* 1996, 121; *Glasl* ECLR 1994, 309; *Emmerich* 2000, 277 ff.. Vgl. Kap. 1 § 3 I.

1236 *Giudici* 2000, 187; *Goldman/Kezsbom* Columbia Business Law Review 1996, 19.

1237 *Goldman/Kezsbom* Columbia Business Law Review 1996, 19: "(...) there is an eclipse of the intent".

1238 Vgl. Kap. 1 § 1 IV; Kap. 2 § 4 III 2.

Rahmen stellt sich die Frage, ob Dritte ein Recht auf Gleichbehandlung haben: Entscheidungspraxis und Lehre behaupten, dass die Geschäftsbedingungen zwar nicht diskriminierend, aber nicht identisch mit denen des Infrastrukturinhabers oder anderer Konkurrenten zu sein brauchen[1239]. Ein Recht zur Gleichbehandlung entsteht jedoch in den Bereichen, in denen der Wettbewerb eine Marktöffnung fordert[1240]. Eine Gleichbehandlungspflicht hatte z.B. die Kommission in der Entscheidung *Holyhead* zementiert[1241]. Die Pflicht einer diskriminierungsfreien Zugangsgewährung gilt nicht nur in der US-amerikanischen[1242], in der gemeinschaftsrechtlichen und in der italienischen Rechtsordnung, wo Missbrauchs- und Diskriminierungsverbot in einer einzigen gesetzlichen Vorschrift geregelt sind, sondern auch in der deutschen Rechtsordnung, die für das Missbrauchs- und Diskriminierungsverbot zwei unterschiedliche Vorschriften vorsieht (§ 19 und 20 GWB).

Wegen der Überschneidung der "essential-facilities"-Doktrin mit den gerade erwähnten Tatbeständen wurde der "essential-facilities"-Doktrin vielfach zum Vorwurf gemacht, sie sei überflüssig[1243]. Die "essential-facilities"-Doktrin sei nicht sinnvoll, da eine Zugangsverweigerung durch das Missbrauchsverbot bzw. Monopolisierungsverbot unterbunden werden könne. Dieser Meinung kann man jedoch entgegensetzen, dass das Missbrauchsverbot bzw. das Monopolisierungsverbot konkretisiert werden müssen. Da die Grenzen der Konkretisierungstatbestände (*tying in*, Monopolausdehnung....) flexibel sind [1244], werden Überschneidungen unvermeidlich.

1239 *Venit/Kallaugher* Fordham 1994, 324: "It is clear, however, that as long as the terms offered to the applicant are reasonable, they need not to be identical to the terms or access enjoyed by the owner of the facility or by other users." Vgl. *Southern Pacific Comm. Co. v. AT & T*, 740 F.2d 980, 1009 (D.C. 1984): "Absolute equality of access to essential facilities is not mandated by the antitrust laws."

1240 Vgl. *Guglielmetti* CEM 1998, 400 und *Desealers* EuZW 1995, 567. Vgl. in Italien das Gesetz Nr. 57 vom 5. März 2001, *Disposizioni in materia di apertura e regolazione dei mercati* (Maßnahmen im Bereich der Öffnung und der Regelung der Märkte) in AGCM *Relazione* 2001, 32.

1241 Kommission, XXIII. Bericht über die Wettbewerbspolitik (1993), Tz. 234; *Gugliemetti* CEM 1996, 414.

1242 Exemplarisch die Entscheidung *MCI Communications Corp. v. American Tel. & Tel. Co.*, 708 F.2d 1081, 1132 (7th Cir. 1983).

1243 S. oben Kap. 5 § 2 III.

1244 *Temple Lang* Fordham 1995, 280: "the essential facility doctrine is not a separate violation of antitrust law, but rather is a label that may aid in the analysis of a monopoly claim". Die "essential facilities"-Doktrin ist keine Alternative zu allgemeinen Kartellregeln, sondern eine zusätzliche Verfeinerung (*additional refinement*), *Furse* ECLR 1995, 472.

Trotz dieser Überschneidungen dürfen die Missbrauchstatbestände schon aus Gründen der Rechtssicherheit nicht miteinander verwechselt werden. *Bork* hat z.B. den Fall *Microsoft* als einen typischen Anwendungsfall der Geschäftsverweigerung qualifiziert[1245]. Dagegen ist der zentrale Punkt des *Microsoft*-Falles das *tying-in* von verschiedenen Produkten. Obwohl Geschäftsverweigerung und *tying-in* mehrere Berührungspunkte und Überschneidungen haben, sollen die zwei Tatbestände unabhängig voneinander betrachtet werden.

2. Der Zugangsanspruch dritter Unternehmen

Zweck des Kartellrechts ist der Schutz der Freiheit des Wettbewerbs. Das Kartellrecht soll Wettbewerbverzerrungen verhindern - und insbesondere die Interessen der Konsumenten wahren -, und nicht die Situation einzelner Wettbewerber schützen. Dieses Prinzip wurde im Urteil *Brown Shoe Co. V. United States*[1246] festgelegt und findet sich auch in den Ausführungen des GA *Jacobs* wieder. Diese Anschauung wird immer dann herangezogen, wenn man die Anwendung des Kartellrechts einschränken will [1247]. Eine genauere Betrachtung des Urteils *Brown Shoe Co. V. United States* zeigt paradoxerweise, dass der Schutz des Wettbewerbs den Schutz der einzelnen Wettbewerber voraussetzt. In Bezug auf den Fall *Intel* hat z.B. *Muris* betont, dass der Zugangsbegehrende die wettbewerbshindernden Auswirkungen auf dem Markt nicht nachzuweisen habe[1248].

Der Schutz der Freiheit des Wettbewerbs und des Wohlstands der Konsumenten haben eine öffentlichrechtliche Natur. In den Vereinigten Staaten können Wettbewerbsbehinderungen sogar strafrechtlich sanktioniert werden[1249]. Jedoch kann der Schutz der Freiheit des Wettbewerbs mit dem Schutz der einzelnen Konkurrenten übereinstimmen[1250]. Folglich konkretisiert sich der Schutz des Wettbewerbs als Institution bei der Anwendung der "essential-facilities"-Doktrin in einem Zugangsanspruch[1251] für aktuelle und potentielle Unternehmen. Das Vor-

---

1245 Hierzu s. *Cucinotta* Il Foro It. 1998, IV, 345; *Page* Antit. Bull. 1998, 56.

1246 *Brown Shoe Co. v. United States*, 370 U.S. 294, 320, 1962.

1247 Vgl. *Portolano* Il diritto dell'economia e dell'informatica 1999, 699.

1248 Vgl. *Muris* Antit. Law Jour. 2000, 718. Vgl. *Intergraph Corp. v. Intel Corp.*, 3 F. Supp.2d 1278 (N.D. Ala. 1998): "Furthermore, a monpolist's unilateral refusal to deal violates § 2 of the Sherman Act where such conduct unreasonably handicaps competitors or harms competition."

1249 *Wiley* 2001.

1250 Umfassend *Oechsler* ZHR 2000, 485.

1251 S. AGCM, Beschluss vom 25. Februar 1999, Boll. 8/1999, Tz. 155, 1 – *SNAM - Tariffe di Vettoriamento.*

liegen eines Zugangsanspruchs hat in der deutschen[1252] und in der italienischen[1253] Rechtsordnung die Möglichkeit einer privatrechtlichen Klage mit sich gebracht. Die Umkehrung der Beweislast für die Frage der Rechtfertigung der Zugangsverweigerung verbessert die Aussichten für solche Klagen nicht unerheblich. Damit liegen die besten Bedingungen für eine effektive Öffnung sowohl der früheren Staatsmonopole als auch der High-Tech-Märkte vor.

3. Die "essential-facilities"-Doktrin und der Kontrahierungszwang

Wesentliche Einrichtungen können in der US-amerikanischen Rechtsordnung Berührungspunkte mit den sogenannten *public utilities* aufweisen. Dies wurde von Richter *Frankfurter* in der Entscheidung *Associated Press* bekräftigt[1254]. *Venit* und *Kallauger* haben diese öffentlichrechtlichen Schattierungen der wesentlichen Einrichtungen auf die Pflicht zurückgeführt, dass der „innkeeper" (Gastwirt) und der Inhaber eines „public house" (Kneipe) in dem *Common Law* knappe Güter unter nicht diskriminierenden Bedingungen zur Verfügung stellen müssen[1255]. Ähnliche historische Zusammenhänge sind in der deutschen Rechtsordnung sichtbar. In Kap. 3 § 2 II, III wurde hervorgehoben, dass der kartellgesetzliche und die spezialgesetzlichen Zugangstatbestände auf den von *Nipperdey* am Anfang des letzten Jahrhunderts definierten Kontrahierungszwang zurückgeführt werden können. Diese Auslegung wird auch von der italienischen Rechtsordnung bestätigt. In Italien haben sich Lehre und Entscheidungspraxis bis 1990 in Ermangelung eines Kartellgesetzes auf die Abschlusspflicht des Monopolisten (Art. 2597 c.c.) berufen, um missbräuchliche Zugangsverweigerung zu unterbinden. Die Tatsache, dass die kartellrechtlichen und die sektorspezifischen Zugangstatbestände viele Gemeinsamkeiten und zum Teil Überschneidungen mit den *public utilities* in dem *common law* bzw. mit dem Kontrahierungszwang und mit dem diktierten Vertrag in den *civil law* Rechtsordnungen aufweisen, sollte jedoch nicht überbewertet werden. Während der diktierte Vertrag die Konsumenten unmittelbar schützen wollte, soll die "essential-facilities"-Doktrin auch anderen Unternehmen einen diskriminierungsfreien Zugang zu den wesentlichen Einrichtungen gewähren.

[1252] S. Kap. 3 § 1 IV.

[1253] Hierzu *SNAM*-Beschluss in Kap. 4. § 2 V. S. Kap. 4 § 2 VII. In Italien kann der zivilrechtliche Anspruch aus verfahrensrechtlichen Gründen schwer durchgesetzt werden. Ausführlich hierzu *Tavassi* 2001, 3 ff.; *Tesauro* 5 ff..

[1254] S. oben Kap. 1 § 2 I 2.

[1255] *Venit/Kallaugher* Fordham 1994, 320.

4. Die "essential-facilities"-Doktrin und die anderen Säulen des Kartellrechts

Theorie und Praxis der "essential-facilities"-Doktrin wurzeln schwerpunktmäßig im Missbrauchsrecht. Aus dem vorigen Kapitel ergibt sich freilich, dass die Zugangsproblematik bei wesentlichen Einrichtungen auch in anderen Bereichen des Kartellrechts eine zunehmende Bedeutung erlangt. So kann die Zugangsverweigerung auch Folge einer Absprache sein (*Sec. 1 Sherman Act*, 81 EG, 1 ff. GWB, Art. 2 ff. *legge antitrust*)[1256]. Das Verhältnis der "essential-facilities"-Doktrin zum Kartelltatbestand ist in der US-amerikanischen Rechtsordnung ganz deutlich (Fälle *Terminal Railroad Association*, *Associated Press*)[1257]. Zustimmung verdient die These von *Temple Lang*, wonach die schlichte Diskriminierung eines dritten Zugangsinteressenten durch ein Kartell die Anwendung der "essential-facilities"-Doktrin zur Folge hat[1258].

Berücksichtigt wird die Zugänglichkeit wesentlicher Einrichtungen auch bei der Fusionskontrolle. Im Hinblick auf die Zugänglichkeit der beim Zusammenschluss involvierten Märkte müssen sich die zusammenschließenden Unternehmen verpflichten, einen diskriminierungsfreien Zugang zu den „wesentlichen Einrichtungen" zu gewähren. Durch diese präventive Verpflichtung wird die künftige Zugänglichkeit der wesentlichen Einrichtungen gewährleistet. Aufgrund der Wirksamkeit von Fusionskontrolle und Kartellverbot hat die Missbrauchskontrolle an Bedeutung verloren[1259]. Auf den High-Tech-Märkten ist eine präzise Prognose der Entwicklung der Märkte jedoch nicht immer möglich. Folglich kann ein Eingriff ex-post im Wege der Missbrauchskontrolle in diesen Fällen notwendig sein (Fall *Convisint*)[1260], um die Freiheit des Wettbewerbs zu schützen.

V. Das Fehlen von sachlichen Rechtfertigungsgründen

Einigkeit besteht in allen Rechtsordnungen dahingehend, dass das marktbeherrschende Unternehmen eine Zugangsverweigerung sachlich zu rechtfertigen hat. Für eine objektive Rechtfertigung kommen namentlich die Interessen des Einrichtungsinhabers[1261] in Betracht. Die Rechtfertigungsgründe können insofern auf die negative Vertragsfreiheit, die Eigentumsgarantie und die Investitionsanreize

---

1256 *Jorde/Teece* 1992, 176; *Glasl* ECLR 1994, 310.
1257 S. Kap. 1 § 2; Kap. 4 § 5 I.
1258 *Temple Lang* Fordham 1994, 246.
1259 *Gassner* 1999, 102; *Azcuenaga* Antit. Law Jour. 1990, 884.
1260 Vgl. Kap. 3. § 4 Anhang I.
1261 Eingehend zu den „Generalinteressen" s. *Fleischer/Weyer* WuW 1999, 355-357.

des Marktbeherrschers zurückgeführt werden.[1262]. Das Bestehen der erwähnten Interessen soll gleichwohl mit anderen Interessen, nämlich der Marktöffnung und der Freiheit des Wettbewerbs, abgestimmt werden. Hierbei handelt es sich also um eine Interessenabwägung. Das Eigentum an einer Einrichtung ist kein Rechtfertigungsgrund für die Zugangsverweigerung. Wie das BKartA festgelegt hat, muss weiter überprüft werden, ob das Eigentum des Infrastrukturinhabers auf eigener Leistung und Tüchtigkeit beruht[1263].

Aus rechtsvergleichender Sicht besonders erwähnenswert sind die Unterschiede zwischen EU-Recht und US-amerikanischem Recht bei der Beurteilung, ob ein sachlicher Rechtfertigungsgrund vorliegt oder nicht. Dies gilt insbesondere für die Frage der Kapazitätsausdehnung. Während in der EU ein Unternehmen gezwungen werden kann, die Kapazität der Einrichtung zu erweitern[1264], ist eine solche Konstellation in den Vereinigten Staaten nicht denkbar[1265].

§ 4. Die Rolle der WTO und des TRIPS-Übereinkommens bei der Zugangsfrage

Der entscheidende Meilenstein für einen neuen Weltmarkt der Telekommunikation wurde am 15. Februar 1997 in Genf[1266] gesetzt, als die WTO-Verhandlungen zu einem Freihandelsabkommen über die internationale Öffnung der Telekommunikationsmärkte führten. Hauptziel der Verhandlungen war die Regulierung von Basistelekommunikationsdiensten. Darunter fallen die Sprachtelephonie ebenso wie die Datenübertragung via Telex, Telegrafie, Fax und andere Endgeräte - und zwar unabhängig vom Übertragungsweg (Telekomleitungen, private Mitteilungen, Satellitenstrecken, Funknetze, usw.). 69 der 71 teilnehmenden Staaten verpflichteten sich, ab Januar 1998 für ausländische Anbieter ihre Tele-

---

[1262] Die Kommission hat in der Mitteilung über Zugangsvereinbarungen vom 22 August 1998, ABl. 1998 C 265/2, Tz. 98 wie folgt die sachliche Rechtfertigung definiert: „Zu den sachlichen Begründungen könnten alle Faktoren gehören, die sich auf den tatsächlichen Betrieb des Netzes, das dem Zugangsanbieter gehört, oder auf Lizenzbeschränkungen beziehen, die mit dem Schutz des geistigen Eigentums in Einklang stehen."

[1263] BKartA, www.bundeskartellamt.de/B9-199-97_16-98.pdf, 43 – *Vogelfluglinie*.

[1264] S. den Fall *Morlaix* in Kap. 2 § 2 I 2.

[1265] *Lipsky/Sidak* Stanford Law Review 1999, 1221: "There is, evidently, no American judicial decision in which a litigant has requested the court to expand the capacity of an essential facility as part of its requested remedy."

[1266] Die Genfer Verhandlungen im Rahmen der Welthandelsorganisation waren ein Folgeereignis der Uruguay-Runde des Allgemeinen Zoll- und Handelsabkommens (Gatt) im Dezember 1993 und April 1994.

fonnetze zu öffnen und bestimmte regulatorische Prinzipien zu beachten[1267]. Diese Prinzipien sind im sogenannten „Vierten Protokoll zum allgemeinen Übereinkommen über den Handel mit Dienstleistungen“[1268] enthalten und befassen sich mit den folgenden Punkten: Wettbewerbsbeschränkendes Verhalten, Interkonnektion, Universaldienst, Lizenzierung, Unabhängigkeit des Regulators und Ressourcenallokation.

Was das wettbewerbsbeschränkende Verhalten und die Interkonnektion anbelangt, scheinen die WTO-Vorschriften mit der "essential-facilities"-Doktrin übereinzustimmen. Die "essential-facilities"-Doktrin des „Vierten Protokolls zum allgemeinen Übereinkommen über den Handel mit Dienstleistungen“ beruht auf der Definition des „Hauptanbieters“. Dieser ist mit dem „marktbeherrschenden Unternehmen“ gemäss Art. 82 EG vergleichbar. „Hauptanbieter“ ist, wer durch die Kontrolle über eine „wesentliche Einrichtung“ oder über die Nutzung seiner Marktstellung die Bedingungen für eine Beteiligung an dem entsprechenden Markt für Basistelekommunikationsdienstleistungen (hinsichtlich des Preises und der Erbringung) wesentlich beeinflussen kann. Im Gegensatz zur „EU-Essential Facility-Doktrin“ stellt das Verfügen über eine wesentliche Einrichtung ein alternatives Kriterium zur Marktmacht und keinen Sonderfall der marktbeherrschenden Stellung dar. Daraus folgt, dass der „Hauptanbieter“ diskriminierungsfrei und zu kostenorientierten Preisen eine im übrigen genügend entbündelte Interkonnektion gewähren soll[1269].

Die Definition von „wesentlichen Einrichtungen“ erweist sich als sehr allgemein und wenig hilfreich:

> „ Der Begriff wesentliche Einrichtungen bedeutet Einrichtungen eines öffentlichen Telekommunikationsnetzes und -dienstes,
> a) die ausschließlich oder überwiegend von einem einzigen Anbieter oder einer begrenzten Anzahl von Anbietern von Dienstleistungen bereitgestellt werden und
> b) die zur Erbringung einer Dienstleistung weder wirtschaftlich noch technisch durchführbar ersetzt werden könne[1270].“

1267 Zum Einfluss der WTO auf die eine globale Privatrechtsordnung s. *Drexl* in Festschrift *Fikentscher* 1998, 822 ff.

1268 "Viertes Protokoll zum allgemeinen Übereinkommen über den Handel mit Dienstleistungen", ABl. 1997 L 347, 45. Vgl. *Bronkers/Larouche* Journal of World Trade 1997, Anhang I 46 ff..

1269 A.a.O., 2.

1270 A.a.O..

Zur immaterialgüterrechtlichen Problematik liefert das vierte „Protokoll über den Handel mit Dienstleistungen" ein interessantes Lösungskriterium. Die nicht rechtzeitige Bereitstellung technischer Informationen über wesentliche Einrichtungen und Informationen von kommerzieller Bedeutung, die für die Erbringung von Dienstleistungen erforderlich sind, vom Hauptanbieter an andere Anbieter von Dienstleistungen, stellt eine wettbewerbswidrige Verhaltensweise dar. Da nicht spezifiziert ist, ob immaterialgüterrechtlich geschützte Daten (z.B. patentierte Schnittstellen, urheberrechtlich geschützte Daten) erfasst werden, ist nicht auszuschließen, dass auch Immaterialgüterrechte eine wesentliche Einrichtung darstellen können. Wenig hilfreich für die Qualifizierung der Immaterialgüterrechte als wesentliche Einrichtungen erweist sich das „Agreement on Trade Related Aspects of Intellectual Property Rights" (TRIPS)[1271]. Wie schon erörtert[1272], kann die Anwendung der "essential-facilities"-Doktrin nicht aus Art. 31 (l) des TRIPS-Übereinkommens (patentrechtliche Zwangslizenz) hergeleitet werden. Schließlich sei noch erwähnt, dass Art. 8 II des TRIPS-Übereinkommens den wettbewerbsrechtlichen Missbrauch eines geistigen Eigentumsrechts verbietet[1273]. Im Hinblick auf diese Norm hat *Heinemann* zutreffend hervorgehoben, dass es sich um eine Umsetzung der US-amerikanischen *patent misuse doctrine* handele. Da die *patent misuse doctrine* eine Eigenart der Rechtsordnungen des *common law* ist, ist eine Anwendung dieses Mittels in den Rechtsordnungen des *civil law* unwahrscheinlich[1274]. Der Richter könnte in diesen Ländern zu dem kartellrechtlichen Instrumentarium und darunter zur "essential-facilities"-Doktrin greifen[1275].

1271 „Agreement on Trade-Related Aspects of Intellectual Property Rights, Including Trade in Conterfeit Goods" (TRIPS) in GRUR Int. 1994, 128 ff..

1272 Vgl. Kap. 4 § 5 III 3.

1273 Vgl. auch Art. 13, 9 II, 40 TRIPS, und Art. 9 II der Berner Übereinkunft, die von der Kommission, Entscheidung vom 3. Juli 2001, im ABl. noch nicht veröffentlicht, http://europa.eu.int/comm/ competition/ antitrust/cases/decisions/38044/en.pdf, Tz. 208 - *NDC Health/IMS Health*, herangezogen werden, um einen kartellrechtlichen Missbrauch der Immaterialgüterrechte zu sanktionieren.

1274 *Heinemann* in *Beier/Schricker* 1996, 243. Vgl. *Derclaye* EIPR 2000, 9.

1275 Diese Auslegung wird von Art. 40 II des TRIPS-Übereinkommens bestätigt, wonach die Mitgliedstaaten Maßnahmen ergreifen können, um wettbewerbsrechtlich missbräuchliche Verhaltensweisen zu untersagen.

§ 5. Die wettbewerbsfördernde Rolle der "essential-facilities"-Doktrin auf den High-Tech-Märkten

Die Spannung zwischen Immaterialgüterrechten und Kartellrecht spitzt sich in den High-Tech-Märkten, insbesondere in der Informatikbranche zu[1276]. "Essential facilities" sind oft ein Synonym für "essential technology", die in den meisten Fällen immaterialgüterrechtlich geschützt ist und zu einer marktbeherrschenden Stellung führen kann[1277]. Marktbeherrschende Unternehmen, die über eine essential technology verfügen, sind versucht, ihre Stellung auf nachgelagerte Märkte auszudehnen[1278].

Nach der Untersuchung der vorangegangenen Kapitel über High-Tech-Märkte und Immaterialgüterrechte zeichnen sich folgende Entwicklungslinien ab: Die Fähigkeit der technologischen Produkte, miteinander zu kommunizieren. Zusammenschaltung, Interoperabilität und Dekompilierung sind allesamt Erscheinungsformen dieser Fähigkeit. Überdies können zwei Produkte, die zu zwei verschiedenen Märkten gehören, infolge der technologischen Entwicklung in einem neuen integrierten Produkt zusammengeschlossen werden[1279]. Wie im Hinblick auf den Fall *Microsoft* schon erörtert[1280], kann diese Integration durch eine wettbewerbsrechtlich missbräuchliche Verhaltensweise realisiert werden. Parallel dazu werden neue Arten von Immaterialgüterrechten von den Gesetzgebern eingeführt und der Anwendungsbereich der bestehenden Immaterialgüterrechte ausgedehnt (Datenbanken, Computerprogramme, usw.)[1281].

Da die Technologien eine wesentliche Einrichtung für die Unternehmen von benachbarten Märkten darstellen können, kann der Fall vorkommen, dass der Einrichtungsinhaber sich auf seine Immaterialgüterrechte beruft, um die Interope-

---

1276 *Barton* ECLR 1997, 440: "The Internet and the materials circulated on it are certainly the central focus. But among the factors directly affecting that system are the software industry more generally, the digitised information industries, the computer sector, and the international telecommunications sector."

1277 *Montag* EuZW 1997, 78; *Greaves* EIPR 1998, 384: "However, where there is a natural monopoly, which for example may be argued to be the case with computer operational systems, there may well be a need to censure access is granted to dependent users (and perhaps to industries where the standards adopted by the dominant undertaking have become the international standard for that industry) so that innovation is not stifled and competition in ancillary markets is maintained."

1278 *Barton* ECLR 1997, 443.

1279 Vgl. *Temple Lang* Fordham 1996, 563.

1280 Vgl. Kap. 1 § 2 III 3.

1281 Vgl. FTC *Anticipating the 21s Century* 1996, I, 3, http://www.ftc.gov/opp/global.htm.

rabilität zu verweigern und damit auf benachbarten Märkten seine Monopolmacht auszuspielen. Während die Zugangsproblematik in der Telekommunikationsbranche durch mehrere gesetzgeberische Eingriffe geregelt worden ist, bleibt fraglich, wie die gleiche Problematik in anderen Branchen zu lösen ist. Eine Lösung bietet die Zwangslizenzierung. Diese kann auf zwei Arten untergeteilt werden. Einerseits die Zwangslizenzen der nationalen Gesetze über die Immaterialgüterrechte. Diese Lizenzen sind mit wettbewerbsfördernden Zwecken nicht kompatibel[1282]. Andererseits die WTO-Zwangslizenzen[1283]. Diese Lizenzen sind jedoch an das Vorliegen enger Voraussetzungen gebunden und lassen viele Konstellationen ohne den Schutz, den sie verdienen. Überdies verläuft der Innovationsprozess immer rascher und der Gesetzgeber kann damit nicht Schritt halten. Deshalb könnten sektorspezifische Zwangslizenzen in kurzer Zeit veraltet sein.

Da die Verstärkung der Immaterialgüterrechte auf den High-Tech-Märkten nicht über die sektorspezifische Zwangslizenzierung ausgeglichen werden kann, muss das Kartellrecht ins Spiel gebracht werden[1284]. Über kartellrechtliche Zwangslizenzen[1285], die einen Anwendungsfall der "essential-facilities"-Doktrin darstellen, soll der Zugang zu den „wesentlichen Technologien" gewährleistet werden. Dadurch könnten ähnliche Zugangsverweigerungsfälle sowohl in Europa als auch in den Vereinigten Staaten gelöst werden[1286].

Den High-Tech-Märkten liegen ähnliche kartellrechtliche Zugangsfragen sowohl in den Vereinigten Staaten als auch in Europa zugrunde. Diese Probleme setzen die gleiche Lösung voraus, da die kartellrechtlichen Prinzipien gleich sind[1287]. Da sich die kartellrechtlichen Prinzipien gleichen, ähneln sich auch die diskutierten und realisierten Lösungen.

Zwar sind im Gegensatz zum US-amerikanischen Kartellrecht für die gemeinschaftliche Wettbewerbsordnung folgende spezifische Merkmale kennzeichnend: Die Integration der nationalen Märkte, die Berücksichtigung von sozial- und politischen Werten im Kartellrecht und unterschiedliche Formulierungen der

---

1282 Vgl. Kap. 3 § 4 II; Kap. 4 § 5 III.

1283 S. oben Kap. 4 § 5 III 3.

1284 Vgl. Kap. 3 § 4 IV 5; Kap. 4 § 5 IV.

1285 *Cotter* Antit. Bull. 1999, 236:"[...] the defendants should be held liable for some other antitrust violation (such as using their intellectual property to engage monopoly leveraging) or that the intellectual property laws."

1286 *Donahey* AIPLA 1997, 324 ff..

1287 *Temple Lang* Fordham 1996, 597.

Gesetztexte[1288]. Die Entwicklung des Kartellrechts verläuft jedoch in der US-amerikanischen und in der EU-Rechtsordnung im wesentlichen gleich[1289]. Letzten Endes sind das deutsche GWB[1290], der EG[1291] und die italienische *legge antitrust*[1292] die Umsetzung der US-amerikanischen Idee einer freien Wettbewerbsordnung.

Die Anwendung der "essential-facilities"-Doktrin auf den High-Tech Märkten bestätigt, dass alle Rechtsordnungen übereinstimmende Lösungen zu gleichen Wettbewerbsproblemen bringen. In einer nahen Zukunft könnte das Internet einen neuen Bereich für die Anwendbarkeit der "essential-facilities"-Doktrin darstellen. Die Liberalisierung der Telekommunikationsmärkte bezweckt u.a. die Zugänglichkeit des Internets[1293]. Überdies können im Internet verschiedene Engpasskonstellationen im Hinblick auf den sogenannten B2B-Handel entstehen. Aufgrund der rapiden Entwicklungen des Internets haben dennoch die Wettbewerbsstrukturen des B2B noch keine feste Form angenommen[1294]. In diesem Zusammenhang hat sich die FTC am 29. und 30. Juni 2000 in einem öffentlichen Workshop mit kartellrechtlichen Aspekten von Internetmarktplätzen auseinandergesetzt[1295]. Wie schon dargestellt wurde, steht fest[1296], dass ungerechtfertigte Zugangsverweigerungen im Internet die Anwendbarkeit der "essential-facilities"-Doktrin rechtfertigen können[1297].

§ 6. Schlussfolgerungen

Aus der vergleichenden Analyse der Formanten ergibt sich, dass die "essential-facilities" Doktrin trotz der bestehenden Unterschiede zwischen den europäischen Rechtsordnungen einerseits und der US-amerikanischen Rechtsordnung andererseits reibungslos von der Rechtsordnung der EU und der untersuchten Mitgliedstaaten rezipiert werden konnte. Die "essential-facilities"-Doktrin konkretisiert die gesetzlichen Verbote des Missbrauchs einer marktbeherrschenden Stellung. Die US-amerikanischen, die gemeinschaftsrechtlichen und die italienischen Kar-

---

[1288] *Fikentscher* 1997, 130; *Mangini* Riv. Dir. Ind. 1995, I, 213. Umfassend hierzu *Bernini* 1992.

[1289] *Mangini* Riv. Dir. Ind. 1995, I, 213.

[1290] *Fikentscher* 1997, 106 ff..

[1291] *Fikentscher* 1997, 106 ff..

[1292] *Mangini* Riv. Dir. Ind. 1995, I, 175 ff..

[1293] Vgl. *Brannan* 1999.

[1294] *Levine/Greene* Antitrust 2000, 30.

[1295] Vgl. *Gassner* MMR 2001, 140 ff..

[1296] Vgl. Kap. 3 § 4 Anhang I.

[1297] Vgl. *Mietztis/Batchelor* Antitrust 2000, 39.

tellbehörden haben sich in zahlreichen Fällen mit der "essential-facilities"-Doktrin auseinandergesetzt. Betroffen waren hauptsächlich die zu liberalisierenden Sektoren und die High-Tech-Märkte. In beiden Fällen neigen die Märkte dazu, sogenannte „natürliche Monopole" zu errichten. Trotz der Umsetzung der "essential-facilities"-Doktrin im GWB hat sich das deutsche Bundeskartellamt bis jetzt nur selten auf die "essential-facilities"-Doktrin berufen.

Zusammenfassend lässt sich aus der rechtsvergleichenden Perspektive Folgendes herauskristallisieren: Die "essential-facilities"-Doktrin ist anwendbar, wenn ein marktbeherrschendes Unternehmen, das über eine wesentliche Einrichtung verfügt, den Zugang zu der eigenen Einrichtung, die unzulänglich und unduplizierbar für Unternehmen auf einem benachbarten Markt ist, ungerechtfertigt verweigert. Wesentliche Einrichtungen können auch aus Immaterialgüterrechten bestehen. In diesem Fall konkretisiert sich die missbräuchliche Zugangsverweigerung in einer Lizenzverweigerung. Obwohl die Spruchpraxis zur "essential-facilities"-Doktrin umfangreich ist, sind die Voraussetzungen für die Anwendung der "essential-facilities"-Doktrin noch nicht endgültig festgelegt worden. Dies beruht auf der flexiblen Natur der "essential-facilities"-Doktrin[1298]. Diese Flexibilität ist von mehreren Stimmen im Schrifttum kritisiert worden, da sie zu Rechtsunsicherheit und zu Einzelfallgerechtigkeit führe. Deswegen sei nach Meinung dieser Autoren eine sektorspezifische Regulierung zu bevorzugen. Allerdings ist es unbestreitbar, dass eine sektorspezifische Regulierung für viele Zugangsansprüche unzureichend wäre. So sind z.B. in dem gemeinschaftsrechtlichen Marktöffnungsprozess die von den verschiedenen Richtlinien eingeführten Zugangstatbestände auf kartellrechtliche Ergänzungen der "essential-facilities"-Doktrin angewiesen. Überdies sind viele sektorspezifische Vorschriften zeitlich befristet. Eine sektorspezifische Regulierung der Zugangstatbestände wäre auch für die High-Tech-Märkte ungeeignet, da der Gesetzgeber nicht in der Lage ist, mit dem raschen Innovationsprozess Schritt zu halten. Die Anwendung der "essential-facilities"-Doktrin auf bestimmte Missbrauchsacshverhalte wird den Wettbewerb fördern können, ohne auf so drastische Lösungen - wie die Ausgliederung einer Gesellschaft im US-amerikanischen Recht- zurückgreifen zu müssen[1299]. Folglich ist zu erwarten,

---

1298 *Donahey* AIPLA 1997, 328 hat in Bezug auf das Verhältnis von "essential facilities"-Doktrin zur sektorspezifischen Regulierung wie folgt die Vorteile der "essential facilities"-Doktrin hervorgehoben: "The essential facilities doctrine, in contrast, provides a nice compromise: it permits relatively flexible, adaptive regulation while avoiding the temptation to address economic concerns through increases in competition."

1299 *Fleischer/Doege* WuW 2000, 716. Vgl. *Piraino* New York University Law Review 2000, 888; *Burling* und andere Jour. Corp. Law 1999, 549 ff..

dass die "essential-facilities"-Doktrin in einem Zeitalter, das nicht zuletzt als „Epoche des Zugangs" gekennzeichnet wird[1300], zunehmend an Bedeutung gewinnen wird.

1300 Vgl. *Rifkin* 2000, 5 ff..

LITERATURVERZEICHNIS

ABRIANI Niccolò	Gestione collettiva dei diritti d'autore e abuso di posizione dominante: una sentenza profondamente innovativa, Giur. It. 1990, I, 1, 1501 ff.
ADKINS Bernardine	Air Transport and EC Competition Law, London 1994
AHERN Patrick J.	Refusal to deal after Aspen, Antit. Law Jour. 1994, 153 ff.
AMATO Giuliano	Le autorità indipendenti, in VIOLANTE Luciano, Storia d'Italia, Annali 14, Legge Diritto Giustizia, Torino 1998, 369 ff.
AMATO Giuliano	Il gusto della libertà: l'Italia e l'Antitrust, Bari 1998
AMATO Giuliano	Il potere e l'antitrust, Bologna 1998
ANTONIOLI	Appunti per uno Studio sul Diritto Pubblico dell'Economia, Il Diritto dell'Economia 2000, 321 ff.
AREEDA Phillip	Essential facilities: an Epithet in Need of limiting Principles, Antit. Law Jour. 1990, 841 ff.
AREEDA Phillip E./ HOVENKAMP Herbert	Antitrust Law, An Analysis of Antitrust Principles and Their Application, 1996 Supplement, Boston 1996
AREEDA Philip E./ KAPLOW Louis	Antitrust Analysis: Problems, Text, Cases, Boston 1988

ARRIOLA Maria Trinidad — Aktuelle Entwicklungen im Patentschutz von Computerprogrammen und mathematischen Algorithmen in den USA, GRUR Int. 1996, 9 ff.

ASCARELLI Tullio — Teoria della concorrenza e dei beni immateriali, Milano 1960

ATLAS David Y. — Comment: Taming the wild West: The Scope of Copyright Protection for Compilations after Matthew Bender & Co., Inc. v. West publishing Co., IDEA The Journal of Law and Technology 1998, 491 ff.

AZCUENAGA Mary L. — Essential Facilities and Regulation: Court or Agency jurisdiction?, Antit. Law Jour. 1990, 879 ff.

BALTO David/ PITOFSKY Robert — Antitrust and the High Tech Industries: the New Challenge, Antit. Bull. 1998, 583 ff.

BARTON H. John — The Balance between Intellectual Property Rights and Competition: Paradigms in the Information Sector, ECLR 1997, 440 ff.

BASEDOW Jürgen — Weltkartellrecht, Tübingen 1998

BASEDOW Jürgen — Ansätze zur europäischen Regulierung der Postdienste, EuZW 1996, 143 ff.

BAUDENBACHER Carl (Hrsg.) — Aktuelle Probleme des Europäischen und Internationalen Wirtschaftsrechts, Bern 2001

BECHTOLD Rainer — GWB, 2. Aufl., München 1999

BECK Bernhard — Das italienische Kartellgesetz – Überblick und erste Erfahrungen, WuW 1991, 707 ff.

BEIER Friedrich Karl — Die herkömmlichen Patentrechtstheorien und die sozialistische Konzeption des Erfinderrechts, GRUR Int. 1970, 1 ff.

BEIER Friedrich Karl — Missbrauch einer beherrschenden Stellung durch Ausübung gewerblicher Schutzrechte?, in Festschrift für Karlheinz QUACK zum 65. Geburtstag, Berlin 1991, 15 ff.

BEIER Friedrich Karl — Exclusive Rights, Statutory Licenses and Compulsory Licenses in Patent and Utility Model Law, IIC 1999, 253 ff.

BEKKERS Rudi/ LIOTARD Isabelle — European Standards for Communications: The Tense Relationship between Standards and Intellectual Property Rights, EIPR 1999, 110 ff.

BELLAMY/CHILD — Common Market Law of Competition, London 2001

BENKARD Georg Hrsg. — Patentgesetz und Gebrauchsmustergesetz, 9. Aufl., München 1993

BERGER Ernst Georg — Netzbetreiber und Zusammenschaltung im Telekommunikationsrecht, CR 1999, 222 ff.

BERGMAN Mats A. — The role of the essential facilities doctrine, Antit. Bull. 2001, 403 ff.

BERGMAN — The Bronner Case. A Turning Point for the Essential Facilities Doctrine?, ECLR 2000, 59 ff.

BERNINI Giorgio — Un secolo di filosofia antitrust: il modello statunitense, la disciplina comunitaria e la normativa italiana, Bologna 1992

BERTI Jacopo/
BIANCARDI Alberto
Le essential facilities nel diritto della concorrenza comunitario, CEM, Milano 1998, 355 ff.

BETTEN Jürgen/
KÖRBER Anno
Internationale Vereinigung für gewerblichen Rechtschutz (AIPPI), Berichte der deutschen Landesgruppe für die Sitzung des Geschäftsführenden Ausschusses in Wien 1997, Patentierung von Computer Software, GRUR Int. 1997, 118 ff.

BIANCHINI Margherita
Il "monopolio di fatto" della SIAE nei rapporti con le emittenti televisive ed il suo obbligo a contrarre, Dir. Inf. 1990, 923 ff.

BIGGERS Sara M./MANN
Richard A./ROBERTS Barry
Intellectual Property and Antitrust: A Comparison of Evolution in the European Union and United States, Hastings Int'l & Comp. L. Rev. 1998, 215 ff.

BITTNER Carsten
Die Verweigerung der Drittzulassung zu Infrastruktureinrichtungen unter dem Aspekt des Missbrauchsverbotes aus Art. 86 EG-Vertrag, Hamburg 1998

BLAIR Roger/
ESQUIBEL Amanda K.
Some Remarks on Monopoly Leveraging, Antit. Bull. 1995, 371 ff.

BLANKART Charles B./
KNIEPS Günther Analysis?
What Can We Learn From Comparative Institutional: The case of Telecommunications, Diskussionspapier 134 der Technischen Universität Berlin, Berlin 1989

BLANKART Charles B./
KNIEPS Günther — Path Dependence, Network Externalities and Standardization, Diskussionspapier 151 der Technischen Universität Berlin, Berlin 1991

BLUMENTHAL William — Three Vexing Issues under the Essential Facilities Doctrine: ATM Networks as Illustration, Antit. Law Jour. 1990, 855 ff.

BOHNE Michael — Funktionsfähiger Wettbewerb auf Telekommunikationsmärkten, Frankfurt 1998

BONELLI Franco
CASSESE Sabino — La disciplina giuridica delle telecomunicazioni, Milano 1999

BORRUSO Renato — La tutela giuridica del software, diritto d'autore e brevettabilità, aggiornamento di Computer e Diritto II, Milano 1999

BOWMAN Ward S. Jr. — Patent and Antitrust Law, A Legal and Economic Appraisal, Chicago London 1973

BRAGHINI Davide — Abuse of a Dominant Position in Performing Handling Services in Italian Airports, ECLR 1995, 57 ff.

BRANNAN Jenny — "Open Broadband Access: An Essential Facility Doctrine Analysis", December 1999, http://www.ku.edu/~cybermom/CLJ/brannan/Broadband.htm

BRILL Charles — Legal Protection of Collection of Facts, Computer Law Review & Technology Journal 1998, unter www2.smu.edu/csr/Spring98-1-Brill.PDF

BRONCKERS Marco/ LAROUCHE Pierre	Telecommunications Services and the World Trade Organization, Journal of World Trade 1997, 5 ff.
BRUTI LIBERATI Eugenio	Le scelte dell'autorità Garante della Concorrenza e del Mercato tra tecnica e politica: il caso delle essential facilities, CEM, Milano 1998, 449 ff.
BÜCHNER Wolfgang/EHNER Jörg/GEPPERT Martin (Hrsg.)	Beck'scherTKG-Kommentar, Telekommunikationsgesetz, 2. Aufl., München 2000
BÜDENBENDER Ulrich	Möglichkeiten zur Durchsetzung des Netzzugangs in der Elektrizitäts- und Gaswirtschaft, ZIP 1999, 1469 ff.
BÜDENBENDER Ulrich	Durchleitungen in der Elektrizitätswirtschaft und Eigentumsschutz, WuW 2000, 119 ff.
BUNTE Hermann-Josef	6. GWB Novelle und Missbrauch wegen Verweigerung des Zugangs zu einer „wesentlichen Einrichtung", WuW 1998, 302 ff.
Von BURCHARD Friedrich	Third Party Access and European Law, EuZW 1992, 693 ff.
BURLING J.C. und andere	The Antitrust Duty to Deal and Intellectual Property Rights, Jour. Corp. Law 1999, 549 ff.
BUSCHE Jan	Privatautonomie und Kontrahierungszwang, München 1999
BUSSANI Mauro MATTEI Ugo	The Common Core Approach to European Privat Law, http://www.jus.unitn.it/dsg/common-core/approach.html

CARBONE Sergio M./ MUNARI Francesco — L'attuazione nell'ordinamento italiano della direttiva sul libero accesso al mercato dei servizi aeroportuali, Diritto del commercio internazionale 1999, 95 ff.

CARDOZO Benjamin N. — The Nature of the Judicial Process, Yale 1921 (28. Nachdruck 1968)

CARLTON Dennis W. — A General Analysis of Exclusionary Conduct and Refusal to Deal - Why Aspen and Kodak are misguided, Antit. Law Jour. 2001, 659 ff.

CASSESE Sabino — La liberalizzazione delle telecomunicazioni, in BONELLI Franco/CASSESE Sabino (Hrsg.), La disciplina giuridica delle telecomunicazioni, Milano 1999, 53 ff.

CASSESE Sabino/ FRANCHINI Claudio — I Garanti delle Regole, Bologna 1996

CAVE Martin/ CROWTHER Peter — Competition Law Approaches to Regulating Access to Utilities - The Essential Facilities Doctrine, Rivista Internazionale di Scienze Sociali 1995, 141 ff.

CAZZOLA Carlo — La dottrina delle essential facilities e la politica antitrust, in BONELLI Franco /CASSESE Sabino (Hrsg.), La disciplina giuridica delle telecomunicazioni, Milano 1999, 219 ff.

CERVIGNI Guido — L'intervento pubblico nelle essential facility: aspetti teorici e analisi istituzionale, CEM, Milano 1998, 195 ff.

CHIMENTI Laura — Lineamenti del nuovo diritto d'autore. Direttive comunitarie e normativa interna, Milano 1999

CIPRESSA/CASACCI Massimo — Figurine e diritto antitrust, Dir. Ind. 1997, 241 ff.

COHEN JEROHAM Hermann/ MORTELMANNS Kamiel — Zur „Magill"-Entscheidung des Europäischen Gerichtshofes, GRUR Int. 1997, 11 ff.

COSTANZO Pasquale — Ascesa (e declino?) di un nuovo operatore telecomunicativo, DRT 1999, 83 ff.

COTTER Thomas F. — Intellectual Property and the Essential Facilities Doctrine, Antit. Bull. 1999, 211 ff.

COWEN Timothy — The Essential Facility Doctrine in EC Competition Law: Towards a "Matrix Infrastructure", in HAWK Barry E. (Hrsg.), Annual Proceedings of the Fordham Corporate Law Institute 1995, New York/London 1996, 521 ff.

CROWTHER Peter — Compulsory Licensing of Intellectual Property Rights, ELR 1995, 521 ff.

CUCINOTTA Antonio — Il caso Microsoft: verso il monopolio di Internet?, Foro It. 1998, IV, 343 ff.

CURRAN William J — Mystery or magic? The intriguing interface of antitrust law and today's information technologies, Antit. Bull. 1998, 775 ff.

D'AMELY — Überlegungen zu einem italienischen Kartellgesetz, WuW 1981, 410 ff.

DAVID René (Hrsg.) — Einführung in die großen Rechtssysteme der Gegenwart, München 1988

DAVIDSON Mark — Proposed U.S. Database Legislation: A Comparison with the U.K. Database Regulations, EIPR 1999, 279 ff.

DE CAPITE Andrea Giordano — Essential facilities doctrine: una disciplina in cerca d'identità, Rivista di Diritto dell' Impresa 1999, 579 ff.

DE FRANCHIS Francesco — Dizionario Giuridico - Inglese- Italiano, Milano 1988

DENOZZA Pierluigi — Licenze di brevetto e circolazione delle tecniche, Milano 1979

D'ERAMO Marco — Das Schwein und der Wolkenkratzer. Chicago: Eine Geschichte unserer Zukunft, München 1996

DERCLAYE Estelle — Software Copyright Protection: Can Europe Learn form American Case Law? Part 1, EIPR 2000, 7 ff.

DE SANTI Susan — The Intersection of Antitrust and Intellectual Property Issues: A Report From the FTC Hearings, February 1996, http://www.ftc.gov/speeches/other/desanti1.htm

DESEALERS Wolfgang — Die „Essential Facilities"- Doktrin im Lichte des Magill-Urteils des EuGH, EuZW 1995, 563 ff.

DONAHEY Teague I. — Terminal Railroad Revisited: Using the Essential Facilities Doctrine to Ensure Accessibility to Internet Software Standards, AIPLA Quarterly Journal 1997, 277 ff.

DOUTRELPONT Carine — Missbräuchliche Ausübung von Urheberrechten? Bemerkungen zur Magill-Entscheidung des Gerichts 1. Instanz des Europäischen Gerichtshofs, GRUR Int. 1994, 302 ff.

DREHER Meinrad — Die Verweigerung des Zugangs zu einer wesentlichen Einrichtung als Missbrauch der Marktbeherrschung, DB 1999, 833 ff.

DREXL Josef — Der Draft International Antitrust Code. Zur institutionellen Struktur eines künftigen Weltkartellrechts, RIW 1994, 93 ff.

DREXL Josef — Unmittelbare Anwendbarkeit des WTO-Rechts in der globalen Privatrechtsordnung, in GROßFELD Bernhard/SACK Rolf/MÖLLERS Thomas M.J./DREXL Josef/HEINEMANN Andreas (Hrsg.), Festschrift für Wolfgang Fikentscher zum 70. Geburtstag, Tübingen 1998, 822 ff.

EBEL Hans Rudolf — Kartellrecht, GWB und EG Vertrag Kommentar, Loseblatt, Stand März 1999 Neuwied

EBENROTH Carsten Thomas/BOHNE Michael — Gewerbliche Schutzrechte und Art. 86 EG-Vertrag nach der Magill Entscheidung, EWS 1995, 397 ff.

EBENROTH Carsten Thomas/HÜBSCHLE Wolfgang — Gewerbliche Schutzrechte und Marktaufteilung im Binnenmarkt der Europäischen Union, Heildelberg 1994

EICKHOF Norbert/KREICKENBAUM Dieter — Märkte für leitungsgebundene Energien, WuW 1998, 666 ff.

EILMANSBERGER Thomas — Der Umgang marktbeherrschender Unternehmen mit Immaterialgüterrechten im Lichte des Art. 86 EWGV, EuZW 1992, 625 ff.

EINAUDI Luigi — Lezioni di politica sociale, Torino 1944 (Nachdruck 1977)

EMMERICH Volker — Kartellrecht, München 1999

EMMERICH Volker — Verweigerung des Zugangs zu wesentlichen Einrichtungen, Festschrift für SÖLLNER, München 2000, 273 ff.

FABIANI — Abuso di brevetti d'invenzione e norme di disciplina della libertà di concorrenza, Riv. Dir. Ind. 1964, I, 19 ff.

FARRELL Joseph/ KATZ Michael — The effects of antitrust and intellectual property law on compatibility and innovation, The Antit. Bull. 1998, 609 ff.

FEDERAL TRADE COMMISSION — Anticipating the 21s Century 1996, 2 Bde. http://www.ftc.gov/opp/global.htm

FIKENTSCHER Wolfgang — Wettbewerb und gewerblicher Rechtsschutz, München 1958

FIKENTSCHER Wolfgang — Wettbewerb als Aufgabe, Tübingen 1997

FIKENTSCHER Wolfgang — Das Unrecht einer Wettbewerbsbeschränkung: Kritik an Weißbuch und VO-Entwurf zu Art. 81, 82 EG-Vertrag, WuW 2001, 446 ff.

FIKENTSCHER Wolfgang/ IMMENGA Ulrich (Hrsg.) — Draft International Antitrust Code, Baden-Baden 1995

FITZGERALD Darren — Tiercè Ladbroke SA v. the Commission, EIPR 1998, 154 ff.

FLECHSIG Norbert — Der rechtliche Rahmen der europäischen Richtlinie zum Schutz von Datenbanken, ZUM 1997, 577 ff.

FLEISCHER Holger — Missbräuchliche Produktvorankündigungen im Monopolrecht - Lehren aus United States v. Microsoft, WuW 1997, 205 ff.

FLEISCHER Holger/ DOEGE Niels — Der Fall United States v. Microsoft, WuW 2000, 705 ff.

FLEISCHER Holger/ KÖRBER Torsten — Der Einfluss des US-amerikanischen Antitrustrechts auf das Europäische Wettbewerbsrecht, WuW 2001, 6 ff.

FLEISCHER Holger/ WEYER Hartmut — Neues zur "essential facilities"-Doktrin im Europäischen Wettbewerbsrecht, WuW 1999, 350 ff.

FLORIDIA Giorgio — La proprietà industriale nel mercato comune, in GALGANO Francesco, Trattato di Diritto Civile e Commerciale, V, Torino 1993, 396 ff.

FRANCESCHELLI Remo — Se i consorzi siano imprenditori: un caso di esclusione dal mercato ed una dubbia carenza legislativa, Riv. Dir. Ind. 1962, II, 123 ff.

FRANCESCHELLI Remo — Studi Riuniti di Diritto Industriale, Milano 1972

FRASSI Paola A. E. — La protezione delle parti staccate di autovettura fra brevetto per modello ornamentale e disciplina antimonopolistica, Riv. dir. ind. 1995, I, 65 ff.

FRIGNANI Aldo — Proprietà intellettuale e regola di concorrenza nell'U.E. Recenti sviluppi, Rivista di Diritto Industriale 1996, I, 151 ff.

FRIGNANI Aldo/PARDOLESI Roberto/PATRONI GRIFFI Antonio/UBERTAZZI Luigi Carlo (Hrsg.) — Commento alla legge 10 ottobre 1990, n. 287, II Bde., Padova 1993

FRIGNANI Aldo/ WAELBROECK Michel — Disciplina della concorrenza nella CEE, Torino 1996

FUHR Karl-Michael/ KERKHOFF Bärbel — Entbündelter Zugang - Vereinbarkeit des Art. 14 GG?, MMR 1998, 6 ff.

FURSE Mark — The "essential Facilities" Doctrine in Community Law, ECLR 1995, 469 ff.

GALGANO Francesco — Diritto Civile e Commerciale, Band I, Padova 1999

GAMBINO Agostino — Dal monopolio alla liberalizzazione: regolamentazione normative delle asimmetrie nel mercato delle telecomunicazioni, Giur. Comm. 1996, I, 5 ff.

GASSNER Ulrich — Grundzüge des Kartellrechts, München 1999

GASSNER Ulrich — Internet-Handelsplattformen im Spiegel des Kartellrechts, MMR 2001, 140 ff.

GENTILE Giovanni G. — L'Apertura del Mercato dell'Energia Elettrica, R. Giur. En. El. 1999, 3 ff.

GEPPERT Martin/ RUHLE Ernst Olav/SCHUSTER Fabian — Recht und Praxis der Telekommunikation, Baden Baden 1998

GEY Peter — Das Berufungsurteil in Sachen Microsoft – Kartellrecht in dynamischen Technologiemärkten, WuW 2001, 933 ff.

GHIDINI Gustavo — Prospettive "protezioniste" nel diritto industriale, Riv. Dir. Ind. 1995, I, 73 ff.

GILBERT Richard J./ WILLARD K. Tom — Is Innovation King at the Antitrust Agencies? The Intellectual Property Guidelines Five Years later, Antit. Law Jour. 2001, 43 ff..

GIUDICI Paolo — I prezzi predatori, Milano 2000

GLASL Daniel — Essential Facilities Doctrine in EC Antitrust Law, A Contribution to the Current Debate, ECLR 1994, 306 ff.

GLICK Mark/DUNCAN Cameron — When do Proprietary Aftermarkets Benefit Consumers?, Antit. Law Jour. 1999, 357 ff.

GOVAERE Inge — The Use and Abuse of Intellectual Property in E.C. Law, London 1996

GRABITZ Eberhard/ HILF Meinhard u.a. (Hrsg.) — Das Recht der Europäischen Union (Loseblatt) Kommentar zum EU-/EG-Vertrag, 5 Bde., 5. Aufl., München 1997

GRAMLICH Ludwig — Die Regulierungsbehörde für Telekommunikation und Post im Jahre 1998, CR 1999, 489 ff.

GREAVES Rosa — Magill Est Arrivè... RTE and ITP v Commission of the European Communities, ECLR 1995, 244 ff.

GREAVES Rosa — The Herchel Smith Lecture 1998: Artiche 86 of the E.C. Treaty and Intellectual Property Rights, EIPR 1998, 379 ff.

GREIF Siegfried — Ausübungszwang für Patente, ökonomische Möglichkeiten und Grenzen unter besonderer Berücksichtigung der Entwicklungsländer, GRUR Int. 1981, 731 ff.

GRILLO Michele/
SCORCIARINI COPPOLA Luisa — La concorrenza nell'industria dell'energia: riassetto strutturale e intervento antitrust, Il Mulino 1999, 343 ff.

GRÖHN Andreas — Netzwerkeffekte und Wettbewerbspolitik: eine ökonomische Analyse des Softwaremarktes, Tübingen 1999

GRÖNER Helmut/
KNORR Andreas — Die Liberalisierung der Postdienste in der EU, EWS 1996, 225 ff.

GUGLIELMETTI Giovanni — „Essential Facilities", nelle decisioni dell'Autorità garante, CEM, Milano, 1998, 389 ff.

GUGLIELMETTI Giovanni — „Essential Facilities", rifiuto di accesso e abuso di posizione dominante, CEM, Milano 1996, 393 ff.

GUGLIELMETTI Giovanni — Analisi e Decompilazione dei Programmi, in UBERTAZZI Luigi Carlo (Hrsg.), Quaderni di AIDA, Nr. 1, La legge sul software commentario sistematico, Giuffrè 1994

GUGLIELMETTI Giovanni — Kommentar zum d.lgs. n. 198 vom 19. März 1996, Le Nuove Leggi civili commentate 1998, 135 ff.

GYSELEN Luc — EU Antitrust Law in the Area of Financial Services – Capita selecta for the Cautios Shaping of a Policy, in HAWK Barry E. (Hrsg.), Annual Proceedings of the Fordham Corporate Law Institute 1996, New York /London 1997, 329 ff.

HAAR Brigitte — Marktöffnung in der Telekommunikation, Law and Economics of International Communications, Band 25, Baden Baden 1995

HANCHER L. — Anmerkung an den Fall Bronner, CMLR 1999, 1299 ff.

HARRIS Eric — Recent Developments in United States Antitrust Law, in SIRAGUSA Mario (Hrsg.), Antitrust between EC Law and National Law, Antitrust fra diritto nazionale e diritto comunitario, Bruxelles, Milano 1998, 10 ff.

HARTE/BAVENDAMM — Wettbewerbsrechtliche Aspekte des Reverse Engineering von Computerprogrammen, GRUR 1990, 658 ff.

HAUS Florian C. — Stromdurchleitung bei der Bewag - Ein Präjudiz für § 19 IV Nr. 4 GWB ?, WuW 1999, 1190 ff.

HEINEMANN Andreas — Antitrust Law of Intellectual Property in the TRIPS Agreement of the World Trade Organization, in BEIER Friedrich-Karl und SCHIRCKER Gerhard (Hrsg.), Weinheim 1996

HENDRICKS John K. — The Information Technology Revolution: the Next Phase, in HAWK Barry E. (Hrsg.), Annual Proceedings of the Fordham Corporate Law Institute 1995, New York/London 1996, 549 ff.

HERITIER Adrienne — The Politics of Public Services in European Regulation, Max-Plank-Projektgruppe Recht der Gemeinschaftsgüter, Bonn 2001

HERITIER Adrienne — Regulator-Regulatee Interaction in the Liberalized Utilities: Access and Contract Compliance in the Rail Sector, Max-Plank-Projektgruppe Recht der Gemeinschaftsgüter, Bonn 2002

HERMES Georg — Staatliche Infrastrukturverantwortung, Tübingen 1998

HILTL Christoph/ GROßMANN Klaus — Grundfragen des neuen deutschen Telekommunikationsrechts, BB 1996, 169 ff.

HITCHINGS Paul — Access to International Telecommunications Facilities, 1998 ECLR, 85 ff.

HOLMES Wiliam C. — Antitrust Law Handbook, St. Paul Minnesota 2001

HOLZHÄUSER Michael — Besonderer Netzzugang : Das Verhältnis von § 33 und 35 TKG, MMR 2000, 466 ff.

HOLZNAGEL — Grundzüge des TK-Rechts, München 2001

HORN Manfred/KNIEPS Günter/ MÜLLER Jürgen — Deregulierungsmaßnahmen in den USA: Schlussfolgerungen für die Bundesrepublik Deutschland, Baden-Baden 1988

HOVENKAMP Herbert — Federal Antitrust Policy, The Law of Competition and its Practice, St. Paul, Minnesota 1994

HUBMANN Heinrich/ GÖTTING Horst Peter — Gewerblicher Rechtsschutz, 6. Aufl., München 1998

HUECK Götz — Der Grundsatz der gleichmäßigen Behandlung im Privatrecht, Berlin 1958

IMMENGA Frank — Das EU-Wettbewerbsrecht bedroht das Urheberrecht, FAZ vom 9. Mai 2001, 29

IMMENGA Ulrich — Relevante Märkte, MMR 2000, 196 ff.

IMMENGA Ulrich — Auslegung des Marktbeherrschungsbegriffs in TKG, MMR 2000, 144

IMMENGA Ulrich/ LANGE Knut Werner — Elektronische Marktplätze: Wettbewerbsbeschränkende Verhaltensweisen im Internet?, RIW 2000, 733 ff.

IMMENGA Ulrich/ MESTMÄCKER Ernst-Joachim (Hrsg.) — EG-Wettbewerbsrecht, Kommentar, 2 Bände, München 1997

IMMENGA Ulrich/ MESTMÄCKER Ernst-Joachim (Hrsg.) — Gesetz gegen Wettbewerbsbeschränkungen: GWB; Kommentar (GWB), 3. Aufl., München 2001

IMMENGA Ulrich/ MESTMÄCKER Ernst-Joachim (Hrsg.) — Gesetz gegen Wettbewerbsbeschränkungen: GWB; Kommentar (GWB), 2. Aufl., München 1992

JORDE Thomas M./
TEECE David — Antitrust, Innovation, and Competitiveness, New York, Oxford 1992

JOSKOW Paul L./NOLL Roger G. The Bell Doctrine: Applications in Telecommunications, Electricity, and Other Network Industries, Stanford Law Review 1999, 1249 ff.

JUNKER Abbo/
BENECKE Martina — Computerrecht, Baden Baden 2000

KANG Jerry — Communications Law and Policy, New York 2001

KARLSSON Kent/
KALLAGAN James J. — Air Transport Liberalization Comes Down to the Ground: Recent E.C. Developments in the Groundhandling Sector, ECLR 1999, 86 ff.

KATZ Micahel L. /SHAPIRO Carl Network externalities, Competition and Compatibility, Am. Econ. Rev. 1985, 424 ff.

KAUFMANN Thomas — Das italienische Kartellgesetz von 1990 und sein Verhältnis zum europäischen Recht der Wettbewerbsbeschränkungen, Frankfurt a.M. 1993

KAUPER Thomas E. — The Problem of Market definition Under EC Competition Law, in HAWK Barry E. (Hrsg.), Annual Proceedings of the Fordham Corporate Law Institute 1996, New York/London 1997, 239 ff.

KEZSBOM Allen/
GOLDMAN Alan V. — No Shortcut to Antitrust Analysis: the Twisted Journey of the „Essential Facilities" Doctrine, Columbia Business Law Review 1996, 1 ff.

KIRCHNER Christian — Internetmarktplätze, Markttransparenz und Marktinformationssysteme, WuW 2001, 1030 ff.

KLAUE Siegfried — Zur Rezeption der amerikanischen „essential-facility-doctrine" in das europäische Kartellrecht, RdE 1996, 51 ff.

KLAUE Siegfried — Zum sogenannten Netzzugang Dritter in der Gas- und Elektrizitätswirtschaft, BB 1992, 1937 ff.

KLAUE Siegfried — Noch einmal: Zum sogenannten Netzzugang Dritter, BB 1993, 740 ff.

KLIMISCH Annette/ LANGE Markus — Zugang zu Netzen und anderen wesentlichen Einrichtungen als Bestandteil der kartellrechtlichen Missbrauchsaufsicht, WuW 1998, 15 ff.

KNIEPS Günter — Zugang zu Netzen, Verselbstständigung, Nutzung, Vergütung, Eigentumsschutz, MMR 1998, 275 ff.

KOCHINKE/GROTE — Antitrust Verfahren gegen Microsoft, abrufbar www.cr-international.de/antitrustverfahren%20gegen% 20microsoft %200506.doc

KOHLER Josef — Urheberrecht und Verlagsrecht, Stuttgart 1907

KÖNIG Christian/ KÜHLING Jürgen — Funktionsfähiger Wettbewerb und Regulierungsperspektiven auf den Telekommunikationsmärkten, WuW 2000, 596 ff.

KÖNIG Christian/
KÜHLING Jürgen — Institutionelle Regulierungsordnung in der Eisenbahn-und Energiewirtschaft - sektorspezifische Regulierungsbehörden oder Bundeskartellamt? WuW 2001, 811 ff.

KÖNIG Johann-Günther — Global Player Telekom, Hamburg 1997

KOPPENSTEINER Hans-Georg — Österreichisches und europäisches Wettbewerbsrecht, Wien 1997

KORAH Valentine — The Ladbroke Saga, ECLR 1998, 169 ff.

KORAH Valentine — Patents and Antitrust, Intellectual Property Quarterly 1997, 395 ff.

KROUSE Clement/DANGER
Kenneth/CABOLIS Christos u.a. — The Bell System Divestiture/Deregulation and the Efficiency of Operating Companies, The Journal of Law and Economics 1999, 61 ff.

KRUSE Jörn — Neue ordnungspolitische Herausforderungen durch Multimedia?, Multimedia: Kommunikation ohne Grenzen - grenzloser Wettbewerb? Referate des XXXI FIW-Symposions, Köln/Berlin/Bonn/München 1998, 19 ff.

KRUSE Jörn/
KIESSLING Thomas — Ökonomische Vorteile und Probleme einer wettbewerblichen Öffnung europäischer Infrastrukturnetze, Stuttgart 1996

KÜHNE Gunther/
SCHOLTKA Boris — Das neue Energiewirtschaftsrecht, NJW 1998, 902 ff.

LAMANDINI Marco — Parti di ricambio per autoveicoli e normativa antitrust: note a margine di un parere dell'Autorità garante, Riv. Dir. Ind. 1995, II, 86 ff.

LAMPERT Thomas — Der EuGH und die essential facilities-Lehre, NJW 1999, 2235 ff.

LAMPERT Thomas — Der Begriff der Marktbeherrschung als geeignetes Kriterium zur Bestimmung der Normadressaten für sektorspezifisches Kartellrecht nach dem TKG?, WuW 1998, 27 ff.

LANGE Knut Werner — Das Recht der Netzwerke, Heidelberg 1998

LANGEN Eugen/ BUNTE Hermann Josef — Kommentar zum deutschen und europäischen Kartellrecht, 2 Bde., 8. Aufl., Neuwied 1998

LEHMANN Michael — Eigentum, geistiges Eigentum, gewerbliche Schutzrechte, Property Rights als Wettbewerbsbeschränkungen zur Förderung des Wettbewerbs, GRUR Int. 1983, 356 ff.

LEHMANN Michael — Freie Schnittstellen ("interfaces") und freier Zugang zu den Ideen ("reverse engineering") Schranken des Urheberrechts von Software, CR 1989, 1057 ff.

LEHMANN Michael (Hrsg.) — Rechtsschutz und Verwertung von Computerprogrammen. Urheberrecht - Gewerblicher Rechtsschutz - Wettbewerbsrecht - Kartellrecht - Vertrags- und Lizenzrecht - Strafrecht - Insolvenzrecht, Köln 1993

LEHMANN Michael — Das neue Software-Vertragsrecht - Verkauf und Lizenzierung von Computerprogrammen, NJW 1993, 1822 ff.

LEHMANN Michael — Titelschutz für Software, CR 1998, 2 ff.

LEINEMANN Felix — Die Sozialbindung des "Geistigen Eigentums", Baden Baden 1998

LEISTNER Matthias — The legal Protection of Telephone Directories Relating to the New Database Maker's Right, IIC 2000, 950 ff.

LEMLEY Mark A. — Beyond Preemption: The Law And Policy of Intellectual Property Licensing, Cal. Law Rev. 1999, 113 ff.

LEMLEY Mark A. — The Economic Irrationality of the Patent Misuse Doctrine, Cal. Law Rev. 1990, 1599 ff.

LEMLEY Mark A. — Legal implications of network effects, Cal. Law Rev. 1998, 479 ff.

LEMLEY Mark A.
McGOWAN David — Could Java Change Everything? The Competitive Propriety of a Proprietary Standard, Antit. Bull. 1998, 715 ff.

LEßMANN Andreas — Die vertragliche Nutzungsrechteinräumung an Datenbanken in der Informationsgesellschaft, ZUM 1999, 623 ff.

LEVI Aldo — Rifiuto di fornire, licenza obbligatoria, dottrina dell'"essential facility" e "monopoly leveraging" nel diritto antitrust, Riv. Dir. Ind. 1996, II, 188 ff.

LEVINE Gail F./GREENE Hillary Antitrust Guideposts for B2B Electronic Marktplaces, Antitrust 2000, 26 ff.

LIBERTINI Lucio L'imprenditore e gli obblighi di concorrenza, in GALGANO (Hrsg) Trattato di diritto commerciale e di diritto pubblico dell'economia, IV, Padova 1981

LIPSKY Abbott B. Jr./ SIDAK Gregory Essential Facilities, Stanford Law Review 1999, 1189 ff.

LOCKE John (LASLETT Peter Hrsg.) Two Treaties of Government, Cambridge 1988

LUX Herwig Verwertungsgesellschaften, Kartellrecht und 6. GWB-Novelle, WRP 1998, 31 ff.

MACALUSO Fabio/ BERTONI Paolo La liberalizzazione dei servizi e delle infrastrutture: principi generali, in BONELLI Franco/CASSESE Sabino (Hrsg.), La disciplina giuridica delle telecomunicazioni, Milano 1999, 63 ff.

MACHULP Fritz Die wirtschaftlichen Grundlagen des Patentrechts, GRUR Int. 1961, 373 ff. (1. Teil), 473 ff. (2. Teil), 524 ff. (3. Teil)

MAIER Gregory J./ MATTSON Robert State Street Bank ist Kein Ausreißer, GRUR Int. 2001, 667 ff.

MANGINI Vito La vicenda dell'Antitrust: dallo Sherman Act alla legge italiana 287/90, Riv. Dir. Ind. 1995, I, 175 ff.

MANGINI Vito — Il concetto di abuso di brevetto nelle esperienze nord americana ed europea, Riv. Dir. Ind. 1984, I , 255 ff.

MARCHETTI Piergaetano — Boicottaggio e rifiuto di contrattare, Padova 1969

MARCHETTI Piergaetano/ UBERTAZZI Luigi Carlo (Hrsg.) — Commentario breve al diritto della concorrenza (antitrust, concorrenza sleale, pubblicità, marchi, brevetti, diritto d'autore), Padova 1997

MARENCO Giuliano/ BANKS Karen — Intellectual Property and the Community Rules on Free Movement: Discrimination Unearthed, 1990 ELR, 224 ff.

MARKERT Kurt — Die Verweigerung des Zugangs zu „wesentlichen Einrichtungen" als Problem der kartellrechtlichen Missbrauchsaufsicht, WuW 1995, 560 ff.

MARTENCZUK Bernd — Regulierung contra Bundeskartellamt?, CR 1999, 363 ff.

MATTSON Robert — Softwarepatentierung im US-amerikanischen Recht, GRUR Int. 2001, 677 ff.

MAZZIOLI Matteo — La Posta, Il telegrafo, il telefono, in ORLANDO Vittorio Emanuele (Hrsg.), Diritto Amministrativo Italiano, XVI Bde., Band VII, Milano 1914, 290 ff.

MC GOWAN David — Regulating Competition in the Information Age: Computer Software as an Essential Facility under the Sherman Act, Hastings Comm./Ent. L.J. 1996, 771 ff.

MEESSEN Karl M. — Das Für und das Wider eines Weltkartellrechts, WuW 2000, 5 ff.

MEGLIANI Mauro — Il Caso Microsoft: L'accesso alla rete e le sue implicazioni transnazionali, Riv. Comm. Int. 2001, 43 ff.

MEIER-WAHL Marc/ WROBEL Ralph Michael — Wettbewerbsregulierung in einem dynamischen Markt - Der Fall Microsoft, WuW 1999, 28 ff.

MEINHARDT Marcel — Die Beschränkung nationaler Immaterialgüterrechte durch Art. 86 EG-Vertrag, unter besonderer Berücksichtigung der Essential Facilities Doktrin, Berlin/Frankfurt a. M./New York/Paris/Wien 1998

MENELL Peter S. — An epitaph for traditional copyright protection of network features of computer software, The Antit. Bull. 1998, 651 ff.

MENNICKE Petra — „Magill" – Von der Unterscheidung zwischen Bestand und Ausübung von Immaterialgüterrechten zur "essential facilities"-Doktrin in der Rechtsprechung des Europäischen Gerichtshofes?, ZHR 1996, 626 ff.

MESTMÄCKER Ernst Joachim/ SCHWEITZER Heike — Netzwettbewerb, Netzzugang und „Roaming" im Mobilfunk. Eine Untersuchung nach TKG, GWB, und dem Recht der EG, Baden Baden 1998

MIEZITIS Julian/ BATCHELOR — Issues for B2B Exchanges Under EU Competition Bill Law, Antitrust 2000, 39 ff.

MILLER Clifford G. — Magill: Time to abandon the „Specific Subject matter“ Concept, EIPR 1994, 415 ff.

MITNICK Joel M. — A structural Approach to Analyzing Competition in B2B e-Commerce, Antitrust 2000, 31 ff.

MOGLIA Giovanni G./ DURANTE Domenico — Le Essential Facilites e la creazione di nuovi mercati concorrenziali recenti sviluppi tra antitrust e regolamentazione, CEM, Milano 1999, 299 ff.

MONOPOLKOMMISSION — Hauptgutachten der Monopolkommission 1998/1999, Wettbewerbspolitik in Netzstrukturen, Baden Baden 2000

MONOPOLKOMMISSION — Hauptgutachten der Monopolkommission 1996/1997, Marktöffnung umfassend verwirklichen, Baden Baden 1998

MONTAG Frank — Gewerbliche Schutzrechte, wesentliche Einrichtungen und Normung im Spannungsfeld zu Art. 86 EGV, EuZW 1997, 71 ff.

MORITZ Hans Werner/ NEUS Hermann R. — Telekommunikationsgesetz und US Telekommunikations Act. Ein Vergleich der ordnungspolitischen Ansätze, CR 1997, 239 ff.

MÖSCHEL Wernhard — Europäisches Kartellrecht in liberalisierten Wirtschaftssektoren, WuW 1999, 832 ff.

MUES Jochen — Die Börse als Unternehmen: Modell einer privatrechtlichen Börsenorganisation, Baden Baden 1999

MÜLLER Mathias — Die „Essential Facilities"-Doktrin im Europäischen Kartellrecht, EuWZ 1998, 232 ff.

MÜLLER Bernhard — Künftige EG-Richtlinie über Patentierbarkeit von Computerprogrammen, CRi 2000, 17 ff.

MUNARI Francesco — Regole di concorrenza nel settore portuale: principi e cenni ricostruttivi, Dir. comm. Int. 1999, 319 ff.

MÜNCHENER RECHTSLEXIKON München 1987

MURIS Timothy J. — The FTC and the Law of Monopolization, Antit. Law Jour. 2000, 693 ff.

NEALE Alan D. — The Antirust Laws of the United States of America, 1970

NIKOLINAKOS Nikos — The Importance of Maintaining Competition in the Internet Market: the WorldCom/MCI case, ECLR 2000, 393 ff.

NIPPERDEY Hans Carl — Kontrahierungszwang und diktierter Vertrag, Jena 1920

NIRO Raffaella — Profili costituzionali della disciplina antitrust, Padova 1994

NIRO Raffaella — Norme per la concorrenza dei servizi di pubblica utilità. Istituzione delle Autorità di regolazione dei servizi di pubblica utilità (Kommentar zu Gesetz Nr. 481 vom 14. November 1995), Le Nuove Leggi Civili Commentate 1998, 247 ff.

NIVARRA Luca — La disciplina della concorrenza, Il Monopolio, Art. 2597, in SCHLESINGER Piero (Hrsg.), Il codice civile, Commentario, Milano 1992

NIVARRA Luca	Esclusiva Siae e obbligo a contrarre: una disciplina in cerca d'autore?, Foro it. 1990, I, 2, 2401 ff.
NOLTE Norbert	Das Recht auf Netzzugang nach dem Telekommunikationsgesetz, BB 1996, 2629
NORDEMANN Jan Bernd/ CZYCHOWSKI Christian/ GRÜTER Winfried	Das Internet, die Name Server und das Kartellrecht, NJW 1997, 897 ff.
OCDE/GD (96) 113	Competition Policy Roundtables N. 5, The Essential Facilities Concept, Italy, www1.oecd.org/daf/clp/Roundtables/ess05.htm
OCDE/GD (96) 113	Competition Policy Roundtables N. 5, The Essential Facilities Concept, Note de Référence, VAN SICLEN Sally, http://www1.oecd.org/daf/clp/roundtables/ess02.htm
OECHSLER Jürgen	Netzzugang und Durchleitung auf der Grundlage des kartellrechtlichen Diskriminierungsverbots, ZHR 2000, 479 ff.
ORTIZ BLANCO Luis/ HOUTTE VAN Ben	Competition Law in the Transport Sector, London 1996
OVERD Alan/ BISHOP Bill	Essential Facilities: The Rising Tide, ECLR 1998, 183 ff.
OWEN Bruce M.	Determining Optimal Access to Regulated Essential Facilities, Antit. Law Jour. 1990, 887 ff.

PACE Alessandro — Sulla rilevanza della questione di legittimità costituzionale dell'art. 180 l. n. 633 del 1941 e sulle norme costituzionali concernenti la libertà di impresa, Giur. Cost. 1990, 1482 ff.

PAGE William H. — Microsoft and the public choice critique of antitrust, Antit. Bull. 1999, 5 ff.

PAPIER Hans-Jürgen — Durchleitung und Eigentum, Betriebs-Berater 1997, 1213 ff.

PARDOLESI Roberto/ RESTA Giorgio — "Non sono soltanto figurine": antitrust e nuove forme di proprietà intellettuale?, Foro it. 1998, II, 74 ff.

PAULWEBER Michael — Europäische Telekommunikationspolitik an der Schwelle zum 21. Jahrhundert: Liberalisierung und Wettbewerb versus Harmonisierung und Regulierung, ZUM 2000, 11 ff.

PIEPER Frank — Implementierungsmöglichkeiten preistheoretischer Modelle, dargestellt am Beispiel des Briefdienstes der Post AG, (Schriftenreihe des Wissenschaftlichen Instituts für Kommunikationsdienste Band. 19), Heidelberg 1996

PILLA Marcus — Der Schutz von Ersatzteilen zwischen Geschmacksmuster- und Kartellrecht, Eine rechtsvergleichende Studie zum italienischen, deutschen und europäischen Recht unter besonderer Berücksichtigung der Schutzrechtsfunktion im Geschmacksmusterrecht, Berlin 2000

PILNY H. Karl — Missbräuchliche Marktbeherrschung gemäß Art. 86 EWGV durch Immaterialgüterrechte, GRUR Int. 1995, 954 ff.

PIRAINO Thomas Jr. — Identifying monopolist's illegal conduct under the Sherman Act, New York University Law Review 2000, 809 ff.

PITOFSKY Robert — Comment on the Collections of Information Antipiracy Act, vom 28. September 1998, http://www.ftc.gov/os/1998/9809/antipirabli.htm.

PLEISTER Christian — Die neuen Richtlinien des U.S. Patent and Trademark Office zur Patentfähigkeit von computerbezogenen Erfindungen, GRUR Int. 1997, 694 ff.

PLITZ Harald — Netznutzungsentgelt für Stromlieferungen in der Kritik. Ist jetzt auch in Deutschland eine Regulierungsbehörde erforderlich?, WuW 2001, 552 ff.

PONTI Marco — Le liberalizzazione degli aeroporti e dei servizi aerei, Il Mulino 2000, 1067 ff.

PORTOLANO Alessandro — Il caso Microsoft e la concorrenza nelle network industries, Il diritto dell'informazione e dell'informatica 1999, 697 ff.

POSNER Richard A. — Economic Analysis of Law, Boston, Toronto, London, 1977

RAMSEY Thomas J. — The EU Commission's Use of the Competition rules in the Field of telecommunications: a delicate Balancing Act, in HAWK Barry E. (Hrsg.), Annual Proceedings of the Fordham Corporate Law Institute 1995, New York/London 1996, 561 ff.

RATNER James R. — Should There Be an Essential Facilities Doctrine? University of California Davis 1998, 327 ff.

REIFFEN David./
KLEIT ANDREW N. — Terminal Railroad Revisited: Foreclosure of an Essential Facility or Simple Horizontal Monopoly?, J. L. & Econ. 1990, 419 ff.

REINBOTHE Jörg — Die EG-Richtlinie zum Urheberrecht in der Informationsgesellschaft, GRUR Int. 2001, 733 ff.

REINDL Andreas — The Magic of Magill: TV Program Guides as a Limit of Copyright Law?, IIC 1993, 60 ff.

RESTA Giorgio — Il c.d. diritto all'utilizzazione economica dell'immagine tra autonomia negoziale e diritto della concorrenza, Nuov. Giur. Civ. Comm. 1997, 713 ff.

RICOLFI Marco — Liberalizzazione delle telecomunicazioni e diritto della concorrenza, Giur. It. 1996, I, 2, 95 ff.

RIDYARD Derek — Essential Facilities and the Obligation to Supply Competitors under UK and EC Competition Law, ECLR 1996, 439 ff.

RIEGGER Manfred — Wettbewerb im Eisenabahnverkehr, Augsburg 1999

RIEHMER Klaus W. — EG-Wettbewerbsrecht und Zugangsvereinbarungen in der Telekommunikation, MMR 1998, 355 ff.

RIEZLER — Deutsches Urheber- und Erfinderrecht, München Berlin 1909

RIFKIN Jeremy — Access - Das Verschwinden des Eigentums, Frankfurt/New York 2000

RINGEL Franz — Der Rechtsschutz von Computerprogrammen in Italien, Entwicklungen und Tendenzen des italienischen Softwarerechts unter dem Einfluss der europäischen Harmonisierung des Urheberrechts, München 1999

RITTNER Fritz — Wettbewerbs- und Kartellrecht: eine systematische Darstellung des deutschen und europäischen Rechts für Studium und Praxis, Heidelberg 1999

ROSEN Norman E. — Intellectual Property and the Antitrust Pendulum: Recent Developments at the Interface Between the Antitrust and Intellectual Property Laws, Antit. Law Jour. 1994, 669 ff.

ROSENBUSCH Christopher — Marktliberalisierung durch Europarecht, Das Beispiel Telekommunikation, 2001 Regensburg

RUBINFELD Daniel L. — Antitrust Enforcement in Dynamic Network Industries, Antit. Bull. 1998, 859 ff.

RUSCONI Carlo — La clausola di riparazione: Il ricambio tra brevetto e antitrust, Dir. ind. 1995, 747 ff.

SACCO Rodolfo — Formante, in Digesto delle discipline privatistiche, Sezione Civile, Band VIII, Torino 1992, 438 ff.

SACCO Rodolfo — Einführung in die Rechtsvergleichung, Baden-Baden 2001 (Introduzione al Diritto Comparato, Torino 1997)

SALERNO Francesco Maria — Brevi note sul decreto D'Alema nel quadro dell'attuazione delle norme comunitarie sulla liberalizzazione del settore elettrico in Italia, Dir. Comm. Int. 2001, 485 ff.

SARTI Davide — Diritti esclusivi e circolazione dei beni, Milano 1996

SCHERER F.M. — Industrial Market Structure and economic performance, Chicago 1980

SCHERER Joachim — Das Neue Telekommunikationsgesetz, NJW 1996, 2953 ff.

SCHERER Joachim — Entwicklungslinien des Telekommunikationsrechts, CR 2000, 35 ff.

SHEREMATA A. Willow — "New" issues in competition policy raised by information technology industries, The Antit. Bull. 1998, 547 ff.

SCHIEßL Martin — EG-kartellrechtliche Anforderungen an die europäischen Normungsorganisationen CEN, CENELEC und ETSI, Frankfurt am Main 1995

SCHINDLER Katharina — Wettbewerb in Netzen als Problem der kartellrechtlichen Missbrauchsaufsicht, Die „Essential Facility"-Doktrin im amerikanischen, europäischen und schweizerischen Kartellrecht, Bern 1998

SCHOLTKA Boris — Die Entwicklung des Energierechts in den Jahren 1998 und 1999, NJW 2000, 548 ff.

SCHRICKER Gerhard (Hrsg.) — Urheberrecht, Kommentar, 2. Aufl., München 1999

SCHUBERT Thure — Der Gemeinsame Markt als Rechtsbegriff- Die allgemeine Wirtschaftsfreiheit des EG-Vertrags, München 1999

SCHULTZ Klaus Peter
WAGEMANN Markus — Kartellrechtspraxis und Kartellrechtsprechung 1998/1999, Köln 1999

SCHUMPETER Joseph — Kapitalismus Sozialismus und Demokratie, Bern 1950 (Capitalism Socialism and Democracy, New York 1942)

SCHWERPUNKTE DES KARTELLRECHTS 1999 — Referate des XXVII FIW Seminars, Köln/Berlin/Bonn /München 2000

SCHWINTOWSKI Hans Peter — Der Zugang zu wesentlichen Einrichtungen, WuW 1999, 842 ff.

SENA Giuseppe — Brevetto per Invenzioni Industriali, in Digesto delle Discipline Privatistiche, Sezione Commerciale, Band II, Torino 1987

SHIFFRIN Seana — Lockean Theories of Intellectual Property, in New Essays in the Political Theory of Property, Cambridge 2001

SILVA Francesco — Concorrenza e Autorità Antitrust, in http://www.agcm.it unter "eventi"

SINGLETON Susan (Hrsg.) — Comparative Law of Monopolies, London 1989

SIRAGUSA Mario — Le essential facilities nel diritto comunitario ed italiano della concorrenza, in SIRAGUSA Mario (Hrsg.) Antitrust between EC Law and National Law, Antitrust fra diritto nazionale e diritto comunitario, Bruxelles, Milano 1998, 105 ff.

SIRAGUSA Mario/ BERETTA Matteo — La dottrina delle essential facilities nel diritto comunitario ed italiano della concorrenza, Contratto e Impresa/Europa 1999, 260 ff.

SORDELLI Luigi — Provvedimenti cautelari nel diritto industriale nel diritto di autore e nella concorrenza, Padova 1998

STANGL Christian — Das neue italienische Kartellgesetz aus dem Jahre 1990, München 1996

STERN Richard — Refusals to License Intellectual Property Rights and Monopoly Leverage, EIPR 1998, 390 ff.

STEWING — Die Richtlinienvorschläge der EG-Kommission zur Einführung eines Third Party Access für Elektrizität und Gas, EuR 1993, 41 ff.

STOGMÜLLER Thomas — Konvergenz in der Telekommunikation, CR 1998, 733 ff.

STOLFI M. — L'obbligo legale a contrattarre, Riv. Dir. Civ. 1932, 126 ff.

STOLLHOFF Frank — Der Ausschluss von Marktrisiken durch Essential Facilities unter Art. 82 EGV, Baden Baden 2000

STRAUS Joseph — Implications of the TRIPs Agreement in the Field of Patent Law, in BEIER Friedrich-Karl/ SCHRICKER Gerhard (Hrsg.), From GATT to TRIPS, The Agreement in Trade Related Aspects of Intellectual Property Rights, Weinheim 1996

STÜRMER Susanne — Netzzugang und Eigentumsrechte in der Telekommunikation, Baden Baden 1997

SUBIOTTO Romano — The Right to Deal with Whom One Pleases under EEC Competition Law: A Small Contribution to a Necessary Debate, ECLR 1992, 234 ff.

SUCKER Michael — Normsetzung durch Kartelle und Marktbeherrscher im Bereich der Datenverarbeitungsindustrie, CR 1988, 271 ff.

SULLIVAN Lawrence S./ GRIMES Warren — The Law of Antitrust: An integrated Handbook, St. Paul Minnesota 2000

TAVASSI Marina — Diritti della proprietà industriale e Antitrust nell'esperienza comunitaria e italiana, SIRAGUSA Mario (Hrsg.), Antitrust between EC Law and National Law, Antitrust fra diritto nazionale e diritto comunitario, Bruxelles, Milano 1998, 263 ff.

TAVASSI Marina — Substantive Remedies for the Enforcement of National and EC Antitrust Rules Before Italian Courts, Robert Schuman Centre for Advanced Studies, Competition Law and Policy Workshop Proceedings, Florence 2001

TAVASSI Marina/ SCUFFI Massimo — Diritto processuale antitrust, Milano 1998

TEECE David J./ COLEMAN Mary — The meaning of monopoly: antitrust analysis in high-technology industries, Antit. Bull. 1998, 801 ff.

TEMPLE LANG John — European Community Antitrust Law: Innovation Markets and High Technology Industries, in HAWK Barry E. (Hrsg.), Annual Proceedings of the Fordham Corporate Law Institute 1996, New York/London 1997, 519 ff.

TEMPLE LANG John — Defining Legitimate Competition: Companies' Duties to Supply Competitors, and Access to Essential Facilities, in HAWK Barry E. (Hrsg.), Annual Proceedings of the Fordham Corporate Law Institute 1994, New York/Den Hag 1995, 245 ff.

TESAURO Giuseppe — Private Enforcements of EC Antitrust Rules in Italy: The Procedural Issues, Robert Schuman Centre for Advanced Studies, Competition Law and Policy Workshop Proceedings, Florence 2001

THAKUR Neeta — Database Protection in the European Union and the United States: The European Database Directive as an Optimum Global Model?, Intellectual Property Quarterly 2001, 100 ff.

THEOBALD Christian — Wettbewerb in Netzen als Ziel effizienten Rechts, WuW 2000, 231 ff.

THEOBALD Christian/ ZENKE Ines — Der Zugang zu Strom- und Gasnetzen: Eine Rechtsprechungsübersicht, WuW 2001, 19 ff.

THIERFELDER Jörg — Zugangsfragen digitaler Fernsehverbreitung, München 1999

TOFFOLETTI Luca — La nozione di essential facility, CEM, Milano 1998, 329 ff.

TOM Willard K./ NEWBERG Joshua A. — Antitrust and Intellectual Property: From Separate Spheres To Unified Field, Antit. Law Jour. 1997, 167 ff.

TONKE — Der Regierungsentwurf eines italienischen Wettbewerbsgesetzes, WuW 1989, 202

TREACY Pat — Essential Facilities- Is the Tide Turning?, ECLR 1998, 501 ff.

TROLLER Alois — Immaterialgüterrecht, 2 Bde., Basel 1983

TROY DANIEL E. — Unclogging the Bottleneck: A New Essential Facility Doctrine, Columbia Law Review 1983, 441 ff.

TURNBULL Sarah — Barriers to Entry, Article 86 EC and the Abuse of a Dominant Position: An Economic Critique of European Community Competition Law, ECLR 1996, 96 ff.

ULLRICH Hanns — Lizenzkartellrecht auf dem Weg zur Mitte, GRUR Int. 1996, 555 ff.

VALDINAO P.F. — Antitrust e mercati regolati, Giur. Comm. 1995, II, 662 ff.

VALENTINE Debra — Abuse of Dominance in Relation to Intellectual Property: U.S. Perspectives and the Intel Case, CRi 2000, 73 ff.

VAN MIERT Karel — Probleme der wettbewerblichen Öffnung von Märkten mit Netzstrukturen aus europäischer Sicht, WuW 1998, 7 ff.

VASQUES Luciano — Anmerkung an Corte di Giustizia delle Comunità Europee (C7-97) (Bronner-Fall), Foro It. 1999, 50 ff.

VASQUES Luciano — Essential Facilities Doctrine: Dalla Giurisprudenza Statunitense alle Norme Comunitarie e nazionali sull'abuso di posizione dominante, CEM, Milano 1998, 407 ff.

VENIT James S./
KALLAUGHER John J. — Essential Facilities: a Comparative Law Approach, in HAWK Barry E. (Hrsg.), Annual Proceedings of the Fordham Corporate Law Institute 1994, New York/London 1995, 315 ff.

VINIJE Thomas C. — The Final Word on Magill, EIPR 1997, 297 ff.

WEISSER Ralf/
MEINKING Olaf — Zugang zum digitalen Fernsehkabelnetz außerhalb von must carry-Regelungen, WuW 1998, 831 ff.

VON WEIZSÄCKER Christian C. — Wettbewerb in Netzen, WuW 1997, 572 ff.

WERDEN Gregory J. — The Law and Economics of the Essential Facility Doctrine, Saint Louis University Law Journal 1987, 433 ff.

WERDEN Gregory J. — Network Effects and Conditions of Entry: Lessons from the Microsoft Case, Antit. Law Jour. 2001, 87 ff.

WEYER Hartmut — Neue Fragen des Missbrauchs marktbeherrschender Stellungen nach § 19 GWB, AG 1999, 257 ff.

WIEDEMANN Gerhard — Handbuch des Kartellrechts, München 1999

WILEY John Shepard — Economic Crime: Antitrust Offenses, in Encyclopedia of Crime and Justice, 2001

VON WILMOWSKY Philipp — Die Durchleitung von Elektrizität im deutschen, europäischen und U.S-amerikanischen Recht, Saarbrücken 1998

WUERMLING Ulrich — Neuer Rechtsschutz für Datenbanken, NJW-CoR 1996, 183 ff.

ZACCARIA Roberto — Informazione e telecomunicazione, Padova 1999

ZAVATTONI Guido — Il Decreto Letta sulla Direttiva Gas: Profili Antitrust e commerciali, R. Giur. En. El. 2000, 378 ff.

ZIMMER Anja/ BÜCHNER Wolfgang — Konvergenz der Netze – Konvergenz des Rechts?, CR 2001, 164 ff.

ZWEIGERT Konrad/KÖTZ Hein — Einführung in die Rechtsvergleichung, 1996 Tübingen

Peter Lang · Europäischer Verlag der Wissenschaften

Olaf Christiansen

Gemeinsame Beschaffung und Wettbewerb

Einkaufskooperationen im EG-Kartellrecht

Frankfurt am Main, Berlin, Bern, Bruxelles, New York, Oxford, Wien, 2003.
L, 226 S.
Europäische Hochschulschriften: Reihe 2, Rechtswissenschaft. Bd. 3769
ISBN 3-631-51242-2 · br. € 51.50*

Kooperationen im Bereich des Einkaufs werden gerade für kleinere und mittlere Unternehmen, aber auch für Großunternehmen zum Bestehen im Wettbewerb immer bedeutender. Die Arbeit beleuchtet umfassend die kartellrechtlichen Probleme, die sich aus den verschiedenen dargestellten Formen der Zusammenarbeit im Bereich des Einkaufs ergeben können. Aus dem Blickwinkel des europäischen Kartellrechts wird diskutiert, inwieweit die Zusammenarbeit im Einkauf überhaupt wettbewerbsbeschränkend wirken kann, wenn der Begriff der Wettbewerbsbeschränkung kooperationsfreundlich, in Einklang mit dem Schutzbedürfnis des freiheitlichen Wettbewerbs und den Prämissen des Gemeinschaftsrechts ausgelegt wird. Leitbild ist hierbei immer der Erhalt der Autonomie des kooperierenden Unternehmens. Ferner werden Möglichkeiten der Freistellung vom Kartellverbot und fusionskontrollrechtliche Implikationen untersucht.

Aus dem Inhalt: Einführung · Einkaufskooperationen · Konzeption des Europäischen Kartellrechts · Einkaufskooperationen und Art. 81 EG · Einkaufskooperationen und die Fusionskontrollverordnung · Ergebnisse der Untersuchung

Frankfurt am Main · Berlin · Bern · Bruxelles · New York · Oxford · Wien
Auslieferung: Verlag Peter Lang AG
Moosstr. 1, CH-2542 Pieterlen
Telefax 00 41 (0) 32 / 376 17 27

*inklusive der in Deutschland gültigen Mehrwertsteuer
Preisänderungen vorbehalten

Homepage http://www.peterlang.de

FSC
www.fsc.org
MIX
Papier | Fördert gute Waldnutzung
FSC® C083411

Kolibri 360 GmbH
Ferdinand-Jühlke-Straße 7
99095 Erfurt, Deutschland
produktsicherheit@kolibri360.de

Druck:
CPI Druckdienstleistungen GmbH
im Auftrag der
Kolibri 360 GmbH
Ferdinand-Jühlke-Str. 7
99095 Erfurt